僧 舞

얇은 紗 하이얀 고깔은
고이 접어서 나빌네라

파르라니 깎은 머리
薄紗 고깔에 감추오고

두볼에 흐르는 빛이
정작으로 고와서 서러워라

빈 臺에 黃燭불이
말 없이 녹는 밤에
오동잎 잎새마다
달이 지는데

소매는 길어서 하늘은 넓고
돌아설듯 날아가며
사뿐이 접어올린 외씨보선이여

까만 눈동자 살포시 들어
먼 하늘 한개 별빛에 모도우고

복사꽃 고운 뺨에
아롱질듯 두방울이야
세사에 시달려도
煩惱는 별빛이라

휘여져 감기우고
다시 접어 뻗는 손이
깊은 마음 속
거룩한 合掌인 양하고

이밤사 귀또리도 지새는 三更인데
얇은 紗 하이얀 고깔은
고이 접어서 나빌네라

승무의 긴 여운
지조의 큰 울림

아버지 趙芝薰 – 삶과 문학과 정신

나남
nanam

조광렬(趙光烈)은 1945년 경북 영양, 주곡리(注谷里)에서 조지훈(趙芝薰) 시인의 장남으로 출생했다.

1968년 홍익대학교 건축과를 마치고 동대학원에서 수학하던 중 현대건설에 입사하여 설계과에서 근무했다.

1971년에 도미(渡美)하여 1973년 미국 조지아 공대 대학원에서 건축 및 도시계획을 전공한 후 여러 설계사무소에서 디자이너로 근무했다. 1983년에는 귀국하여 쌍용 엔지니어링 · 현대건설 · 선경건설 이사를 역임하였고 건축사무소를 자영하기도 했으나, 1992년 다시 도미하여 현재 미국 뉴욕에서 가족과 함께 살고 있다.

뒤늦게 글을 쓰기 시작하여 2001년 8월부터 4년여에 걸쳐 미주판 〈뉴욕 한국일보〉에 '삶과 생각'이라는 칼럼을 집필하면서 미주 한인사회에 폭넓은 독자들을 확보하고 있으며, 계간지 〈문예운동〉(2004년 봄호)을 통해 한국문단에 등단하기도 했다.

수필집으로 《태초에 멋이 있었다 — 슬픈 동경, 행복한 고독》이 있다.

나남신서 1214

승무의 긴 여운, 지조의 큰 울림

아버지 趙芝薰 — 삶과 문학과 정신

2007년 5월 17일 발행
2007년 5월 17일 1쇄

글 · 그림_ 조광렬
발행자_ 趙相浩
발행처_ (주) 나남출판
주소_ 413-756 경기도 파주시 교하읍
출판도시 518-4
전화_ 031) 955-4600 (代)
Fax_ 031) 955-4555
등록_ 제 1-71호(79.5.12)
홈페이지_ http://www.nanam.net
전자우편_ post@nanam.net

ISBN 978-89-300-8214-3
ISBN 978-89-300-8001-9 (세트)
책값은 뒤표지에 있습니다.

승무의 긴 여운
지조의 큰 울림

아버지 趙芝薰 – 삶과 문학과 정신

조광렬 지음

나남
nanam

芝薰 趙東卓 (1920~1968)

머리글

나라를 빼앗긴 땅에서 선천적으로 기관지가 약하게 태어난 한 어린이가 있었다. 그 어린이는 의(義)와 지조(志操)를 목숨보다 중히 여기는 가문의 손자였다. 말과 글마저 빼앗긴 땅에서 정신마저 빼앗기게 할 수 없다는 할아버지의 엄한 뜻에 의해 그분의 슬하에서 식민지 교육 대신 한학(漢學)과 가학(家學)을 배우면서 유년기와 소년시절을 보냈다.

그런 환경에서도 시를 쓰는 형님의 영향을 받아 서양 동화를 읽고 동요를 짓고 문학에 관심을 갖게 된 소년은 할아버지 몰래 독학으로 공부한 끝에 마침내 최고학부에 진학도 하고 시인이 된다. 그토록 따르던 형님이 애통하게 젊은 나이에 일찍 세상을 떠남에 깊은 슬픔에 젖었고, 우리 글로 시를 쓸 수 없는 한 많은 속세를 등지고 피끓는 청춘의 나이에 산중 절간에 숨어버린다.

해방된 기쁨도 잠시 좌우익의 이념적 갈등과 혼란 속에, 동족상잔의 회오리 속에서 인륜이 무너지는 것을 한탄하며 할아버지가 자결하시고 동족간의 전란으로 아우마저 죽고, 아버지와 매부가 납북당하고, 어머니마저 피란시절

충격으로 하세하셨다.

30대 청년으로 성장한 그 어린이는 공산주의와 맞서 종군하여 싸웠다. 27세의 어린 나이에 대학교수가 된 그는 그 대학에서 평생 교수로 재직하면서 펜 하나로 독재정권과 맞섰다. 이는 학생혁명에 불을 지피는 계기가 되었다. 그리고 학생혁명 이후 잘못 가고 있는 군사정권을 통렬히 비판했다. 48세란 장년의 아까운 나이로 그가 죽은 후에는 눈부신 우리말로 씌어진 주옥같이 아름다운 시와 산문, 힘있고 격조높은 논설과 독창적인 방법으로 씌어진 깊이 있고 거시적인 국학논문들이 방대한 양의 책으로 남아 그를 기억하고 있다. 그가 몸담았던 대학의 학생들은 그에게 배웠건 배우지 않았건 한결같이 그 대학의 상징적 존재로, 지성인의 사표로, 영원한 스승으로 추앙하고 있으며, 일반인들은 '이 시대의 마지막 선비', '실천하는 시인', '인품과 기개와 지조를 갖춘 지사', '논객', '학자', '걸출한 풍류객'으로 그를 기억하고 있다.

나의 아버지 그가 살다간 짧고 굵고 멋진 파란만장한 그 길을 나는 그가 남긴 흔적을 따라 더듬어 찾아가 보았다.

2007년 4월
조 광 렬

승무의 긴 여운, 지조의 큰 울림

아버지 趙芝薰 — 삶과 문학과 정신

차 례

아버지의 풍류(風流)와 멋

아버지와 우리 가족들

아버지의 고향, 주실 이야기

아버지의 유·소년시절

아버지의 문학 역정(歷程)—10대 그리고 20대 초반

아버지의 문학 역정(歷程)—20대

아버지의 문학 역정(歷程) — 30대와 6 · 25 종군 시절

아버지의 교훈

처음이자 마지막인 아버지의 해외여행
— 국제시인회의 참가

아버지의 40대 전반기—사회 참여

아버지의 40대 후반기—국학(國學)연구

아버지의 학문(學問)과 그 업적(業績)

문단과 학계인사가 본 아버지의 시세계(詩世界), 그리고 인품

시인협회 회장, 신시(新詩) 60주년 기념사업회 회장 시절

아버지 타계(他界) 후 기념사업 및 기념행사

안암의 언덕에 돌아오신 아버지

부 록

꽃이 지는 아침

- 아버지가 떠나가시던 날
- 아버지를 묻어드리던 날의 회상
- 아버지 제자분이 쓴 조사(弔詞)와 그들의 회상

아버지가 떠나가시던 날

1968년 5월 16일 아침, 나는 마루에 걸려있는 큰 거울 앞에서 넥타이를 매고 있었다. 대학에서 아르바이트하여 번 돈으로 멋진 여름양복을 맞췄는데, 생전 처음 입는 신사복이라서 넥타이가 잘 매지지 않았다. 이때 거울 속에 흰 한복차림의 아버지가 내 등뒤에서 서툴게 넥타이를 매고 있는 나를 도와주시는 것이었다. 그리고는 오랜 동안 투병으로 기력이 약해지신 아버지는 마치 무슨 말씀을 하시고 싶어하는 표정으로 거울 속의 내 얼굴을 한동안 물끄러미 보고 계셨다. 그러나 아버지는 끝내 아무 말씀도 하지 않으셨다. 그때 아버지의 연세 마흔 여덟이셨고, 내 나이 스물 셋이었다.

그날은 지금의 내 아내가 설악산으로 대학 졸업여행을 떠나는 날이었다. 그녀를 배웅하고 새 양복을 입고 하루 종일 외출을 즐기고 들어오니(그 당시에는 물론 휴대폰이 없었다) 아버지가 안 보이셨다. 어머니께서 힘없이 말씀하셨다.

"아버지께서 오늘, 병원(메디컬센터. 현 국립의료원. 당시 최고의 의술기관)에 입원하셨다. 오늘밤은 네 외삼촌이 아버지 병상을 지키기로 했으니 너와 나는 내일 아침에 가서 교대하기로 하자."

그런데 다음날 5시 40분경 새벽을 깨우는 전화소리가 요란하게 울렸다. 전화 속에서 외삼촌의 울먹이는 목소리가 들려왔다〔나보다 세 살 연상인 나의 외삼촌(김동웅)은 그 당시 우리와 함께 살고 있었다〕.

"누님, 자형께서 운명하셨습니다."

나는 가슴이 무너져 내렸다. 어젯밤에 바로 병원으로 달려가지 못했던 것이 애통하고 죄스럽고 후회스러웠다. 또 내가 해 입은 여름양복이 삼베가 많이 섞인 양복이라 마치 상복(喪服)을 미리 해 입은 듯하여 내 마음을 더욱 아프게 했다.

아버지의 갑작스런 죽음이 전혀 현실로 받아들여지지 않았다. 거울 앞의 그 순간이 아버지와 나의 마지막 순간이었다니… 도저히 믿어지지 않았다. 아버지는 왜 그때 내게 아무 말씀도 하지 않으셨을까. 워낙 병치레가 잦았기 때문에 함구하셨던 것일까. 나 또한 그러시려니 하고 편하게 생각한 끝에 외출했던 것일까.

나는 처음으로 깊은 슬픔에 빠졌다. 이제 더 이상 아버지는 우리 곁에 계시지 않는다. 이제 아버지께 내 얘기를 할 수 없다는 생각을 하니 하늘이 무너지는 것만 같았다.

아버지는 운명하시기 전에 "아직도 할 일이 많이 남아 있는데…"라는 말씀을 남기셨다고 한다. 거울 앞에서의 아버지의 그 침묵 속에는 자식과 남은 가족에 대한 걱정, 아버지로서의 연민의 정, 미안함, 바람과 부탁 등 무수한 언어들과 함께 '사랑한다'는 말씀이 무엇보다 힘 있게 담겨 있었다는 것을 내가 깨달은 것은 이로부터 먼 훗날 내가 아버지가 되고 난 뒤였다.

어머니의 말씀에 의하면 아버지의 병력(病歷)은 아주 어릴 때부터였다고 한다. 아버지는 어렸을 적에 할머니와 함께 천연두를 앓아 병을 얻었다고 한다. 그 일로 아버지 얼굴에는 두세 군데 천연두 흔적이 남아 있었다. 돌아가실 당시 병명이었던 기관지 확장으로 인한 폐기종도 이미 그때 얻은 것이었다. 어머니가 시집올 무렵의 아버지는 벌써 노인 티가 나 보였고 건강도 좋아 보이지 않으셨다고 한다. 그런 남편을 보고 어머니께서는 "젊은 사람이 늘 숨이 차고 힘들어 하는데도 한의사이신 시아버지께서는 명의(名醫)이신데 어쩌면 당신 아들을 위해 약도 쓰지 않으시는가?" 하고 한때는 야속하게 생각하기도 했다고 하셨다. 그러나 나의 할아버지께서는 "이 병은 약으로 낫지 않는 병이다. 약은 없고 그저 무리하지 않고 쉬는 도리밖에는 없다"고 하셨다고 한다.

요즈음도 그 병에는 특효약이 없을까. 기관지 확장(氣管支擴張). 그 병은 가끔 병원에 가서 며칠 쉬는 것이 그나마 환자가 택할 수 있는 유일한 길일 뿐 치료가 불가능하고, 수술해 볼 수는 있는데 그 당시는 기술이 부족해서 수술해 볼 엄두를 낼 수 없는 상황이었다고도 하셨다. 그런 아버지의 선천적 지병 때문에 어머니는 시집온 날부터 늘 아버지의 건강에 애를 태우며 온갖 신경을 쓰면서 사셨다고 한다.

주위에서 친척 할머니들이 얘기하는 아버지는 어린 날의 많은 날들을 이불 속에서 지내셨다고 했다. 그래서 내 아버지를 두고 어른들께서는 "사람구실을 과연 할까?" 라고까지 걱정할 정도였다고 한다. 어렸을 적에는 머슴들한테 업혀서 학교에 다니기도 하셨단다. 그런데도 어찌 아버지는 담배와 술을 놓지 않으셨는지 모르겠다. 폐침윤(肺浸潤)에 기관지 확장으로 각혈(咯血)을 하시고 심해지시면 그때마다 입원하시곤 했다. 머리맡에는 늘 놋요강을 상비해 놓으셨는데 거기서 나는 가래와 토혈 흔적을 쉽게 발견할 수가 있었다. 선천성으로 약한 기관지가 터져서 나온 각혈이라 생각된다.

사십대 중반에 들어서는 심장까지 약해지셔서 조금만 걸으셔도 호흡에 곤란을 느끼곤 하셨다. 그럴 때면 아버지의 입술색은 보랏빛을 띠었고, 손바닥은 물론 손톱색마저 붉은 기는 전혀 없고 대신 늘 검푸른 색이었던 것을 기억한다. 혈액순환이 잘 되지 않았기 때문이리라.

건강이 그러시면서도 큰댁 제사(종가이기에 제사가 많았다)는 빠뜨리지 않고 참석하셨다. 음복(飮福)하시고 한참 대화를 나누시다(제사는 늘 밤 12시 넘어서 지냈다) 새벽녘에야 삼선교 큰댁에서부터 걸어서 집에 오시곤 하셨다. 또 설날(우리는 일찍부터 양력설을 지냈다)에는 우리집에서 차례를 마치면 나를 앞세우시고 큰댁까지 걸어서 가셨고, 음력설에는 고개를 넘어 명륜동 대고모댁에 세배를 가기도 하였다. 보통 검은 한복 두루마기에 검은 명주 목도리를 하시고 단장을 보기 좋게 상하(上下)로 놀리시면서 고개는 하늘을 향해 한껏 젖히시고 천천히 그러나 품위를 지키며 걸어가시곤 했다. 내가 기억력이 나빠서인지는 몰라도 아버지와 함께 걸으면서도 아버지와 나는 별 이야기를 나눈 것 같지는 않다. 기억에 남는 이야기나 추억들이 없는 것으로 미루어 볼 때 그렇다는 말이다.

큰댁에 도착하신 후에도 아버지는 한참이나 호흡을 가다듬어야 하셨다. 내가 집에 있을 때면 나는 자주 아버지의 팔과 다리를 주물러 드리곤 했다. 돌아가실 무렵에는 간경화까지 겹쳐 배에 복수가 차고 아랫도리가 퉁퉁 부어 무척 힘들어 하셨던 것을 기억한다. 그 무렵엔 한의사가 처방한 한약을 복용하셨다. 양의(洋醫)가 포기한 지병이었기에 마지막으로 한의에게 기대를 걸어 보셨던 게 아닌가 하는 생각이 든다. 한의사의 지시로 달인 한약과 함께 매일 날계란과 참기름을 풀어 한 종지씩 한약과 함께 정기적으로 드시던 기억이 난다. 내가 기억하기로는 사십대 중반 이후에는 아버지는 해마다 열흘 정도 입원했다가 퇴원하시곤 했다.

그런 아버지셨으나 과로하면 집에서 누워 쉬셨고, 휴식을 취하신 후 다시 거동하시곤 하였다. 늘 그렇게 병을 달고 사셨기에 이번에도 병원에서 쉬시고 나면 곧 회복되시겠지 했는데 그만 영원히 떠나버리신 것이다. 마흔여덟 중년의 연세에.

당시 서울대병원에서 수련의로 근무하셨던 종고종 아저씨로부터 훗날

들은 바에 의하면 그만큼 사신 것도 기적이라 했다. 의사들은 이미 알고 있었으나 가족이 걱정할까봐 알리지 않았던 것이다. 우리가 알고 있었다손 치더라도 별 수가 있었겠는가마는 그래도 야속하기 그지없었다. 그것을 자식인 우리들이 알았더라면 아버지께 더 관심을 쏟고 더 잘 해드렸을 텐데… 하는 아쉬움이 들기 때문이다.

아버지께서 돌아가신 다음, 대고모님께서 어머니께 하시던 말씀이 생각난다.

"진찰결과 병원에서 내 조카가 4년밖에 못 산다고 그랬었다."

그렇게 꼭 4년 후에 아버지는 돌아가셨다. 요즘 같은 의학기술이라면 혹시 고칠 수 있는 병환이 아니었나 하는 생각이 들 때가 있다.

한 가지 더 기억나는 것은 돌아가시기 이틀 전인가 아버지는 어머니에게 "꿈에서 내가 고향에 다녀왔는데 거기서 아무개를 만났다"며 그곳 이야기를 하시더라는 것과 "내 몸에 향수를 뿌려달라"고 하셨다는데, 그때 어머니는 "무슨 그런 헛소리를 하십니까?"라고 하셨다 한다. 나중에 알고 보니 그게 돌아가실 징조였는데도 집안에 노인이 안 계셔서 그것을 미처 눈치채지 못했다며 못내 아쉬워하시던 기억이 난다. 아버지는 그렇게 돌아가셨다.

말로 다 할 수 없는 슬픔을 겨우 참고 병원에서 아버지의 시신(屍身)을 집으로 모시고 와 염을 해드리고 장례준비를 하였다. 처음엔 5일장으로 예정했으나 7일장으로 연장했다. 이는 타지방에서 오는 문상객이 많았던 때문이었다. 성북동 우리 집앞 긴 골목길을 거쳐 신작로에 이르기까지 박정희 대통령을 비롯하여 각계각층에서 보내온 조화들이 끝도 없이 줄을 이어 놓여져 있었던 것이 기억난다.

장안의 신문들은 '청록파 시인', '이 시대 마지막 선비', '지사(志士)문인(文人)', '노블리스 오블리주의 전형', '지조와 인격을 갖춘 큰 인물'… 등의 제목들로 아버지의 타계를 특집으로 다루었다(그런 기사들을 일일이 스크랩하여 보관했는데 언제부턴가 도무지 찾을 길이 없다). 비통하기 짝이 없는 상중(喪中)임에도 이런 추모기사를 읽으면서 나는 아버지를 다시 보게 되었다. 아버지는 짧지만 굵고 멋지게 살다 가셨다. 자식인 내가 생각했던 것보다 더 멋지고 훌륭하셨다.

장례식 전날이었다. 상주로 곡(哭)을 하다가 피곤하여 아버지 시신 곁에서 잠깐 눈을 붙였는데 비몽사몽중에 아버지께서 나타나셨다. 어린 자식들과 가족이 걱정되셨던지 평소 집에서 입고 계시던 흰 한복을 입으신 채 우리집 지붕과 마당 위를 빙빙 도시며 날아다니시는 것이었다.

"식솔들이 가엾고 걱정이 되셔서 아버지의 영혼은 저리도 우리 곁을 떠나지 못하시는구나."

나는 아버지와 한마디라도 나누고 싶어 벌떡 일어났으나 아버지는 보이지 않았다. 반가움도 잠시 나는 슬퍼서 또 흐느꼈다.

장례식은 시인협회와 고려대학이 협의한 후 최종적으로 '한국시인협회와 고려대학교 문과대학장(葬)'으로 고려대학교 교정에서 치르기로 결정되었다. 우리 가족도 이를 동의했다. 고려대학교 교정에서 거행된 영결식에서 박목월 시인이 조시(弔詩)를, 월탄(月灘) 박종화, 모윤숙, 홍일식 제씨가 조사(弔詞)를 읽던 기억이 나며, 이효상 당시 국회의장을 위시해서 수많은 사람들이 향을 사르며 조의를 표하던 기억들이 지금도 눈에 선하다. 아버지의 제자요 당시 고려대 민족문화연구소의 총간사였던 홍일식(후에 고려대 총장 역임) 선생이 장례의 실무를 전담하여 애쓰시던 모습도 기억에 있다. 만상주인 나를 비롯해 우리 유가족은 모두 전통 재래식 상복(喪服)인 베두건, 베옷에, 새끼로 된 허리띠와 짚신을 신고 대나무 지팡이를 짚고 슬픔에 잠겨 있었다.

영결식장에서 조사를 읽는 월탄 박종화

조사를 읽는 모윤숙 시인

영결식장에서 조시를 읽는 박목월 시인. "1968년 5월 17일. 실로 슬프고 슬프다."

영결식을 마친 후 수많은 만장(輓章)들을 앞세우고 고려대학교 재학생들에 의해 운구되어 아버지의 시신은 영구차에 옮겨졌다. 정든 교정을 떠나는 아버지를 모시고 경기도 양주군 마석리 장지로 향했다. 그날은 유난히도 화창한 봄날이었다.

고려대학교 교정에 마련된 아버지 영결식장의 조객들

아버지를 묻어드리던 날의 회상

그 후 몇십 년이 흘러간 미국에서의 어느 가을, 추석도 며칠 지난 아침의 도심 출근길에 묘지를 지나며 문득 그날이 생각나, 장지(葬地)에서의 일을 회상하며 나는 "묘지(墓地)를 지나며"라는 수필에 이렇게 적어 놓았다.

" 나는 아침마다 495번 '롱아일랜드 익스프레스'를 드라이브하여 맨해튼으로 출근한다. '미드타운 터널' 조금 못미처 '그린 포인트 에비뉴' 출구를 빠져나오다 보면 왼쪽으로 오래된 커다란 공동묘지가 내려다보인다. 그 공동묘지에는 높고 낮은 여러 형태의 묘비들이 빽빽이, 어디서나 보아도 일렬로 질서있게 하늘을 향해 서 있다.…

미국 사람들은 우리네들보다 죽음을 더 자연스럽고, 차분히 받아들이며 죽은 자들과 더 가까이하며 살아가고 있다. 미국의 마을 곳곳마다 크고 작은 공동묘지들이 산 자들과 공존하는 모습을 흔히 본다. 심지어 맨해튼 내에서도 여기저기 교회나 인근 뜰에 묘비가 가득한 걸 볼 수 있다. 그런 묘지들이 한국의 묘지들보다 더욱 평화로워 보인다. 똑같은 크기와 모습의 한국 무덤들에 비해 제각기 다른 모습의 무덤들이 평화로운 것은 죽음에 관한 의식구조의 차이라고 생각한다.

봉긋한 젖가슴처럼 동그랗게 솟아오른 아름다운 한국의 무덤들! … 경기도 양주군 마석리 송라산 기슭에 쓸쓸히 누워계신 내 아버지의 무덤! 아버지를 묻어드리던 그날을 회상케 한다.

아버지를 묻어드리던 날은, 하늬바람에 파아란 잉크빛 붓꽃이 피어나고, 하이얀 찔레꽃 짙은 향기 속에, 꿈결처럼 초록이 소록소록 쟁이는 아름다운 오월이었다. 아기 진달래가 지천으로 피어있는 산길을 따라 뻐꾸기가 이따금씩 애끓게 울어대는 산기슭을 고려대 재학생들에 의해 운구되는 아버지의 시신을 모시고 거슬러 올라 이르른 곳, 흐르는 강물이 멀리 내려다보이는 양지바른 언덕, 그곳엔 생전에 아버지가 몇 달 전 정성을 다해 이장(移葬)해 놓으신 당신의 어머님이 묻혀 있는 곳이다. 그 아래 아버지가 묻히실 땅을 이미 파놓고 인부들이 아버지와 우리들을 기다리고 있었다.

나의 할머니는 6 · 25 동란 피란시절 대구에서 돌아가셨고, 그곳에 묻히셨다. 세월이 흘러 그곳에 주택들이 들어서게 되었다. 당시, 병환이 깊으셔서 운신하시기가 어려웠던 아버지는 대학생이었던 나를 대신 대구로 보내 이장(移葬)의 큰 일을 치르게 할 수밖에 없으셨다.

… 다음날, 기차를 타고 마석에 당도하여 이장을 마치고 돌아온 나에게 아버지는 대견스런 한편, 안쓰럽고 걱정스런 표정으로 "상태가 어떻더냐? 흙은 좋더냐?"고 물으셨다. "네, 광중을 할 때 보니 석회질과 점토가 적절히 섞인 흙으로, 아름다운 기운마저 뿜어 나오는 듯 참 좋았어요"라고 말씀드리자, 그제야 안심하신 듯 기뻐하셨다.

그때의 일을 회상하면서 아버지를 묻기 위해 파놓은 땅속을 들여다보며 애통해 하는 나에게 친척 어르신께서 "망자(亡者)의 하관(下棺)시간이 만상

아버지가 돌아가신 후 아버지초상화 앞에서. 돌아가시기 하루 전날인 5월 16일
아침 거울 앞에서의 그 순간이 아버지와 나의 마지막 순간이었다니 …

주가 태어난 시(時)와 맞지 않으니 광렬이 너는 하관을 지켜보지 않는 게 좋겠다"고 말씀하셨다. 나는 그 말씀을 따르지 않을 수 없었다. 물러나서 그곳을 등지고 풀밭에 쭈그리고 앉아 이름 모를 풀꽃(훗날, 그 이름이 '비비추'라는 것을 알았다) 송이만 애꿎게 손끝으로 뱅뱅 돌리며 흐느끼다간 하늘을 보기를 거듭하던 그 봄날은, 이젠, 못 견디도록 서럽고 아름다운 풍경이 되었다.…

추석도 지난 지 오래고, 성묘도 못한 채 묶여 있는 만리 외국의 가을 날 아침, 무변한 외로움을 쓰다듬으며 맨해튼을 들어선다. 수많은 차량들과 인파로 북새통을 이루고 있다. 저렇게 종종걸음치며 무언가를 향해 달려가는 저 사람들도 내가 보며 지나온 그 묘지를 지나 들어왔을까.

— 〈뉴욕 한국일보〉 2005. 10. 1

그날의 이름 모를 풀꽃의 이름이 '비비추'라는 것을 알게 된 것은 그후 37년이 지난 최근의 일이다. 허만하 시인의 산문집 〈낙타는 십리 밖 물냄새를 맡는다〉 속의 〈새의 상징〉이란 글을 읽다가 알게 되었다.

1980년에 쓴 그 글은 허 시인이 미국 방문길에 미국에 정착한 박남수 시인을 찾았을 때 그분과 나눈 대화 속에 박 선생의 언급을 소개한 대목에서이다. 그 구절을 여기 옮겨본다.

박남수가 조지훈을 사귀었던 것은 월남 직후부터이다. 1968년 지훈이 별세했다. 이때 박남수의 눈에 지훈이 한 마리의 새로 비친 것은 흥미 있는 일이다. '지훈 묘소에서'라는 부제가 붙어있는 〈비비추가 된 새〉가 바로 그것이다.

1

지금,
새는 온갖 고민, 온갖 공포를 뛰어넘었다.
그것은 한 줌의 흙, 한 방울의 물.
한 포기의 비비추가 되어, 지금
그것은 북망 뒷기슭에서
바람이 불 때마다 방울소리를 내고 있다.

2

가을 하늘에 곱게 흐르고 있다.
때가 밀리듯 한꺼풀의 有限한 것을 벗기고
지금,
비비추의 방울소리는
맑고 깊은 하늘의 가슴을 울리고 있다.

어느 젊은 여류시인의 공간에 울리고 있다.

3

사월에 죽은 넋인가
사월에 여무는 건강을 휘파람 분다.
산길을 구비내려 술 익는 마을
솔밭 지나 길이 끊긴 어느 山寺에서
禪語를 외우고 있을까.
지금,
쐐아 송뢰의 아지 못할 말씀이
내 귀에 그득히 흰 버금을 일구고 있다.

4

날이 어두웠는가,
산밑을 도오는 헤드라이트가
내 어린 날의 반딧불 날듯 한다.
그야 별장이든 원두막이든 이승의 끝에서
나는 길을 잃었다.
쉰둘의 어둔 눈으로 찾아가는
내 귀로의 초라한 모습이어.

5

가지에서 가지로 옮아앉듯
그렇게 쉽게 인생을 풀은 시인의 묘소에서
지금,
벗들은 즐겁게 비비추의 방울소리를 듣고 있다.
靑鹿의 韻.
어느 禪寺를 기어오르던 靑鹿의 울음을 듣고 있다.

박 선생은 그때 이 시의 잉태에 대해서 언급하였다. 지훈의 장지에서 그는 이름 모를 풀꽃을 보았다. 그때 고려대 교수 김종길(시인) 씨가 그 풀꽃 이름은 '비비추'라고 했다. 그래서 쓴 것이 바로 이 작품이다. 지금은 아득히 먼 플로리다의 조용한 집에서 우리는 그런 부질없는 이야기까지 나눌 수 있었다. ”

아버지는 그렇게 어머니와 스물세 살의 장남인 나, 스무 살의 학열, 열일곱 살의 누이 혜경 그리고 막 중학생이 된 막내 태열, 우리 사남매를 두고 아름다운 봄날 한 마리 큰 새가 되어 저 건너 세상으로 날아가시고 당신의 육신만 경기도 양주군 마석리 송라산 기슭에 당신의 어머니 아래 묻히셨다.

봉분 앞에 상석만 갖춘 아버지 무덤에 조촐한 비석조차 세워드리지 못한 채 죄스런 마음 가누질 못하다가 가신 지 열세 해가 지나서야 겨우 묘비를 세워 드리며 그 죄스러움에서 조금은 벗어날 수 있었다. 불효자 광렬은 그날의 감회를 담아 향을 사르며 아버지 영전에 다음과 같은 몇 줄의 축문을 올렸다.

“ 1981년 5월 17일, 小子 光烈은 삼가 향불을 사르고 아버님 靈前에 아뢰옵니다.

오늘은 저희들 정성을 모아 一片 돌을 다듬어 아버님 거처를 가꾸는 날, 더불어 저희 해묵은 시름 하나를 더는 날입니다. 이 아담한 마을, 볕바른 언덕길이 오늘만큼은 저희들에게도 화사하게 느껴지는 듯싶습니다. 당신의 영혼이 깃든 집, 六尺 瘦身長軀를 담아서 그 안에서 숨쉬고 생활할 수 있는 터전을 아버님께서는 생전에 '放牛山莊'이라 부르셨던가요? 하지만, 이 어리석은 자식들은 그 멋들어진 이름을 이 墓石에 새겨 넣을 만한 용기를 갖지 못하고야 말았습니다. 아버님 생전에 "뒷날 내 죽은 뒤 어느 사람이 있어 나의 마음을 가장 잘 알아주노라는 제 정성으로 放牛山莊이란 墓石을 세워 줄까 저허한다" 하시던 말씀을 아직 바보처럼 기억하고 있기 때문입니다.

형터리 없는 집의 이름이야 어찌되었든, 한 조각 돌의 치장으로써 다소의 안락과 온기를 더할 수만 있다면, 그것으로 저희들 마음만은 위로받을 수 있을 듯싶습니다. 이승에서도 평온한 주거를 갖지 못하셨던 아버님께 아담한 휴식처 하나를 마련해 드리지 못한 것, 저희들 근심은 기실 그것뿐이었습니다.

오늘, 아버님의 옛벗들과 門生들이 함께 모여 볕바른 언덕에 한 조각 돌을 세우고, 줄지어 아버님께 술잔을 드리오니, 아버님, 드리는 이 잔들을 快히 거두어 주옵소서.

— 아버님 묘비 제막식 축문 ”

'지훈(芝薰) 한양(漢陽) 조공(趙公) 동탁지묘(東卓之墓)'라고 새겨진 이 묘비의 비문은 아버지의 시우(詩友)셨던 박두진 선생께서 지으셨고, 글씨는 김응현 선생께서 쓰셨다. 그 비문은 이 책 말미 부록에 소개하기로 한다.

나는 여기서 내 이야기를 잠시 멈추고, 아버지가 타계하신 직후, 고려대학교에서 직접 가르침을 받았던 제자 두 분의 글을 소개하고자 한다. 한 편은 아버지께서 아끼던 제자분들 중의 한 분인 인권환 선생(고려대 명예교수. 아버지에게서 불교문학과 민속학을 전승하신 분으로 현재 일본에서 연구생활을 하고 계신다)께서 1968년 5월 27일자 〈고대신문〉에 게재한 〈아! 지훈〉이라는 글과, 다른 한 편은 아버지가 심사위원으로 계셨던 신춘문예를 통해 시인으로 등단하신 오탁번〔고려대 교수. 시인. 문학지 〈시안(詩眼)〉의 발행인〕 선생의 〈슬프고도 기쁜 잔〉이란 글이다.

아버지 제자분이 쓴 조사(弔詞)와 그들의 회상

아! 芝薰 — 인권환

芝薰이 갔다. 가족들의 애끓는 오열 속에 눈을 감고, 다시 밟을 길 없는 정든 교정에서 永訣을 고하고, 文友와 弟子들이 눈물 섞어 뿌리는 흙 속에 묻힘으로써, 마흔여덟의 짧은 생애를 살고 芝薰은 훌훌히 떠나고 말았다.

한때의 작별도 서럽다 함이 곧 사람의 정일진대 마지막 보내는 이의 설움이야 하필 芝薰뿐이리오만, 구름 덮인 하늘일수록 태양이 그립고 어둡고 긴 밤일수록 새벽이 기다려지듯, 어지럽고 혼탁한 세상에 우뚝 서서 한 가닥 빛을 발하던 芝薰이고 보매, 홀연히 보내는 이의 처연한 심사를 정말로 어떻다 할 것인가.

사라져가는 민족문화에 대한 애착과 관심에서 조용히 감성 안에 우러나는 붓을 들고 '내 것', '우리 것'을 노래한 芝薰,

세상이 어지러우매 표연히 山寺에 묻혀 〈화엄경〉, 〈염송(拈頌)〉에 경도하던 芝薰, 〈文章〉지 폐간호를 받고 폭음대취 방성통곡하던 芝薰,

曲筆을 휘두르던 일제말기 조용히 붓을 꺾고 자연에 묻혀 "꽃이 지는 아침은 울고 싶어라"던 芝薰,

혼자 숨어 쓰는 시를 읽어주는 사람 없어 동물원 철책 안의 짐승들에게

읽어주며 "여기 나라 없는 詩人이 있다"고 조용히 눈물 흘리던 芝薰,

공산주의자 독재자 모든 不義의 인간들에게 秋霜같던 熱血의 芝薰,

"더럽게 살지 말자, 더럽게 죽어서는 안 된다"던 도저한 인간 芝薰,

"물을 마시는 자면 능히 한 잔 술을 못 마실 리 없을 것이요, 事物에 接하여 아아 하는 감탄사를 발하는 자 어찌 詩를 영 모른다 하리오" 붓을 들매 珠玉 같은 詩가 仙韻을 달리고, 한 잔의 술을 마시매 氣宇가 宇宙와 相合하던 우리의 芝薰! 芝薰!

사슴을 말[馬]이라 하고, 불의가 정의를 대신하며 志操가 아부와 통하는 이 까막까치 우짖는 음산한 계절에 어찌 芝薰은 무심히 눈을 감을 수 있었단 말인가.

고운 詩, 깊은 학문, 넓은 식견, 매운 志操, 높은 品格, 고고한 知性 — 이제 우리의 芝薰은 어디 가고 검은 喪章만 옷깃에 남아야 하는가.

이제 스무 해 긴긴 날을 몸담아 뜻 세우던 石塔의 뜰 언덕에, 수많은 봄 가을이 피었다 지고, 무심한 세월 속에 芝薰 모르는 새 사람이 나고 들고 할지나 "마음의 고향" 石塔의 校歌, 젊은 피 용솟음치는 호랑이 응원가, 4·19 紀念碑銘, 虎像碑文에 그윽하고 매운 芝薰의 향내 길이길이 남으리니 "죽어서 사는" 芝薰의 뜻이 여기 있구나.

경기도 양주땅 마석의 언덕, 거기 천마산 기슭에 우리들의 芝薰이 누워 있고, 거기에도 산이 있고, 꽃이 피는 아침, 두견 우는 밤이 있고, 부질없는 가을비는 소소히 뿌리고, 심한 백설이 흩날릴지나, 한 줄의 고운 詩, 한마디의 정다운 음성, 호탕한 웃음을 이제 어디서 들을 수 있단 말인가.

이제 눈물을 거두어 옷깃을 여미고 뜻 세우고 못다한 그 많은 일들이야 우리가 하리니 芝薰이여 고이 잠드시라.

아아 — 芝薰.

곱고 멋진 詩人, 깊고 치밀한 學者, 뜨겁고 올곧은 志士, 늠름하고 의젓한 사나이, 따뜻하고 오만한 人間, 우리들의 가슴속에 길이길이 사라지지 않을 하나의 肖像. 그 이름 芝薰아. — 〈고대신문〉, 1968. 5. 27

아버지 하세(下世) 직후 쓴 글로서 스승을 잃은 제자의 애통함이 격조 높은 글로 표출된 명문(名文)이다.

슬프고도 기쁜 잔 — 오탁번

내가 지훈을 처음 만난 것은 1960년대 중반이었다. 그는 분명 고려대학교의 교수였지만 좀처럼 학교에서는 만나볼 수 없는 신비로운 분이었다. 나는 영문학과 학생으로 국문학과의 시론(詩論) 강의를 수강하였다. 그러나 지훈이 강의실에 나온 것은 한두 시간뿐이었고 학기 내내 휴강의 연속이었다.

이미 그때부터 기관지를 앓고 있었기 때문이기도 했으나, 당시의 사회의 혼란상과 대학이념의 쇠퇴와 무기력을 더 이상 감당하지 못하고 현실에서 손을 떼고 일종의 관조의 세계에 침잠하여, 새삼스레 시를 가르치고 학점을 내주고 하는 모든 일이 성가시기도 했기 때문인 것 같았다. 그래서 누구 하나 학기 내내 휴강하는 지훈에 대하여 무슨 안 좋은 이야기를 하는 일이 없었다.

그는 이미 4 · 19를 겪으면서 이 땅의 가장 존경받는 스승의 높은 자리에 올라 있었을 뿐 아니라 그의 글과 기백이 캠퍼스의 곳곳에 스며 있어서 구태여 교수가 직접 강의실에 꼬박꼬박 나올 필요는 없다고 학생들 스스로 생각했는지도 몰랐다. 학생들 각자가 그의 글을 도서관에서 읽는 일만으로도 쩔쩔 맬 정도로 그는 많은 시와 논설과 논문을 가지고 있었다.

나는 1968년 2월에 대학을 졸업하고 사회에 나왔으나 막상 아무 할 일도 없는 신세였고, 그저 혼자서 시를 쓰는 병아리 시인이었다. (중략) 성북동 지훈 선생 댁을 처음 찾은 것은 대학을 졸업하던 해 3월 초였다. 그해는 유난히 봄이 더디게 오려는지 3월이 되었는데도 날씨가 겨울처럼 추웠고 그날 따라 눈이 펑펑 쏟아지고 있었다. 춘설(春雪) 치고는 심술이 사나운 눈발이었다. 청탁도 오지 않는 무명시인인 나는 후배와 함께 처음으로 인사갔던 것이다. 내가 신춘문예 당선했을 때의 심사위원이기도 했던 지훈이었지만 학교에서조차 변변히 인사 한 번 제대로 드리지 않았던 내가 어떻게 그분 집을 찾아갈 궁리를 했던 것일까. 지훈은 이미 그때 병석에 누워 있어서 두문불출한 채 외부와의 접촉을 끊고 있었다.

… 지훈은 우리를 안방 건너편에 있는 서재로 안내했다. 방 윗목에는 몇 개의 화분과 조그만 연탄난로가 있었지만, 불은 꺼진 채여서 난초도 군자란 잎사귀도 얼어죽은 듯이 보였다. 냉골 위에 방석을 깔고 앉았지만 무릎이 시렸다.

지훈은 기침을 계속하면서도 차츰 술이 오르자 흥겹게 말씀을 하기 시작했다. 〈문장〉의 추천 심사위원이었던 정지용이 일제 말에 보냈던 엽서도 꺼내 보여주고, 당신이 써 놓은 미발표 작품들도 읽어주었다. 그러는 동안에 우리가 사간 술이 동이 나자 그는 마루로 나가서 약주 한 병을 들고 들어왔다. 철부지였던 우리는 얼씨구 좋아라 하고 술을 마셨다. 지훈과 우리는 많이 취했다.

"지훈과 대작을 했으니 우리도 이제 대 시인이다."

그날 그의 집을 나오면서 우리는 이렇게 떠들었다.

그 후 지훈은 몇 달 지나지 않아서 이 세상을 떠났다. 만일 그때 우리 같은 철부지 제자들과 독주를 마시지 않았던들 더 오래 사셨을지도 모른다는 생각 때문에 가슴이 아팠다. 병환중에도 제자와 술을 마시며 흔쾌하게 웃던 지훈의 모습은 그 후 오랫동안 나를 울렸다.

지훈이 마흔여덟의 아까운 나이로 세상을 하직하자 도하 각 신문에서는 각각 다투어 특집 추모기사를 내고 고려대 캠퍼스에서 있었던 장례식에는 이 나라 저명인사들이 운집하는 등, 시인의 죽음을 애도하고 생전의 지훈을 예찬하느라 부산하였다.

그러나 그저 순수하고 오만하기만 했던 나는 그분의 장례식에 가서 분향할 수도, 무덤에 가서 통곡할 수도 없는 채 혼자서 남몰래 지훈을 사랑하며 괴로워했다. 연탄난로조차 피우지 못한 채 투병할 때는 모두들 못본 체 하다가 막상 운명하자 갑자기 지훈을 애도하는 나이 먹은 속물들 틈에 끼기가 싫었다. 우리나라가, 우리의 시대가, 우리의 문단이 그를 살리려는 노력을 털끝만치나 했느냐는 분한 마음이 들었다. 우리의 문화계가 생전의 지훈을 지조의 시인입네 뭐네 하며 헹가래를 쳤다가는 아무도 받지 않고 맨땅에 떨어뜨려 버렸다는 생각을 지울 수 없었다.

이러한 분한 마음이 어느 정도 가라앉게 된 그해 가을에 나는 〈춘설(春雪)〉이라는 시를 지훈의 영전에 바치는 심정으로 썼다. 그리고 이 시를 나의 첫 시집에 수록했다.

봄눈이 춥게 내린 날
明仁이와 梅實을 들고 찾았을 때
詩人의 방에는
난초가 앉아 있었다.
그는 내실에서
朝鮮의 흰 장지문을 열고 나왔다.

보름 후에 말 못할 세상으로 그는 갔다.
키 큰 明子가 그 말을 했을 때
나는 울지도 놀라지도 않고

그가 닳아버린 風雪의 時代를
덥석 무심하게 안았다.

그는 磨石에 묻혔다.
그의 살이 흙과 섞이는 장면을 본 이들이
우리나라의 지훈을 이야기하고
詩와 人生을 논할 때
나는 磨石에도 論議에도
끼지 않았다.

살과 흙이 섞이는 것이 중요한 게 아니라
글이 흙과 섞이고 바람에 섞이는
아 저 무한한 秩序를
나는 무심결에 보았을 뿐

흰 살이 흰 뼈를 거느리고
건너 세상으로
큰 새처럼 날아가는 모습을
추운 蘭草 옆에서 지켜봤을 뿐이다.

… 시인협회 회장 및 신시 60주년 기념사업회장이었던 지훈이 운명하고 나서 그의 베개 밑에서 기념사업기금이 든 저금통장이 나왔다고 했다. 그러니까 지훈은 공금을 한 푼도 건드리지 않고 홀로 투병생활을 한 청렴결백한 시인이라고 추켜세운 신문기사를 보면서 나는 화가 몹시 났었다. 시인의 고난에 찬 삶을 이해하려는 게 아니라, 그들은 '조지훈'을 비범한 위인으로만 조명하는 데 급급하여, 공과 사를 구분 못하고 개인과 국가를 혼동하는 자신들의 열등감을 지우기 위한 대리만족에만 관심이 있을 뿐이었다.

그를 추켜세우고 그를 앞장세우기만 좋아했던 이 나라 문화에 대하여 심한 노여움을 느끼던 내가 이제 옛 스승을 욕되게 하는 이런 글을 쓰고 있으니, 천상에 계신 스승은 마치 목어(木魚)를 두드리다가 잠이 든 상좌아이를 보듯 그렇게 말 없이 웃으시는가.

지사(志士)고 논객이고 다 그만두고 그저 아름답고 눈물겨운 서정시를 쓰고 즐기며 더 오래 우리들 곁에 계셨더라면 하는 좁은 생각밖에 없는 제자를 노여워서 꾸짖으시는가.… ─《오탁번 시화》(詩話)에서 ”

이 글은 스승에 대한 존경과 깊은 사랑, 그리고 사제(師弟)간의 따뜻한 정(情)이 잘 표현된 수필로 아버지가 타계하시기 불과 두 달여 전의 아버지의 모습과 시대적 환경 그리고 거처하시던 당시의 우리 집에 대한 묘사가 적절히 담겨 있어 여기에 옮겨 보았다.

아버지를 그렇게 묻어드리고 돌아와서 우리 가족은 어머니의 종교인 '원불교'식으로 49재를 드렸다.

아버지가 세상을 떠나시기 얼마 전, 어머니는 아버지께 "종교를 하나 가지고 싶은데 당신이 조언 좀 해줘요" 하고 묻자 아버지께서는 "아무 종교나 당신 마음이 끌리는 종교를 택하면 되지" 하셨다.

어머니는 "재래식 불교는 산 속의 절로 가는 것도 번거롭고, 기독교(개신교)는 좀 가벼운 느낌이 드는 것 같고, 예수님을 믿는다면 천주교가 나을 것 같은데… 참! 며칠 전 친구 권유로 원불교 원남동 교당에 가서 법문을 들었는데 마음에 와 닿더군요" 하셨다.

원불교의 창시자가 누구며 그 유래와 현황을 아버님께 아시는 대로 설명하시고 원불교 교전을 보여드리자, 아버지께서는 이 교전을 읽어보시고 현대화, 생활화된 종교라고 칭송하시면서 "괜찮은 것 같으니 마음대로 하시오"라고 말씀하시며 허락하셨다고 한다.

그런 연유로 원불교 교인이 되신 어머니가 시키는 대로 빈소를 차려놓고 매일 아침 상식을 드리며 그 당시엔 내용도 잘 몰랐던 반야심경과 교당에서 정해 준 몇 가지 경문(經文)을 읽어드렸다.

49재가 다 끝나던 날 밤 꿈에 나는 아버지를 뵈었다. 우리가 입혀드린 도포 수의(壽衣)를 입으신 아버지가 가부좌를 트신 채 산중턱에 앉으셔서 시조를 쩌렁쩌렁 읊고 계셨다.

"아버지가 이젠 모든 걱정 놓으시고 천상에 올라가 신선(神仙)이 되셨구나."

나는 그제야 안심이 되었다.

그리고 세월은 속절없이 흘러갔다. 아버지께서 돌아가시던 당시의 아버지 나이보다 네 살이나 더 먹은 나의 막내동생 태열을 대하니 세월의 덧없음과 무상함을 절감하지 않을 수 없다. 우리들의 아버지는 마흔 여덟의 그 나이 그 모습 그대로인데 나는 아버지보다 열세 살을 더 먹어버린 것이다. 가장 멋있는 나이, 가장 멋있는 모습으로 그렇게 아버지는 남아있는 사람들의 기억 속에 영원히 살아 있기를 원하셨던 것인가.

마흔 여덟의 그 아버지가, 환갑을 넘기고도 아직 어리석음을 벗어나지 못한 자식을 오늘도 친히 가르치고 계신다. 아버지는 죽지 않으셨다. 아직도 살아 계셔서, 추스르기 힘든 욕망과 부질없는 유혹으로 내 마음이 흔들릴 때, 곁에서 바로잡아 주시고, 힘들고 지쳐 쓰러질 때 격려와 용기를 주시며 일으켜 세우시고, 외롭고 서러워할 때 내 눈물을 닦아주시고, 내 설익은 평안에 세상이 시비를 걸어올 때 어루만져 주시어 평화롭게 해주신다. 세상을 살아가는 데 필요한 모든 지혜가 당신이 남겨놓은 글 속에 살아 생동하며 늘 향기를 뿜어내고 있기 때문이다.

한 장 한 장 넘어가는 책장소리에서 아버지의 음성을 듣는 듯하다. 아버지는 글을 통해 세상 모두와 연결되어 있다. 마흔 여덟의 짧은 아버지의 삶과 예순을 넘기고 있는 나의 삶을 비교해 볼 때 아버지의 삶은 영롱하게 빛나는 금강석(金剛石)이라면, 나의 삶은 녹슨 무쇠구슬이나 흠집 투성이 플라스틱구슬에 불과했으며, 나는 언제나 묶이거나 걸려 있었음에 반해 아버지는 언제나 걸림 없는 자유(自由)요 비상(飛翔)이셨다.

아버지는 우리 형제들을 말보다는 행동으로 글로 표정으로 가르치신 것 같다. 아버지의 이런 교육방식은 내 삶 속에 계속 영향을 미쳤다. 지금도 세상사에 지쳐서 집으로 돌아와 잠자리에 쓰러지면 아버지의 커다란 목소리가 방안 가득히 울리는 것 같다.

"광렬아, 죽음을 공부하며 살고 있느냐?"

그럴 때면 나는 실로 두렵기까지 하다. 나는 멈춰 있거나 고정된 채 안주하고 있지 않은가, 비본질적인 것들로부터 떠나는 연습을 날마다 하고 있는가, 삶을 소유로 여기고 있지나 않은가, 나는 보람있는 삶을 살고 있는가, 내 스스로를 감시하며 살고 있는가 등 내 존재에 대한 확인, 내 삶에 대한 긍정, 내 스스로에 대한 신뢰와 희망이 그 물음에 대한 시원한 대답과 함께 내 입에서 나와야 한다고 믿기 때문이다. 그럴 때면 나는 자리에서 벌떡 일어나, 뭔가 새로운 각오를 다지거나 마음의 양식을 찾기 위해 책장을 넘기게 된다. 그리고는 삶의 반성 한 줄이라도 적어 놓음으로써 하루가 무의미하게 지나가지 않았다는 사실에 안도하며 잠이 들 수 있었다.

아버지는 가시고…

- 아버지에 대한 어머니와 나의 추억들
- 아버지의 유머
- 방우산장(放牛山莊)과 아버지 그리고 나
- 성북동 집과 아버지의 우정(友情)
- 성북동 집을 자주 찾으신 분들
- 복원하여 보존하고 싶은 성북동 옛집

아버지에 대한 어머니와 나의 추억들

아버지는 어렸을 때부터 병약(病弱)하여 일생 동안 병과 싸우셨다. 아니 싸웠다기보다 아버지가 〈병에게〉라는 시에서 진술한 바와 같이 병과 더불어 친구하며 사셨다고 할 수 있다. 그러나 술을 사랑하셨고 담배도 타계하시기 몇 년 전에야 끊으셨다.

담배 이야기가 나오니 생각이 난다. 나는 부끄러운 일이지만 고등학교 상급학년 다닐 때 담배를 배웠는데 주로 '화랑'이나 '재건' 같은 싼 담배를 피우고 있었다. 그걸 아신 아버지는 어머니를 통해 "몸에 안 좋으니 이걸 피우라고 하라"시며 비싼 '아리랑' 담배를 한 카톤(Carton, 12갑 든 박스) 건네주시던 것을 기억한다. 그때 나는 몸둘 바를 몰랐다.

아버지는 별로 말씀은 없으셨으나 조용히 나를 관찰하셨으며 그 시절의 아버지들이 대부분 그러하듯 부자간의 스킨십은 없었으나 속으로 우리들을 사랑하셨다. 자식인 나에게도 늘 부모로서의 품위와 예로 나를 대해주셨다. '강요'나 '다그침' 없이 기다려 주셨고 나에게 자유로운 선택을 하게 하셨으나 '자유'와 '방종'은 근본적으로 다름을 가르치셨다. 근엄하셨으나 아버지께 매를 맞아본 기억은 없다.

어린이 날이나 크리스마스 같은 날 작은 선물을 주신 적도 없다. 내 손을 꼭 쥐고 산책이나 나들이를 해주신 기억도 없다. 품에 껴안아 주고 머리를 쓰다듬어 주신 기억도 없다. 아버지와 함께 산이나 바닷가로 여행가서 며칠 밤 자고 온 추억도 없다. 캠핑이나 낚시를 가본 적도, 스케이트를 함께 타러 가본 적도 없다. 선수로 참가하여 내가 뛰고 있는 팀을 위해 열성적으로 응원해 주신 적도 없으셨다. 종교를 가지지 않으셨으니 온 가족이 모여 가정예배를 보거나 생일예배를 같이 본 적도 물론 없다. 내 머리에 손을 얹으시고 나를 위해 간절히 기도해 주신 적도 없다. 초등학교부터 대학교 졸업식 때까지 졸업식에 오셔서 축하해 주신 적도 한 번도 없다.

"이제 너도 세상에 나가야 하니 이 돈으로 양복이나 한 벌 해 입어라"시며 선뜻 돈을 건네주신 일도 없다. 요즘같이 자가용차가 집집마다 있는 시대도 아니었으니 가족을 태우고 드라이브 해주신 적도 있을 리 없다. 자전거를 타실 줄 아셨는지는 모르지만 아버지 허리를 꼭 껴안고 싱그러운 들판을 달려 본 기억도 없다. 연을 만들어 아버지와 함께 동산에 올라 위로위로 날아오르는 연을 향해 즐겁게 소리쳐 본 기억도 없다. 내가 좋아하는 팀을 응원하기 위해 그 팀의 유니폼이나 모자를 쓰고 운동경기를 함께 가보신 적도 없다. 영화관에 함께 가서 영화보고 오는 길에 음식을 사 주신 적도 없다. 아버지는 가족들에 관한 사랑이 담긴 일기나 글을 남겨 놓지도 않으셨다.

나는 아버지의 그늘 아래 살았던 짧았던 시절을 회상하며 왜 이렇게 "있다"는 말보다는 "없다"는 이야기만 늘어놓고 있는가. 아무리 요즈음과 달랐던 시대이긴 했어도 아들이 아버지를 추억할 수 있는 것으로 이런 것들 말고 무엇이 있겠는가. 어른이 된 아들이 평생 잊을 수 없는 아버지의 냄새가 이런 추억들 속에 배어있지 않고 어디에 묻어 있단 말인가. 아버지와 함께 누려보지 못한 이런 평범하고 사소한 것들을 아쉬워하며 나는 이 글을 써내려 가고 있다. 아버지의 옷깃을 잡고 살았던 추억의 시간들이 너무나 짧았음을 한스러워 하면서.

그런 점이 늘 아쉬웠기에 비록 세상에 큰 족적은 남기지 못하더라도 나는 내 자식들에게 될 수 있는 한 아름다운 추억들을 많이 남겨 주려 노력하며 살아가고 있다.

어린 시절 아버지에 대한 기억은, 술 드시고 밤늦게 제자나 친구분들과 함께 왁자지껄 들어오시면 나는 사랑방에서 자다가 눈을 비비며 베개와 이불을 말아 안방으로 건너가던 기억이 제일 많고, 손으로 꼽을 만큼의 가족 나들이 소풍의 추억들이 조금 있을 정도였다. '가족을 위해 사셨던 아버지' 라기보다는 '제자들, 친구들, 시와 학문, 그리고 몸담으셨던 학교, 나아가서는 나라를 위해 더 사랑을 쏟으셨던 아버지셨다고 하는 게 더 맞는 말이 아닐까. 그럼에도 불구하고 돌이켜 보면 나의 아버지는 내가 본 사람들 중에서 가장 훌륭한 분이셨고 가장 멋있는 분이셨다고 나는 생각한다.

그런 아버지도 집에 계실 때는 나를 데리고 앉아 다이아몬드 게임이나 속담, 시 구절 모아 맞추는 놀이도 하시고, 야한 유머 그러나 차원 높은 한국 고전유머도 친구같이 해주기도 하셨다(나는 아버지가 바둑이나 장기, 화투, 포커, 마작을 하시는 것을 본 적도 들은 적도 없다. 그러한 점으로 볼 때 전혀 그 방면엔 문외한이셨거나 관심을 두지 않으셨다고 추측한다). 얘기가 나온 김에 아버지의 유머 중 생각나는 것 몇 가지를 소개한다.

아버지의 유머

아버지의 해학은 아는 사람은 다 안다. 얘기하시면서, 혹은 글을 통해서 한국적 유머를 소개하시곤 하였다. 글로 전해오는 것이 있어서 다음에 인용한다.

" 포호삼법(捕虎三法)이란 것이 있다. 호랑이를 잡는 데 세 가지 방법이 있다는 말이다. 호랑이도 여러 가지가 있어서 어리석은 놈, 범상한 놈, 영웅적인 놈의 세 유형이 있다는 것이다. 호랑이를 잡자면 이 유형에 따라 법을 달리 해야 한다.

첫째, 어리석은 호랑이를 잡는 법은 한국사람이면 누구나 다 안다. 호랑이가 잠 잘 때에 살그머니 가서 잘 드는 칼로 호랑이 얼굴을 열 십자(十字)로 쫙 그려 놓고 뒤로 돌아가 호랑이 꼬리를 잡고 "이놈" 하고 소리지르면 깜짝 놀라 깨어 후닥닥 달아나는 바람에 알맹이만 쏙 빠져 달아나고 껍질은 제대로 남는다는 그 방법이다.

그러나, 둘째 방법, 범상한 호랑이지만 어리석은 놈과 달라서 두피(頭

皮)를 칼로 가르려다가는 큰 코를 다친다. 말하자면 범상한 호랑이지만 우호(愚虎; 어리석은 호랑이)보다는 똑똑하다는 셈이다. 이런 호랑이를 잡자면 왜 그 진드기란 기생충이 있지 않은가. 그 진드기란 놈 한 스무나문 마리만 잡아가지고 호랑이 자는 데를 찾아가서 호랑이란 놈 불알 근처에 놓아두면 된다. 진드기 스무 마리가 한꺼번에 총공격하는 바람에 잠자던 호랑이는 근지러워 못 견디고 잠을 깨서 이빨로 제 불알을 자근자근 깨문다는 것이다. 한창 시원한 고비에 이르면 그만 저도 모르게 꽉 하고 깨무는 통에 불알이 딱 끊기어 호랑이 입 속에 남게 되고 그래서 호랑이는 제풀에 죽는다는 것이다.

그러나 셋째 방법, 즉 영웅 호랑이는 이 두 가지 방법으론 다 안 된다. 영웅 호랑이는 머리가 기민(機敏)할 뿐 아니라 기개(氣概)가 높아서 함부로 다루지 못한다. 그러나 영웅 호랑이는 사람 세상과 마찬가지로 지조(志操)를 지키노라 대개 아호(餓虎; 굶주린 호랑이)가 많다. 이런 영웅 호랑이를 잡으려면 여자의 서답(月經帶, 왜 거시기 있잖소!)을 가지고 가야 한다. 영웅 호랑이가 자는 코 앞에 이 서답을 던져두면 된다. 배가 고픈 영웅 호랑이는 무슨 피비린내를 맡고 눈을 뜬다. 앞발을 내밀어 서답을 당겨다놓고 가만히 들여다본다. 이게 무슨 고길까? 토끼고기도 아니고 노루고기도 아니고 이게 무얼까? 서답을 한 번 뒤집어 놓으며 고개를 기울이고 호랑이는 심사숙고하게 된다. 이윽고 영웅 호랑이는 고개를 끄덕인다.

"내 일찍이 들으니 인간 여자의 하문(下門)에서 이런 것이 나온다더니 이게 바로 그건가 보구나. 아무리 배가 고픈들 이거야 먹을 수 있나."

영웅 호랑이는 한숨을 한 번 쉬고는 분연(憤然)히 자살하고 만다. 늙어서 토끼나 노루를 쫓을 힘도 없고 불의(不義)와 창피를 무릅쓰자니 자존심이 허락하지 않아 마침내 영웅 호랑이는 자살하고 만다는 것이다. 죽어서 호피(虎皮)만을 남기는 것이 아니라 호랑이도 영웅은 분사(憤死)의 기개(氣概)로 이름을 남긴다. ”

이외에도 노낭비화(露囊悲話), 상사호(想思虎) 같은 한국의 유머를 글로써 남기기도 하셨다(조지훈전집 4권, 《수필의 미학》, 나남출판, 403쪽~408쪽).

아버지께서는 슬픔과 한(恨)의 예술인 한국의 예술, 이 슬픔이라든가 한은 단순한 역사적 환경의 산물(産物)만이 아니고 오히려 근원적인 민족성의 바탕에 들어 있는 것이라고 보는 것이 타당할 것이라고 하셨다. 슬픔과 한의 뒤에는 멋과 유머가 붙어 표리를 이루고 있다. 멋과 유머가 어찌 슬픔과 한을 바탕으로 삼을 수 있는가. 그러나 진실로 이 멋은 슬픔이 초절(超絶)된 경지다. 슬픔과 고뇌를 체득한 자의 한바탕 춤이 비로소 멋이 되듯이 유머의 바닥에는 눈물이 깔려 있는 것이라고 하셨다.

아버지께서는 또 한국의 유머는 중국이나 영국과 비견(比肩)할 수 있는 고차(高次)의 유머라고도 하셨다. 아버지는 “연착(延着)된 기차를 기다리며 깊은 밤 정거장에 모닥불을 놓으며 둘러앉아 처음 만나는 사람들끼리 주고받는 농담, 또는 통행금지시간에 걸려 임시유치장에서 밤을 새우며 주고받는 농담, 이런 경우를 겪으면서 한국인의 유머족(族)으로서의 관록을 재인식했다”고도 하셨다.

“한국의 유머는 기발하기보다는 은근하고 슴슴한 숭늉 같으면서도 버리기 어려운 운치(韻致)가 있고 눈물이 스며있고 달관과 농세(弄世)가 있어 좋다. 자자분하고 얌체 없는 것이 아니고 아주 의젓하면서 실소(失笑)와 홍소(哄笑)를 금할 수 없게 하는 그 맛이란 천하일품의 것이다. 우리 유머의 묘처(妙處)는 그 결구(結構)의 단락(段落)을 마지막 한 마디에 두는 것, 다시 말하면 점층법으로 쌓아 올라 가다가 클라이맥스에 가서 일격에 무너뜨리는 고대(古代) 비극적 수법의 대단원(大團圓)에 있다”고 하셨다. 한국 유머의 전형적 일례가 바로 앞의 ‘포호삼법’과 같은 유머라고 하셨다.

그런가 하면 이런 것도 있다. 유머는 아니지만 기지와 해학이 번뜩이는 풍자시(諷刺詩), 아니 욕시(辱詩)라 해야 할 것이다. 다름아닌 방랑시인 김삿갓의 '욕설모서당(辱說某書堂; 어느 서당을 욕함)이란 시를 가르쳐 주셨다.

내가 고등학교 일학년 때(1960년 경) 어느 날이었던 것으로 기억된다. 저녁식사 때(우리는 주로 안방에서 가족이 함께 식사했는데, 아버지와 나는 늘 겸상을 하였고 어머니와 나머지 식구들은 둥그런 밥상에 둘러앉아 식사를 했다), 라디오에서 김삿갓 노래가 나와서였는지 모르나 어쨌든 저녁식사중 김삿갓 얘기가 화제가 되었다. 그때 아버지께서 물으셨다.

"광렬아, 김삿갓의 본명이 무엇인지 아느냐? 또 그가 평생을 방랑생활을 하게 된 연유를 아느냐?"

나는 "상세히는 잘 모르는데요" 했다.

"'삿갓' 또는 김립(金笠)은 그의 별호이고 본명은 김병연(金炳淵; 1807~1863)이며 자호는 난고(蘭皐)이다. 순조(純祖) 때 권세가문인 장동(壯洞) 김씨 집안에서 태어났다. 할아버지 김익순(金益洵)이 홍경래의 난 때 투항한 죄로 집안이 멸족을 당하게 되었다. 이때 그는 6살짜리 어린이였다. 그의 형제는 노비로 멀리 황해도에 피신하였으나 수년 후 그 죄는 조부에게만 한하고 멸족에서 폐족으로 사면되었다. 자손에게까지는 화가 미치지 않았음에 다시 돌아와 어머니가 숨어살던 강원도 영월에서 공부하며 자랐다. 조부의 행적을 모르던 병연은 20세때 과거에 응시해서 〈논정가산충절사탄김익순죄통우천〉(論鄭嘉山忠節死嘆金益淳罪通于天)이라는 시제로 그의 조부를 조롱하며 신랄하게 탄핵하는 글을 지어 장원급제하였다. 그러나 어머니로부터 조부의 행적을 알게 된 그는 조상에 대한 죄책과 폐족의 수치심이 깊어져 처자식을 내버려둔 채 삿갓을 쓰고 그때부터 평생을 방랑길에 나서게 되었다"고 아버지께서 설명해 주셨다.

식사 후 아버지는 "김립은 풍자와 해학이 담긴 한시를 많이 남겼는데 한

시의 신성함과 정통양식, 규범을 파괴하거나 권위에 대한 도전적인 파격시를 많이 남겼지" 하시며, "종이와 연필을 가져오너라" 하셨다.

아버지께서는 위에 언급한 김립의 시 〈욕설모서당〉이란 시를 한자로 써서 나에게 주시면서 "여기서 모르는 자가 있느냐?"고 물으셨다. 대충 다 아는 한자였는데 마지막 자가 '알'인지 '갈'인지 좀 자신이 없었던 기억이 난다. "그건 뵈올 '알'자니라"고 가르쳐 주셨던 기억도 난다.

"김 삿갓이 어느 시골 서당에 갔더니 몰골이 남루한 그를 본 생도들의 품행과 거동이 괘씸한데다 선생조차 나와보지 않아 이 시를 지어 넣고 나왔단다."

書堂來早智(서당내조지) 房中皆尊物(방중개존물)
生徒齊未十(생도제미십) 先生來不謁(선생내불알)
(서당에 아침 일찍 와서 알아보니 방안에는 모두 존귀한 분들뿐이고
생도는 모두 열 사람도 못 되는데 선생은 와 보지도 않더라.)

뜻은 알겠는데 매 문장의 끝 세 글자들을 아버지 앞에서 발음나는 대로 읽기가 영 민망하여 입속으로만 '내조지', '개존물', '내불알'을 되뇌고 있었다.

"이 시를 음대로 읽어봐라." 아버지가 명(?)하셨다. 나는 용기를 내어 소리나는 대로 읽었다.

서당은 내좆이요 방중은 개좆물인데
생도는 제미십이요 선생은 내 불알이라.

이건 시가 아니라 욕(辱)이요 그것도 심한 욕 아닌가. 나는 아버지와 함께

실컷 웃었었다.

나는 그때 아버지께 배운 이 욕시를 훗날 친구들이나 지인들과의 모임에서 무료하거나 우스개 소리가 필요할 때면 가끔씩 소개했더니 다들 재미있어 하기에 그후 오늘날까지도 탕국 재탕해 먹듯 가끔씩 우려먹고 있다. "죽장에 삿갓쓰고 방랑 삼천리…술 한 잔에 시 한 수로 떠나가는 김삿갓"이란 유행가를 접할 때면 아버지가 가르쳐 주신 이 글이 생각나서 혼자서 피식 웃곤 한다. 뒤돌아보면 온가족이 함께 했던 그 시절이 내 생애 가장 따뜻했던 날들이 아니었나는 생각과 함께 그날들이 그리워지곤 한다.

최근 어느 날, 인터넷으로 아버지 함자를 검색했더니 아래와 같은 아버지의 유머가 실려 있었다.

" 옛날에 장님 영감과 벙어리 할멈이 부부로 살았는데 마침 이웃집에서 불이 났어. 할멈이 화들짝 방으로 뛰어 들어오자, 영감이 "무슨 화급한 일이냐?"라고 물었어.

할멈은 영감의 두 손으로 자기 젖무덤을 만지게 한 후, 가슴에다 사람 인(人)자를 그었대. 그러자 영감이, "불났군"하면서 "뉘 집이야?" 라고 다급하게 물었지, 그러자 할멈은 영감에게 입맞춤을 했대.

그러자, 영감은 "뭐, 여(呂)씨 집이!" 라고 하면서 놀란 후, "그래, 어느 정도 탔나?"라고 물었다나. 할멈은 영감의 남근을 꽉 잡았대. 그러자 영감은 "아이고 다 타고 기둥만 남았군" 했다더군. "

또, 아버지는 짧고도 해학적인 한자 파자(破字)에 대하여 학생들에게 가끔 질문하셨다 한다.

"사람이 외나무다리를 건너는 글자는?"

"모르겠습니다."

"자네 참. 그렇게 쉬운 글자도 모르다니…. 그건 말이야. 한글 'ㅅ'자 라네."

또 이런 것도 인터넷에 올라 있었다.

> 내 호가 처음에는 '지타(芝陀)'였지. 마침 여학교(경기여고) 훈장으로 갔는데, 내 호를 말했더니 학생이 얼굴을 붉히더군 그래서 곰곰이 생각하니 '지타'라는 호야 아주 고상하지만, 내 성(姓)과 합성하니까 발음이 '조지타'가 되는데! 걔네들이 내 호에서 다른 무엇(?)을 연상했나 봐. 그래 할 수 없이 '지훈'으로 고쳤어.

위의 것과 비슷한 일이 그후에도 있었다고 한다. 1950년대 고려대학교 국문과 제자들 사이에는 '지다(知多)' 선생으로 통하셨다는 이야기를 제자 분들로부터 들었다. 워낙 박학다식이라서 지어 올린 별호였다고 한다. 그때에도 아버지께서는 빙긋이 웃으시면서 "그 위에다 내 성(姓)을 올려놔 봐. '조지다'가 되는군".

좌중이 박장대소하였다는 이야기를 들었다.

호를 '지훈'으로 고치고 나서도 친구분들로부터 우스개 농담을 가끔 들으셨던 모양이다. 전 국회의원이셨던 김익준(金益俊) 선생이 내 서울고등학교 동기동창 김수명(金秀明)의 부친이신데 그 친구 왈, "우리 아버지가 늬네 아버지 만나면 '조지가 훈훈하신가?' 라고 인사를 건넨다고 하시더라".

역시 '조'라는 성씨가 말썽이다.

나도 호를 하나 가져보려고 동기동창 전문가(?) 강재(康齋) 이해익(李海益) 학형에게 부탁한 적이 있었다. 몇 달 만에 '지한(智閑)'이 좋겠다고 나름대로 고심 끝에 지어보냈다. 환갑이 다 되어가는 나이에 내가 글을 쓰기 시작했다는 소식을 듣고 지어준 호로 '겸손한 지식(또는 지혜)'이란 뜻이라며 지어놓고 보니 자신도 흡족하고 "자네 선친의 호와 첫 글자가 음(音)이 같아 더 잘된 것 같다"는 말도 곁들여, 쓰기를 권했다. 그러나 내겐 너무 과분하여 차라리 '한가하게 거닌다'는 의미의 '지한(之閑)'이 더 낫겠다는 생각해 본 적이 있으나 용기가 없어 아직 쓰지는 않고 있지만 이 역시 남들로부터 "조지가 한가하신가?" 라는 인사를 받을까 저어함이 더 크다.

각설하고 아버지는 짧게 사셨지만 앞에 소개한 종류의 인정스럽고 해학적인 이야기가 제자들의 입에서 입으로 아직도 전해 내려오고 있다.

그런가 하면, 아버지는 자식이라도 나를 인격적으로 대해주셨다. 내가 고등학교 다닐 때 언젠가 한 번은 당신의 심기를 언짢게 해드릴 정도로 잘못을 저지른 일이 있었는데 무엇이었는지는 잘 기억이 나지 않지만, 화를 참으셨다가 동생들이나 가족들이 다 잠든 후에 나를 깨우시고 조용히 꾸짖으시던 일을 아직도 잊을 수 없다.

내가 부모가 되고 보니 그 일은 쉬운 일이 아니란 걸 알았다. 많은 수양과 인내심이 동반됨을 알았다. 아버지인들 그 순간 왜 화나지 않으셨을까. 그러나 화났을 때는 당장 가르치려 하지 말고 자신을 다스린 후에 가르치는 것이 더욱 효과적이라는 것을 아셨던 것이다. 말은 그 사람이 들어줄 때 더 힘을 발휘하고 때로는 말보다 편지나 글이 효과가 있다는 것을 자식을 길러 보면서야 깨닫게 되었다.

스승이 있다는 것만큼 훌륭하고 복된 것은 없다. 집에서는 아버지가 바로 스승인 것이다. 자식을 내 소유물이라 생각 말고 불교에서 말하는 도반

(道伴)이라 생각하는 것이 더욱 복되다는 것을 깨닫는 데는 긴 시간이 필요했다.

일상의 행동과 마음가짐을 통해 자식을 가르치려 하셨던 아버지, 세상의 모든 아버지가 자식을 위해 모두 다 훌륭한 교육자가 될 수는 없고, 그럴 필요도 없다. 그러나 정말로 중요한 것은 자식들의 삶의 행로를 바로잡아 주기 위해서 제대로 걸어가는 모습을 보이는 아버지가 되는 것일 것이다. 자신을 낮추며 떳떳하고 당당하게 살아온 일생임을 몸으로 보여주는 것 그것이면 충분하지 않을까.

그러나 사실은 이것이 가장 어려운 일임을 나는 나이를 먹어가면서 점차로 깨닫게 되었다. 눈물이 날 정도로 찡한 추억을 남긴 부자지간의 잔정은 없었어도 60을 넘긴 내가 50도 못 살고 가신 아버지가 세월이 갈수록 존경스럽고 더욱 그리워지는 것은 아버지가 이룩하신 문학적, 학문적 업적이나 사회적 업적 이외에도 바로 이런 모습이 아버지에게 있었기 때문인지도 모른다.

방우산장(放牛山莊)과 아버지 그리고 나

나중에 다시 이야기하겠지만 아버지는 고향 경북 영양 주실에서 결혼하시고 그곳서 잠시 사시다가 서울로 올라와 나의 할아버지가 전세를 얻어 일월서방(日月書房) 및 동양의학연구소 간판을 걸고 사시던 명륜동에서 얼마간 할아버지와 함께 사셨다. 해방 후 할아버지께서는 집장사가 지은 집을 사서 성북동으로 이사(제헌 국회의원 시절)하셨다. 아버지는 성북동 그 집에서 돌아가실 때까지 평생 사셨다.

햇빛 쏟아지는 성북동 그 골목에서 나는 유년시절을 보냈다. 구슬치기, 딱지치기, 제기차기, 자치기, 말타기 그리고 편갈라 축구하고, 집 뒤 개천에서 여름엔 물장난을, 겨울엔 썰매를 타고 놀았다(지금은 그 개천이 복개되어 도로로 변했다). 조금 커서는 대원각(지금은 옛 주인이 헌납하여 절이 되었다 한다)이 있었던 곳으로 가서 곤충채집도 하고 자하문에 가서 자두를 따며 놀던 기억이 난다.

그 골목에 추운 겨울이면 찹쌀떡 장사가 지나가며 "차압 쌀 떠억~, 메밀무욱 사아려~" 하며 지나갔고, 이른 새벽엔 두부장사가 종을 울리며 지나가기도 했다. 선달 그믐 때면 "복조리 사려~" 하는 소리도 정겨웠다. 때로는 "선지나 어리굴젓 사려어~" 하며 외치는 소리도 들렸고, 낮에는 엿장수들의 가위질 소리가 한가로운 여운을 남기기도 했다. 지금은 들을 수조차 없는 잃어버린 소리들… 심지어 "똥 퍼어~" 하던 소리조차 그리운 소리로 내 가슴에 남아 있다.

골목으로 난 서향 대문을 열고 들어가면 문간 왼쪽에 작은 툇마루가 있고, 문간방으로 들어가는 미닫이문이 있었다. 이 문간방은 옆의 사랑방과 미닫이로 통하게 되어 있었다. 내가 갓난아기였을 때, 즉 해방 직후 나의 할아버지가 제헌국회의원이셨을 때는 할아버지의 경호원 겸 비서 겸 지프차 운전기사였던 미남 아저씨가 이 방을 썼다고 한다. 나는 너무 어려서 그 아저씨의 기억은 없으나 훗날 사진으로 보았는데 양복에 중절모를 쓴 영화배우같이 잘생긴 건장한 청년이었다. 이 분은 6 · 25 전란으로 아직까지 생사를 모른다.

골목에서 대문을 열고 문간에 들어서서 높은 문지방을 넘으면 작은 마당이 나오는데 그 마당을 향해 남쪽으로 트인 디귿자 집이었다. 그 디귿자 집에다 훗날 나의 대고모께서 혹을 하나 붙이듯 방을 하나 증축하셨다. 그 후 어느 날, 우리집에 오셨던 친척 할아버지께서 그 방을 보시며 "망할 '망(亡)'자 집이 아니냐, 누가 이런 어리석은 짓을 했느냐?"고 펄쩍 뛰시던 모습이 선하다.

마당 북쪽의 대청마루를 가운데 두고 서쪽엔 사랑방과 문간방, 서남쪽에 방 하나와 그 옆에 변소가 기역자로 붙어 있었고 그 사이에 대문과 문간이 있었다. 큰 마루 동쪽엔 안방이 있고, 그 안방 남쪽에 부엌과 방 하나가 기역자로 붙어 있었다. 사랑방과 안방 사이에 있는 대청 남쪽은 마당으로 나가는 유리창이 달린 미닫이다. 북쪽에도 유리창이 달린 미닫이 문이었는데 그 문을 열면 뒷집 담 사이에 사람이 겨우 지나다닐 정도의 공간이 장독

성북동 자택에서 막내 태열이 태어나기 전 광렬, 학열, 혜경

대가 있는 동쪽 뜰로 향해 열려 있었다.

안방 남쪽에 붙어 있는 부엌과 안방 사이에 음식을 건넬 수 있는 작은 문이 있었다. 이 부엌은 일반 재래식 한옥이 그러했듯이 마당에서 문을 열고 문지방을 넘어 두세 계단 내려 들어가야 했다. 서향문과 동쪽 개천쪽 뜰로 나가는 두 개의 문 사이에 안방 아랫목쪽인 북쪽엔 솥이 걸린 부뚜막이, 남쪽 부엌옆방쪽엔 조리대와 찬장이 있었다. 이 부엌 옆방은 우리와 함께 살며 집안일을 도와주는 친척누나와 여동생 혜경이가 썼다(6 · 25 전에는 할아버지께서 쓰셨다고 한다).

개천쪽으로 난 동쪽 부엌문을 열고 나가면 북쪽엔 장독대가 있고, 안방에서 동쪽 뜰로 나가는 창호지로 된 문 앞에 툇마루가 있었는데, 그 툇마루를 넓히고 연장시켜 부엌 옆방 뒤에 우리 대고모께서 서재로 쓰라고 새로 달아내 증축한 방으로 통하게 하였다.

이 책 앞부분에 소개한 오탁번 시인의 수필 "슬프고도 기쁜 잔"에 나오는 방이 바로 이 방이었다.

집 가운데 있는 작은 마당을 향해 창호지를 바른 덧문이 달린 미닫이문들과 그 앞에 툇마루가 하나씩 붙어 있었고, 마당 동남쪽 방(부엌 옆방)앞에 물을 퍼 올리는 펌프대가 있었다. 그곳에서 세숫대야에 물을 받아 세수하고, 채소씻고, 빨래하고, 여름이면 등물을 하기도 했다. 모두가 가난하던, 현대식 아파트도 없던 그 시절 대부분의 집들이 그랬듯이 수세식 화장실이나 욕실은 없었고 목욕하려면 대중 목욕탕에 가야 했다.

비록 운치 없는 집이었지만 아버지는 그 작은 마당 가운데 화단을 만들어 파초와 꽃나무도 가꾸고, 사랑방 앞쪽에는 조그만 연못도 만들고, 추녀에 줄을 매어 나팔꽃이 타고 오르게도 하셨다. 주위에 산처럼 생긴 운치 있는 돌에 돌나물도 심어놓으시고 정을 붙여보려고 애쓰셨다.

할아버지께서 납북 당하시기 전에는 부엌 옆방에서 거처하셨고, 사랑방은 아버지가, 안방은 할머니와 어머니가, 문간방은 경호원 아저씨가 그리고 변소 옆방은 막내 삼촌이 쓰셨던 것 같다. 6·25 동란 이후에는 내가 혜화초등학교를 다닐 때까지 나는 사랑방에서 잠은 아버지와 함께 잤다. 고등학생이 되면서는 대문과 변소 사이에 있는 방을 나와 동생 학열이가 같이 썼고, 사랑방과 문간방은 하나로 터서 문간방은 서재로 아버지가 사용하셨는데 주로 그 방은 서고(書庫)의 역할을 하여 바닥에서부터 천장까지 책으로 가득했다. 북쪽 맨 아래 부분에는 가장 큰 책인 조선왕조실록이 꽂혀 있었던 것을 기억한다. 간혹 다른 방에 계시던 아버지가 책이 필요하실 때면 나를 불러 "어느쪽 서고, 밑에서 몇 째줄 어느쪽에서 몇 번째 꽂힌 책을 가져오너라"고 시켜 가보면 놀라울 정도로 그 자리에 그 책이 꽂혀 있곤 했다.

집필은 주로 손님을 맞고 주무시기도 하는 사랑방에서 하셨다. 그 사랑방 서쪽은 서고가 있는 문간방으로 통하는 미닫이문이 있었다. 그 사랑방 동쪽은 큰 마루로 통하는 미닫이문을 가진 방으로 온전한 벽은 북쪽뿐이었다. 그 벽 위쪽엔 어느 곳에서 탁본한 듯한 한자(漢字)로 된 커다란 글자 몇 자가 오랫동안 붙어 있던 기억이 난다. 그 아래 왼쪽으로 한 쌍의 미닫이와 오른쪽에 세로로 몇 개의 서랍을 가진 서류궤짝이 놓여 있고, 오른쪽으로는 문갑과 사방탁자가 놓여 있었다. 거기에는 별로 비싸 보이지 않는 주둥이 깨진 고려청자 또는 몇 점의 조선백자, 연적, 깨진 자기들 그리고 몇 점의 신라토기가 놓여 있었다. 골동품을 가격으로서의 가치보다 옛것에 대한 사랑과 향수로 애완(愛玩)하셨던 것이다. 마루나 문간방으로 통하는 미닫이 양쪽 벽에는 족자들이 걸려 있었다.

남쪽으로는 마당으로 나가는 툇마루 사이의 덧문을 가진 미닫이문이 항상 밝았는데 그리로 쏟아져 내리는 눈부신 아침햇살로 아침에 잠을 깨던 나의 어린시절이 아직도 잊혀지지 않는다.

아버지는 성북동을 좋아하셨다. 어느 방향으로 가나 5분만 가면 바위와 숲이 있어서였다. "혜화동 고개에 올라서서 성(城)돌에 앉아 우이동 연봉을 바라보는 맛과 삼선교에서 성북동 뒷산을 보며 황혼길을 걸어오는 맛은 동양화의 운치가 있다"고 하셨다.

혜화초등학교를 다니던 나는 왼쪽으로 보성고등학교를 끼고 조금 걸어 올라가다 오른쪽으로 경신중고교를 지나면 고갯마루에 이르는 그 길을 참 좋아했다. 책가방을 메고 오가던 그 길에서 봄이면 아카시아 향기에 취하곤 했다. 설날, 아버지를 따라 명륜동 대고모 댁에 세배 다녀오다 그 고갯마루에서 아버지와 함께 바라보던 우이동 연봉, 삼선교 큰댁에 세배하러 가는

성북동집의 문간방은 아버지가 서재로 사용하셨는데 이 방은 주로 서고(書庫)의 역할을 하여 바닥에서부터 천장까지 책으로 가득했다.

길에 검정 한복두루마기를 입으시고 단장을 짚으신 채 고개를 한껏 젖히시고 걸으시던 아버지 뒤를 졸랑졸랑 따라가던 어린시절의 정겨운 추억이 있는 그 길들은 지금도 눈에 선하고 잊혀지지 않는다.

성북동은 산골 맛에 사셨는데 우리집은 산밑이 아니어서 아버지가 좋아하시는 바위와 숲과 천석(泉石)도 찾아가야만 만날 수 있는 것이 일대한사(一大恨事)셨다. 그런고로 30년 가까이 사셨어도 정든 구석이라곤 없는 몰운치(沒韻致)한 집이고 보니, 다른 욕심은 별로 없으셨어도 산 가까운 곳에 자연스러운 정원이 있는 집 하나 가지고 싶은 꿈은 버리지 못하고 계셨다. 그래서 아버지는 아버지가 좋아하시는 산장의 설계를 공상하는 것으로 낙을 삼으셨다.

아버지는 당신의 시 〈고풍의상〉과 같이 아름다운 꿈과 생활의 운치 또는 재미가 깃들어 있는 집을 원하셨다. 그것은 영 이루어질 가망조차 없는 그런 꿈이 아니라 조그마한 관심과 정성으로도 얻을 수 있는 생활의 운치, 또는 재미에 대한 꿈이었다.

"고풍이면서도 현재적 세련을 거쳐 한결 참신한 아름다움을 지닌 건축, 오륙십 간이 넘는 고래등같은 기와집보다는 칸살은 열너덧 간 안팎의 작은 것이라도 밝고 아담하고 쓸모 있게 설계되어 다사한 생활의 햇빛이 새어나오는 그런 집, 우리 건축의 고상한 멋을 서구풍으로 약간 세련하여 꾸민 경편한 포르르 날아갈 듯한 집"을 원하셨다.

그러나 그 소박한 꿈도 못 이루시고 남은 가족들은 어찌 살라고 자식들 혼사(婚事)는커녕 공부도 다 마치기 전에 무엇이 그리 급하셨는지 다른 세상으로 건너가 버리셨다.

어머니 말씀같이 "가족은 아랑곳없이 혼자만 짧고 굵고 멋지게 살다" 가셨다. 그때부터 우리집 형편은 기울어지기 시작했고, 우리 가족은 그 이후 수없이 많은 이사를 다녔다. 이웃 성북동으로, 수유리로, 연희동으로, 신림동으로 이사해서 그곳에서 나는 결혼했고 〔남산 L.C.I. 예식장(공군구락부)에서 박목월 선생 주례로 1970년 11월 25일〕, 다시 수유리로 이사가서 직장생활을 하다 1971년 여름에 도미(渡美)했고, 1983년 겨울에 귀국해서는 내가 마련한 반포와 압구정동에서, 내가 한국생활에 적응 못하고 다시 1992년 7월에 미국 온 후로 어머니는 강남에서 또 강북으로 몇 번의 이사를 하셨다.

아무런 재산도 남겨놓지 않고 아버지가 떠나가신 후, 우리 가족의 삶은 고달프고 고달팠으며 아버지의 빈자리는 그렇게 크고도 깊었다. 그러나 모두 맏이인 내가 못난 탓임을 어쩌랴.

그럴싸한 현판 하나 걸 수 없는 그런 몰풍정(風情)한 집이었어도 아버지는 그 집에 '방우산장(放牛山莊)'이란 멋있는 이름을 선사하고 스스로를 위로하셨다. 아버지의 '방우산장기(放牛山莊記)'를 소개한다.

“ ‘방우산장’은 내가 거처하고 있는 이른바 ‘나의 집’에다 스스로 붙인 집 이름이다.

집이란 물건은 고루거각(高樓巨閣)이든 용슬소옥(容膝小屋)이든지 본디 일정한 자리에 있는 것이요, 떠메고 돌아다닐 수 없는 것이매 집 이름도 특칭의 고유명사가 아닐 수 없으나, 나의 방우산장은 원래 특정한 장소, 일정한 건물 하나에만 명명한 것이 아니고 보니 육척 수신장구(瘦身長軀)를 담아서 내가 그 안에 잠자고 일하며 먹고 생각하는 터전은 다 방우산장이라 부를밖에 없다. 산장이라 했으니 산 속에 있어야만 붙일 수 있는 이름이로되 십 리 둘레에 일 점 산 없는 곳이 없고 보니 나의 방우산장은 심산(深山)에 있거나 시항(市巷)에 있거나를 가리지 않고 일여(一如)한 산장이다. 이는 내가 본디 산에서 나고 또 장차 산으로 돌아갈 자이기 때문이다.

기르는 한 마리 소야 있든지 없든지 방우(放牛)라 부르는 것은 내 소, 남의 소를 가릴 것 없이 설핏한 저녁 햇살 아래 내가 올라타고 풀피리를 희롱할 한 마리 소만 있으면 그 소가 지금 어디에 가 있든지 내가 아랑곳할 것이 없기 때문이다.

집은 떠나지 못하지만 사람은 떠돌게 마련이다. 방우산장의 이름에 값할 집은 열 손을 넘어 꼽게 된다. 어떤 때는 따뜻한 친구의 집이 내 산장이 되었고, 어떤 때는 차운 여관의 일실(一室)이 내 산장이 되기도 하였다. 그나 그뿐인가. 피란 종군(從軍)의 즈음에는 야숙(野宿)의 담요 한 장이 내 산장이 되기도 하였다. 이러고 보면 취와(醉臥)의 경우에는 저 억조 성좌를 장식한 무변한 창공이 그대로 나의 산장이 될 법도 하지 않는가. 실상은 나를 바로 나이게 하는 내 영혼이 깃들인 고(庫)집, 이 나의 육신이 구극(究極)에는 나의 산장이기도 하다.

방우산장(放牛山莊)에는 아직 한 장의 현판(懸板)도 없다. 불행하게도 한

장의 현판을 걸었던들 방우산장은 이미 나의 집이 아니게 되었을 것이요, 나의 형터리도 없는 집 이름은 몇 번이든지 바뀌졌을지도 모른다. 그러므로, 두려운 일은 곧 뒷날 내 죽은 뒤 어느 사람이 있어 나의 마음을 가장 잘 알아주노라는 제 정성으로 방우산장이란 묘석을 내 무덤에다 세워줄까 저어함이다.

그때는 이미 나의 방우산장은 이 지상에서는 소멸되고 저 지하의 한 이름 모를 나무뿌리에 새겨져 있을 것이다. 땅 위에 남겨 놓고 간 '영혼의 새'가 깃들이는 곳 — 그 무성한 숲의 어느 한 가지가 방우산장이 될 것이다.

나의 소는 어느 때든지 마침내 내 집으로 돌아오리라. 그러므로, 떠나고는 다시 오지 않는 새를 나는 사랑한다. 소가 죽어서 새가 되었다고는 생각할 수 없다. 그러나 나의 소는 저 산새소리를 따라서 어디론가 뛰어간 것에 틀림없다. 낙엽이 날리는 산장을 쓸며 나는 소를 기다리지 않고 시를 쓰며 산다(《신천지》, 1953). ”

아버지가 당신의 거처에다 '방우산장'이란 이름을 붙인 것은 신사(辛巳)년 곧 1941년 봄부터 오대산에 들어가 계셨을 때 "월정사(月精寺) 동향의 일실(一室)에 명명함으로써 비롯된 일"이라고 한다.

"학교를 갓나온 스물한 살짜리 애송이 청년이 세월에게서 받은 상처를 어루만지며 쫓겨간 곳이 오대산이요, 쓰일 곳 없는 세상이자 쓰이고 싶지도 않은 세월이더랬는데, 이 장발(長髮) 백의(白衣)의 가승(假僧)을 반갑게 맞아준 곳이 월정사 강원(講院)의 외전강사(外典講師)자리였다"고 하셨다.

하루 한두 시간을, 더우면 법당 앞 용금루(湧金樓) 다락에서, 추우면 강원 큰 온돌방에서 학인(學人)들을 가르치고 나면 아버지에게는 하실 일이 없었다. 빈방에 홀로 눈감고 벽에 기대이거나 먼지 앉은 경권(經卷)을 내어

놓고 뒤적이지 않으면, 뜻 모를 생각에 잠겨 숲속이나 못가를 거니는 것이 일과셨다.

"어린 중들과 함께 산나물을 뜯는 봄 한철, 머루와 솔잎과 당귀를 캐어 술 빚어 마시는 가을 한철, 소란한 세상이 괴롭고 아플수록 산거(山居)의 미(味)는 깊어갔다"고 하셨다. 그러다 《문장》지 폐간호를 받으셨다.

아버지는 이 방우산장에서 나라가 무너지는 소리를 들으셨다. "실의(失意)의 청년은 이제 실신(失神)의 인(人)이 되었다. 방우산장 주인 방우자(放牛子)는 방우선(放牛禪)의 개조(開祖)가 되고 만 것이다"고 하셨다. "자꾸만 쓰러지려는 내 자신을 가누려는 혈투의 몸부림이었다"고 하셨다.

계제(階梯)가 없는 선(禪)을 설명하는 방편으로 '십우도(十牛圖)'의 계제가 있는 것은 주지의 사실이다. 선에서는 오도(悟道)의 요체(要諦) '일심(一心)'의 파악을 전후에 나누어 범부(凡夫)를 실우인(失牛人) ― 곧 제 본성을 잃어버리고 방황하는 사람이라 하고, 그래서 마음[佛]을 소에 비하여 범부가 불(佛)이 되기까지를 열에 나눈 것이 심우(尋牛)→ 견적(見跡)→ 견우(見牛)→ 득우(得牛)→ 목우(牧牛)→ 기우귀가(騎牛歸家)→ 망우존인(忘牛存人)→ 인우구망(人牛俱忘)→ 반본환원(返本還源)→ 입전수우(入廛垂手)의 열 가지다.

방우(放牛)는 이 십이 도의 어디에도 없다. 방우는 곧 방우이목우(放牛而牧牛)다. 선(禪)의 외도(外道)요, 유(儒)의 사문난적(斯文亂賊). 얼마나 방자한 언행이며 선 아닌 선이냐, 니힐의 기반 위에 세운 성실의 세계 ― 나는 아직도 철 안든 방우행자(放牛行子)다.

지금은 불타 버린 오대산 월정사의 일실, 그날의 방우산장에는 풀이 무성히 우거졌을 것이다. 놓아버린 대로 찾지 않은 나의 '소'는 지금 어디 있는가. 소 잃은 성북의 방우산장. 호롱불 앞에 가만히 앉아 있으면 어디서 음매— 소리가 들리는 것만 같다.

— 조지훈 전집 4권, 《수필의 미학》(나남, 1996), 44쪽/속(續)방우산장기

이 두 편의 방우산장기를 쓰신 때는 내가 여덟 살 때였다.

불가에서 '소'는 곧 도(道)이며 깨달음이다. 아버지는 약관 스물한 살 때 이미 깨달음에 이르는 길을 아셨던 것이다. 아니 어쩌면 진정한 깨달음을 얻지 못하는 사람들의 어리석음을 꼬집고 싶으셨는지도 모른다. 아버지는 당신의 육신을 초탈해 작은 일에 걸리지 않고 마음대로 자재하며 유유자적하는 법을 그때 이미 터득하셨는지도 모른다. 아버지는 그렇게 어디를 가나 마음에 '소'를 품고 사셨다.

소 이야기가 나오니 "가히 우습구나. 소를 찾는 자여, 소를 타고 다시 소를 찾네…", "본래 잃지 않았거니, 어찌 다시 찾으리오. 선과 악이 모두 마음이라 가히 닦고 끊을 것이 없도다", "머리를 숙이거나 얼굴을 들어보아도 감출 곳이 없는데 구름은 푸른 하늘에 있고 물은 병에 있네…" 라는 심우송(尋牛頌)을 법어로 남긴 경허 스님(1849~1912)의 삶을 생각하게 한다.

나의 고등학교 동기동창인 소설가 최인호가 '일 없음이 나의 할 일(無事猶成事)'이란 경허 스님의 글귀에 충격을 받은 것이 집필의 동기가 되었다는 소설 〈길 없는 길〉을 통해 경허 스님의 삶을 추적한 바 있다.

신라시대 원효 이후 최대의 파격적 만행의 주인공이었던 경허. 아홉 살 때 청계사에 출가한 경허는 많은 일화를 남겼다. 일상적 관점에서 보면 파계승과 다름없는 행동을 했다. 술에 취해 법당을 오르고 고기를 먹는가 하면, 병에 걸린 여자와 몇 달간 밤낮을 같이 보내기도 했다. 유부녀를 희롱하다 뭇매도 맞았다. 그런 만행에도 불구하고 경허는 근대 불교사에서 선종(禪宗)을 중흥시킨 대선사로 평가받는다. 바람 앞의 등불처럼 쓰러져가던 한

국 불교에 다시 화톳불을 지핀 분이 경허 스님이다.

그 경허 스님이 남기신 것으로 〈심우송(尋牛頌)〉이란 것이 있다. 불덕을 찬미하고 교리를 서술한 일종의 시구인 게송(偈頌)이다. 이는 도(道)를 깨달아가는 과정(아버지도 〈속 방우산장〉이란 글에서 언급하신 '십우도'의 과정), 즉 소를 찾으러 가는 심우, 소의 자취를 보는 견적, 소를 얻는 과정인 득우, 소를 기르는 과정인 목우, 소를 잃고 사람만 있는 망우존인, 마침내 사람과 소를 잃어버리는 인우구망…, 입전수우의 단계를 읊은 것이다.

"마음을 평안히 하고, 세상일이 좋으나 싫으나 한갓 꿈으로 알라"는 경허의 일갈 속에 심우도에도 없는 아버지의 방우이목우(放牛而牧牛)의 변(辯)을 나는 오십이 넘어서야 조금은 헤아릴 수 있을 것 같았다. 그나저나 나의 '소'는 어디쯤 있는가. 그저 부끄럽고 부끄러울 뿐이다.

아버지는 동물 중에서 소와 사슴, 그리고 날짐승 중에서는 학(鶴)을 좋아하셨다. 소와 사슴은 초식동물이어서 선하고 깨끗하다. 학은 자태가 한가하며 고고하고 깨끗하다. 소는 느긋하고 평화롭다. 되새김질할 때 더욱 그렇다. 소는 살아서는 인간을 위해 우유와 노동을, 죽어서는 육신을 한 부분도 버릴 것 없이 고기로 바친다. 소는 풀을 이용하여 인간에게 유용한 우유와 고기를 제공하는 유일한 동물이다.

성경에도 새김질하는 소는 깨끗한 동물로 분류되어 번제에 사용됐다. 또한 사람이 먹을 수 있는 식품으로 분류돼 있다. 혹자는 소의 새김질을 명상에 비유하기도 한다. 소처럼 느긋하게 생각과 행동을 여유 있게 되새기며 선하게 살자는 뜻일 게다. 소를 생각하다 보니 아버지의 얼굴형이 동물 중에서 소와 가장 가까운 것 같다. 심상(心相)이 관상(觀相)이라 했던가.

성북동 집과 아버지의 우정(友情)

납북되신 나의 할아버지 명의로 된 이 작은 한옥은 아버지 말씀대로 운치라곤 한구석도 없는 집장사가 지은 집이었다. 이 집에서 벗어나지 못하시고 아버지는 타계하실 때까지 평생을 이곳에서 사셨다.

삼선교에서 성북동 뒷산을 바라보며 개천을 끼고 한참 걸어오다 보면 왼쪽 언덕 위에 성북 중고등학교가 있고, 그곳을 지나 10분 정도 더 걸어 올라가다 보면 그 개천이 두 갈래로 갈라지는 곳에 작은 다리가 있었다(물론 이 개천들은 오래 전에 복개되어 지금은 포장도로로 변해 있다). 그 개천이 갈라지는 다리입구 서쪽 모퉁이에 위치한 한옥에 음악가 윤이상(尹伊桑) 선생께서 살고 계셨다. 그분의 얘기를 잠깐 하고 지나가자. 이웃에 살았던 그분은 내 아버지와 가깝게 지내셨다. 서로를 아끼셨다. 윤 선생께서는 아버지의 시 〈고풍의상(古風衣裳)〉 등에 곡을 붙이기도 하셨다. 한국문화에 대한 사랑과 자부심, 전통문화의 올바른 계승과 세계화에 공통적 관심을 가지고 계셨기 때문이라는 생각이 든다. 또한 그분은 아버지가 작사한 고려대학교 교가를 작곡한 분이기도 하다.

윤이상 선생은 식민지 치하 일본에 유학해 첼로와 작곡을 배우셨다.

1943년 무장독립운동을 하려다 체포됐으며 귀국해 후진을 양성하다 1956년 유럽으로 가서 프랑스와 독일에서 활동한 세계적 작곡가로 해외에서 명성을 떨쳤다. 하지만 1967년 이른바 동베를린 사건에 연루되어 무기징역을 선고받았다가 2년여 동안 옥고를 치르시고 독일로 가신 뒤 다시는 조국땅을 밟지 못하셨다. 북한 정권은 이 기회를 이용하여 선생을 껴안았다. 다분히 정치적 의도가 아니었나 생각된다.

분단의 희생양으로서 남북이 갈라진 현실을 아파한 선생은 음악으로 통일에 기여하고 싶어하셨고, 그 열망으로 1990년 10월과 11월 평양과 서울을 오가며 열린 범민족 통일음악회를 직접 성사시키기도 했다. 선생은 동베를린 사건 이후 남한으로 못 오게 되자 조국의 다른 절반인 북한을 자주 왕래하셨다. 북한은 1980년대부터 선생의 작품을 꾸준히 연주했으며 선생의 이름으로 연구소와 음악제를 여는 등 선생을 높이 평가했다. 1994년 복권이 이루어지고 윤이상 음악축제에 참석하려 하셨지만 한국 정부와의 갈등으로 참석하지 못했다. 선생께서는 이듬해 그토록 가보고 싶었던 고향 통영땅을 다시는 못 밟아보고 베를린에서 작고하셨다.

2006년 1월에야 동베를린 사건이 간첩단 사건으로 확대 포장됐다는 국가정보원 진실위원측의 발표로 윤 선생은 누명을 벗을 수 있었다. 윤이상 평화재단은 이를 환영하면서도 완전한 명예회복을 위한 재심과 사면복권, 정부의 공식사과를 요구하고 있다. 부인 이수자 씨는 남편의 명예가 완전히 회복되기 전에는 한국에 돌아올 수 없다며 줄곧 해외에 머물면서 베를린 집과 평양을 오가며 살고 계신다.

내가 대학다닐 때 유니버시아드대회 참가로 유럽엘 갈 기회가 있었는데, 그때 아버지께서는 "그 사람은 절대 그런 일에 연루될 사람이 아니다. 무언가 오해나 잘못된 것일 것"이라며 "네가 유럽에 가면 한 번 찾아가 만나보고 왔으면 좋겠다마는" 하시며 윤 선생을 안타까운 마음으로 그리워 하셨다. 그러나 나는 당시 자유스럽지 못한 시류 때문에 그리하지 못했다. 두고 두고 후회가 막심하다. 사모님께 이 이야기라도 전해드려야 하는데 기회도 없고 이제 와서 한들 무슨 소용이 있겠는가 이미 고인이 되셨는데…. 나는 지금도 그 성북동 그분의 자택 앞에서 흰 한복을 입고 외국인 두 명(그들 역시 같은 한복을 입고)과 찍은 사진을 보관하고 있다. 언젠가 기회가 되면 그 분의 기념관에 기증하리라 생각하고 있다.

윤이상 선생 옛집에서 북쪽으로 마주 보이는 골목에 우리가 살고 있었는데 그 골목은 모두 윤 선생 댁과 마찬가지로 집장수가 지은 나지막한 한옥건물들로 모든 집들의 대문은 그 골목을 향해 나 있었고 그 골목은 북쪽으로 길게 뻗어 있었다. 그 골목 오른쪽 중간쯤에 우리집이 있었다. 우리집 안방과 부엌 뒤 마당 축대 밑으로 개천이 흐르고 있었고 그 개천 건너 축대 높은 한옥엔 당시 서울대 문리대 학장 최문환 선생(훗날 서울대 총장 역임)께서 살고 계셨다. 개울을 따라 북쪽으로 5분 정도 걸어가면 동양화가 운보 김기창 화백과 인접해서 서양화가 김환기 화백의 댁이 있었다. 명륜동에 사시던 아동문학가 마해송(마종기 시인의 선친) 선생이 새벽마다 대문 앞에 오셔선 "조 박사 산책 가십시다" 하시며 자주 찾아오시던 기억이 난다.

박사 이야기가 나오니 그때 일이 생각난다. 나는 어머니께 "엄마, 아버지가 박사야" 라고 물었다.

어머니는 웃으시며 "아니, 박사보다 더 높으시지, 박사를 만드시고 가르치는 분이니까."

나는 이해가 안되어 "박사 아닌 사람이 어떻게 박사를 만들고 가르쳐요" 라고 여쭈었다.

"글쎄다. 그럴만한 이유가 있지 않겠니. 아버지의 학문의 깊이를 만인이 인정해서겠지. 이를테면 박사학위를 가진 사람들보다도 더 많은 학문적 업적과 실력을 인정받으셨을 것이라든가."

"그런데 왜 아버지는 박사학위가 없어요."

"그건 아버지가 원하지 않아서이지. 아버지는 그런 꼬리표(학위) 따위에 연연하지 않으시는 분이다. 실력은 신통찮으면서 박사 타이틀이나 따서 으스대는 사람을 제일 싫어한 분이시다"고 하셨다.

나는 그래도 이해가 잘 가지 않았지만 학벌이나 학위보다는 학문적 실력과 그에 걸맞는 인격을 갖추는 것이 중요하다는 것을 어렴풋이 느끼게 되었고 자연스레 나도 자라면서 보통사람들처럼 학위에 안달하는 데에서는 초연해질 수 있었다. 그러고 보니 마치 내가 박사학위가 없는 것에 대한 변명 같으나 대학교수가 되고 싶은 마음이 애당초 없었으니… 그래도 반드시 박사학위가 있어야 대학교수를 초빙할 때 이력서라도 낼 자격이 있는 세태이고 보니 그들을 탓할 수도 없지 않은가.

아버지와 절친하셨던 마해송 선생이시기에 그분의 이야기를 좀더 하고 지나가자. 마 선생은 6·25 전란시 〈창공구락부〉를 아버지와 함께 창설하신 전우이기도 하시다. 그분은 늘 오렌지 색이 약간 도는 색안경을 쓰고 계셨다. 당신의 장남이신 마종기 시인조차 "1950년경부터 쓰셨는데 왜 그러셨는지 모른다. 나는 여쭈어 보지 못했다"고 했다.

마종기 시인은 황동규(소설가 황순원 선생의 장남) 시인과 동기동창으로 나의 서울고등학교 8년 선배이시기도 한데 1966년 도미하여 미국에서 의사생활을 하면서 시를 써 널리 알려진 시인이시기도 하다. 2002년에 은퇴하고 현재 미국 플로리다에서 살고 계신다.

지난 2006년 여름 어느 날 뉴욕 한국문화원에서 나는 마 선배님을 처음 뵈어 인사를 나누었다. 그날 마 선배님은 "지훈 선생과 아버지는 절친한 사이셨다. 지훈 선생께서 나에게 시인의 길을 열어주셨기에 늘 감사하게 생각한다"고 하셨다.

마 선배와 얘기를 나누면서 나는 "올바르게 살고 결코 비굴하지 말아라. 인생이 뜬구름이라지만 남의 나라에서의 호강, 호사한 생활은 더한 뜬구름이다. 수입이 없어 의식이 곤란해도 내 나라에 사는 것만 해도 애국하는 태도라 생각하며 살고 있다"던 자신의 아버지를 그리워한 마 선배님의 글을 떠올렸다. 이 글이 떠오른 이유는 몇 년 전부터 마 선생이 '친일'로 억울하게 몰리고 있는 현실이 안타까웠기 때문이다.

아버지도 2002년 6월 〈이달의 문화인물〉로 선정된 바 있는데 '문화관광부 지정 〈이 달의 문화인물〉'의 선정기준은 까다롭기로 유명하다.

마 선배의 아버지 마해송 선생을 100세가 되는 해인 2005년, 어린이날이 있는 5월의 문화인물로 한국아동문학인협회(회장 조대현)에서 후보로 추천했다. 그런데 거의 확정단계에서 '친일했을 가능성' 논란으로 보류되어 그만 탈락되었다. 이에 대해 마 선배는 섭섭한 마음과 자신의 소견을 밝힘과 동시에 '문제가 있는 부분'이 무엇인지를 확실히 밝혀주기를 요청했다. 보류상태로 탈락시킨 것까지는 참을 수 있는데 그 일을 계기로 신문이나 인터넷에 친일행적을 아예 기정사실처럼 기술하고 있는 데에는 참을 수 없어 관계자들에게 편지를 보내 호소했다. 그러나 회답은 "우리는 마해송 선생의 친일여부를 확정하지 못한 상태"라는 것과 "'문제가 있는 부분'에 대한 추가조사와 확인이 필요하다"는 내용이었다고 한다. 이에 대해 불쾌함과 안타까운 마음을 호소한 글을 본 적이 있다.

모쪼록 마종기 시인의 염원이 시원히 풀리길 기대한다. 상(賞)이나 훈장이나 '문화인물'에 선정되고 안 되고가 문제가 아니라 신중하지 않은 언론으로 한 개인이나 가족에게 상처를 입히는 일은 지양되어야겠다는 생각이다.

독자들에게 한마디만 하고 싶은 말이 있다면 마해송 선생은 친일인사에 관해 예민하셨던 아버지와 절친한 분이셨다는 것과 아버지는 아무나 깊이 사귀시지 않는 분이라는 것이다. 아버지로부터 내가 듣고 아는 것은 마 선생은 결코 친일할 분이 아니라는 것이다. 오히려 우리말과 글을 빼앗겼을 때 일본에서 한국문화에 무지한 일본 대중들에게 당당히 우리 문화와 문학을 알리는 데 공헌하셨다는 것이다. 일본에 오래 머물면서 문화활동을 한 관계로 이런저런 일 때문에 오해받을 여지가 전혀 없을 수는 없으나 아버지는 근본적으로 그분을 외국에서 문화로 애국한 분으로 치부하셨다고 기억한다.

아버지는 그런 그분의 배짱, 인격과 인품, 그릇의 크기를 잘 아셨다고 본다. 아버지는 마 선생의 그 당당함과 떳떳함에 매력을 느꼈을 것이고 어느 면인가 서로 끌리고 통하는 바가 있었기에 두 분의 우정이 깊었던 것이라 나는 굳게 믿고 있다.

마치 윤이상 선생이 공산주의자로 매도되듯이, 모두 약소국가, 분단국가가 초래한 비극이다. 다시 아버지의 이야기로 돌아가자.

그 무렵(나의 소년시절) 아버지는 소설가 최인욱, 황순원, 정비석, 방기환, 최정희 여사, 아동문학가 이원수, 마해송, 시인 박남수, 이한직 제씨들과 자주 어울리셨던 것 같다. 어머니와 나의 동생 학열, 혜경을 데리고 이분들과 야유회를 가서 찍은 사진이 있는 것을 보면….

물론 이웃집에 사시던 최문환(전 서울대 총장) 선생, 박화목, 유치환, 신석정, 이주홍, 전인섭, 최태호, 한정동, 박종화, 윤극영, 진장섭, 이헌구, 서양화가로는 김환기, 장욱진, 박수근, 이중섭, 동양화가로는 천경자, 성북동 이웃에 사시던 김기창, 박래현 부부, 이상범, 노수현 제씨들의 이름을 기억한다.

환도 후, 그러니까 1953년경부터 1965년경까지는 저녁나절엔 명동으로 나가서 '포엠'이나 '은성'(탤런트 최불암 씨 모친 경영) 같은 술집에서 문인, 언론인, 화가들을 만나 술 한 잔을 하고 들어오시곤 하셨다.

문우들과 함께. 왼쪽부터 김광림, 박남수, 아버지, 최정희, 황순원(1965)

아버지가 돌아가실 무렵에는 고려대학교 옛 석탑문학 동인회 지도교수로 함께 일했던 왕학수(전 부산 MBC 방송국 사장) 교수가 자주 우리집으로 찾아오셔서 술을 드셨던 기억이 난다. 왕학수 선생은 이 때문에 나의 대고모로부터 "우리 조카에게 술을 권하려면 내왕을 삼가라"는 경고를 받으시기도 했다. 왕학수 교수 이야기가 나오니 고대 전 총장 홍일식 선생께 들은 왕 교수와 아버지의 우정에 관한 일화가 생각난다.

1960년 어느 날, 아버지께서(당시 아버지는 홍 선생의 지도교수셨다) "자네 가불 좀 해서 오후 X시에 광화문 비각 옆에 있는 건물 2층에 있는 XX다방으로 좀 나오게" 하시더란다. 그때 홍 선생은 시내 고등학교 교사로 재직중이었다. 그래서 가불(지금 돈으로 한 이삼십만 원 정도)을 해서 그 다방으로 나가니 왕학수 선생과 함께 앉아 계셨다.

당시 왕 교수는 고려대학 교수를 그만두고 4·19 이후 고향인 경북 상주군에서 국회의원에 출마하셨다가 낙선한 후에 재산을 다 날리고 서대문에서 신촌가는 길 어드메인가 하꼬방에서 어렵게 사는데 아무도 돌보지 않는다는 소문만 들리던 때였다. 아버지께서는 그런 왕 교수가 측은하여 위로 겸 기분을 풀어주려고 하셨던 것이다. 두 분 다 스프링코트를 입으셨던 기억으로 아마 가을 어느 날이 아니었나 싶다고 하셨다. 아버지께서는 양복 안주머니에서 "이거 내가 오늘 받은 원고료야. 자네가 알아서 하게" 하시며 홍 선생에게 봉투를 건네주시기에 받아 들여다보니 고작 오륙만 원(요새 돈으로) 정도밖에 되지 않는 적은 돈이었다. 그렇지만 어쩔 수 없었다. 가불한 돈과 그 돈을 합해도 턱도 없었지만 분부대로 따를 수밖에 없었다.

할 수 없이 뒤이어 동참한 조용만 선생과 구자균 선생께 의논을 드려서 무교동 3류 방석집으로 모셨다. 그날 왕학수 선생은 여느 때처럼 대취하여 난리를 치셨으나 아버지께서는 모처럼 기분 좋게 노시는 것을 보시고 흐뭇해 하시며 태연히 앉으셔서 성인군자같이 싱글싱글 웃으시면서 봐주시더라고 했다. 통행금지가 있을 때라 그만 일어나야 하는데 왕 교수께서는 안 간다고 버티셨다고 한다. 일행이 술집 마당에 나와 그만 집으로 돌아가자고 소리치니 바지춤을 제대로 꿰지도 못하고 왕 교수가 쫓아 나오시더라고 했다.

아버지께 인사를 여쭙고 귀가하려 하니 홍 선생에게 "왕 선생을 댁까지 모셔드리게" 하셨다. 분부대로 시발택시로 모셔다 드렸는데 가보니 신촌 기차길 옆 초라한 판잣집이라고 했다. 그렇게 모셔드리고 나니 결국 통행금지에 걸려 홍 선생은 집에 들어가지 못하고 여관에서 그날 밤을 보내고 돌아와야 했다. 그러고도 아버지는 가끔씩 왕 교수를 불러 기분을 풀어주시곤 하셨다고 했다.

그러던 왕 교수께서 5 · 16 혁명(1961년)난 얼마 후, 용두동에 큰 집을 사셨다. 그때 형편으로는 도저히 그런 큰 기와집을 살 수 없는데도 말이다. 아마 박정희 대통령과 대구사범 동기동창으로 친한 사이인 줄 알고 있는 어느 인사가 사준 집이 아니었을까 하는 추측이 무성했다고 한다. 장관 자리도 충분히 얻을 정도로 박 대통령과 가까운 사이였는데 그 일로 인해 박 대통령의 눈 밖에 났다고 했다.

홍 선생은 그 일로 '왕학수 선생' 하면 그때 잠시 백수시절의 모습이 뇌리에 각인되어 있다고 들었다. 그래도 아버지께서는 소속학과가 없는 교양과목 담당교수인 왕 선생을 수시로 국문과 모임에 부르셨다고 한다. 아버지는 왕 선생뿐 아니라 소외감을 느끼는 학과소속이 없는 불어 선생이었던 박광선 교수, 독일어 선생이었던 박종서 교수 등 다른 동료들에게도 배려를 아끼지 않으셨다고 한다(그때 고려대 문리대는 지금과 달리 몇 개의 학과만 있었다).

왕학수 선생께서는 아버지가 돌아가시기 전까지 우리집에 자주 오셔서 술을 드시곤 하셨는데 어머니의 말씀에 의하면 어느 날은 왕 선생께서 어느 여자를 데리고 우리집에 오셔서 방을 따로 내주시기도 한 적이 있다고 하셨다. 왕 선생이 만취하셔서 우리집에 오시면 나의 어머니를 '난홍(蘭紅)'이라 부르며 어깨를 깨물기도 하시면서 짓궂게 구셨는데 아버지는 그저 싱긋이 웃기만 하더라고도 하셨다. 그런 왕 선생도 아침에 술이 깨면 몹시 부끄러워하셨다고 한다. 아침 드시고 떠나신 다음 어머니께서 방청소를 하러 들어가보면 방바닥에 흙이 가득했다고도 하셨다. 아마 술이 취하셔서 신발을 신고 드나들어서 그랬으리라.

왕학수 선생 이야기가 길어졌는가. 성북동 우리집에 자주 들르셨던 것으로 내가 기억되는 분들은 이분들 외에도 가톨릭 신자로 구상(具常) 시인, 당시 승려였던 시인 고은(高銀), 시인 김춘수 제씨들이 있다.

성북동 집을 자주 찾으신 분들

김춘수 시인 얘기가 나오니 어머니께서 하신 말씀이 생각난다. 언젠가 정진규 시인이 회장일 때인 한국시협 봄나들이 아버님 묘소 참배 때 김춘수 시인께서 "예전에 내가 조 선생 댁에 가서 술을 마시고 늦어 선생댁에서 자게 되었는데 그때 조 선생께서 나더러 옆방에서 자라고 좇았는데 그날 왜 그러셨습니까?" 물으시더란다. "혹시 선생께서 사모님과 합방하려고 하신 것인가요?" 해서 좌중이 한바탕 웃었다고 했다. 그런데 어머니는 그런 기억이 없다고 하셨다.

또 언젠가 하루는 심제은 선생이 아버지 부재중인 밤에 우리집에 오셨는데 밤이 늦어 "이 밤에 어떻게 가시려 하십니까? 조 선생은 오늘 안 들어오시는 모양인데 주무시고 내일 가시지요" 하고 어머니께서 아버지 방에 이부자리를 마련해 주셨다. 다음날 아침에 그분이 어머니께 시를 한 수 남겨 주셔서 소중히 간직했는데 자주 이사다니는 통에 잃어버려서 안타깝다고도 하셨다.

이런 분들의 이야기를 하다 보니 언젠가 전 국제펜클럽 한국본부의 회장 성기조 선생이 뉴욕에 오셨을 때 들은 에피소드가 생각난다. 그는 아버지에 대해 말씀하시면서 지나칠 만큼 관대하고 생각이 깊으셨다고 하며 어느 날의 일화를 소개했다. 때는 1960년대 11월 중순 김관식 시인과 뒷날 〈친일문학론〉을 집필한 임종국 그리고 김말봉 씨의 아들인 이현우와 같이 삼선교에서 술을 마시다가 우리집에 오셨다 한다. 아버지께서는 출타중, 이들은 정말 댁에 안 계신가 확인하기 위하여 아버지가 기거하시는 방문을 열고 이리저리 찾다가 방안에서 기르던 난초 분을 깼는데, 그때 거나하게 취하여 집에 돌아오신 아버지가 이 광경을 보고는 "허허 난초가 춥겠는데…" 라는 단 한마디만 하고는 더 이상 말씀이 없었다고 한다. 일행들은 아버지가 짚고 다니시던 단장으로 김관식이 얻어맞는 줄 알았다가 술대접까지 받고 나왔으니 얼마나 다행이었겠는가.

김관식 시인의 이야기가 나오니 신경림 시인의 글이 생각나서 여기 몇 구절 소개한다. 다음은 그가 펴낸 〈시인을 찾아서〉라는 책의 '조지훈, 멋과 지조' 편에서 발췌한 것이다.

> 내가 지훈을 마지막으로 본 것은 그가 작고하기 전해인 1967년 정초, 김관식 시인(작고)과 함께 성북동 댁으로 세배를 가서다. 그때 우리가 시 얘기보다 시사(時事)를 더 많이 화제에 올렸던 것은 그 해 있을 대통령 선거와 국회의원 선거를 앞두고 야당의 합종연횡(合從連橫)이 되풀이되고 있었기 때문이다. 그 한귀퉁이에서 태동하던 진보세력을 관식과 내가 맹목적으로 두둔하는데 반하여 그는 깊은 불신을 품고 있는 듯 보였다. 부도덕하고 경박한 진보주의자보다 도덕적이고 성실한 보수주의자가 역사에 더 많이 기여한다는 것이 그의 지론이었는데, 지금 생각해 보니 그의 이 지론에는 일말의 진리가 있다. 점심이 겨우 지나 시작된 술자리가 자정이 지나서야 끝났던 일, 밖에 나오니 발목이 빠질 만큼 쌓인 눈 위에 계속 함박눈이 퍼붓던 일, 김관식 시인이 방에 다시 들어오는 것으로 잘못 알고 구두를 벗어놓고 택시에 올랐다가 그것이 택시 안인 것을 알고 낭패하던 일, 그 길로 일껏 찾아간 미당(未

堂)댁에서 관식이 첫 세배를 미당 선생에게 먼저 할 수 없어 지훈 선생댁에 들러 오는 길이라고 솔직히 고백했다가 혼쭐이 나던 일 등 그날의 일이 떠오르며, 그의 시와 사상이 더 깊이 이해될 듯한 느낌이었다.

— 신경림의 《시인을 찾아서》 ㈜ 우리교육, 29쪽

김관식 시인은 가식이나 꾸며 말하는 법 없이 솔직하게 자신의 심정을 털어놓는 데 장기가 있었다고 그를 잘 아는 지인들은 전한다. 기왕 김 시인의 이야기가 나왔으니 그에 대한 이야기를 하고 넘어가자. 김 시인은 한 시대를 짧게 살다간 기인(奇人)이었다. 아버지께서도 그를 똑똑하고 아까운 사람이었다고 말씀하신 것을 들은 적이 있다.

스무 살이 채 안 된 청년이었던 그는 대구 피란시절 우리집에 "서정주 선생께서 조 선생님을 찾아뵈라 하셨다"며 자신이 쓴 시를 들고 아버지를 찾아와 '시집 서문'을 부탁하였다. 이를 인연으로 아버지는 그에게 '추수(秋水)'라는 호를 지어주셨다. 아버지는 그의 첫시집 〈낙화집(落花集)〉 서문을 이렇게 써 주셨다.

김관식(金冠植) 군이 대구 우거(寓居)로 나를 찾아온 것은 지난해 가을인가 한다. 김 군을 나에게로 보낸 이는 서정주 사백이요, 김 군이 나를 찾아온 까닭은 시를 배우기 위함이라 하였다. 저즈음 내 외로움과 시름에 겨워 무료(無聊)에 잠겨 있을 때라, 먼 곳으로부터 젊은 선비가 오고, 겸하여 오래 막힌 친구의 소식을 전하매 이는 그날의 쾌사(快事)가 아닐 수 없었다. 그러나 김 군의 말이 시를 배운다는 마디에 이르러 내 문득 창연히 탄식해 마지않았음은 무슨 까닭인가. 문장이란 본래 도(道)에 있어서 하찮은 것이요, 시가 또한 문장에 한 티끌이라 사나이 한세상 일에 몇 줄 시가 무슨 아랑곳이냐는 내심에서였다.… 김 군은 규모 있는 선비집에서 태어나 자질이 밝고 가정의 계루(繫累)가 적으며 나이 아직 어린지라, 먼 곳의 선배를 두루 찾아 비뚤기

쉬운 젊은 마음을 가다듬음도 이런 뜻에서 젊은 때의 낙사(樂事)가 될 것이니 위당(爲堂), 가람 두 선생에게 나아가 한문과 시조를 배우고 영랑 선생을 사숙(私淑)하여 현대시를 공부한 김 군의 그 호학불권(好學不倦)의 정성을 나는 먼저 가상하다 한다.

문장은 천고(千古)엣 일이니 득실은 제 마음에 안다는 것은 노두(老杜)의 말이거니와 시를 어찌 남에게 배워서 알리요. 내가 또 족히 남을 가르칠 수 있는 그릇이 아니라 무엇을 바라고 나를 찾아왔느냐 묻고 싶었음은 서정주 사백이 김 군을 나에게 보낸 심정이 알고 싶은 까닭이었다. 이는 반드시 시란 배우는 것이 아니요, 스스로 체득하는 것임을 가르치고 제대로 버려 두어 구경하게 함이라. 옛 어느 선승(禪僧)은 한 스승을 10년을 모셔도 오탈(悟脫)의 기연(機緣)을 얻지 못하다가 그 스승의 권으로 다른 스승을 찾아가 언하(言下)에 대오(大悟)했다는 이야기가 있더라니, 이제 김 군이 나를 찾아와 시를 깨달으면 그 단련(鍛鍊)의 공은 지난 날의 여러 스승에게 있고, 나는 무위(無爲)한 채로 시인 하나이 이루어짐을 기릴 것이 아닌가. 가히 우스운 것은 시를 위하여 배우고 가르침의 무익함이 이토록 심한 까닭이다.…

아직 앞길이 먼 젊은 시인을 과찬하여 자안(自安)하게 함은 떳떳한 정이 아님에, 나는 다만 김 군이 무턱대고 덤비지 않고 먼저 찾아야 할 민족정서, 다듬어야 할 언어에 대한 착실한 공부와 그 재질을 믿음직하게 생각하며 다른 이도 이를 알아주리라고 생각하였다.…

나에게 서문을 청하는지라, 내 은근히 생각하기를 일찍이 시집을 내는 것은 삼갈 일이라 하여 말리고 싶었으나, 이는 비(比)하건대 벗어던진 헌 옷이라 옛날을 정리하고 새로 떠나려는 정성이라면 구태여 막을 것도 없는 것이므로 나는 다만 김 군과 내가 만난 그 인연을 적음으로써 서문에 대신하기로 하였다.

김 군! 자네는 착하나 좀 느리고, 진실하나 날카롭지 못한 것이 허물일세. 이것이 내가 군을 위하여 추수(秋水)라는 호를 주는 까닭이니, 시인의 금심수장(錦心繡腸)도 추수의 신(神)과 옥(玉)의 골(骨)을 못 가지면 안 되는 것, 태아(太阿)의 검(劍)과 같이 푸른 서슬로 혹은 백천관하(百川灌河)의 기

> 개(氣槪)를 군이 가질 수 잇겠는가. 실상은 사내 나이 스물도 어린 나이는 아닌 것, 시가 인생보다 가벼움을 이제 못 깨달으면 몇 줄 글을 쓰는 인연으로 하여 이제부터 자네를 지켜보겠네. 그 마땅히 각골부심(刻骨腐心)할진저.

김관식의 집에서 시인 천상병이 무슨 글을 읽다가 한자를 몰라 그에게 물으니 "이 자식 우리나라 글도 모르는 게 시를 써" 라고 큰 소리로 떠들기도 했고, 그가 세상을 뜰 즈음 찌그러진 주전자를 천장에 매달아놓고 "저게 날 죽였다"고 하기도 했다 한다. 또 장기영 부총리의 출판기념회에 나타나 "장 군, 자네가 글을 써?" 라고 일갈하기도 했고, 김종문 씨의 출판기념회 때 박종화 선생의 축사 도중 "박 군, 그만 내려와" 라고 소리치기도 했다고 한다. 물론 술 먹고 한 주정의 백미(白眉)였던 것이다. 장기영 · 박종화 이 두 분이 누군가? 자신의 아버지 혹은 할아버지뻘 되는 분들이 아닌가. 그는 막걸리나 강소주를 가리지 않고 마셨다. 문단의 선배에게 대한 호칭을 누구나 관계없이 '군'이라고 말해도 밉지 않은 것은 파락호로서의 주정이 아니라 무뢰배와는 격이 다른 품성이 있었기 때문에 통용되었다고 한다.

그런 김관식의 버릇이 아버지에게는 통하지 않아 혼이 난 일화가 있다. 4 · 19 직후, 청와대 근처 진명여고 강당에서 시인협회가 주최한 4 · 19 기념 시낭송회가 있었다. 그곳에는 어용학자, 문인들은 근처에 얼씬도 할 수 없었다고 한다. 그날도 행사 후 회식자리에서 김관식 시인이 술에 취해 예의 버릇(선배문인들을 '군'이라 호칭)을 아버지에게도 하였다고 한다. 아버지는 "어디서 그런 돼먹지 못한 버릇을 배웠느냐. 나는 이때까지 월탄 선생 등 문단선배님들께 한 번도 예를 갖추지 않고 대한 적이 없다. 늬 행실이 그게 뭐냐!" 라고 꾸중하시며 김 시인의 따귀를 호되게 때리셨다. 안하무인이던 김 시인은 그날 임자를 만나 혼쭐이 빠졌다는 일화를 들은 적이 있다.

그러나 아주 악의적으로 막되 먹지는 않았던 깨끗한 시인이었다. 1970

년, 40도 못 채운 젊은 나이에 세상을 떠난 그는 아무도 믿으려 하지 않는 철저한 자존(自尊)과 고독 속에서 살다간 시인이었다고 그를 잘 아는 성기조(국제펜클럽 한국본부 명예회장) 선생은 전하고 있다.

김관식 시인의 일화들은 많으나 이쯤에서 끝내기로 하자.

박두진 선생과 박목월 선생, 박남수 선생, 이한직 선생은 물론 내가 어릴 때부터 뵈온 분들이고, 이분들 외에 신석정, 유치환 시인, 아버지의 추천으로 등단한 박희진, 민재식, 성찬경, 인태성, 정진규 시인, 화가이자 시인인 김영태(자신의 시와 손수 그린 크레파스로 그린 그림을 액자에 넣어 아버지께 선물하신 것을 기억한다) 제씨의 모습이 떠오른다.

그리고 여류문인으로는 미당 선생의 추천으로 시인이 되었으나 아버지께 더 배우고 싶어 학교를 고려대학으로 옮기려고까지 했던 김송희(현재 미 뉴욕 동부한국문인협회 회장) 시인이 뉴욕의 어느 문인들 모임에서 내게 아버지와의 에피소드를 들려주었다. 김 시인의 아버지와 나의 아버지는 한때 하숙을 같이 한 적이 있으셨고 고려대에서 연극을 함께 했던 인연이 있다고도 했다. 그녀는 나의 아버지와 문인들이 자주 만나는 광화문 비각 근처 다방에 쫓아다녔는데 아버지께서 무척 예뻐해 주셨다고 한다. 당시 김 시인은 여원사(女苑社) 잡지기자였다.

아버지께 직접 배운 대학의 초기 제자분들로서는 한국 개화기 문화를 배운 홍일식 교수, 불교학과 민속학을 배운 인권환 교수, 향가와 고려속요를 배운 박노준 교수와 한문학(漢文學)을 배운 이동환 교수, 친일문학, 독립운동사를 배운 임종국 선생, 석사과정에서 논문지도를 받은 김종균(한국외대 명예교수) 선생, 〈동아일보〉 기자를 거친 소설가 최일남 선생(고려대 대학원 석사과정 이수) 등이 성북동 우리집을 자주 드나드시며 아버지의 사랑을 받으신 수제자들이신 셈이다. 또 박희진 시인을 비롯하여 소재영(숭실대 명예교수), 진동혁(작고, 단국대 교수 역임), 박용식(건국대 부총장 역임), 이기서(고려대 부총장 역임) 선생 등도 자주 출입하던 제자분들이다.

이분들이 학문뿐만 아니라 현실의 삶 속에서 스승을 닮은 삶, 제자로서 스승께 부끄럽지 않은 삶을 살고자 노력하고 계시는 것을 지켜보시는 어머니께서는 흐뭇하고 자랑스럽다고 하신다.

이분들 중 임종국 선생께서는 이미 고인이 되셨고, 다른 제자분들은 아버지를 기리는 일이나 어머니에게 보이는 애정과 존경, 섬김의 정성은 이루 말할 수 없다. 그런 면에서는 자식인 우리들보다 극진들 하시다. 이런 면에서 아버지와 어머니는 복되시다.

또 아버지께서 돌아가실 무렵 고려대의 끝물(?)제자로서 지금은 문단이나 학계의 확고한 자리를 차지하고 있는 오탁번, 서종택, 김인환, 김명인, 최동호(이상 고려대 교수) 선생 등이 있음도 우리 집안식구들은 모두가 기억하고 있다. 이분들은 또한 아버지를 기리는 일이라면 늘 발 벗고 참여하고 계심을 알고 있다. 학계와 문단에는 진출하지 않았으나 아버지가 고려대 민족문화연구소장으로 계실 때 편집부원으로 있었던 이중흡(작고, 전 〈동아일보〉 부국장), 이수진(전 고려대출판부 편집부장) 선생도 자주 드나들던 제자분들이다.

복원하여 보존하고 싶은 성북동 옛집

우리 가족이 살았던 성북동 옛집의 주소는 '성북구 성북동 60번지의 44호', 건평 35평짜리 한옥이다. 죽을 사(死)(?)자가 쌍(雙)으로 들어 있는 그 번지 숫자부터 난 영 마음에 들지 않았었다. 아버지는 이 집을 팔고 다른 곳으로 이사가고 싶어하셨다. 그러나 당신의 고모님이신 나의 대고모께서 그 집을 지키고 살아주기를 원하셔서 실천에 옮기지 못하시고 차일피일 미루며 살아오셨다. 나의 대고모가 그리 원하셨던 것은 6·25 전란 때 납북되신 당신의 오라버니, 즉 나의 할아버지 명의로 되어 있는 할아버지(호적에 호주로 되어 있었고 이북에 살아계신다는 소문이 있었기에 실종신고도 하지 않은 상태였다)가 사시던 집이니 "통일이 되어 돌아오실 때 만약 집주인이 다른 사람으로 바뀌면 섭섭해 하실 것이 아니겠느냐"는 것이 그 이유였다.

아버지는 말년에 "이 집을 한 번 떠나 살면 내 병이 나을 것 같다"고 말씀하실 정도로 그 집을 싫어하셨다. 그래서 어머니께서는 수유리 '아카데미하우스'에라도 가 몇 달 계실 것을 권하시기도 했고, 집에서 그리 멀지 않고 풍광이 좋고 조용한 곳에 별장 겸 서재를 마련해 드릴 계획도 세우셨을 정도였다.

아버지는 자연과 가까운 곳에 서재가 있는 운치 있는 집을 짓고 살아보고 싶어하셨다. 그러나 그걸 아신 당신의 고모님께서 "서재가 필요하면 내가 지어주마"고 하시면서 위에서 말한 바와 같이 건축인부를 직접 불러 당신의 돈으로 부엌뒤편 개울쪽 하천부지에 방 하나를 억지로 손수 감독하시며 증축해 버리셨다. 아버지께서는 못마땅하셨으나 할 수 없이 정을 붙이고 좀더 살아 보지 않을 수 없으셨다.

증축한 그 방에서 아버지가 혼자서 첫밤을 주무시고 나셨는데 이상하게 아버지 한쪽 눈 가장자리가 시퍼렇게 멍이 들어 있었다. 아버지와 우리 가족들은 기이하다는 생각과 함께 불길한 느낌을 떨칠 수 없었다. 나 또한 그 방을 증축한 직후 어느 날 그 방에서 자다가 꿈을 꾸었는데 나의 윗니와 아랫니가 몽땅 빠져 입 안에 가득히 덜그럭거리는 꿈을 꾸다 깬 적이 있었다. 흉몽(凶夢)이 아닐 수 없었다. 그런 일이 있은 후 아버지와 어머니는 집을 지어 이사가기로 더욱 결심을 굳게 하시게 된다. 지금은 부촌으로 이름난 성북동 '꿩의 바다'라 불리는 양지바른 곳에 땅을 매입하고(어머니가 이를 대비해 계를 들어놓았던 돈으로), 아버지와 나는 그토록 그리던 '꿈의 집'을 설계하였다. 동시에 아버지께서는 결국 큰 결단을 내려 집을 파시고 계약금을 받으셨다.

그리고 집을 지을 동안 거처할 전셋집을 계약해 놓고 조만간 이사가려던 때에 그만 아버지는 세상을 떠나시고 말았다. 아버지는 그렇게 평생 당신 명의로 된 집 한 채 못 지니신 채 지겨운 그 집에서 돌아가실 때까지 살다 가신 것이다. 그 작은 꿈도 이루시지 못한 채.

아버지가 돌아가시고 나니 당신이 좋으셨거나 싫으셨거나 그래도 아버지가 평생을 사시던 집이었는데 경제적으로 여유만 있으면 그 집에서 살지는 않더라도 그 집을 영구히 기념으로 보존하고 싶은 마음 간절했다. 물론 성북동 집을 자주 드나들던 지인이나 제자분들 심정도 나와 다를 바 없으리

라. 어쩌면 우리 가족보다 더 아쉬워할지도 모르겠다.

그 집을 팔고 난 후에도 그 집을 기념관으로 보존해 볼까 하는 미련을 못 버리고 애태웠으나 매입자와 집안 어른들과의 사이에 협의가 이뤄지지 않아서 허사가 되어버렸다.

그 집이 그대로만 남아 있었더라면 옛 추억을 더듬으려 가끔 들러 볼 수도 있으련만….. 이젠 그 집 근처에는 가기조차 싫다. 소문에 듣기에는 서울시에서 그 집 앞에 아버지가 평생을 사시던 집이 있던 장소라는 것을 알리는 안내판이 설치되어 있다고 한다. 내가 경제적으로 여건이 된다면, 또 그 집을 살 수만 있다면 그 집을 예전대로 복원하여 보존하고픈 마음 간절하다. 내가 앞에서 그 집의 구조를 상세히 적어 놓은 연유가 여기에 있다. 위에서 서술한 대로 그 집은 내 기억 속에 수많은 추억들의 조각들과 함께 아직도 생생히 존재하고 있기 때문이다.

아버지의
풍류(風流)와 멋

한국의 풍류인 10걸(傑)과 주도유단(酒道有段)

나비 같은 넥타이를 매고 막걸리를 마시는 것은 멋이다.
몬지밖에 남은 것이 없는 주머니 속에서 의리(義理)를 얘기하는 것은 멋이다.
낯선 저자를 떠다니며 이름도 모를 약(藥)을 파는 사람들. 낡은 꽹꽹이와 하늘이 무거운 물구나무 —
끝내 고향(故鄕)은 버리는 게 멋이다.
썩은 멋에 사는 세상에 새우젓 며루치젓만 먹는 것이 멋이다.
산에 가도 너를 생각한다. 바다에 가도 너를 생각한다. 시사일비(時事一非) 왜 이렇게 쓸쓸하냐.
산에도 가지 말고 바다에도 가지 말고 슬기롭지도 말고 어리고 못나게 돌아앉아 흐렁흐렁 막걸리나 마시면서 살거나.
하이얀 탈지면(脫脂綿)에 싸문 서릿발 죄고만 짜개칼로 손톱 발톱이나 깎고 피 한방울만 내며는 멋이다.
원수가 많아서 원수가 없는 날에는 원죄(原罪)는 내가 지고 죽는 것이 멋이다.
아니 채약(採藥)을 해 먹고라도 사는 게 멋이다.

〈풍류원죄(風流原罪)〉

아버지가 젊으셨을 때 습작으로 써 놓으신 시이다.

아버지는 세상에 알려진 멋쟁이셨을 뿐 아니라 한국 풍류사(風流史)에 손꼽히는 풍류인이셨다. 몇 년전 뉴욕 라디오(서울, 14800AM)의 언론인 '박무일의 고향소식(현 1660AM; '한국은 지금')' 이라는 프로에서 '지식인들이 뽑은 한국의 풍류 10걸(傑)'이란 신문기사를 소개한 적이 있었는데 1위에 황진이로 시작해서 2위에 변영로, 3위에 조지훈, 4위 김삿갓(김병연), 5위 김시습, 6위 임제, 7위 김동리, 8위 임꺽정, 9위에 대원군, 공동 10위는 원효대사, 연산군, 박종화의 순이었다.

천 년 동안의 주객 10걸 중, 제 3걸에 뽑힐 정도였으니 아버지의 술에 관한 일화가 어이 없으랴. 〈주도유단(酒道有段)〉이란 수필에서 아버지는 "그 사람의 주정을 보고 그 사람의 인품, 직업은 물론 그 사람의 '주력(酒歷)'과 '주력(酒力)'을 당장 알아낼 수 있다"고 하셨고, "주도에도 엄연히 단(段)이 있다"며 "술을 마신 연륜, 같이 술을 마신 친구, 마신 기회, 술을 마신 동기, 술버릇을 종합해 그 단의 높이를 정한다"며 무릇 열여덟의 계단을 설정하여 단을 매기기도 하셨다.

몇해 전 이곳 뉴욕의 어느 한국 음식점에 들렀더니 그 식당 테이블 위에 종이깔개가 놓여 있었는데 음식이 나올 때까지 무료함을 달래기 위해 그 흰 종이깔개에 인쇄된 문구를 접하게 되었다. 그것이 다름 아닌 아버지의 수필 〈주도유단(酒道有段)〉에 나오는 그 열여덟 단계를 적어 놓은 것이었다. 어느 소주회사에서 자기네 소주를 선전하기 위해 만든 홍보용 깔개였다. 음식점에 온 손님들은 저마다 그걸 보면서 서로 "당신은 이 열여덟 단계 중에 어디에 속하는가" 하며 담소를 나누는 모습을 본 적이 있었다. 그런데 그 깔개에는 그 글의 출처를 명시하지 않고 있었다. 그래도 되는 것인가? 아버지의 수필집에 실려 있는 〈주도유단(酒道有段)〉을 아래에 소개한다.

음주에는 무릇 열여덟의 계단이 있다.

1. 부주(不酒)… 술을 아주 못 먹진 않으나 안 먹는 사람.
2. 외주(畏酒)… 술을 마시긴 마시나 술을 겁내는 사람.
3. 민주(憫酒)… 마실 줄도 알고 겁내지도 않으나 취하는 것을 민망하게 여기는 사람.
4. 은주(隱酒)… 마실 줄도 알고 겁내지도 않고 취할 줄도 알지만 돈이 아쉬워서 혼자 숨어서 마시는 사람.
5. 상주(商酒)… 마실 줄 알고 좋아하면서 무슨 잇속이 있을 때만 술을 내는 사람.
6. 색주(色酒)… 성생활을 위하여 술을 마시는 사람.
7. 수주(睡酒)… 잠이 안 와서 술을 마시는 사람.
8. 반주(飯酒)… 밥맛을 돕기 위해서 마시는 사람.
9. 학주(學酒)… 술의 진경을 배우는 사람 — 주졸(酒卒).
10. 애주(愛酒)… 술의 취미를 맛보는 사람 — 주도(酒徒).
11. 기주(嗜酒)… 술의 진미에 반한 사람 — 주객(酒客).
12. 탐주(耽酒)… 술의 진경을 체득한 사람 — 주호(酒豪).
13. 폭주(暴酒)… 주도를 수련하는 사람 — 주광(酒狂).
14. 장주(長酒)… 주도삼매에 든 사람 — 주선(酒仙).
15. 석주(惜酒)… 술을 아끼고 인정을 아끼는 사람— 주현(酒賢).
16. 낙주(樂酒)… 마셔도 그만 안 마셔도 그만, 술과 더불어 유유자적하는 사람 — 주성(酒聖).
17. 관주(觀酒)… 술을 보고 즐거워하되 이미 마실 수 없는 사람 — 주종(酒宗).
18. 폐주(廢酒)… 술로 말미암아 다른 술 세상으로 떠나게 된 사람 — 열반주(涅槃酒).

뉴욕 〈한국일보〉의 나의 칼럼 〈음주유단(飮酒有段)〉(2001년 12월 28일)도 그런 아버지가 생각나서 써본 것이었다.

당신은 그 열여덟의 단계 중 아홉 번째인 학주(學酒) – 술의 진경을 배우는 사람, 즉 주졸(酒卒)로서 "소졸이지만 아마추어 주원(酒院)의 사범쯤은 능히 감당할 수 있건만 20년 정진에 겨우 초급으로 이미 몸은 관주(觀酒)의 경지에 있으니 돌돌(咄咄) 인생사 한도 많음이여!" 하시며 익살을 떠시기도 하셨다. 그래도 "학주의 경(境)이 최고경지"라고 보신 당신은 "이런 나의 졸견은 내가 아직 세속의 망념을 다 씻어버리지 못한 탓"이라고 하셨다.

그런 당신은 절대로 혼자서는 술을 마시는 일이 없으셨다. 그렇다고 집에 술이 떨어지는 것은 아니다. 술이 조금이라도 없으면 서운하기 때문이라 하셨는데 실은 술친구가 오기를 기다리셨던 것이다. 아까운 술이 썩는 한이 있어도 함부로 남을 주지도 않으셨다. 또 되잖게 취하는 자에게 술을 주는 것은 차라리 술을 썩히는 것만 못하다고 믿고 계셨다. 아버지는 술이 취한 뒤보다는 취하는 과정, 즉 술마신 홍취를 좋아하셨다. "술을 마시는 것이 아니라 인정(人情)을 마시고 술에 취하는 것이 아니라 홍에 취하는 것이 오도(吾道)의 자랑이거니와 그 많은 인정 속에 술로 해서 잊지 못하는 인정가화(人情佳話) 두 가지"를 〈술은 인정이라〉는 수필을 통해 남기셨다〔조지훈전집 4권 《수필의 미학》(나남, 1996), 88쪽 참조〕.

아버지의 풍류와 술에 대한 이야기 중에서 빠질 수 없는 일화 한 토막이 있어 여기에 소개한다. 아버지가 박목월 선생을 처음 만나러 경주에 가셔서 그곳서 일주일을 머물다 오셨는데, 그때의 일이다. 이때의 일은 뒤에(《파초우》와 《완화삼》) 자세히 나온다.

> 경주를 떠나던 전날 밤의 일이다. 그 전날 나는 옥산서원(玉山書院)에서 자고 그곳의 벗들과 나는 낮술에 취하여 황혼무렵에 여사(旅舍)에 돌아왔다. 목욕을 하고 자리에 들려는 참에 C신문 지국을 경영하던 R형이 찾아와서 떠나는 전날 밤을 이렇게 무미(無味)하게 보낼 수 있느냐고 굳이 잡아 일으키

는 바람에 마지못해 옷을 입고 따라나섰다. 그때의 경주는 동도교방(東都敎坊)이란 이름의 권번(券番)이 해산(解散)된 직후여서 기생들이 모두들 앉은 술집을 차리고 있을 때다. 교촌(校村)의 기가(妓家)에서 젊은 술꾼들 등살에 머리를 싸매고 누운 미기(美妓) — 명작소설을 많이 읽어 제법 문학을 얘기하던 기생의 치마폭에 시를 쓰기도 했고 또 어느 날은 달밤의 문내〔蚊川〕가를 거닐어도 봤거니, 오늘밤은 또 어떤 곳을 안내하려나 하는 호기심이 머리를 든 것이 사실이다.

R형이 인도한 곳은 자그만 구릉 밑에 자리잡은 초가삼간(草家三間) 노기(老妓)의 집, 청(靑)대로 겨른 사립을 밀고 들어서니 그래도 분벽(粉壁) 영창(映窓)에 불빛이 어리어 있었다. 월매(月梅)의 집을 찾는 이 도령(李道令)의 심정으로 들어가 자리를 잡고 조촐한 주안상에 세 사람이 마주앉아 풍류담소에 밤이 깊은 줄을 몰랐다. 판소리 한 가락을 듣기도 하고 — . 취기가 바야흐로 무르익을 무렵이 되자 노기는 문득 서울서 온 조 주사(趙主事)를 은근히 부르는 것이었다.

조 주사를 보아하니 멋쟁이신데 색향(色鄕) 경주에 오셨던 기념을 하나 남기고 가라는 것이다. 내 속짐작으로는 또 무슨 시나 한 수 쓰라는 것인가 했더니 듣고 보니 아주 상상불도처(想像不到處)의 소식이었다. 말인즉 요 등 너머에 예쁜 동기(童妓)가 하나 있는데 나더러 그 동기의 머리를 얹으라는 것이다. 말없이 미소를 머금고 있는 나는 거참 좋은 말이라고 그래 얼마면 되느냐고 했더니 한 500원(圓)이면 된다는 것이다. 하하 이 친구 나를 잘못 보았구나. 그 전에 내 절간에서 50원짜리 월급을 받다가 던지고 돌아온 나에게 1년벌이를 바치는 거금인 줄 모르구 — 이게 내가 추위에 떨며 입고 온 봄 양복 덕택인가, 그렇다면 전화위복(轉禍爲福), 아니면 애송이 유자(遊子)가 오입쟁이로 합격한 셈인가. 그렇다면 이건 전복위화(轉福爲禍)! 어쨌든 언하(言下)에 승낙했다. 내일 저녁 셋이서 함께 가기로 하고 다시 술잔을 돌렸다.

그리하여 닭이 두 홰를 친 뒤에 우리는 술상을 윗목에 밀어놓고 잠이 들었다. 술이 취할수록 잠이 짧은 나는 먼동이 틀 무렵에 잠이 깨었다. 슬며시 일어나 주머니를 뒤져서 10원(圓) 한 장을 술상 위에 얹어놓고 넥타이를 매었다. 서울행 차표값만 남겨 두고—. R형도 마침 잠이 깨어 나의 거동을 보더니 주머니를 부스럭거린다. 우리 둘이는 노기를 잠재워 두고 아직 어두운 새벽길을 가만히 대사립을 열고 나섰다. 거리의 해장집에서 술사발을 들며 우리는 파안대소(破顔大笑)했다. 그리하여 나는 바로 서울행 첫차에 탔다. 서울 조 주사(趙主事) 새벽탈출 얘기는 이것으로 끝이 난다.

돌아오는 차창에는 진눈깨비 대신에 낙화(落花)가 흩날렸다. 기녀(妓女)가 부르던 노랫가락 "말은 가자고 울고 임은 잡고 아니 놓네"가 생각나서 차창에 그 노래를 번역해 봤다.

遊子留情折柳妓(유자류정절유기)
佳人多涙濕羅衣(가인다루습라의)
落花征馬蕭蕭雨(낙화정마소소우)
千里長程日暮時(천리장정일모시)

지금도 경주를 얘기할 때나 경주에 들를 적이면 이 일이 먼저 생각나 스스로 웃음을 짓는다. 스물세 살짜리 흘러간 풍류(風流) 그것은 아직도 사그라지지 않는 청춘의 불길에 신라천년(新羅千年)의 꿈길을 불러일으킨다.

〈동도풍류〉

술 이야기가 나오니 아버지를 가까이에서 모셨던 제자분들이 좋아하고 나 또한 대학시절에 아버지 흉내를 내며 한창 술을 배우면서 간혹 흐트러지는 몸가짐을 추스르며 자주 읊던 〈밤길〉이라는 시가 생각나서 여기 소개한다.

"이 길로 가면은 주막이 있겠지요"

"나그네 가는 길에 주막이 없으리야
꽃같이 이쁜 색시 술도 판다오"

얼근히 막걸리에 취하신 영감님

愁心歌 한가락을 길게 뽑으며
달구지 달달 산 모루를 돌아간다.
白楊나무 가지 우에 별이 피는데…

"人生… 한번… 죽어지면…
萬樹… 長林에… 雲霧로구나"
구슬프고 아픈 가락 고요한 밤에
달구지꾼 영감님의 愁心歌 소리 —

"여보 색시 나이는 몇살이오"
술상 앞에 앉은 색시 두 손을 쥐어 본다.
"열 아홉…"
새빨간 두 볼이 고개를 들고서

"임자는 어데까지 가시는 길입네까"
"서울로 가는뎁쇼 같이 갈까요"
목화(木花) 송이 터지듯이 꿈길이 피어나서
이 색시 이 저녁에 서울 길이 기룬게지!

"어 졸려라 이 색시 하로밤 같이 자구 갈까 부다"
"자는 일 누가 말려…"

내가 도루 색시처럼 부끄러웠다.

長明燈 달아놓은 술집을 나오며
양산도 한가락을 날리어 본다. — 〈밤길〉

아버지의 제자이자 전 고려대학교 총장 홍일식 선생은 〈한국일보〉의 '이 주일(週日)의 시'라는 칼럼에서 '엄격-풍류의 지훈 선생'이라는 제목하에 이 시를 소개하며 이런 글을 쓰셨다.

"지훈의 성품은 실로 다채로운 모습을 지니고 있다. 호방한가 하면 치밀 섬세하고, 강직하면서도 질박(質朴)한가 하면 온아하면서 순후(淳厚)하다. 엄격, 분명한가 하면 너그럽고, 휘고 감기는 멋이 있는가 하면 부지런하고, 소탈한가 하면 근엄하다. 그래서 함부로 소인배들이 접근하지 못하였다. 이것은 그가 언제나 시비, 선악과 미추(美醜)를 판별하는 데 준엄했고, 이 판별에 의한 행동이 또한 과감하였기 때문이다. 이로 보면 지훈은 진실로 대인의 금도(襟度)와 추상같은 절도를 함께 지닌 인격자요 시인이었다. 나는 지훈의 그러한 풍모가 깃든 작품의 하나로 〈밤길〉을 애송한다.

이 작품은 지훈이 오대산 월정사에 있던 1941년 무렵에 씌어진 것이다.… 이렇게 월정사에서 세속의 번민을 조금이나마 떠나 있던 지훈에게 뜻밖의 한 가지 소식이 전해져 왔다. 당시의 우리 문학의 대들보 노릇을 하던 〈문장〉 지가 일제의 조선어 말살정책에 의해 폐간된다는 소식과 함께 그 마지막호가 배달되어 온 것이다 지훈 자신이 〈문장〉 지를 통해 시인으로 등단했던 데다가, 이 문학지가 우리말과 문학을 위해 기여해 온 바가 워낙 컸기 때문에 그 폐간소식에 접한 지훈의 상심은 보통 큰 것이 아니었다.

지훈은 우리말과 시의 터전에서 또 한모퉁이를 잃은 이 비분에 월정사 아래 시오리쯤의 주막에 내려가 통음(痛飮)을 했다 한다. 그리고는 돌아와서 이 작품을 쓴 것이다. 이 작품에는 그러한 비분을 삭이면서 인생을 지긋이 바라보는 지훈의 특유의 안목이 깃들어 있다. 작품 속에 등장하는 시골영감님과 주막집 색시는 현실의 고통스러운 상황과 동떨어진 위치에 있는 소박한 인물들이다. 시인은 그들의 순박한 삶에 인정을 느끼면서 짐짓 세속의 정취에 젖어들어 본다. 그것은 아마도 참담한 현실의 긴장 앞에서 느끼던 마음의 고통을 잠시 늦추어 보려는 것이리라.

그러나 그는 자신의 심리적 균형과 위의(威儀)마저 내버리지는 않는다. 이 작품 마지막의 "장명등(長明燈) 달아놓은 술집을 나오며 / 양산도 한가락을 날리어 본다"는 구절에 그러한 자기절제가 잘 나타난다. 나는 이 구절을 생각할 때마다 지훈의 흰 두루마기 자락이 눈앞에 선하게 떠오른다. 그리고는 엄격함과 풍류가 조금의 어색함도 없이 어울린 그의 풍모를 생각하고는 한다. — 〈한국일보〉, 1995. 9. 25 ❞

메마르고 험한 세상을 살아가노라면 때로는 비분을 잠시 삭이기 위해, 현실의 긴장을 또한 풀기 위해 혹은 소박한 인정이 그리워 술집을 찾게 된다. 그러나 자칫 방심하면 도가 지나쳐 자제력을 잃고 다음날 후회하는 일이 생길 수 있다. 그럴 때마다 나는 아버지의 시 〈밤길〉을 떠올리며 그날의 술자리를 유종의 미로 거두려는 노력을 다짐하게 되고 그래서 큰 실수 없이 대체적으로 자기절제를 유지할 수 있었다. 어찌 술자리에서 뿐이랴. 우리들 삶의 주변에 얼마나 많은 갖가지 유혹의 덫이 도사려 있으며 우리를 실족시켜 다치고 삼켜버릴 함정들과 늪들이 산재해 있는가?

〈밤길〉은 홍일식 전 총장뿐만 아니라 아버지의 다른 제자인 박노준(한양대 명예교수) 선생도 20대부터 애송한 시로 알고 있다. 그분이 어느 날 성북동 우리집 서재에서 아버지와 대작할 때 거나하게 취하신 아버지께서 "자네 그 〈밤길〉 한 번 읊어 봐"라고 요청하셔서 낭송한 적이 있다고 내게 말씀하신 바 있다. 그때 아버지께서는 제자인 박 선생에게 "그런 시는 여러 편 지을 수 있어" 하면서 좋아하셨다는 것이다. 짐짓 학주(學酒)로 낮추어 자임하셨으나 실은 술과 풍류에 관한 한 자신이 있다는 뜻이었으리라.

역시 제자인 인권환(고려대 명예교수) 선생, 박찬세(전 통일연수원장. 고려대 4·18 선언문 기초) 선생 등 고려대학교의 여러 제자분들이 술을 마실 때면 마치 고정 애창곡인 양 앞서 언급한 아버지의 시 〈밤길〉을 자주 흥얼거리신다는 정보를 나는 일찍이 들어 알고 있다.

사족을 붙이자면 '한국의 풍류인 10걸'을 선정한 단체에서 그때 인권환 선생에게 부탁하여 아버지의 술과 풍류에 얽힌 글을 받아 회지(會誌)에 게재하였다고 한다. 200자 원고지 약 50~60매 분량으로 알고 있다. 그 글을 요약하여 여기에 옮겼으면 참 좋겠는데, 지금 인 선생께서는 일본 명치대학에 객원교수로 가 계셔서 원고를 볼 수가 없다. 아쉬운 일이 아닐 수 없다. 후일 이 책의 재판이 나온다면 꼭 구해서 싣기로 하겠다.

아버지의 풍류와 술 이야기

또 이런 일화도 있다. 박찬세 선생이 4월 혁명 이후 어느날 밤 원고청탁차(당시 박 선생은 〈고대신문〉 학생편집장이었음. 아버지의 시 〈늬들 마음을 우리가 안다〉를 받아서 〈고대신문〉 1면에 큰 활자로 게재하였음), 정종 한 병을 들고 우리집을 방문하셨다. 당연히 술자리가 벌어졌는데 얘기하다 보니 새벽 한 시경이 되었다고 한다. 통금시간이었다.

들고 간 정종은 물론, 어머니께서 내놓은 술도 다 마셨는데, 아버지께서 일어나시더니 술을 가지고 오겠노라고 했다 한다. 주전자를 들고 서재에 들어오신 아버지는 박 선생에게 다시 술을 권하시더란다.

박 선생이 마셔보니 웬걸 술이 아니라 맹물이라서 놀란 나머지 "선생님 이건 물이 아닙니까?" 했더니 "그래, 물일세, 술로 알고 마시면 술이 되는 거지. 술은 인정인데, 그 물 속에 정이 담겨 있으면 술이 되는 거야"라고 하시더란다.

물잔을 주고받으며 새벽녘까지 마시고 나오면서 박찬세 선생은 "역시 한국의 조지훈이야!"라고 감탄했다고 한다. 아버지는 실제로 그렇게 정을 마시고 홍에 취하시는 분이셨다.

이런 얘기를 들으신 아버지의 말년 제자인 김인환 교수도 한 말씀 하셨다. "직접 뵙고 수업을 들은 것은 몇 과목 되지 못했는지라, 지훈 선생을 모시고 산 시간이 길다는 것만으로도 선배들이 무척 부러웠습니다" 라고 했다. 그러면서 자신이 뵌 아버지를 이렇게 들려주셨다.

> 대학 3학년 무렵에 선생님 댁에 간 적이 있었어요. 선생님을 뵙고 나오면서 보니까 대학 3학년 학생이 왔다 가는데도 들어가지 않고 마루에 오래 서 계셨어요. 그때 속으로 '저분에게는 흉내낼 수 없는 아름다움이 있구나' 하고 생각했습니다. 또 대학 1학년 때 국문과 1학년 모두가 구자균(국문과, 작고) 선생님 묘소에 간 적이 있어요. 조지훈 선생은 몸이 불편한 데도 같이 가셨고, 학생 한 명 한 명에게 술을 따라주셨어요. 학생들이 돌아가며 노래하는데 선생님도 일어나 시를 두 수 읊으셨지요. 한편은 영어로, 한편은 한문으로 읊으셨지요.
>
> 지금도 기억하는데 영시는 "술은 입으로 들어오고 사랑은 눈으로 들어오는 것, 우리 늙어서 죽을 때까지 기억할 것은 이것뿐이리" 라는 예이츠의 〈술노래〉였고, 한시는 "인생은 정이 많아 눈물이 옷깃을 적시는데 이 강물 이 강 꽃이 어느 날에 다하랴" 라는 두보의 〈哀江頭〉였어요.
>
> 1학년 시절 그런 선생님이 너무 멋있어 보여서, 나도 영어공부, 한문공부 해야지 결심하기도 했습니다. 저는 대학에 들어와서 배운 것이 내가 배운 것의 모두라고 생각하는데 지훈이 없었다면 내가 없다고 생각합니다. 다시 생각해봐도 조지훈 선생은 잊지 못할 큰 스승이고 은인입니다.

그런 아버지는 집에 들어오셔서 가끔씩은 내 어머니를 힘들고 놀라게 하신 일이 몇 번 있었던 듯싶다. 아버지가 친구들과 함께 대취해서 들어오셨는데 어머니께서는 아버지의 건강이 염려되어서 술에 물을 타서 내간 적이 있었다. 이 사실을 귀신같이 알고 호통을 치시더라고 하셨다.

내가 혜화초등학교 다닐 때 이야기 한 토막.

어머니가 취하여 늦게 귀가하시는 아버지 때문에 하도 속상하고 화가 나서 언젠가 신문에서 본 만화를 흉내 내서 다듬이 방망이를 들고 기다리다가 그만 지쳐 친구집에 가서 밤늦게까지 시간을 보내고 계셨다고 한다. 시간이 한참 지났는데도 아버지께서 찾아오시지 않자 약을 올리기에 실패했구나 생각하는 순간, 그때부터는 "왜 이리 늦는 걸까" 미운 마음은 사라지고 겁이 나기 시작하더라고 하셨다. 그 당시는 통행금지가 있었을 때라 더 걱정이 되었다. 한 시가 지나고 두 시가 지나서야 동네 파출소에서 전화가 왔는데 어머니는 어찌나 화가 나고 속상했던지 "거기서 그냥 주무시게 내버려 두라"고 한 적도 있다고 하셨다.

또 언젠가 한 번은 술을 드시고 오셨기에 아버지가 좋아하시는 칼국수를 삶아 내갔는데 그 사이에 어딜 갔는지 안 보이셨다고 한다. 갑자기 불길한 마음이 들어 온 동네로 찾아다니다가 마지막으로 성북동 골짜기 연못까지 가보셨단다. 술김에 울컥하는 마음이 들어 혹시 일을 내시지는 않았나 싶어서였다. 어머니의 시조부님(나의 증조할아버지)이 6 · 25 동란 때 공산당에게 욕보지 않겠다고 못에서 투신 자결하셨기 때문에 그 일이 문득 생각나서 당신도 모르게 어머니의 발길이 마구 그리로 내달렸다고 하셨다. 한참을 찾아 헤매고 있는데 웅성웅성하는 소리가 저쪽 염색공장 쪽에서 들렸다. 두근거리는 가슴으로 혹시나 하고 달려가 보니, 아버지가 거기서 큰 대자로 누워 노래를 부르고 계시더라고 하셨다.

아버지는 밖에서는 그렇게 흐트러짐 없이 호방하게 술을 드시고 오시지만 삼선교에서부터나 아니면 집으로 걸어 돌아오시는 길에 자주 혼자서 우셨다고 했다. 아버지도 한 사람의 인간이신지라 생이별하여 살고 있는 혈육, 납북당하신 당신의 아버지를 애타게 그리워하며 어떨 때는 엉엉 소리내어 우시며 "하루 빨리 통일이 되어야지" 하시며 야윈 골목길을 힘없이 걸어 들어오시는 걸 어머니께서 보신 적이 있다고 하신다.

이곳 뉴욕에 거주하고 계시는 변천수(수주 변영로 선생의 막내 아드님) 사백과 언젠가 함께한 자리에서 나는 "수주(樹州)께서는 대낮에 나신(裸身)으로 황소를 타신 일화가 있다면서요? 역시 한국 10대 풍류객 2위에 오르실 만하군요" 하며 함께 웃던 생각이 난다. 기왕에 수주 선생의 이야기가 나왔고 나의 아버지를 제치고 은메달을 따신 분이니 그 일화도 여기에 소개한다. 지금도 한국문학사의 전설로 이야기되는 수주의 기행 한 토막을 살펴보자.

술에 찌든 수주가 청년시절 한때 대오각성(大悟覺醒)하고 개과천선(改過遷善)하여 술을 끊은 적이 있었다. 수주와 단짝으로 술을 마시던 공초 오상순은 수주가 단주(斷酒)하자 술맛을 잃어버리고 고민에 빠졌다. 그리고 "옳아 ! 나도 친구 변영로처럼 술을 끊고 새 사람이 되리라"는 결심하게 되었다.

공초는 기독교와 불교를 자유자재로 왕래했다. 그러다가 동경에서 기독신학을 전공하고 전도사가 되었다. 귀국하여 첫 번째 사경회의 강사로 초빙되었다. 길을 가던 수주가 무심코 공초 전도사의 예배당으로 들어갔다. 마침 예배시간이었다. 열렬하게 설교하던 공초 전도사는 느닷없이 들이닥친 수주의 얼굴이 술독으로 보였다.

"어, 저게 뭐야? 술독이 들어오고 있네!"

공초는 설교를 하다 말고 뛰어 내려갔다.

'유붕이 자원방래하니 불역락호! (有朋自遠訪來 不亦樂乎; 벗이 있어서 먼 곳에서 스스로 찾아오니 어찌 즐겁지 아니하랴)

두 분은 예배고 설교고 다 집어치우고 술집으로 달려가 곯아떨어지도록 마셨다. 그것도 모자라 그후 어느날은 이관구, 염상섭 씨까지 불러내어 술통을 둘러메고 성균관 뒷동산(변 선생은 '자하문 밖 동산'으로 알고 계시나 잘못 알고 계신 것 같음)으로 올라갔다. 삼각산의 신선이라도 된 듯 이 네 사람은 술을 마시다가, 시를 읊고, 춤 추다가, 옷을 벗어던지고는 홀라당 발가벗은 알몸으로 암소를 거꾸로 타고 개선장군처럼 명륜동 성균관 입구(역시 '종로 보신각'이라 알고 계시나 잘못되었음) 큰 거리로 내려왔다. 몰려든 시민들은 아우성을 쳤고 말을 타고 달려온 일본순사는 기가 죽어 쩔쩔맸다. 아마 세계 스트립쇼 사상 최대의 걸작이었을 것이다.

후일 비엔나 국제펜클럽대회(당시 한국본부 초대회장)에 참석한 수주는 세계문인들 앞에서 유창한 영어로 이 이야기를 털어놨다. 요절복통 박장대소를 한 세계 각국에서 온 문인들은 즉석에서 수주에게 '동양의 버나드 쇼'라는 작위(?)를 내렸다고 한다.

수주는 어릴 때부터 술꾼이었다고 한다. 다섯 살 때부터 술을 즐겼다. 부엌에 들어가 몰래 도둑술을 마셨다. 한 번은 광에서 술냄새가 나기에 들어가보니 어른 키 만한 커다란 술독에 잘 익은 찹쌀술이 가득 차 있었다. 키가 작아서 옆에 있던 말을 엎어놓고 나무토막을 포개놓고 올라갔다. 상체를 술독 안으로 굽혀 바가지로 술을 퍼내려다가 그만 독 안에 빠져버리고 말았다. 한 길이 넘는 술독이라 빠져 죽게 됐다. 살려달라는 소리를 듣고 달려온 어머니 때문에 겨우 살아났다고 한다. 그날부터 도주(盜酒)가 급주(給酒)로 바뀌었다고 한다.

이런 일도 있었다. 문학을 사랑하는 채명신 장군이 한 번은 장병들을 모아놓고 수주 시인을 초대한 적이 있었다. 그런데 만취한 수주가 강연을 기다리다가 의자에 앉은 채로 코를 골며 자는 바람에 문학강연은 망신스럽게 돼버렸다. 그러나 술에 골아 떨어진 수주의 모습을 본 장병들은 강연을 듣고 기뻐하는 이상으로 손뼉을 치면서 소리를 질렀다. "와! 시성(詩聖)에다 주성(酒聖)까지 갖추었으니, 술 한 잔에 시 한 수로 천하를 농락하는 수주야말로 멋진 참 자유인이구나!"라고들 했다 한다.

이상은 같은 뉴욕에 살면서 자주 만나는 변천수 선생을 통해 직접 들은 일화들이다. 그의 회고록(《강낭콩보다 더 푸른 그 물결 허드슨강으로 흘렀네》, 쿰란출판사)에도 이 이야기가 실려 있다. 우리 집안과 너무나 비슷한 점이 많아 친척같이 느껴지는 분이다.

> 이광수도, 최남선(이외 한 분이 더 언급되었으나 그분은 친일을 하지 않으셨으므로 필자가 삭제했음)도 민족을 배신하고 창씨개명을 하고 신사참배에 앞장섰지만 아버지 삼형제(변영만, 변영태, 변영로)는 독야청청 절개를 지키셨지요. 그 바람에 직장을 잃고 배급도 못 타먹고, 그야말로 아사 직전으로 살아오셨는데, 일본이 망하니 일등 보상을 받으셨지요. 해방과 함께 우리 집에는 잇달아 경사가 생겨났지요. 조국은 아버지 삼형제 분에게 분에 넘치는 보상을 해주었어요.

술 이야기를 하다가 다른 분 이야기가 길어졌다. 하지만 이 또한 술 이야기고 그 안에서 풍기는 애국의 향기는 나의 아버지의 그것과 무관하지 않기에 옮겨 보았다. 이 또한 재미있지 않은가. 다시 아버지 이야기로 돌아가자.

아버지는 〈주객(酒客) 아니라는 성명(聲明)〉이라는 당신의 수필에서 이렇게 쓰셨다.

> … 시우 목월(木月)의 편저인 〈문장강화(文章講話)〉를 한 권 받아보니 거기 인용된 나의 글은 거개가 술 이야기였다. 그래 내 글을 이런 걸로만 뽑아 놓았으니 후인이 보면 내가 무슨 주객이나 되었던 줄 알 것이 아니냐고 그 불의의 모해(?)를 공박했더니, 목월은 웃으면서, 그래 당신 글 가운데 술 이야기 빠진 것이 몇 편이나 있느냐고 슬쩍 피하면서 도리어 역습이 아닌가.
>
> 잡지사에서 간혹 청하는 잡문 제목도 8할은 주흥(酒興), 주도(酒道) 등에 관한 것이다. 자칭 '명정사십년 무류실태'(酩酊四十年 無類失態) 옹인 수주(樹州) 사백이 비록 약간 노망(?)으로 휴주(休酒)상태에 들어 있지만 미구에 회갑만 지나면 권토중래(捲土重來)하리라는 것이 저간에 누설된 기밀이

요, 그 밖에도 쟁쟁한 주객이 선배 중에 허다한데, 어쩌자고 새파란 젊은놈을 익주지경(溺酒之境)에 몰아넣으려는 셈인지 알 수가 없다.

하기는, 술을 찾아 어울려 다닌 것이 20년이라, 일배주(一杯酒) 안 마시는 날이 없고 보니, 하루 한 잔씩 쳐도 7,300잔인데 어디 한 잔으로 끝나는 술이 있던가. 풋술로 거드럭거릴 때는 막걸리는 대두(大斗) 한 말도 무난했고 약주는 선술로 대포 스물석 잔을 쾌음하여 입상한 기록도 있다.… 게다가 여행을 좋아해서 도처에 주명(酒名)을 얻었고 글까지 술이 들어간 것이 태반이고 보니 타칭으로 주객이 되는 것도 용혹무괴(容或無怪)라 할 수 있다. 그런데도 불구하고 스스로 주객칭호를 사절하고 혐오하는 것은 무슨 까닭인가.…

— 신태양, 1956

그러시면서 그 까닭으로 첫째, 아버지는 오랜 주력(酒歷)은 있지만 술을 마시지 않아도 마시고 싶어 못 견디는 일이 없으신 것을 꼽으셨다. 그러나 마시면 통쾌히 마시되 장취불성(長醉不醒)의 경지는 취하지 않은 까닭이라 하셨다.

둘째, 아버지는 절대로 혼자 술을 마시는 일이 없음을 꼽으셨다. 앞에서 언급한 바와 같이 취한 뒤보다 취하는 과정의 진미를 즐길 수 없기 때문이라 하셨다. 그러하기에 당신 스스로를 "주객은 아니지만 확실히 술을 좋아하는 사람"임을 자인하셨다. 다만 술을 좋아하는 것이 아니라 술 마신 홍취를 좋아하는 사람이라 하셨다. 술에 뜻이 있지 않고 홍에 뜻이 있음에 이런 의미에서 아버지는 스스로를 영원히 주객이 못 되고 한 학주배(學酒輩)로서 주졸(酒卒)의 이름을 감수하고 싶다고 하셨다. 아버지는 또 술 마시는 까닭에 대해서 다음과 같이 피력하시기도 하셨다.

술을 마시는 데도 까닭이 있다. 순수한 주덕(酒德)은 유령(劉伶), 이백(李白) 이래로 허다한 선각자가 설진(說盡)했거니와 금세(今世)의 주덕은 별반(別

> 般)의 해석이 있다. 뉘 내게 묻기를 술은 마셔서 무슨 덕이 있으며 어쩌자고 술만 마시는가 하기에 내 시주반생(詩酒半生)에 탐닉(耽溺)하였으니 인심(人心)의 기미(機微)를 헤아림을 아직 버리지 못한지라, 언하(言下)에 대답하기를 음주는 분명히 자독행위(自瀆行爲)의 하나이다. 자독(自瀆)은 부자연한 일이로되 처녀와 총각이 자독의 공덕(功德)으로 정조(貞操)와 동정(童貞)을 보전하듯이 금세(今世)에는 음주로써 선비의 지조(志操)가 무너지지 않는 길이 있다 하였다. 우졸(愚拙)한 선비에겐들 우국개세(憂國慨世)의 정이야 어찌 없을까마는 소인만이 득실거리는 세상에 술조차 안 마시면 들먹이는 팔뚝이 어찌 온전할 수 있겠는가. 경국제세(經國濟世)의 현인군자(賢人君子)는 못 되어도 소인이 되지 않기 위해서 술을 마신다고 하였다. 취중의 고언장담(高言壯談)은 사람마다 하는 바이지만 취중의 진정(眞情)이 생시(生時)에 일관(一貫)함에 못난 것으로써 하는 것이 오도(吾道)의 자랑이 되는 것이다.
>
> 〈등산임수탄(登山臨水嘆)〉

아버지는 술 때문에 정신을 잃으신 적은 없고, 남들이 보신을 위해 즐기는 반주조차 혼자서는 하시지 않으셨다. 술은 언제나 즐겁게 드시는 편이셨다고 한다. 아버지는 "희로애락애오욕(喜怒哀樂愛惡慾)의 칠정(七情)에 흥분되었을 때 술을 마셔선 안 된다는 도리를 배웠다"고 하시며, "화풀이 술을 비롯한 일체의 잠재감정을 술로써 풀거나 선동하는 것은 술의 사도(邪道)라는 것을 알았다. 술은 언제나 무료와 권태의 극복을 위해서 마실 때가 상책"이라 하셨다.

아버지는 술보다는 사람을 좋아해서 마음에 드는 사람들과는 나이를 안 가리고 늘 어울려 마셨으며 이야기를 즐기셨다고 어머니는 말씀하신다. 그토록 술만 자시면서 글은 언제 쓰셨는지 함께 살았어도 잘 모르겠다고 하신다. 어쩌다 자다가 새벽에 깨보면 아버지의 방에 불이 훤했던 것으로 짐작건대 아마 그때 쓰셨던 것 같다고 하신다. 아버지께서는 글을 쓰실 때 곁에 누가 있는 것을 싫어하셨다. 한복을 단정히 입으시고 작은 소반에 원고지를 놓으시고 글을 쓰셨다. 나는 그런 자세로 글을 쓰고 계시는 아버지의 모습을 생각하며 내내 이 글을 쓰고 있다.

'멋'을 이론화(理論化)하신 멋쟁이 아버지

아버지는 멋쟁이셨다. 풍류인으로서의 멋쟁이만이 아니라 옷 입는 것도 멋있으셨다. 한복, 양복을 때와 격에 맞게 잘 갖추어 입으셨다. 집에서는 언제나 흰색 또는 옅은 옥색이나 회색이 도는 색을 즐기셨다. 보기 좋게 넓은 이마에 리젠트 스타일로 뒤로 넘긴 헤어스타일(20대까지는 가르마를 타신 평범한 스타일이셨던 것으로 안다. 전문학교 시절에는 삭발이셨고, 그후 오대산 월정사 은둔시절엔 장발이셨다)과 잘 어울리는 굵은 뿔테(진한 고동색)의 안경(아래 좌우쪽을 약간 굴린)을 쓰셨다(청년시절엔 동그란 뿔테 안경). 보통사람들에게는 잘 어울리지 않는 나비 넥타이, 베레모도 잘 어울렸고 젊은 나이에 단장(短杖)을 짚고 걸어도 멋지셨다.

아버지께서 단장을 사용하시기 시작한 것은 아마 30대 후반부터가 아니었나 생각이 든다. 그 나이에 단장은 아무에게나 어울리지 않음에도 아버지에게는 참 잘 어울렸다. 아버지는 왜 단장을 즐겨 들고 다니셨을까. 노인들같이 기력이 없어 몸을 지탱하기 위한 것은 결코 아니셨다. 그렇다면 또 다른 필요성과 함께 멋으로 들고 다니지 않으셨나는 생각이 든다. 아버지가 즐겨 들고 다니시던 단장을 생각하면 무애 양주동 박사가 쓴 〈세계 기문

선〉에 실린 "밀른(A.A.Milne, 1882~1956)의 기경(奇警)한 필치가 해학적인 천하일품"이라며 다음과 같이 번역하여 시작한 글, 〈단장론(短杖論)〉이 떠오른다.

> 검(劍)의 유행이 끝난 뒤에 단장(短杖)이 아마 유행되었을 것이다.… 제 아무리 바쁜 날이라도 영웅(英雄)의 검(劍)은 때때로 칼집 속에 들어갔을 것이다.… 그러나 우리의 단장은 칼집이 없다. 우리는 언제나 그것을 손에 쥐고 다니다가 졸지에 마차를 부르고, 풍경을 가리키고, 혹은 적의 배때기를 찌르는 것이다. 그뿐인가, 세상을 멸시하는 경우에는 공중을 휘갈긴다.

호방하고 철학이 담겨있는 원작을 미묘한 메트릭으로 처리한 멋진 원작 번역문체이다. 아버지도 밀른같이 단장으로 마차가 아닌 '택시'를 불러세우고 문우들과 풍류를 즐기실 때 아름다운 풍광을 단장으로 가리키기도 하셨을 터이다. 때로는 취흥에 겨워 오케스트라의 지휘자가 지휘봉을 놀리듯, 장구치는 고수가 북채를 두드리듯 그것으로 장단을 맞추시기도 하셨을 게다. 그런가 하면 그 단장으로 너절한 소인배들의 행실을 접할 때면 자주 입에 올리시던 "거지 발싸개보다도 못한 놈들!" 하시며 옹졸하고 비겁한 자들의 "배때기를 찌르기"(?)도 하시고 때로는 더러운 세상을 향해 허공을 후려치시며 스트레스를 풀기 위해 들고 다니시지 않으셨을까.

아버지는 아무튼 멋쟁이셨다. 그러나 무엇보다도 제자들이나 아버지를 잘 아는 분들의 언급에서 볼 수 있듯이 술이 아버지의 풍류의 전부는 아니었다. 아버지는 한국 고유의 멋을 당신 스스로 체득하셨을 뿐 아니라, 그것을 이론화하는 데도 깊은 관심을 기울이셨다. "멋을 척도로 하여 인간을 전체적으로 포착하려" 하셨다. 이런 외면적이고 부분적인 멋보다 내면적인 멋, 정신에서 우러나오는 멋, "태연한 기품을 잃지 않고 호탕하고, 호탕한 멋과 준엄한 원칙 위에 재능과 교양이 조화를 이룬 대인"으로 아버지에게 멋은 "저항과 죽음의 자리에서도 지녀야 할 삶의 척도였다"고 규정할 수 있다.

아버지는 '멋'을 이론화한 〈멋의 연구〉에서 이렇게 말씀하셨다.

> 필자는 이 논고에서 우리의 가치관 또는 미의식에 관계되는 중요한 단어들을 분석하여, 그 단어들이 내포한 개념 내용과 그 어원 및 어의전성(語義轉成)의 계기를 살펴보는 방법을 시도하였다〔조지훈전집 8권 《한국학연구》(나남, 1996), 373쪽 참조〕.

아버지는 한국문학의 미의식(美意識)을 우아(優雅)와 비장(悲壯)과 관조(觀照)의 셋으로 나누셨다.

아버지의 제자 김인환(고려대 교수) 선생의 말을 빌리면 우아미(優雅美)도 고요한 속에 즐거움을 가져오는 아려미(雅麗美)와 움직임 속에 즐거움을 가져오는 멋으로 분류하셨다. 아려한 풍류와 자적(自適)하는 격조가 우아미의 양면이라는 것이다. 아버지는 "못박는 목수에게는 목수의 멋이 있고, 대장간의 풀무장이에게는 풀무장이의 멋이 있음"을 예로 들어 우아미의 일면을 해석하였다.

조화가 깨진 상태의 특수함을 거쳐서 미감을 일으키는 것을 비장미(悲壯美)라고 규정하신 아버지는 그것을 극복과 전취(戰取)의 세계라 하셨다. 비장미에는 인간과 인간 사이의 모순과 갈등이 있고 파멸, 죽음, 몰락 등의 참혹한 운명이 있는데 이 가운데 고통받는 인간의 슬픔이 윤리적이고 도덕적인 미의 세계를 형성한다는 것이다. 비장미는 다시 힘의 유무에 따라 무력한 비애미(悲哀美)와 강력한 장엄미(莊嚴美)로 나누어진다고 하셨다.

아버지는 우아미의 변형으로 쾌락적인 화려미(華麗美)와 비속한 골격미(骨格美)를 유도해 내고 비장미의 변형으로 부정에 치우친 투쟁미(鬪爭美)를 유도해 내기도 하셨다. 이런 이차적 미는 자칫하면 인간 및 예술정신의 상실을 초래하기 쉬워 자연미로도 예술미로도 성립될 수 없다는 가정을 하게 한다.

또 감각적이면서도 사상적인 의미에 도달한 상태에서 관조미(觀照美)가 나타나며, 그것은 대상의 깊은 곳에 파고 들어가 그 본성을 파악하는 지적 직관에 통한다는 것을 뜻하셨다.

이와 같이 미의식의 주관적 해석만으로는 학문으로서의 공고성을 획득할 수 없다고 인식하신 아버지는 미의식의 객관적 해석방법으로서 의미를 수용하셨던 것이다. 미의식이 보편적 현상이면서도 개인과 시대에 따라 변화하는 경험적 현상이라는 데 착안하여 아버지는 미의식의 존재원리를 언어학적 방법으로 해명하려 하셨다. 아버지는 '멋지다'의 용례 중에서 특히 "멋지게 죽었다"는 문장에 유의하시고 멋이 풍류와 낙천성만이 아니라 비장(悲壯)까지도 내포할 수 있음을 보여주셨다. 이런 것들을 볼 때 아버지가 멋의 의미소(意味素)로서 제시하신 내용은 취미, 홍취에서 조화, 분별을 거쳐 자유, 자연에 이르게 된다는 결론에 도달하게 된다.

나는 그런 아버지를 그리워하며 어느 봄날 이런 글을 써 놓은 적이 있었다.

" 방긋방긋 배냇짓 웃음을 짓던 대지(大地)가 새 살을 부풀리더니 큰 소리로 마구 웃어젖히고 있습니다. 천지가 온통 꽃내음, 풀내음으로 가득 차 금세라도 우주가 터질 것만 같은 그런 숨막히는 봄날입니다.

난 오늘, 자목련 그늘에 누워 눈을 감고 대지의 맥박소리와 숨쉬는 소리를 느끼며 먼바다의 파도치는 소리, 산과 개울, 그리고 들판, 호수며 고운 무지개, 밤하늘의 별들과 별밭을 흘러가는 혜성과 유성들을 생각하다가 문듯, "태초에 멋이 있었다" 하신 돌아가신 내 아버지의 멋진 말씀을 떠올리며 그리움에 젖어듭니다.

우주가 창조되던 그 순간, 그 하나님의 힘을 아버지는 '멋'이라 하셨을까. 아니면 하나님의 말씀(道)을 멋이라 하셨을까. 광대무변(廣大無邊)이란 말로도 부족하기만 한 그 우주 속의 창백한 푸른 한 점에 불과한 지구 위, 여기 한 점에 이렇게 누워있는 모래알보다 더 작은 나를 생각합니다.

그리고 아버지의 말씀을 새겨봅니다. 아버지는 나에게 멋진 삶을 살길 원한다며 우리 멋대로 살지 말라고 일깨워 주십니다. 그래서 멋진 삶, 멋진 사람에 대해 생각해 보며 역사와 책 속의 멋쟁이들을 생각나는 대로 떠올려 봅니다.

그런 생각을 하다보니 멋진 사람이 되는 일은 무척이나 어렵다는 생각이 듭니다. 그런 멋쟁이들이 있었고 지금도 숨어있는 많은 멋쟁이들이 있기에 세상이 그래도 이만한 것이라는 생각을 하며 멋없이 이렇게 안주(安住)하고 있는 내 자신이 부끄럽기만 합니다. 그런 내가 자식들에게 멋쟁이가 되라고 가르칩니다. 남을 꺾는 법도, 돈 버는 법도 가르칠 줄 모르면서 그렇다고 '속이고 속는 세상'을 이렇게 살라고 명쾌한 답은커녕 우물쭈물하는 나는 참으로 멋없는 사람입니다.

"개똥밭에 굴러도 이승이 저승보다 낫다"는 세상, 나조차 헷갈리는 이 세상에서 멋을 이야기한다는 것은 바보 아니면 위선이요, 교만이요, 사치란 생각마저 듭니다. 멋쟁이도 아닌 사람들이 멋쟁이 타이틀을 가지고 멋쟁이들을 만든다며 멋을 팔고, 멋을 빙자해서 멋(?)지게 사기를 치는 멋없는 꼴에 마음이 우울해지는 나는 멋을 들먹일 자격조차 없는 멋없는 사람임을 고백합니다. 멋의 무게가 날로 가벼워지는 오늘로부터 내 자신을 격리시켜 보고 싶어 아버지의 수필 '멋 설(說)'을 꺼내 읽어봅니다.

… '멋' 그것을 가져다 어떤 이는 '도(道)'라 하고 '일물(一物)'이라 하고 '일심(一心)'이라 하고 대중이 없는데, 하여간 도이고 일물이고 일심이고 간에 오늘밤엔 '멋'이다.

태초에 말씀이 있는 것이 아니라 태초에 멋이 있었다.

멋을 멋이게 하는 것이 바로 무상(無常)인가 하면 무상을 무상하게 하는 것이 또한 멋이다. 변함이 없는 세상이라면 무슨 멋이 있겠는가. 이 커다란 멋을 세상 사람은 번뇌(煩惱)라 이르더라. 가장 큰 괴로움이라 하더라.

우주를 자적(自適)하면 우주는 멋이었다.

우주에 회의(懷疑)하면 우주는 슬픈 속(俗)이었다.

나와 우주 사이에 주종의 관계 있어 이를 향락하고 향락당하겠는가. 우주를 내가 향락하는가 하면 우주가 나를 향락하는 것이다.

나의 멋이 한 곳에서 슬픔이 되고 속(俗)이 되고 하는가 하면 바로 그 자리에서 즐거움이 되고 아(我)가 되는구나.

죽지 못해 살 바에는 없는 재미도 짐짓 있다 하랴.

한 바리 밥과 산나물로 족히 목숨을 이으고 일상(一床)의 서(書)가 있으니 이로써 살아 있는 복이 족하지 않는가. 시를 읊을 동쪽 두던이 있고 발을 씻을 맑은 물이 있으니 어지러운 세상에 허물할 이가 누군가. 어째 세상이 괴롭다 하느뇨. 이는 구태여 복을 찾으려 함이니, 슬프다. 복을 찾는 사람이여. 행복이란 찾을수록 멀어가는 것이 아닌가.

안분지족(安分知足)이 곧 행복이라. 초의야인(草衣野人)이 어찌 공명을 바라며 포류(蒲柳)의 질(質)이 어찌 장수(長壽)를 바라겠는가. 사는 대로 사는 것이 나의 삶이니 여곽지장(藜藿之腸)이라 과욕을 길러 고성(古聖)의 도를 배우나니 내 어찌 고성의 도를 알리오. 다만 알려고 함으로써 멋을 삼노라.… (辛巳 暮秋)

가족은 아랑곳없이 당신 혼자만 짧고 굵고 멋들어지게 마흔여덟 해를 사시다 멋만 남겨놓고 가버리신 야속한 당신은 이 글을 쓰실 당시 겨우 22세에 이미 멋쟁이가 되어 계셨습니다.

당신이 가신 5월이 다시 돌아오는데, 당신이 평생 사신 햇수보다 아홉 해나 더 먹은 당신의 자식은 당신이 멋을 설(說)하던 나이의 곱절에다 십 년을 더 보탠 나이가 되었어도 당신의 그 멋의 근처도 못 가고 있음이 부끄럽습니다.

"꽃이 지는 아침은 울고 싶어라" 시던 당신이 그리워 울지 못하게 무너질 듯 피어있는 목련아! 지지를 마라.

"연분홍 치마가 봄바람에 휘나알리이더어라 … 꽃이 피면 같이 웃고 꽃이 지면 같이 우우는…" 봄날아! 가지를 마라. 유행가 한가락을 휘파람으로 날려보내며 애써 그리운 아버지를 지워봅니다. (2002. 4)

아버지는 나아갈 때와 머무를 때를 익히 가려 행하는 분이셨다. 이것이 바로 선비의 요체가 아니겠는가. 일제 말엽, 그들의 침략정책이 극에 달하여 급기야는 우리글로 시를 쓰는 것조차 금하게 되자 홀연히 속(俗)을 떠나 그렇게 '비승비속'(非僧非俗)으로 살지 않으셨던가.

사람이 자리에서 떠날 때를 아는 것은 말처럼 쉬운 일이 아니다. 아니, 좀더 정확히 말하자면 떠날 때를 알고 이를 실천에 옮기는 일이 그렇다. "박수칠 때 떠나라"는 말이 요즘 유행이지만 세상은 그렇게 녹록치 않다. 잘나갈 때 떠나는 일은 멋진 일이다. 하지만 당장의 현실이 발목을 잡는다.

중국 역사에 나오는 범려는 월왕 구천의 재상이다. 그는 구천이 오왕 부차에게 복수하는 데 가장 큰 공을 세운 최고참모였다. 구천이 부차를 죽인 후 기쁨에 들떠 논공행상을 할 때 가장 큰 상을 받을 수 있었던 범려는 홀연히 떠났다. 그는 "구천은 고난은 함께 할 수 있어도 기쁨을 함께 할 수는 없는 군주"라는 말을 남겼다. 참으로 멋쟁이다. 뒤에 남아 자리에 연연하던 많은 신하들은 구천에게 죽임을 당했다는 고사가 있다.

몇 년 전 저녁식탁에서의 일이다. 그날 한국 일간지에 아버지의 수필 〈멋 설(說)〉이 수능시험에 출제되었다는 기사를 접했다. 그 신문기사는 이랬다. "퇴계(退溪)가 조지훈 수필에 발문(跋文)을 쓴다면…" 이란 제목하에 '창의력을 묻는 이색 질문'이란 부제목을 달아, "올 수능에는 창의력을 측정하는 문제가 많이 나와 눈길을 끌었다"는 내용으로 몇 가지 예를 들었다. 그 중 한 가지로 "퇴계 이황의 〈도산십이곡〉을 바탕으로 그가 조지훈의 〈멋 설〉의 발문을 써 준다면 어떤 내용이 담길까 추론하라"는 문항(38번)을 소개한 것이었다.

그 기사에 대한 이야기를 꺼내자 아내는 이때다 싶어 아이들에게 말을 꺼냈다.

"얘들아, 이 신문기사를 읽어봐라. 너희들이 한국에 있었더라면 수능시험을 치렀어야 할 것이고 그러려면 네 할아버지의 글들을 읽었어야 했을 거야."

막내 용준이가 물었다. "수능이 뭐예요?"

"미국서 너희들이 치른 SAT(대학진학 적성시험)와 같은 것이다."

평소에 내 자식들이 제 할아버지의 저서들 중 그때 저희들 나이에 읽어야 할 글들을 스스로 찾아 읽어주기를 은근히 바라면서도 미국서 태어나 한국과 미국을 옮겨다니며 겪는 문화적 충격과 언어극복의 고통으로 힘겨워하는 것이 안쓰러웠다. 그러나 강요하지도 못 한 채 늘 마음 한구석엔 천자문 정도의 한문과 웃어른들의 사상을 깊이는 못 가르치더라도 내가 아는 것만큼은 가르쳐야 하는데 … 하는 죄책감과 자괴감을 떨치지 못하고 있던 터였다. 그런 내 심정을 헤아린 아내가 이런 식으로 식탁에서 자연스럽게 말을 꺼낸 것이었다.

아니나 다를까 "할아버지 책은 한문이 너무 많고 내용이 어려워요"라고 초등학교 6학년을 다니다 미국에 온 용준이가 말했다.

"그럴 게다. 그러나 이런 문제가 수능시험에 나왔다는 것은 한국인으로 대학에 진학하려는 학생이라면 최소한 이런 수준의 할아버지 글은 필수적으로 읽어야 된다는 뜻이 아니겠니? 하물며 손자인 너희들이 안 읽어서야 되겠니? 꼭 할아버지의 책뿐만 아니라 동서양의 좋은 책들을 골고루 읽어 자기 나름대로 생각의 체계를 잡고 사상을 확립해야 한다. 좋은 글은 마음의 양식이 된다. 자, 우선 육신의 양식부터 먹으면서 이야기를 나누기로 하자."

저녁을 먹으면서 멋에 대한 자식들의 견해를 듣고 제 할아버지가 생각하신 멋에 대해서 이야기했다. 식사 후 저희들 할아버지의 책을 꺼내 읽어주면서 한국 고유의 멋이 어떤 것이며 일반적인 멋과 특수한 멋 등 다양한 이야기를 나누었다. "너희 할아버지는 한국의 멋을 제대로 체득한 분이시고 멋에 대해 이론적으로 연구하신 멋진 분이셨다"라고 말해 주었다. 이런 멋쟁이가 사회의 지도자가 될 수 있다. Leader가 되려면 Reader가 먼저 되어야 한다. 대학은 지도자를 양성하는 곳이지 취직하기 위해 다니는 곳이 아니다.

"이 수필이 용준이 지금 네 나이보다 어렸을 때 쓰신 작품이라면 믿어지니? 이런 작품의 기초는 모두 다양한 독서의 결과가 아니겠니?"

"너희들은 할아버지 같은 멋쟁이가 되고 싶지 않니?" 자식들에게 물으면서도 내심 "그러는 아빠는 … ?" 하고 저희들 속으로 내게 되물을 아이들을 생각하니 그저 부끄러울 따름이다. 하지만 나보다 더 멋진 자식들이 되어주길 바라는 아비의 심정인 것을 어찌하랴.

그 수능이 만신창이가 되었다. 시험부정 사건의 기사가 연일 신문 1면을 장식하며 한국을 떠들썩하게 만들고 있다. 이곳에서는 볼 수 없는 풍경들이다. IT 강국답게 휴대전화 커닝이 벌어진 것이다. 멋있는 사람, 지도자를 양성해야 할 대학이 점수 위주, 취업을 위한 학원으로 전락하고, '로또당첨 인생역전' 식의 현행 한국의 입시제도의 희생양이 된 수험생들이 가엾다는 생각이 들며 그 무렵 방한했던 셸 리 펄먼 프린스턴대 총장이 언급한 "보다 나은 세상을 만드는 인재양성이 우리대학의 교육이념"이란 말을 떠올리지 않을 수 없었다. 내 자신 또한 기성세대의 한 사람으로서 반성과 자괴감을 느낀다.

그러나 그날의 한국의 수능에 관한 기사는 어쨌든 미국에 있는 우리 아이들에게는 독서의 중요성과 온고이지신(溫故而知新; 옛것에서 새로운 지식을 얻고 도리를 깨우친다)을 일깨워 준 것이었고, 또한 제 할아버지의 글과 생애에 관심을 갖게 해주었기에 그런 기회를 제공해 준 언론이 고마웠던 기억이 나서 적어보았다.

아버지의 식도락

어머니는 아버지를 위해 철철이 맛갈진 음식과 멋스런 차림을 마련하는 데도 정성을 다하셨다. 아버지는 기호가 수수하면서도 또한 까다로우셨다니 그것이야말로 가장 어려운 주문이었다고 하신다. 의복은 한복을 즐기셨는데 새하얀 것이나 새까만 것을 좋아하셨고 여름에는 삼베를 입으셨는데 모두 어머니가 손수 지으셨다. 우리 밥상엔 언제나 봄이 어느 집보다 먼저 찾아왔다. 봄뿐만 아니라 모든 계절이 그러했다는 말이 맞을 것이다. 이는 육류보다는 채식을 더 즐기시는 아버지의 입맛을 돋구어 드리기 위함이었다.

이를 위해 어머니는 온갖 정성을 다하셨다. 음식을 하실 때는 간과 온도를 맞추는 데 각별한 신경을 쓰셨다. 음식을 장만하시는 모습도 좋았지만 무엇보다도 바느질하고 계실 때의 어머니의 모습은 내가 제일 사랑하는 모습으로 내 기억 속에 남아 있다. 음식 이야기가 나온 김에 잠시 아버지의 식도락에 대해서 조금 이야기하고 넘어가기로 하자. 다음은 아버지의 수필 〈나의 식도락〉의 일부이다.

나는 식성이 수수해서 못 먹는 음식이라곤 없다. 따라서 아주 좋아하는 음식이 따로 없으니 식도락이랄 것도 없다. 어려서는 가정의 훈련으로 미식을 삼갔고, 커서는 술을 배워서 몹시 신경질적이던 성격이 대범해지는 바람에 식성도 이 성격을 따라서 도무지 까다롭지 않게 되고 말았다. 덕분에 깊은 산촌의 험한 밥도 주인이 놀랄 만큼 먹을 수 있었고 유치장 밥이나 군대 밥도 애초에 불편이 없었다. 파냉국 풋고추에 꽁보리밥이나 시래깃국, 된장찌개에 꽁조밥도 이따금 입맛을 돋군다. 그리고, 어느 지방 어느 나라의 음식도 맞지 않아 못 견디는 법은 없어서 여행에는 큰 다행이었다.… 이렇게 못 먹는 음식이 없고 특별히 좋아하는 음식이 없으면서도 내가 그다지 좋아하지 않는 음식과 달게 먹는 음식은 따로 있다. 나의 식성은 곧 내가 담박한 음식을 좋아한다는 말이 된다.

돼지고기는 그 느끼한 맛 때문에, 염소고기는 노린 맛 때문에, 닭고기는 너무 약냑한 맛 때문에 좋아하지 않는다. 돼지고기는 양념장에 볶은 것 한 접시 정도, 닭고기는 다리나 모이집(똥깨) 구운 것 하나쯤은 감식한다. 그러니 고기는 쇠고기 편이다. 너비아니보다는 곱창구이, 간천엽보다는 육회, 편육보다는 마나가 좋다. 고깃국도 무, 배추에 굵은 파를 넣고 얼큰하게 끓인 국이면 한 대접은 혀를 치면서 먹는데, 이것도 세 끼만 거듭 먹으면 맛이 없다. 이상한 것은 내장 곰이다. 갖은 내장에 기름치와 정육을 넣어 끓인 곰은 일주일쯤 계속해 먹어도 싫증이 나지 않는 것이다. 설렁탕, 해장국이 또 그렇다. 산돼지 고기맛이 쇠고기 다음 간다. 노루고기, 토끼고기는 별 맛이 없다. 송치[胎牛], 애저[兒猪]는 맛은 달아도 차마 쟁그라워 못 먹는다.

생선도 마찬가지다. 고등어는 기름기가 많아 싫고, 잉어는 너무 달아서 좋아하지 않는다. 방어는 찜이나 구워서 한 토막, 비웃은 굽거나 된장에 넣어서 한 마리 — 그러나 요즈음 것은 비싸기만 하지 맛이 없다. 그러니 자연히 동태, 가자미, 조기, 민어, 홍어, 대구 같은 슴슴한 것을 좋아하며, 굽거나 지지거나 국 끓이거나 이런 것은 다 잘 먹는다. 생선보다는 민물고기를 더 좋아하는데, 이것도 서울 근교에서 잡은 것은 맛이 없고 흙 냄새가 나기 일쑤다. 수석이 맑은 산곡의 석천에서 잡은 놈이라야 맛이 달고도 맑다. 붕어, 피

라미, 모래무지, 쏘가리, 메기, 뱀장어, 미꾸라지가 좋다. 조기, 전복, 새우, 게 — 이건 영덕, 울진 쪽이 '대게'가 제일, 서해 것은 맛이 없다 — 가 또한 일미다. 김과 미역도 그렇다.

마른반찬으로는 육포, 어란, 낙지, 명태, 건대구, 전복, 홍합을 다 좋아한다. 그 중에도 마른 전복 큰 놈 두세 개를 깨끗이 씻어 물에 담가 하룻밤 재운 뒤에 채를 썰어 우려낸 물에다 도로 넣고 간장과 초를 쳐서 실고추, 실백을 띄워 먹는 '전복채'는 풍미가 상줄 만하다.

고기 없이는 몇 달을 지낼 수 있어도 나물 없이는 한 끼를 못 먹는다. 이른 봄에 얼음을 뚫고 솟는 강미나리라든가, 다래, 물쑥, 두릅, 도라지, 고비, 고사리는 끼니마다 놓아도 주는 대로 다 먹는다. 애호박 볶음 — 이건 첫가을 송이를 넣어 볶은 끝물의 호박이 더 좋다 — , 오이나 파의 장아찌 또는 냉국은 풋고추, 마늘과 함께 온 여름내내 식탁을 떠나지 못한다.

어려서 산촌에서 자랐고 젊어서는 절간생활에 맛을 들인 적도 있어 산나물을 잊지 못한다. 나에게 식도락이 있다면 내가 좋아하는 산채를 구해다 내가 작성한 메뉴와 요리법에 의해서 만들어 먹는 일이다. 실상 산채 식도락이란 도시생활에서는 돈이 더 많이 드는 경우가 있다. 철에 이른 소채를 사 먹는 것도 어떤 때는 고기값보다 비싸니 더 말할 나위가 없다.

이른 봄부터 회나무, 가죽나무 등속이 잎으로부터 밥취, 머구취 따위 취나물 등 산채의 가짓수는 손을 꼽기 어려울 만큼 많다. 이것들을 삶아서 참기름에 무쳐먹는 맛은 그 향취가 천하일품이다. 여러 곳 산채를 먹어봤지만 향기로는 내 고향 일월산(日月山)의 산채가 제일이었다. 일월산은 한약재 산지로 손꼽히는 곳으로서 산채가 모두 약초다. 그 중에도 여름 한철의 당귀잎, 챗물(냉국)은 인단 맛이 난다.

또 '금죽'이란 산채를 말려서 쇠고기를 다져 넣고 끓인 국은 정말 향기롭다. 이 나물은 어떻게 향기가 지독한지 물에 담가서 우려내야 비로소 향기가 있지 그냥 끓여서는 너무 써서 먹을 수 없을 정도다. 이것도 점점 얻어먹기가 힘들어간다. 위창(葦滄), 춘곡(春谷) 두 노인이 이 나물 자시기를 원하므로 한 번 가져다드렸더니 그 선미를 감탄해 마지않으셨다. 속담에 '외가가 낮아도 못 먹는다'는 씀바귀는 열이 많은 체질, 봄타는 사람의 입맛을 당긴다. 잘 먹는 고수〔香菜〕는 처음 먹으면 꼭 빈대를 씹은 듯한 것이, 맛을 들이면 어찌 그렇게 고수한지, 배추에 고수를 곁들여 참기름으로 흠뻑 무친 생절이는 입맛 없는 봄철 반찬으로 일등품이었다. 중국요리에도 드는 것으로 큰 시장에 가면 살 수 있다.

… 좋은 가양주에 한가락 춤 한마당까지 있으면 홍이 이에서 더함이 없었을 것이다. 취옹의 뜻이 술에 있지 않다더니 나의 식도락은 먹는 맛에만 있지 않고 풍취에 있다. 이름난 향토음식을 찾아다니는 것은 식도락과 강산 구경을 겸해서 별미가 있다.

… 나의 식도락의 밑바닥에는 은둔의 추억과 기여의 정서가 깃들여 있다. 못 먹는 것이 없고 또 별달리 치우치게 좋아하는 음식이 없듯이 경치도 그런 것이다. 아무렇게나 지나가다가 주막에 들러서 한 잔 기울이는 술맛에 돌연 '이것 아니다'를 발견하는 수가 있다.

이십 년 전 일이다. 경주에 갔다가 옥산서원(玉山書院)에 들렀더니 거기서 젊은 초면의 벗들과 만나 술을 마시게 되었다. 그때 그 주막집의 안주가 가관이었다. 부엌에서 과메기(비웃 말린 것) 두세 마리를 빼내오더니 파를 숭덩숭덩 썰어 넣은 간장에 찍어 먹으라는 것이다. 북어 찢듯이 찢어서 … . 막걸리 한 사발을 들이키고 안주를 집으려는데 구더기가 몇 마리 거기서 굼실굼실 기어 나오지 않는가. 젓가락으로 집어서 마당에 팽개치고 한 조각 뜯어서 집어넣었다. 그 맛이 별미였다. 이것도 식도락이라 할 수 있을까. 그러나 텁텁한 막걸리 맛의 운치로는 제대로 된 자연의 묘경이었다. 하하. (1962년 9월)

이런 아버지셨으니 어머니가 얼마나 힘드셨으리라는 것이 짐작간다. 어머니는 아버지를 위해 언제나 그해 처음 나온 산나물, 무슨 음식이든 철따라 제일 먼저 나온 재료를 구해 음식을 장만하곤 하셨다. 이는 건강이 안 좋으신 아버지의 입맛을 돋구기 위함이었다.

이런 아버지의 식성을 나 또한 닮지 않을 수 없었다. 아버지의 글 중 당신께서 좋아하신 음식 중에 빠진 것이 있다. 살짝 찐 문어에 실고추를 얹은 것과 홍어, 가오리 찜을 술안주로 즐겨 하셨다. 그래서 우리집에 자주 드나드신 아버지의 제자분들이나 친구분들은 어머니의 술안주 솜씨를 아직도 잊을 수 없다고 이구동성으로 입을 모은다.

아버지는 식성도 예술이었다. 옛날 중국의 시성(詩聖) 소동파가 그랬다던가? 소동파는 양자강 절벽 아래에 배를 띄워놓고 술과 시를 즐기는데 안주가 자그마치 50가지가 넘었단다. 단순한 안주가 아니라 팔진미 오후청을 능가하는 고급요리의 식도락이었던 것이다.

아버지께서는 음식의 맛도 맛이지만 보기 좋게 차려내는 것에도 관심이 많으셨다. 그러나 가짓수가 많은 것보다는 솜씨와 기울인 정성에 관심을 더 두셨다. 예를 들자면 음식의 온도, 간의 정도, 음식을 담은 그릇의 종류나 양, 크기, 담은 모양 등 … . 집에서 드시는 아버지의 음식은 사는 형편에 비해 호사스러웠다. 그건 아버지의 건강을 염려하신 어머니의 남편에 대한 지극한 정성 때문인 것으로 알고 있다.

나는 지금도 슴슴하고 짜릿한 어머니의 맛, 고향 조국의 향기 그 맛이 그립고 그립다. 겨울이면 찡하게 맛 있는 통김치, 게장, 냉이와 호박, 고추가 들어간 독특한 맛의 된장찌개, 고기를 다져서 맛있게 양념한 장산적, 어머니가 담가주시던 어리굴젓 맛을 잊을 수 없다. 어리굴젓에는 납작하게 썬 무와 특히 썬 배가 들어가서 매콤하고 굴 향기가 어우러져서 시원한 맛이 나서 일품이었다.

봄꽃을 보면 나는 어머니 생각이 나고 내 입맛에 꼭 맞는 음식을 장만하시던 정성담긴 '손맛'과 함께 봄 나물국 슬슬 끓어오르던 밥상이 생각난다. 아울러 붓글씨, 바느질하시는 '손멋'을 떠올리곤 한다. 그 맛을 보지 못하고 살아온 세월, 어머니를 떠나 살아온 수많은 세월의 이 불효를 어찌할

꼬. 나는 '희미한 옛 사랑의 그림자'(요즘 모국에서 중노년의 어머니들 사이에 오간다는 '재치문답'에서 나온 말로 '장가 간' 아들을 칭한다는 말이란다. 며느리는 '가까이 하기엔 너무나 먼 당신"이라나!) 중에도 '왕(王) 그림자'가 되고도 남으니 말이다.

법정(法頂) 스님 산문집에 이런 말씀이 있다.

> 우리들이 먹고 마시는 것들은 피가 되어 신경조직을 유지하기 때문에 음식은 정신작용에 중요한 영향을 끼친다. 그러니 어떤 성질의 음식을 먹느냐 하는 문제는 어떤 마음을 가지느냐 하는 문제와 직결된다. 일반적으로 육식동물은 포악하고 거칠다. 그러나 초식동물은 선량하고 온순하다. 이상한 고집이지만, 나는 사람을 대할 때 그가 식물성적 인간이냐 동물성적 인간이냐로 가른다. 맑고 투명한 사람은 가까이하고 싶지만, 탁하고 불투명한 사람과는 가까이하고 싶지 않다. — 〈양생법〉, 《맑고 향기롭게》(조화로운 삶. 2006)

고기 없이는 몇 날을 견딜 수 있어도 나물 없으면 한 끼를 못 드셨던 아버지, 당신은 우리 전통음식의 새로운 창조로 세계인이 함께 즐길 수 있는 음식을 개발하고 서비스 방법을 개선시켜야 한다고 하면서 당신의 생각을 피력하시기도 하였다.

아버지의 식도락의 이야기가 길어졌는가? 미식을 금하는 가정훈련을 받았다고 아버지도 말씀하셨듯이 자신이나 가정의 먹는 일 가지고 자랑하듯 드러내는 것은 결코 점잖은 일이 아닌 줄 아나 어쨌든 이것도 아버지의 한 면모이니 언급하고 넘어가야겠다는 생각이 들었다.

아버지와 우리 가족들

내가 문학동네의 변두리 주민이 된 사연

아버지의 식성은 앞의 '아버지의 식도락'에서도 언급했듯이 채식을 즐기셨고 소탈하신 편이었으나 송이, 게장, 홍어, 가오리, 문어, 전복처럼 귀한 음식들을 비싼 줄도 모르고 시시때때로 드셨으니 사는 형편에 비해 음식은 호사스러웠다고 어머니는 회상하신다.

병환중이었기 때문에 남편 뒷바라지에 늘 신경 쓰지 않으면 안 되셨고 집필하실 때면 조용하게 해서 아버지의 신경을 행여 거스를까 봐 온 가족이 숨을 죽이고 마음을 졸였다. 그런 아버지셨으니 가족들에게 이바지할 시간이 없었다는 것은 당연할 수밖에 없지 않겠는가.

세상에 이름을 드날린 분과 살면서 받아야 했던 고충은 우리 가족 모두에게 해당된다. 아무개가 아버지라는, 또는 남편이라는 사실이 조심스러워 항상 비밀스럽게 간직했다. 아버지의 큰 그림자는 나뿐만 아니라 온 가족에게 말 못할 중압이 되었다. 우리 사남매 모두 글 솜씨가 조금은 있기는 했던 모양인데 아버지께 혹 누가 되지 않을까 의식적으로 피해갔다. 아버지만큼 되지 못할 것은 기정사실일 뿐 아니라 글로써 인정받는다 해도 아버지의 후광을 받았다는 비난도 피할 수 없으리라는 걱정 아닌 걱정부터 미리 하기도 했다. 그래서 우리 사남매 중 하나쯤 아버지의 뒤를 이었으면 좋으련만 지레 겁을 먹고 문학을 포기했는지 모른다.

물론 나도 사춘기 소년시절(중학교 2, 3학년 무렵) 많은 소년소녀들이 그러했듯이 시(詩) 몇 편(4·19 혁명을 주제로 한 것들이 꽤 있었던 것 같다. 그게 시라고 할 수 있는지는 모르지만)과 희곡(이것도 마찬가지, 방송극 시나리오 같은 것)을 써서 마치 한 권의 책같이 실로 묶어 책상서랍에 놔둔 적이 있었는데 어느날 그걸 보신 아버지께서 "광렬이가 글 솜씨가 있는 것 같다"고 하셨다는 이야기를 훗날 어머니로부터 들은 적이 있다.

그 후 열심히 쓰지도 않았고 고등학교 졸업반 때 서울고 교지 〈경희(慶熙)〉에 〈가을 언저리〉라는 시를 발표한 게 처음이었다. 그것들은 여러 번 이사다니는 바람에 한 편도 남아 있지 않다. 아버지는 나의 미숙한 글을 고쳐 주시거나 적절하지 않은 어휘들을 지적해 주지도 않으셨다. 하기야 아버지께 내 시를 보여드리지도 않았으니 내 시가 교지에 실렸는지도 모르셨을 것이다.

그러던 내가 나이 오십 중반에 들어서야 배짱(?)이 생겨서 그동안 가두고 있던 내 자신을 풀어 글쟁이 아닌 글쟁이가 되어있는 게 내 자신이 생각해도 신기한 일이요, 그 배짱이 어디서 나왔는지 나조차 모르겠다. 누구의 얘기였던가, 서양의 어느 작가가 "글을 쓰는 것은 아내나 자식이 자기 얘기에 귀 기울여 주지 않기 때문"이라고 한 말이 생각난다. 그 말에 나도 고개가 끄덕여진다.

늦었지만, 내 자식들이 제 아비가 무슨 생각을 하며 세상을 살다갔나하는 것이라도 남겨주고 싶어 용기 내어 살아가는 얘기를 신문에 쓰기 시작했다. '삶과 생각'이란 큰 제목을 붙여놓고 그때그때 세상에서 일어나는 일들이나 보고 듣고 느낀 것들에 나의 생각을 담아 격주에 한 번꼴로 글을 쓰기 시작한 지 약 3년 정도 되었을 때였다. 우리 부부와 20년지기 친구인 시인 김월정 씨(〈파초〉의 시인 김동명 선생 따님)로 인해 알게 된 뉴욕거주 시인(김관식 시인을 사부(師傅)로 모신다는) 김윤태 씨(현 국제펜클럽 한국본부 뉴욕지역위원회 회장, 나와 같이 이분도 같은 시기, 같은 신문에 칼럼을 연재했다)으로부터 "글이 맑고 깨끗하여 좋으니 기왕에 글을 쓰려면 한국문단에 등단하고 글을 쓰면 어떻겠냐"고 내게 권하였다.

등단한다는 것은 프로문인이 된다는 것이다. 나는 그럴만한 실력도 되지 않고 '문인'이라는 꼬리표를 굳이 달고 싶지도 않았다. 그저 아마추어 이대로 취미삼아 쓰고 싶었다. "아버지 때문에 시인이 부담스러우면 시 아닌 수필로 등단하면 되지 않겠냐? 등단하여 같이 문학활동을 하자"고 했다. 계속되는 권유에 밀려서 그동안 쓴 글들을 보내드렸다. 그 중 대여섯 편을 골라 한국의 계간문예지 〈문예운동〉〔이 문예지의 전신(前身)은 〈시와 시론〉이었다며 한국서 가장 역사가 오래되고 권위있다고 했다. 당시 문효치(현 국제펜클럽 한국본부 회장) 시인이 주간으로 있었다〕으로 보냈던 모양인데, 그 중 두 편이 뽑혀 어줍잖게 졸지에 한국 문학동네 변두리의 주민으로 등록되어 버렸다. 내가 쓰지도 않은 어설픈 당선소감과 함께.

이 경솔한 일은 나를 두고두고 후회하게 하였다. 그때 뽑힌 두 편 중 한 편은 뒤에 소개할 〈삼불차(三不借)〉였고, 다른 한편은 〈외로움과 그리움〉이라는 글이었다. 기왕 활자화되었으니 부끄럽지만 여기에 소개한다.

" 배고픔보다 참을 수 없는 것이 외로움이요, 외로움보다 견디기 어려운 것은 그리움이다. 올해에도 기다리지도 않은 봄이 그리움을 또 데리고 왔다. 외로움은 사람을 춥게 하지만 그리움은 따스하게 한다. 추억이 있기 때문이다.

요새는 과학의 모난 문명 때문인지 외로워 죽겠다는 말들이 도처에서 난무한다. 그러나 아무도 귀를 기울여주지 않는다. 인간상실의 처참한 단면이다. 그러니 중세가 심하여 죽고 싶을 때 혼자서 죽기는 억울하여 지하철을 타고 가는 죄 없는 사람들을 광기로 동반사(同伴死)시킨다. 살아있다는 사실만으로도 다행이라는 생각을 하게 된다.

부두에서 하역작업이 끝나면 생선을 배달하는 어떤 노총각이 결혼하고 바닷가에 아담한 보금자리를 마련하고 꿈 같은 신혼생활을 보내고 있었다. 그리고는 얼마 후에 아들을 낳았다. 남편은 돈이 모아지면 배를 사서 돈도 더 벌고 선장이 되어 명예도 얻어서 아내를 호강시켜 주겠다고 열심히 일했다. 그러던 어느날, 자전거에 생선을 싣고 배달가던 중 과속으로 달리던 차량에 치어 허리를 심하게 다쳤다. 가해차량은 도망쳤고 다친 몸으로 생계를 꾸려가자니 일어설 수가 없었다. 몇 달이 지나 어지간히 회복된 몸을 끌고 다시 일거리를 찾아나섰지만 아무 데도 그를 받아주는 곳이 없었다. 전과 같은 건강한 상태가 아니었기 때문이었다.

절망 속에서 더욱 참기 힘이 든 것은 사회에서 눈여겨 주지 않는 외로움이었다. 죽고 싶다고 외쳐댔지만 아무도 들어주지 않았다. 그렇게 한동안을 헤매다가 가까스로 마음을 가다듬고 얻은 일이 목욕탕에서 때를 밀어주는 일이었다. 보이지 않는 냉소와 보이는 멸시를 이겨가며 열심히 일하던 어느날, 하루일을 마치고 집으로 돌아와 방문 앞에 섰을 때 아내와 아들이 주고받는 이야기가 새어나왔다.

"아빠 직업이 뭐야? 학교에서 써 오래."

잠시 침묵이 흐르더니 아내가 작은 목소리로 말한다. "목욕관리사란다."

"그건 때밀이 아냐! 애들이 놀린단 말이야! 난 싫어."

집밖에서 가난하게 뻗어있는 여윈 골목길을 바라보다가 방안으로 들어갔다. 아내는 갓 태어난 둘째를 좀 안아주라며 아이를 건넨다. 아이의 얼굴을 바라보는 남편의 눈에는 억울하기도 하고 무능력을 탓해보기도 하는 찬이슬이 맺힌다.

다음날에도 그 다음날에도 남편은 말을 잊은 채 일을 계속했다. 일요일이 되어 아들을 데리고 목욕탕에 와 목욕을 시키면서 아들의 때를 손님을 대하듯 밀어주었다. 등만 보이는 아들이 갑자기 "아빠" 하고 부른다. 겁먹은 아빠가 되어 눈으로만 소리 없이 대답한다.

"아빠, 난 아빠가 창피하지 않아, 우리가족을 위해 열심히 일하는 아빠를 사랑해."

남편은 아들의 말을 손에 쥐고 울고 말았다. 그의 가족은 그날 이후 희망이 섞인 밝은 가족으로 바뀌었다.

희망은 용기를 준다. 남편은 손님들의 구두도 덤으로 닦아주고 시간을 쪼개어 마사지 공부도 했다. 그렇게 하니 단골손님도 늘고 아울러 수입도 늘어났다.

아들의 한마디 말과 아내의 참고 견뎌주는 사랑이 그를 건져냈다. 틈틈이 쉬는 날, 오늘도 그는 노인들과 장애인들에게 무료로 목욕을 시켜주며 다음에 찾아올 날짜를 그들에게 손을 짚어 가리킨다.

〈이것이 인생이다〉하는 TV 다큐멘터리의 한 이야기다.

얼마 전에는 또 다른 기사를 접했다.

조선의 마지막 황손이요 가수로서도 잘 알려진 이석이란 사람이 집도 없이 무일푼으로 찜질방에서 새어 나오는 온기를 덮고 새우잠을 자며 친구들이 던져주는 몇 푼의 용돈으로 근근히 살아간다며 "경복궁을 향하여 차를 몰아 죽고 싶다"는 내용이었다.

이 두 사람의 이야기를 양쪽에 놓고 나는 머리를 숙일 수밖에 없다. 희망을 찾아내는 용기에서도, 몰락한 황실의 미련을 버리지 못하는 현실의 무능에서도 나는 머리를 숙일 수밖에 없다.

외로움과 그리움, 무엇이 외로움이며 무엇이 그리움인가? 날줄과 씨줄이 되어 우리들 가슴에 망사를 친 그 그리움과 외로움이 희망스럽기도 하고 절망스럽기도 한 그 까닭은 무엇일까?

— 외로움과 그리움, 〈문예운동〉 2003년 봄호

이 글이 실린 〈문예운동〉의 '추천의 말'은 이러했다.

> 조광렬 씨는 뉴욕에서 교포신문에 칼럼을 제일 많이 쓰는 분으로 알려져 있고 아주 재미있는 풍자와 촌철살인의 기지와 유머가 깃든 문장을 써내는 분이다. 추천작이 된 〈三不借〉에서 밝혔듯이 우리 현대시의 大家, 趙芝薰 선생의 장남으로 글 솜씨는 내력인 것 같다. 그동안 건축쪽에서 일하다가 이제는 들어앉아 아버지가 하던 일(글쓰는 일)에 종사하고 싶다는 吐露는 많은 사람들의 가슴을 울린다. 피는 속이지 못한다는 말이 있듯 글 만지고 살아온 선비집안의 가풍을 잇는 의미를 갖는 게 무엇보다 기쁠 것이다. 심사하면서 무릎을 친 것은 아버지의 명성에 흠집 낼 사람은 아니라는 것이었다. 좋은 글로 독자의 가슴에 오래 남도록 해주기 바란다. 〈추천인; 김병권, 김학, 도창회, 성기조〉

"송충이는 솔잎을 먹고 살아야 한다"던 어머니의 말씀이 새롭다. 아버지는 왜 내게 글쓰는 법을 가르쳐 주지 않으셨을까. 하기야 열심히 쓰지도 조르지도 않았으니 원망도 할 수 없다. 아버지 스스로 당신을 "세상과 잘 어울리지 않는 사람"이라 하셨는데 나는 아버지의 그 DNA 외에는 아버지의 좋은 DNA를 온전히 물려받지 못한 것이 늘 아쉽기만 하다. 어머니를 닮아서였는지 우리 형제들은 병약하셨던 아버지의 건강을 닮지 않은 것만은 감사하게 생각한다.

역시 지나고 보니 훈장이란 직업이 그래도 내겐 제일 적성에 맞는 일이라는 것을 뒤늦게 깨닫게 된 것은 많은 것을 잃고 난 뒤였다. 그러나 후회는 않는다. 그로 인해 또 다른 경험과 축복을 얻을 수 있었음에 감사할 뿐이다. 글쓰는 일이 예전보다 더 두렵기는 하지만 그래도 목숨이 허락하는 날까지 할 일이 생겼기에 미숙한 솜씨지만 오늘도 글을 쓰면서 하루하루 감사히 여기며 살아가고 있다.

> 글은 곧 아름다운 사상에 옷을 입힘이로다. 추부(醜婦)가 비단옷을 감으면 더 추한 것이요, 깨끗한 얼굴에 좋은 옷이 더 빛난 것이로다. 어찌 좋은 생각 없이 외람이 붓을 희롱할 것이뇨. 쓰지 아니하지 못할 내적 생명의 바탕에서 우러난 생각을 고이 다듬고 깨끗이 엮어 한편의 글을 만들라. 이 한 편의 글을 쓰기 위하여 자기가 세상에 났다고 생각하라.

아버지의 이 말씀을 가슴에 새기는 것으로 문학동네의 말석에 앉아서도 이름을 더럽히지 않으려 한다. 나의 어설픈 글이 비록 흠집 많은 플라스틱 구슬 같은 것이라 하더라도 빛을 찾아가는 마음으로 기도하며 노래 불러야 한다는 것을 다짐하였다. 매일 밝은 아침을 맞으며 갈고 또 닦으면 내일도 어김없이 아침은 동터오듯이 나의 구슬도 언젠가는 금강석처럼 영롱해질 수 있음을 믿으며.

아버지에 대한 제자들의 스승사랑이 극진한 것을 보면 당신은 잘 살다 가셨나 보다고 어머니는 늘 말씀하신다. 아버지께서는 마치 당신의 인생 모든 계획을 다 세워 놓으신 듯 부지런히 실천해 나가셨다. 돌아가실 무렵엔 "아직 할 일이 많이 남았는데"라는 말씀을 자주 하셨다. '한국 시문학사(詩文學史)'도 집필할 계획을 가지고 계셨고 소설도 한 편 쓰고 싶어하셨다. 또 "내가 갑자기 죽으면 내놓기 싫은 글들도 세상에 나올 텐데 그것들도 미리 정리해 두어야 하는데…"란 말씀도 하셨다.

그러면서도 가족들에게 좀더 시간을 할애하지 못 한 것에 대해 마음을 쓰셨는데 "일 다 해놓고 세계일주나 하자"고 어머니께 약속하시기도 했다고 한다. 그러나 남편이 못 시켜주신 세계일주를 막내아들(조태열)이 외교관이라 그 덕에 세계일주는 원 없이 해보았다고 어머님은 즐겨 말씀하신다.

막내 동생 태열의 이야기가 나왔으니 동생 이야기를 좀 하고 지나가자. 앞에서 언급했듯이 아버지가 타계하셨을 때 태열은 서울 중앙중학교 1년생이었다. 은석초등학교를 수석으로 졸업하고 경기중학교에 응시했으나 어이없게 낙방했다. 합격자 발표장에서 제 이름을 찾지 못한 태열은 새파랗게 질려 파르르 떨었다. 아버지께서는 그렇게 실망하여 돌아온 어린 태열을 무릎에 앉히고 껴안아 주시며 위로해 주셨다고 어머니께서는 말씀하셨다. 태열은 중앙중학교에 다시 시험을 치르고 입학했다. 그리고 그해 봄(1968)에 아버지는 돌아가셨다.

중앙고등학교를 졸업한 태열은 서울법대에 진학하여 가정교사를 하며 제 용돈을 벌어 썼다. 대학졸업 후에는 외무고시를 거쳐 외교관의 길로 들어섰다. 어머니는 막내마저 학자의 길을 접는 것을 보고 실망이 크셨다. 그러나 다행히 외무부에서도 인정받아 국비로 영국 옥스퍼드대학 유학을 다녀오게 된다. 연설문을 잘 써서 역대 대통령, 외무장관들이 해외에서 할 연설문을 작성하는 일로 여관에서 밤을 자주 새우기도 했다.

주미 한국대사관, 주제네바 한국대표부를 거치면서 쌓은 인맥과 경력으로 우리나라 최초로 WTO(세계무역기구) 산하 국제통상분쟁 해결을 위한 재판소의 재판장에 선출되었고, 주제네바 한국대표부에 차석대사로 근무중에는 다시 WTO 산하기구 의장에 피선되어 두 가지 임무를 수행하고 귀국하여 지금은 외교통상부 경제차관보로 근무하고 있다.

형이라고 아무것도 해준 것도, 도와준 것도 없는데 동생이 자력으로 그래도 집안의 체면을 그나마 세워주고 있는 것이 자랑스럽고 대견하지 않을 수 없다. 자식들 중에 제일 효자인 셈이다. 맏형으로서 부끄럽고 미안할 뿐이다. 그 막내아들이 이리저리 해외로 근무지를 옮겨갈 때마다 어머니를 초청해 세계 여러 나라를 아버지 대신 구경시켜 드린 것이다.

그 막내 태열이 돌아가신 아버지 환갑을 맞아(지금부터 26년 전) 아버지께 올린 제문을 여기 소개한다.

막내 태열이가 올린 갑사(甲祀) 제문(祭文)

"아버님, 걷잡을 수 없이 빠른 시간의 흐름이야 어제 오늘 새삼스레 깨닫는 바가 아니옵니다만, 아버님 갑사(甲祀)를 맞이한 오늘은 자못 당혹감마저 느끼게 됩니다. 그동안 자식으로서 마땅히 갖추어야 할 예(禮)를 무엇 하나 제대로 갖추지 못하였다는 자책(自責) 때문이기도 하지만, 그보다는 오늘 아버님께 자랑스럽게 보여드릴 만한 아무것도 이루어놓지 못한 채 속절없이 흘러가 버린 시간에 대한 아쉬움 탓입니다. 늘 "성실하게, 성실하게"를 가슴 속에 되뇌면서도, 한 해를 보내고 맞이하는 문턱에 서면 모든 게 언제나 이런 후회와 아쉬움뿐이더니, 오늘은 사뭇 그 도를 더 하는 듯싶습니다.

아버님과 함께 보낸 시간이라야 고작 코흘리개 시절의 12년. 어리광 한 번 제대로 부려 본 기억조차 제게는 남아 있지 않은 것 같습니다. 하지만, 코끝의 종두 자국, 손등의 상처 하나까지 아버님의 모습은 제게 정확하고 선명한 이미지로 남아 있습니다. 성북동 그 어둠침침하고 쬐그마한 한옥집, 대청마루를 가로질러 쪼르르 달려가면, 거기 언제나 아버님께서는 단정하면서도 참으로 잘 어울리시던 한복 차림으로 앉아 계셨죠. 가끔씩 불같이 떨어지는 호통에 놀란 가슴을 쓸어내린 적이 한두 번이 아닐 만큼 근엄하셨지만, 종종 학교에서 돌아온 저를 불러 무릎에 앉히고는 "우리 막내" 하시면서

뺨을 비비시던 다정하고 자상한 아버님이셨습니다. 하지만, 제 기억에 또렷이 남아 있는 병석의 아버님 모습은 언제나 허전하고 쓸쓸한 모습이셨죠. 볕이 잘 들지 않던 그 사랑방 분위기탓만은 아니었던 듯싶습니다.

아버님, 오늘 저는 코흘리개가 아닌 20대 청년의 모습으로 아버님 앞에 앉아 있습니다. 비록 지난 10여 년이 아버님과는 멀리 떨어져 살아 온 세월이었다 해도, 학교에서, 또 제 또래들과의 만남 속에서, 그리고 때로는 전혀 모르는 사람들이 무심코 나누는 대화 속에서, 그들 가슴 속 깊이 살아 있는 아버님의 모습을 늘 새로이 확인하면서 지내온 터이기에, 지척에 모시고 있는 듯한 착각 속에서 살아온 것 같습니다. 어쩌면, 저희 가족이 오늘까지 온존할 수 있었던 것은 모두 아버님의 후광이 있었기에 가능했던 것일지도 모르겠습니다.

그것이 항상 저희들에게는 자랑이었지만, 또 적지 않은 부담이 되어왔던 것도 사실입니다. 아버님이 살아오신 삶의 무게와 깊이, 그리고 그 완벽하리만치 흐트러짐 없는 삶의 자세를 다른 사람들의 글과 입을 통해 접할 때면, 저는 늘 놀라움과 부끄러움을 금할 수가 없었지요. 부끄러운 아들이 되어서는 안 된다는 다짐을 수없이 하면서 제 나름대로 무진 애를 써왔습니다만, 돌이켜보면 늘 한때의 자극에 그치고 만 것이 아니었던가 하는 자책을 하게 됩니다.

그리운 아버님, 저는 1년에 몇 번씩은 꿈 속에서 아버님을 뵙고는 합니다. 꿈 속에서 뵙는 아버님은 언제나 옛 모습 그대로인데, 아버님 곁에 함께 있는 저는 또 언제나 예전의 그 코흘리개가 아니라, 지금의 성장한 제 모습입니다. 그리고는 그때 나누지 못했던 이야기들을 매번 단속적(斷續的)으로 꿈 속에서 나누고는 합니다. 이전의 꿈에서 끊겼던 이야기가 다음 번 꿈에서 꼭 다시 연결되고는 하지요. 아마도 성장기를 아버님과 함께 보내지 못한 아쉬움이 잠재의식으로 남아 꿈으로 나타나는 것이 아닌가 싶어, 혼자

씁쓸히 미소짓고는 합니다.

아버님, 오늘은 진실로 흥겨워야 할 아버님 환갑 잔칫날입니다. 그리고 지금까지 제가 늘어놓은 이 푸념에 가까운 말들이 전혀 이런 날 아버님께 드려야 할 얘기가 못 되는 줄도 잘 알고 있습니다. 하지만, 제가 아버님과 나누고 싶던 그 많은 이야기들, 그 헤아릴 수 없는 아쉬움들을 이런 날이 아니고서야 어찌 풀어놓을 수 있으며, 또 그것이 어떻게 이 몇 자 글로써 다 할 수 있을 것이겠습니까? 그 모든 것 다 가슴 속에 묻어두고 오늘은 다만 아버님께 한 가지 약속, 저 나름대로의 의미 있는 삶을 위해 부단히 절차탁마(切磋琢磨) 하리라는 다짐, 그것만을 드리려고 합니다.

참으로 오랜만에 아버님과 나누는 이야기, 그리고 생전 처음 아버님께 드리는 편지가 전혀 두서 없는 것이 되어버렸습니다. 흩어진 이야기들 거두어 주십시오. 그리고, 그 어려운 역경들을 법문(法門)에 귀의하여 늘 밝은 얼굴로 헤쳐오신 저희들 자랑스러운 어머님과 함께, 이 자리에 참석하지 못한 미국에 있는 큰형을 비롯한 저희 사남매를 대신하여, 아버님께 드리는 이 막내의 큰절을 기꺼운 마음으로 받아주시기 바랍니다. 막내 태열이가 삼가 아버님 영전에 무릎 꿇고 큰절을 올립니다.

— 庚申年 12月 3日 ”

막내 태열이를 데리고 아버지께서 신석정 시인의 초청으로 변산반도 어느 해수욕장에 한 번 다녀오신 것을 안다. 그때 수영복을 입고 찍으신 사진이 남아 있어서 그 일을 기억하고 있다.

그외에 청평에 한 번 가족이 피서간 일과 정릉인가 도봉산 골짜기로 가족이 함께 간 것이 아버지와 함께 나들이한 전부인 것 같다.

그래도 아버지는 아직도 우리 가족들의 마음속에 살아서 중심을 차지하고 계신다. 가족이 모두 함께 사진관에 가서 찍은 사진 한 장 없지만 (이건 전적으로 아버님 탓만은 아니다) 빛 바랜 가족사진과는 비교할 수 없는 마음속의 생생한 가족사진 속에서 우리들의 아버지는 늘 든든하고 자랑스런 가장의 모습으로 미소 짓고 계시기 때문이다.

어머니도 여자셨다

어느 날 고려대 출신 문학평론가 이혜원(고려대 교수) 씨가 시(詩) 전문지의 의뢰를 받아 어머니를 인터뷰하러 와서 선생님 흉도 한 번 보시라 하니까 어머니는 "술 마시고 아픈 것 외에는 속 썩인 적이 없다"고 하셨다. "그때는 좀 배웠다, 유명하다는 사람들이 조강지처를 버리고 여학생과 바람 피우는 일이 흔했는데 선생은 그런 일이 없었다"고 하시다가 문득 뭔가 생각나는 듯이 말꼬리를 돌려 "좀 그럴 뻔한 일이 있긴 있었다"고 하셨다. 우리도 모르는 일이었기에 궁금하지 않을 수 없었다. "내가 오늘 별소리를 다 하려 하네" 하고 어머니께서 멈칫거리시는데 옆에 있던 내 여동생 혜경과 기자가 "뭔데 말씀해 보세요" 하며 물러날 기세가 아니니까 말을 꺼내셨다.

아버지께서 몹시 앓아 누워 계셨을 때 어떤 여학생이 문병을 다녀갔다고 하셨다. 그 후 우연히 아버지의 베개 머리맡에서 그 여학생이 놓고 간 편지를 발견했는데, 그 기억이 너무 생생해서 아직도 잊혀지지 않으신다는 첫 구절 "오월의 푸름도 제게는 아무런 희망이 되지 못합니다"라는 그 글귀를 수십 년 후 오늘까지도 그대로 외우고 있는 어머니에게서 나는 처음으로 여자를 느꼈다. 그 당시 어머니는 그 편지를 보고 나서 "그렇게 좋으면 내가

서가 앞에 다정히 앉아
계시는 아버지와 어머니

계 들어 놓은 것으로 방을 얻어줄 테니 나가서 같이 사시지요" 하자 아버지는 "저 혼자 좋아하는 걸 어떻게 해? 사람이 사람을 좋아하는 건 부처님도 못 막는 거요" 하시며 말문을 막아버리시더라고 하셨다.

물론 어머니는 아버지를 믿으셨다. 이런 깊은 신뢰와 존경이야말로 아버지를 가장 튼실하게 이어주는 끈이었을 것이라 생각된다. 어머니는 그랬기에 아버지를 하늘같이 모시며 사셨다. 나는 한 번도 아버지와 어머니가 언성을 높여 부부싸움을 하시는 것을 본 적이 없다(우리가 없을 때에는 하셨는지는 모르지만). 어머니는 아버지의 인품을 보고 살았다고 하셨다. 가장 가까이에서 보고 겪은 사람으로서의 경험에서 우러나온 규범으로서의 아버지는 인격자셨던 것이다.

내가 미국 와서 어느 날 모임에서 어느 여류시인을 만났는데 그분 친구가 아버지를 혼자서 짝사랑했던 이야기를 해주었다. 그 얘기를 어머니께 해드리자 어머니께서는 "일본에도 그런 여자가 살고 있다더라~" 하시며 들은 이야기를 해주시기도 했다. 우리가 어머니에게 "아버지의 어떤 모습이 가장 멋있으셨느냐"고 여쭐 때면 "다 멋있었다"고 하시는 어머니, 그 어머니는 "아버지가 새로 시를 쓰면 꼭 어머니께 자꾸 감상을 물으시니 나중에는 시도 조금씩 보이기는 보이더라" 하시는 어머니, "당신도 글 써봐, 당신 잘 쓰는 편지 쓰듯 쓰면 된다"고 여러 번 권했는데 "애들도 뜨거워라 거부하는데 내가 어찌합니까" 하고 뒷걸음치셨다는 내 어머니는 이제 와서 "한 번 써 볼걸 그랬다"며 웃으신다. "언제 우리 가족문집 한 권 내보자" 라던 아버지 말씀이 생각난다.

어머니는 아버지가 돌아가신 후 마음을 달래기 위해서 서예와 사군자, 문인화를 시작하셨는데 이젠 큰 상까지 받게 된 프로가 되셨다. 그것도 80세에. 그 기쁜 소식을 몇 년 전에 미국에서 듣고 나는 신문에 이런 글을 쓴 적이 있다.

"팔십에도 될 수가 있네~"

흑인 여배우로서 최초로 할 베리가 오스카상 여우주연상을 타고 감격의 눈물을 흘리던 날, 우리집에도 한 여인의 감격에 떨리는 승리의 목소리가 전화선을 타고 와서 미국서 사는 가족들의 가슴을 뭉클하게 했다. 며칠 후면 81세가 되시는 내 어머님께서 '한국서화 명인대전'에 입상하신 것이다. 전혀 독학으로 이루신 쾌거이고 보니 그저 놀랍기만 했다.

마흔 여섯에 남편을 여의고 34년이란 긴 세월을 인고와 고독의 세월을 살아오신 내 어머니. 어찌 그 한 많은 당신의 심정을 상상으로만 헤아릴 수 있겠는가. 그 어머님이 모든 역경을 헤치고 이제 당당히 명인(?) 반열에 오르신 것이다.

세상엔 공것이 없다. 인생은 공것이 아니다. 가치 있고 높은 희망과 목적을 위해 견인불발(堅忍不拔)의 힘으로 대가를 치르려고 노력한 결정체로 어머님의 오늘이 있었던 것이다.

승리란 무엇인가. 그것은 경쟁자를 이기는 것이 아니고 무의미한 것에 시간을 허비하는 자기습관을 이기는 것이라고 누군가 말하지 않았던가. 어머님은 당신의 편하고자, 쉬고자 하는 유혹과 노인들의 보편적 생각이나 습관과 싸워 이기신 것이다.

… 당신이 할 수 있는 단계의 일부터 시작하여 조금씩 온 몸을 내던져 부딪쳐 나가면서 용기와 담력을 키우시며 불요불굴(不撓不屈)의 열성과 노력으로 오늘의 영광을 얻으신 것이다.

"우리가 만일 몸을 바쁘게 하지 않고 가만히 앉아서 이것저것 생각하게 된다면 이른바 '윕버 집버'(새 이름, 잡념을 말함)가 새끼를 치게 되는데 그것은 잡귀와 같아서 우리의 마음을 허전하게 한 다음 우리의 행동력과 의지력을 파괴한다. … 몸을 바쁘게 하라. 걱정 있는 사람은 일 속에서 자기를 좇으라.… 인생은 작게 살기에는 너무나 짧다"고 디즈레일리는 말했다. 꿈과 희망을 포기한다는 것, 나이를 생각하는 것은 어리석은 것이다.

목적도 없고 희망도 없다는 것은 고인 물과 같아 마침내 썩어 없어지며 이러한 인생은 산송장과 같은 인생이 아닌가. 머문다는 것은 포기요, 죽음 그 자체이다. 인간존재의 참 의미는 가치를 창조하고 삶의 의미를 추구하는 데 있다. 삶을 통해 무엇을 얻을까 생각해서는 안 된다. 물질적 풍요가 결코 정신적 풍요를 대신할 수 없다는 걸 잊고 사는 요즈음 어머님의 승리는 그래서 더욱 돋보인다.

… '젊음'이란 물질적 어떤 관계(Stage of Life)가 아니라 마음의 상태(Stage of Mind)라고 새뮤얼 울만은 〈청춘〉이란 그의 시에서 노래했지 않은가. 고정관념에서 탈피하여 생각하고 상상할 수 있는 사람만이 의미 있는 미래를 창조할 수 있는 것이다. 그렇다! 우리는 안일한 현실에서 탈피해 삶의 목표를 상향조절하고 기존의 틀에 갇힌 사고방식을 적극적, 긍정적으로 삶의 모습을 변화시켜야 한다.

추구하는 바는 달랐어도 할 베리와 내 어머님의 승리에는 꿈과 희망을 가졌다는 것과 절대 포기하지 않고 자신과의 싸움에서 이겼다는 공통점이 있다.

'무위도식', '무용지물'의 자괴감으로 나이를 한탄하는 노인들에게는 도전을 주고 육체로 세상을 파악하는 젊은이들에게는 "나이는 꿈의 달성에 아무런 장애물이 될 수 없다", "너도 할 수 있다"는 교훈을 주신 자랑스런 어머님께 나는, 35세 때보다 70세 때 더 왕성한 활동을 했던 데이빗 브라운이 "65세에 은퇴하여 80세까지 사셨던 자기 아버지가 일을 하셨으면 95세는 사셨을 것을 15년은 허송세월하셨다"고 아쉬워한 말과 "죽음을 생각지 말고 살라"며 100세 이상을 살고 있는 코미디언 조지 번스의 얘기를 해드리며 또 다른 도전으로 살아가신다면 100세 이상도 문제없으실 것이라고 격려해 드렸다.

최선을 다해 꿈을 이룬 할 베리와 당신의 '늘빛'이란 필명처럼 늘 밝음과 희망 속에 시들지 않는 마음으로 노인들의 정신적 귀감이 되신 어머님께 뜨거운 박수를 보낸다.

마른 가지에 새싹이 돋아나는 부활의 계절에 "야! 할머니, 멋지다! 80에도 될 수가 있네~"라고 경의로운 감탄으로 축하해 드렸다는 대학다니는 큰조카의 외치는 소리가 아직도 귓가에 쟁쟁하다.

(〈뉴욕 한국일보〉, 2002. 4. 12)

한국인이 애송하는 아버지의 시,
우리 가족이 애송하는 아버지의 시

어머니는 아버지의 〈마음〉이란 시가 좋다고 하신다.

찔레꽃 향기에
고요가 스며
청대닢 그늘에
바람이 일어

그래서 이 밤이
외로운가요
까닭도 영문도
천만 없는데

바람이 불리고
물 우에 떠가는
마음이 어쩌면
잠 자나요.

서늘한 모습이
달빛에 어려

또렷한 슬기가
별빛에 숨어

그래서 이 밤이
서러운가요
영문도 까닭도
천만 없는데

별 보면 그립고
달 보면 외로운

마음이 어쩌면
잊히나요.

작곡가 김정수 선생이 곡을 붙인 것이 있어 가끔씩 불러보신다는 이 노래는 마치 어머니를 위해 지은 듯 맑고 곱다. 아버지의 시가 노래가 되어 아내의 곁에 늘 머물고 계신 것이다. 아버지가 가신 지 내년이면 40년, 함께 살았던 시간보다도 그 이후의 세월이 훨씬 길어진 세월, 그래도 우리 가족들은 아버지의 그늘 속에 잠겨서 산다. '조지훈'이라는 이름에 누가 되지 말아야 하겠다는 일념으로 살아간다. 정치가나 예술가의 아내처럼 고달프고 어려운 자리가 또 어디 있을까. 어머니는 정치가의 며느리요, 시인의 아내로 사셨으니 당신의 삶은 뒷전으로 한 채 희생을 감내하셔야 했다.

아버지의 시에 윤이상 선생 같은 분들이 곡을 붙인 시가 몇 편 있으나 일반 대중이 부르기에는 너무 어려운데, 이 시에 붙인 곡은 그렇지 않아 어머님이 자주 애창하시는 시이다.

어머니가 좋아하는 시가 〈마음〉이라면 그럼 아버지 당신께서 애착을 가지셨던 시는 무엇이었을까 궁금해하는 분도 있을 것이다. 확실히는 모르겠으나 아마 〈낙화〉와 〈절정〉이 아니었을까 추측해 본다. 왜? 이 추측을 하게 하는 것은 "낙화는 시로서는 어떨지 모르나 가장 애착이 가는 시"라고 당신 스스로 직접 제자들에게 언급하신 바 있고, 〈절정〉은 당신이 마지막 낭송하신 시이기 때문이다.

나는 아버지의 〈밤길〉이란 시와 〈절정〉, 〈빛을 찾아가는 길〉, 〈산중문답〉 그리고 〈낙화〉를 좋아한다.

그러면 한국사람들은 아버지의 무슨 시를 가장 좋아하는가가 궁금했는데 어느 날 뉴욕 한국서점에 갔다가 〈한국인이 가장 애송하는 시 100편〉(민예원)이란 책을 샀다. 그 책에 의하면 〈승무〉와 〈사모〉라고 한다. 이 중 〈사모(思慕)〉는 내가 알고 있는 "그대와 마조 앉으면 긴 밤도 짧고나"로 시작되는 시 그 〈사모〉가 아니고, 아버지 시집에도 전집에도 없는 또 다른 시 〈사모〉였다. 아마 어느 잡지 등에 활자화되었던 모양인데 아버지 시집이나 육필 원고철에도 없는 것을 보면 아버지는 이 시를 대단치 않게 여긴 것이라고 추측해 보지만 검증이 필요한 시다.

어느 날 어느 뉴욕 신인문인 등단식에 축사하러 들렀다 만난 어느 미모의 전직 아나운서도 이 시를 언급하며 이 시가 인연이 되어 지금 남편과 연애하고 결혼까지 했다면서 자기가 가장 좋아하는 시라고도 했다. 그 시 〈사모〉를 소개한다.

사랑을 다해 사랑을 하였노라고
정작 할 말이 남아 있음을 알았을 때
당신은 이미 남의 사랑이 되어 있었다.
불러야 할 뜨거운 노래는 가슴으로 죽이며
당신은 멀리로 잃어지고 있었다.
하마 곱스런 눈웃임이 사라지기 전
두고두고 아름다운 여인으로만 잊어 달라지만
남자에게 있어 여자란 기쁨 아니면 슬픔
다섯 손가락 끝을 잘라 핏물 오던 그대
혼자라도 괴롭지 않은 밤에 울어 보리라
울다가 지쳐 멍든 눈흘김으로
미워서 미워지도록 사랑하리라
한 잔은 떠나버린 너를 위하여
또 한 잔은 이미 초라해진 나를 위하여
그리고 한 잔은 너와의 영원한 사랑을 위하여
마지막 한 잔은 미리 알고 정하신
하나님을 위하여

되뇌거니와, 창씨개명하지 않은 사람은 취직할 수 없었던 일제시대, 남편은 붓을 꺾고 오대산 월정사에서 세상을 등지고 묻혀 지냈다. 와세다 대학에 유학까지 하셨던 당신의 시아버님은 일본인 밑에서 일하시지 않기 위해서 '일월서방(日月書房)'이란 이름으로 서점을 운영하기도 하면서 소문을 듣고 찾아온 환자들을 돌보아주며 한의사로도 소일하고 계셨다. 그들이 감사의 표시로, 성의로 놓고 가는 식량으로 근근히 입에 풀칠할 때 어머니는 남의 집 삯바느질을 하시기도 하며 어려운 시기를 이겨내야 했다.

해방이 되어 할아버지께서 제헌 국회의원과 제 2대 국회의원으로 계실 때도 대대로 내려오며 몸에 밴 청렴하고 검소하고 규모가 대단하셨던 시아버님 슬하에서 힘든 시집살이를 하셨다. 그런 숨은 노고와 헌신적 내조는 아버지의 문학인생에서 보이지 않는 버팀목이었던 것만은 확실하다. 그런 어머니, 이제 80대 중반에서 90을 바라보는 그 어머니를 아직도 편안히 모시지 못하는 것은 고사하고 곁에 있어드리지 조차도 못하는 불효를 어찌하랴.

이제는 조국을 방문해 서울에 가도 아버지께서 좋아하시던 우이동 연봉은 수많은 빌딩들과 아파트가 들어차 시야를 가로막는 한탄스런 풍경이 되어버렸다. 그래도 혜화동과 성북동을 이어주던 고갯마루 무너진 성터에서 아버지와 함께 바라보던 북한산만은 그대로 그 늠름한 위용을 간직하고 있었다. 마치 누워있는 거인의 모습을 연상시키는 북한산의 능선의 모습에서 아버지의 모습을 뵙는 듯 할 뿐이다.

여류평론가 이혜원 씨의 표현처럼 강인하면서도 온후하고 섬세하면서도 웅장한 그 산 모양새가 참으로 아버지의 기품을 닮았다는 생각이 들었다. 산을 좋아하셨던 내 아버지! 산에서 태어났고 산으로 돌아가 묻히신 그 아버지가 세월에 마멸(磨滅) 되지 않는 북한산의 바위처럼 당신의 강건한 기상이 오늘날의 협착한 정신에 큰바위 얼굴로 영원하시길 빌면서 돌아오곤 했다.

아버지는 죽지 않으셨다

우리 가족 속에 살아계신 아버지

외모로 느끼는 장대한 기골과는 달리 아버지는 하찮은 잡문 한 편을 쓰기 위해서도 며칠씩 남모르게 앓기도 하셨다.

집으로 배달되어온 엽서를 버리지 않고 모아 접어서 화분 밑받침을 만드시던 아버지, 가을이면 겨울을 나기 위해 집안의 모든 창호지문을 새로 바르실 때 손잡이 있는 부분엔 갖가지 단풍잎을 구해다 넣고 바르시던 아버지, 튜브에 든 치약이 다 없어져 갈 무렵엔 튜브 끝을 연필이나 볼펜을 사용해 말아올려 조금도 남기지 않고 사용해야 새것을 쓰게 하셨던 아버지, 그 아버지를 닮아 나도 모르게 습관이 되어 나의 아이들에게도 그리하도록 채근하는 나를 본다.

콩나물 한 단 산 돈도 가계부에 적게 하실 정도로 꼼꼼하셨으며 검소하고 규모가 대단하신 것도 당신의 아버지로부터 은연중에 배운 내력이리라. 내가 아버지의 그런 모습을 닮아가듯이.

그러나 불쌍한 사람, 가난해서 학비를 못 내는 학생에겐 선뜻 학비를 대신 내주시던 아버지, 고아원에서 착실하고 성실한 고아(김영 선생님, 아버지의 도움으로 공부하여 고려대에 진학하였으나 더 이상 아버지 도움을 받기 송구스럽다며 대학중도에 중퇴하신 것으로 알고 있다. 이 분은 훗날 경찰공무원이 되어 특수 수사대에서 근무하고 계신데 자녀들 모두를 외국에 유학보내 훌륭하게 키우셨다. 언젠가 우리 가족이 생각난다며 연락을 주셔서 오랜만에 회포를 푼 적이 있다)를 집으로 데려와 가르치며 외로운 장남인 나의 형으로 삼아 대학까지 공부시키셨던 아버지, 꼭 써야 할 때는 큰돈도 아끼지 않으셨던 아버지를 기억한다.

그런 아버지를 생각하다 보니 한 가지 일이 생각난다. 내가 고등학교 2학년 때인가로 기억된다.

친구들과 하교 길에서다. 이웃 K고교 학생들이 공연히 시비를 걸어와 패싸움이 벌어졌다. 서로 치고 박고 한참을 하다 보니 친구들은 멀어졌고 나 혼자 네댓 명의 타교 학생들에 둘러싸여 고전을 면치 못했는데 결사적으로 버티며 그 중의 한 명의 혁대를 끈질기게 붙잡고 놓지 않는 동안 다행히 경찰이 와서 인근 경찰서에 가서 자초지종을 조사받았다. 나는 그 학생들을 처벌하는 대신 부모를 불러 합의금을 받고 끝내기로 했다. 다행히 나에게 걸린 그 녀석은 부잣집 아들이었다. 나는 그 돈으로 그토록 가지고 싶었던 고급시계를 사서 차고 집에 갔다.

멍이 든 눈언저리를 계란으로 굴리며 멍을 빼면서도 나는 시계가 생겼다는 게 마냥 기쁘기만 했다. 저녁에 집에 들어오신 아버지가 내게 "얼굴이 왜 그 모양이냐? 누구와 싸웠느냐?" 고 물으셨다. 나는 낮에 있었던 일을 설명하고 그 시계를 자랑스럽게 보여드렸다. 그때 아버지의 얼굴에 번지던 쓸쓸함과 연민 어린 눈빛을 나는 평생 잊을 수 없다. 그 속에는 자식이 그토록 가지고 싶었던 그 시계를 사주지 못한 자책감과 함께, 얻어맞은 대가로 얻어 차고도 좋아하는 철없는 자식에 대한 가여운 마음이 섞여 어우러진 기색이 역력했기 때문이다.

중, 고등학교 시절 나는 종종 아버지와 어머니를 힘들게 했다. 보이스카웃 단원이 되어 이에 필요한 유니폼이며 장비를 사 달라고 졸랐고, 고교 때에는 아이스하키부에 들어가 비싼 하키용 스케이트 장비구입을 졸랐고, 여름엔 뚝섬에 말을 가지고 있는 친구와 함께 승마하기 위해 승마복 바지를 사고 싶어 어머니를 조르기도 했다. 1960년대 초, 모두들 가난하던 시절, 집안 형편도 여의치 않았는데 나는 어찌 그런 귀족스런 운동과 취미에 젖었는지 알 수 없다. 그런 것들을 마음대로 할 수 있는 친구들이 부러웠고 그들의 아버지에 비해 나의 아버지는 한없이 작아만 보였다.

"나는 절대로 문인이나 교수는 하지 않으리라." 그런 생각은 그때부터 싹텄다. 그런데 이상한 것은 부잣집 아들인 그 녀석들은 돈 없는 나를 오히려 부러워하는 것이었다. 우리집, 아버지 서재에 가득 꽂혀있는 책들을 부러워했고 누구라고 이름만 대면 다 아는 아버지를 가진 나를 부러워했다. 그들 중에는 자기 아버지를 혐오하고 경멸하는 친구들마저 있었다.

성적도 그저 그렇고 학문에 대한 열정도 별로 없던 친구들이 대학을 마치고 대학원을 다니더니 어느새 박사학위를 따서 대학교 교수님이 되어 그럭저럭 행세하는 것을 보면 참 신기하다는 생각을 하곤 한다. 요즈음은 내 아버지 시절과는 달라 교수들의 수입도 괜찮은 편이다. 그러니 어머니께서는 우리 자식들 중 어느 하나도 학자나 대학교수가 되지 않은 것이 늘 마음에 걸리고 아쉬우신 모양이다.

전두환 신군부가 한 일 중 가장 잘한 일은 아마도 대학교수 봉급을 끌어올린 일이 아닌가 한다. 아버지가 돌아가시고 나는 다니던 대학원을 중퇴하고 현대건설에 신입사원으로 입사했는데 그 당시 고려대학에서 21년 동안 교편 잡으셨던 내 아버지의 월급이 내 초임월급보다 조금 많았던 것을 기억한다. 나는 그런 아버지를 생각하면 아버지의 시우(詩友)이신 박목월 선생님의 "어느 시인의 가정에는/ 알 전등이 켜질 무렵/ 문수가 다른 아홉 켤레의 신발"이란 〈가정〉이란 시가 떠오른다. 가난한 시인으로서 가정을 책임져야 하는 가장의 쓸쓸함과 가족에 대한 사랑이 함께 담긴 시 속에서 또 다른 가장, 나의 아버지를 뵙는 듯해서이다. 나는 그런 아버지를 생각하며 어느해 어버이날에 이런 글을 써놓았다.

"아버지는 단 한 번도 아들을 데리고 목욕탕엘 가지 않았다.
…
좀 더 철이 들어서는
돈이 무서워서 목욕탕도 가지 않을 거라고
아무렇게나 함부로 비난했던
아버지
등짝에 살이 시커멓게 죽은 지게자국을 본 건
당신이 쓰러지고 난 뒤의 일이다
의식을 잃고 쓰러져 병원까지 실려온 뒤의 일이다
그렇게 밀어드리고 싶었지만, 부끄러워서 차마
자식에게 보여줄 수 없었던
해 지면 달 지고 달 지면 해를 지고 걸어온 길 끝
지워지지 않는 지게자국
아버지는 병원 욕실에 업혀 들어와서야 비로소
자식의 소원 하나를 들어주신 것이다."

시인 손택수의 시 〈아버지의 등을 밀며〉이다.

… 나는 이 세상의 모든 아버지들에게서 내 아버지를 본다. 어머니나 아버지나 자식에 대한 사랑은 거의 비슷하다. 다만 어머니는 자식이 자라는

과정중에 더 많이 심리적 신체적 시간적 투자를 하기에 자식과의 심리적 연대감, 책임감이 큰 반면, 아버지들은 자식사랑을 어찌 표현해야 하는지 모른다는 점이 차이일 것이다. 또 우리 한인들은 예로부터 '엄부자모'(嚴父慈母)라는 사상도 작용하기에 자식들과 거리감이 생기기도 한다. 하나님을 가장 많이 닮은 모습이 어머니, 흔히 사랑은 모성을 중심으로 아버지는 권위의 역할, 어머니는 희생적 사랑으로 표현하나 진짜 부성(父性)을 지닌 아버지는 더욱 위대하다는 걸 새삼 느끼는 아버지날이다.

"아들은 아버지의 삶에 의해서 보다 죽음에 의해 깨닫는 바가 크다." 프로이트의 '오이디푸스 콤플렉스'에 있는 말이다.

마흔 여덟이란 짧은 생을 외롭게 살다가신 아버지가 보고 싶다. 겉으로 표현하지 않으셨어도 한없이 크고 깊었던 그 사랑이 그립다. 가정보다는 시와 학문과 나라와 민족문화 발전에 시간을 더 쓰셨던 나의 아버지! 잔정 어린 살가운 추억과 통속적 재미, 재산은 남겨주지는 못하셨지만 그 대신 고상한 정신을 듬뿍 선물로 주신 아버지, 어떠한 허물도 다 용서하고 받아줄 준비가 되어 있으셔서 마음만은 언제나 자식들을 위해 항상 대기상태였던 아버지, 당신이 추구하는 것이 옳다면 왜 그것이 좋고 옳은가를 말씀 대신 몸소 보여주신 아버지, 글과 말과 행동의 삼위일체로 '혼이 깃든 가르침'을 남겨주신 아버지, 당신은 우리들의 거울이란 걸 늘 염두에 두고 사셨던 아버지, 순간보다 영원을, 살아있을 때보다 돌아가신 후를 늘 생각하며 사셨던 아버지!

그래서 "향기 있는 사람이 되라", "괴로움을 항시 작은 데 두지 말고 '살고 죽음'에만 두라. 의로운 죽음에 편안하고자 노력해라. 살아서 괴롭더라도 죽은 뒤에 더러운 이름을 남길 양이면 차라리 이름 없이 살다가 죽어가는 것이 얼마나 부러운 것이겠느냐?", "죽음의 승리를 신념하는 사람만이 큰 의욕을 성취한다. 너의 의욕을 죽음의 저 밑창까지 닿게 하라", "죽음을 공부하라"셨던 아버지!

결코 채찍을 드시지는 않으셨으나 들으셨더라도 우는 마음으로 드셨을 아버지, 아무리 화가 나셔도 자식들의 자존심에 상처를 주시지 않았던 아버지, 자식들을 하나의 인격체로 대하고 예의를 갖추어주셨던 아버지, 가족 앞에서 언제나 웃음을 잃지 않으셨던 아버지, 살아계셨다면 여든 넷이실 아버지, 그 아버지는 큰 새가 되어 저 건너 세상으로 날아가셨다. 거기서 누굴 만나셨을까.

— 〈뉴욕 한국일보〉, 2004. 6. 17 ”

"사람이 사람 노릇해야 사람이지 다 사람이 아니다."

"참다운 사람, 가슴속에 향기를 지닌 사람이 되라. 끈기 있는 사람이 되라. 너희 가고 난 뒷세상에 너의 향기를 끼치도록 하여라."

"사람의 감정이란 내버려두면 장난하고 넘어지고 다치기 일쑤다. 너희는 너희의 이성으로 장난하고 넘어지려는 감정을 통솔하여야 한다."

"구슬 같은 그리움으로 불같이 사랑하라."

"열다섯에는 기어다니고 스물에는 붙들고, 서른에는 일어서고, 마흔이면 걸어다니고, 쉰에는 일하고, 예순에는 앉아 쉬며, 일흔에는 누워 노래하고, 여든에는 눈감고 자는 인생, 빨리 일어나서 늦도록 일하여라."

"큰 뜻을 세워라. 충성스런 사람이 되라."

"좋은 벗을 사랑하고, 좋은 벗되기를 스스로 공부하라."

"소년의 순결한 마음을 되도록이면 오래 지키고 죽는 날까지 이 마음을 지니는 이를 공경하고 배워라."

"조국을 위하여 목숨을 바치고 죽은 이의 전기를 읽고 너는 가슴속에 불길을 태워 올려라."

"인류를 위해 위대한 업적을 남긴 이의 혼령 앞에 너는 무릎을 꿇어라."

"먼 하늘을 떠가는 한 오리 구름을 믿고 모시어 너는 기도를 올려라."

"들녘에 피는 한 송이 풀꽃에 너는 뜨거운 가슴을 대어라."

> "때묻지 말아라. 더러워지지 말아라. 높은 뜻을 가져라."
>
> "사람은 무엇 때문에 나서 살며 죽는가를 생각하여라."
>
> "괴로움을 항시 작은 데 두지 말고, 살고 죽는 데만 두어라. 어떻게 하면 바르게 살고 어쩌면 옳게 죽을 수 있는가를 괴로워하라. 죽음은 두렵고 괴로운 것이지만 너의 삶을 그르치지 말고 의로운 죽음에 편안하고자 노력하라."
>
> "젊어서 흠뻑 괴로워하여라. 괴로움은 너를 단련시키는 대장간이요, 또 너의 영혼을 살찌게 하는 고귀한 양식이기 때문이다."
>
> "젊어서 먼저 죽음의 진리를 배워라. 죽음을 바르게 사랑하는 마음만으로 이 세상에서 큰 일을 이룰 수가 있기 때문이다."
>
> "이상의 깃발을 높이 달고, 끝까지 넘어지지 않는 의욕을 길러라."
>
> "죽음의 승리를 신념하는 사람만이 큰 의욕을 성취한다. 너의 의욕을 죽음의 저 밑창까지 닿게 하라."
>
> "너의 몸과 마음이 단지 너희 소유가 아니고 너의 가족과 너의 겨레와 나라 또는 온 인류와 우주의 것이라고 믿어라."

나를 위해 아버지가 쓰신 글들을 외면했던 철부지 그 시절의 나. 그래도 "읽어보았느냐?", "꼭 읽어보아라" 라고 한 번도 다그치지 않으셨던 아버지! 글과 말씀과 행동이 일치한 삶을 사셨던 아버지, 그것이 얼마나 어려운 일인가를 알게 되었을 때는 나도 이미 그 나이의 자식을 가진 아버지가 된 후였다. 이런 회한과 그리움을 담은 글이 앞의 '아버지날에 …' 라는 졸문이다.

나도 당신 같은 아버지가 되고 싶건만 지난 날들이 너무나 후회스럽기만 할 뿐이다. 그리고 아버지 발끝에도 못 미치는 초라하고 작은 내 모습이 아버지께 한없이 죄송스럽기만 하다. 아버지의 여윈 팔다리를 주물러드리면서 "이제 됐다. 그만 해라" 하실 때를 기다리던 그때가 부끄럽다. 주물러 드릴 당신이 계신다면 하루 종일 아니 삼백육십오 일이라도 주물러 드리고 싶건만.

아버지가 남기신 마지막 시 〈병(病)에게〉와 마지막 외출, 그리고 나와 관련된 몇 삽화

1967~1968년 그 무렵은 아버지께서는 지병이 깊어져서 전혀 외출을 못하시고 집에서 요양하고 계셨다. 아래는 그 무렵 쓰신 〈病에게〉라는 시이다.

어딜 가서 까맣게 소식을 끊고 지내다가도
내가 오래 시달리던 일손을 떼고 마악 안도의 숨을 돌리려고 할 때면
그때 자네는 어김없이 나를 찾아오네.

자네는 언제나 우울한 방문객
어두운 音階를 밟으며 불길한 그림자를 이끌고 오지만
자네는 나의 오랜 친구이기에 나는 자네를
잊어버리고 있었던 그 동안을 뉘우치게 되네

자네는 나에게 휴식을 권하고 生의 畏敬을 가르치네
그러나 자네가 내 귀에 속삭이는 것은 마냥 虛無
나는 지그시 눈을 감고, 자네의

그 나직하고 무거운 음성을 듣는 것이 더없이 흐뭇하네

내 뜨거운 이마를 짚어주는 자네의 손은 내 손보다 뜨겁네
자네 여윈 이마의 주름살은 내 이마보다도 눈물겨웁네
나는 자네에게서 젊은 날의 초췌한 내 모습을 보고
좀더 성실하게 성실하게 하던
그 날의 메아리를 듣는 것일세

生에의 집착과 未練은 없어도 이 生은 그지없이 아름답고
地獄의 형벌이야 있다손 치더라도
죽는 것 그다지 두렵지 않노라면
자네는 몹시 화를 내었지

자네는 나의 정다운 벗, 그리고 내가 공경하는 친구
자네가 무슨 말을 해도 나는 노하지 않네
그렇지만 자네는 좀 이상한 성밀세
언짢은 표정이나 서운한 말, 뜻이 서로 맞지 않을 때는
자네는 몇 날 몇 달을 쉬지 않고 나를 說服하려 들다가도
내가 가슴을 헤치고 자네에게 傾倒하면
그때사 자네는 나를 뿌리치고 떠나가네

잘 가게 이 친구
생각 내키거든 언제든지 찾아주게나
차를 끓여 마시며 우리 다시 人生을 얘기해 보세 그려.

— 〈思想界〉 1968년 1월호

김종길 선생께서는 이 시를 두고 아버지의 마지막 절창이라고 극찬하신 것으로 기억한다. 다른 평론가들의 평가도 그와 다르지 않다. 이야기가 나온

김에 이 시에 대한 김종길 선생의 평을 듣고 가기로 하자. 다음의 인용문은 "조지훈시(趙芝薰詩)의 계보(系譜)"라는 글에서 인용한 것이다.

> 이렇게 보면 해방 전의 지훈시와 해방후의 그것 사이에는 시어(詩語)와 어조(語調)와 제재(題材) 사이에 뚜렷한 차이가 있다. 그리고 해방 후의 현실과 지훈의 활동 내지 관심은 그를 학자 내지 논객(論客)으로 만들어 그의 시작(詩作)에는 불리했다고 볼 수 있다.
>
> … 지훈은 금년(1968) 초에 주목할 만한 작품 한 편을 발표하였다. 그것은 〈病에게〉라는 작품이다.
>
> 어딜 가서 까맣게 소식을 끊고 지내다가도
> 내가 오래 시달리던 일손을 떼고 마악 안도의 숨을 돌리려고 할 때면
> 그때 자네는 어김없이 나를 찾아오네.
>
> 이렇게 시작하는 이 작품의 극적인 발상은 종래의 지훈시에서는 볼 수 없었던 새로운 시풍이다. 《여운》에서 가장 연대가 나중인 작품인 〈山中問答〉(1964)에서도 이 시인은 회화조를 사용하고 있으나 구성의 밀도와 아이러니에 있어 〈病에게〉는 지훈시의 마지막을 빛내고, 가능했더라면 앞으로의 대성을 기대케 하기에 족한 작품이었다.
>
> 자네는 나의 정다운 벗, 그리고 내가 공경하는 친구
> 자네가 무슨 말을 해도 나는 노하지 않네.
>
> 이러한 달관과 역설은 그의 오랜 투병이 가져다준 지혜를 엿보이기도 했다. 그러나 결국 그는 병에 지고 말았던 것이다.
>
> — 고대 교양학부 《敎養》 제 5집, 1968년

아버지께서는 이 〈病에게〉라는 시를 마지막으로 남기시고 짧은 생애를 마치셨다.

아버지는 병과 친구하면서 칩거하셨는데, 1967년 가을, 내가 대학 3학년 때 출품한 건축작품이 대한민국 미술대전(국전)에 특선으로 뽑혀(제17회) 경복궁에서 전시되고 있었다. 그 작품을 보시러 온 가족의 부축을 받으며 겨우 외출을 하셨던 것이 아버지의 마지막 외출이셨다고 훗날 어머니가 말씀하셨다. 아마 그것이 내가 효도, 아니 처음으로 아버지를 기쁘게 해드린 일이 아니었나 하는 생각이 든다.

내가 고등학교 졸업을 앞두고 갑자기 미술대학을 가겠다고 했을 때 아버지의 충격은 크셨던 것 같다. 아버지는 내가 그런 결정을 내리리라고는 전혀 예상치 못하셨으니까. 나는 엔지니어로서의 건축인이 아닌 예술가로서의 건축가가 되고 싶었다. 지금 되돌아보면 세상물정 모르는 생각이었지만 예술을 하면서도 경제적으로 안정을 누릴 수 있는 직업이요 매력 있는 직업이 건축가일 것 같았다. 그러나 단지 엔지니어로서의 건축인은 되고 싶지 않았다. 공과대학에 속해 있는 건축과로 진학하기는 싫었다. 그래서 택한 곳이 홍익대학 건축과(그 당시는 건축미술과)였다. 미국이나 유럽에는 유명한 건축과가 미술대학에 속해있는 경우가 많으나 국내에서는 홍익대학이 유일한 그런 대학이었다.

그러나 홍익대학 건축과에 입학하려면 실기시험을 치러야 하였기에 데생공부를 하여야만 하였다. 늦었지만 석고상을 사다가 혼자서 좀 연습하면 될 것 같아 어머니께만 내 의지를 말씀드리고 어머니를 설득해 모시고 나가서 석고상 하나를 사들고 들어오던 날, 아버지는 몹시 화가 나셔서 그 석고상을 마당에 내동댕이치셨다.

나는 여태껏 그렇게 화내시는 아버지의 모습을 본 적이 없었다. 나은 대학, 보다 전망이 좋은 과를 갈 수도 있는 성적인데 갑자기 기어이 그 대학 그 과를 가겠다는 자식이 영 못 마땅하셨던 것이었을까. 아니면 내가 사온 석고상이 '아폴로', '아그리파' 혹은 '다비드' 상과 같은 것이 아니고 데생에 아무 도움이 되지 않을 것 같은 '동자상' 때문이었을까(그날 하루 종일 헤맸으나 내가 원하는 석고상을 구하지 못했었다). 나는 아직도 아버지가 그토록 화를 내신 이유가 궁금하다. 다시 말하거니와 그때가 처음이자 마지막으로 내가 아버지의 화내신 모습을 본 순간이었다.

시간이 조금 지나자 화가 많이 풀린(어쩔 수 없이 풀리셨으리라) 아버지는 배고픈 화가의 길을 가겠다고 하지 않는 것만도 다행으로 생각하셨는지 아니면 기왕 입시를 치르면 실기 때문에 떨어지지는 말아야 되지 않겠냐는 생각이 드셨는지 모른다. 아버지 친구분이시자 서울대 미대 교수이신 서양화가 손동진 선생께 나를 보내셔서 테스트해 보고 지도를 좀 해달라고 부탁하셨다. 나는 손 화백으로부터 재능을 인정받아 그 댁에서 서너 달 개인지도를 받고 응시하여 홍익대학 건축미술과(현 건축과. 그때는 종합대학이 아닌 미술대학이었다)에 합격하였다.

아버지가 대표작 〈승무〉를 쓰시기 위해 한참 동안을 승무를 추는 그림 앞에 서 계셨다는 그 그림을 그린 동양화가 김은호 화백의 외아들(김성원, 미국거주)도 건축과에 들어왔다. 서울고등학교 동기동창 중에는 나까지 합쳐 셋이 합격되었는데 서양화가를 아버지로 둔 박동명(현재 내가 살고 있는 뉴욕에 살고 있다)과 다른 한 명은 훗날 영화감독이 된 이장호였다. 그는 재학중 유현목 감독 밑의 조감독으로 들어가 영 그 길로 들어섰다. 하기야 종합예술이란 측면에서 건축이나 영화나 비슷한 면이 많다. 오케스트라의 지휘자처럼 구상하는 작품을 위해 수많은 스페셜리스트들을 총 지휘해야 한다는 점, 남의 돈으로 작품을 해야 한다는 점, 예술성과 수익성 사이에서 갈등해야 한다는 점 등이 그러하다.

영화감독 이장호 학형 얘기가 나오니 영화배우였던 고은아(본명 李敬姬) 씨가 생각난다. 그녀도 같은 해 홍익대 공예과에 같은 학년으로 입학했다. 그녀는 부산여고를 졸업하고 서울로 유학왔는데 부산에서 같이 올라온 남녀 입학동기들과 함께 몰려다녔다. 물론 건축과에도 부산서 온 학생들(김성탁, 이추복, 오의조, 익명 쌍둥이 형제 등)이 여럿 있었다. 나도 고향이 경상도이다 보니 친근감이 들어 그들과 자주 어울렸다. 서양화과의 김진석과는 긴 방학 동안 서신으로 우정을 나누던 추억이 새롭다. 또 데생시간이나 누드 크로키 수업은 공예과나 다른 미술과 학생들과 같이 받았다. 그런 연고로 그녀와 알게 되고 가까워졌다. 대학 1, 2학년 때까지 우린 창경원이나 비원 같은 곳으로 수채화를 담으러 같이 다니기도 하고 가끔은 이경희 씨와 다방 같은 데서 둘이서만 따로 만나기도 하였다. 그러나 우리는 그리 특별한 관계는 아니었다. 그랬음에도 우리 둘이 사귄다는 소문이 돌았다. 이장호 감독도 가끔 만나면 그 이야기를 꺼내곤 했다.

그러던 어느 날, 그녀는 영화감독에 픽업되어 영화배우가 되었다. 그러니 우린 자연히 자주 못 만나게 되었다. 〈난의 애가〉, 〈갯마을〉 등 영화 몇 편을 찍더니 그 이후 학교를 전혀 나오지 않았다. 자주 못 보게 되니 궁금했다. 그제야 내가 그녀에게 느끼는 감정이 여자친구 이상이었다는 걸 알게 되었고 또 보고 싶기도 하였다. 그녀도 그랬는지는 지금까지 나는 모른다. 그 무렵이었다.

어느 날 어디서 누구한테 들으셨는지는 몰라도 아버지께서 "너, 고은아하고 사귀냐?" 고 물으셨다.

"친구로는 몰라도 영화배우는 배우자감으로는 안 된다"고 하실 줄 알았다. 하나 그리 기분이 언짢으시진 않으신 표정이었다. 나는 그저 "뭐 그리 특별한 관계는 아니예요" 하고 말았다.

그리고 몇 달쯤 시간이 흘렀나 보다. 한동안 소식이 없던 그녀가 영화와 관련 있는 사업가 모씨와 결혼한다는 소문이 들렸다. 나는 그게 사실인지 확인하고 싶어 회기동 그녀집으로 찾아갔다. 못 만나고 근처 다방에 앉아 편지 한 장을 써서 그녀의 집에 전달하고 돌아왔다. 난 지금도 그 편지에 무엇을 적었는지 내용이 기억이 나질 않는다. 아마 오래 못 만나서 보고 싶으니 한 번 만났으면 좋겠다는 내용인 것 같은데 얼마나 간절한 내용이었는지가 지금도 궁금하다. 그게 마지막이었다.

그리고 소문대로 그녀는 한참 연상인 그분한테 시집갔다. 대학도 졸업하지 않은 처녀를 달랑(?) 낚아채 간 것이었다. 섭섭했다.

그리고 세월이 흘렀다. 그녀에 대한 애잔한 기억도 흐려져 갈 무렵 나는 같은 캠퍼스 안에서 만난 지금의 아내와 사귀게 되었고 지금의 내 아내를 집으로 데려가서 처음이자 마지막으로 아버지께 인사를 여쭙게 했다. 아마 돌아가시기 바로 전 해가 아니었나 싶다. 그날 아버지께서는 우리가 왔다는 얘기를 들으시고 사랑방에 앉으셔서 미닫이를 열고 내다보시면서 "오냐, 놀다가거라" 하며 인사를 받기만 하셨다. 별 특별한 말씀은 없으셨다. 다만 '고은아'가 아닌 것에 좀 섭섭해하지는 않으셨을까 혼자서 추측해 볼 뿐이다.

이미 다른 분의 아내가 된 여인의 이야기를 내가 지금 여기서 꺼내는 이유는 아버지가 어떤 형의 여성을 며느리로 삼기를 원하셨을까 하는 생각이 불쑥 들었기 때문이다. 장남인 나의 결혼도 못 보시고, 손자들 보는 재미도 못 보시고 돌아가신 아버지를 생각하면서 말이다.

이경희 씨를 직접은 못 보셨으나 화면이나 광고 포스터를 통해 보셨을 것이다. 한국적이요 고전미를 지닌 다소곳해 보이는 여성형이요, 지금의 나의 아내는 서구적이요, 현대형의 여성형으로 개성이 강한 여성형으로 정반대이기 때문이다. 역시 아버지는 전자의 여성형을 며느릿감으로 더 바람직하게 생각하셨을 것이라 내 나름대로 추론해 본다는 이야기를 하기 위해서였다. 아버지께서 생존해 계셨을 때 결혼했더라도 역시 대학 학과선택 때와 마찬가지로 내가 원하는 지금의 아내와 결국 결혼하였을 것이다. 자식 이기는 부모 어디 보았는가.

기왕에 고은아 씨 이야기가 나왔으니 한 가지만 더 이야기하련다. 그 후 5, 6년이 지난 어느 날 TV의 어느 프로그램에 나와 학창시절에 찍은 사진을 보여주는데 어느 고궁에서 나와 함께 찍은 사진으로 이젤을 놓고 수채화를 그리는 사진이었다.

그리고 나서 20여 년이 지난 어느 여름, 당시 내가 다니던 미국 워싱턴 주 시애틀 소재 한인교회에서 그녀를 만났다. 아마 그녀의 자녀들이 그곳에 유학 와 있어 방문차 왔다가 주일이라 예배보러 온 것이 아니었나 생각이 든다. 그 주일날은 마침 우리 가족이 시애틀을 떠나 뉴욕으로 옮기기 전, 그 교회에서의 마지막 예배시간이기도 했다. 담임 목사님께서 광고시간에 "그 동안 우리 교회를 섬기시던 조광렬 집사 가족이 내주에 뉴욕으로 이사하게 되셨으므로 알려드립니다. 조 집사님 가족 좀 일어서 주십시오" 하시자 모든 교인이 일제히 우리 가족 쪽으로 얼굴을 돌리는데 바로 내 앞에 앉아있던 경희 씨가(내 앞에 앉아 있는 줄도 몰랐다) 뒤를 돌아보다 나와 눈이 마주쳤다.

나는 아내도 옆에 있고 예전의 그녀에 대한 감정도 무뎌져 있을 때라 속으론 놀랐지만 무심한 척 아는 체를 하지 못했다. 그리고 예배가 끝나 예배당을 나오면서도 나는 끝내 그녀에게 인사나 말을 건네지 않았다. 그녀도 나와 마찬가지였다. 반갑다며 인사를 나누고 그 동안 궁금했던 일들을 물어보기 위해 집으로 초청하여 "식사라도 함께 하자"고 말을 건네고 싶었지만 이삿짐을 싸놓은 집도 어수선하기도 했지만 당시의 내 형편이 그리 안정된 상태가 아니었음도 한몫을 했던 것 같다.

그렇게 섭섭히 헤어졌다. 이제 그녀도 가끔씩 지난 날의 몇 조각 추억들을 꺼내 보며 서울 어디메서 할머니 소리를 들으며 나와 같이 늙어가고 있으리라. 하나님 잘 믿으며.

이경희 씨 동생인 이재철 목사는 내가 현재 섬기고 있는 뉴욕 중부교회에도 찾아와서 설교를 해주신 적이 있으나 차분한 기회가 없어 이런 얘기를 하지는 못했다. 바라건대 두 분, 이경희 권사 당사자와 부군께서 이런 이야기를 이 책에 꺼내 놓은 나의 무례함을 용서해 주시길 바란다. 이야기를 하다 보니 또 아버지의 이야기가 한참은 빗나간 것 같으나 이런 이야기들 속에 아버지의 며느리상이나 나의 종교관이 들어 있기에 그리 필요 없는 것만은 아니라는 생각이 들어서 진술해 둔다.

다시 대학 진학문제로 돌아가자. 지금 돌이켜 생각해보면 내가 아버지의 입장이었더라도 그랬으리라고 생각한다. 밥벌이 제대로 할 수 있다는 보장도 없는 예술, 갑작스런 미대진학 결정도 결정이지만 남들은 몇 년 전부터 미술학원도 다니며 입시준비를 하는데 무슨 배짱으로 부모를 불안하게 만드는가 말이다.

나는 가족들의 부축을 받으시며 내 작품이 전시되어 있는 곳으로 호흡의 힘드심을 애써 고르시며 걸어오시던 아버지, 입술과 손바닥이 푸르스름하던 아버지를 지금도 잊을 수 없다. 그때 나는 〈동부서울 창동지구 쇼핑센터 계획안〉이란 테마를 정하고 작품을 했던 것이다. 어머니가 먼 훗날을 내다보고 노후대책으로 그곳의 땅을 싸게 구입한 후 그 토지의 한 귀퉁이에 토끼를 기르셨는데 그 일대의 땅을 부지로 생각하고 설계하였던 작품이었다. 서구식 쇼핑몰은 물론 요즘의 백화점 같은 상업건물이 전무할 때라 내 딴에는 야심작으로 내놓았다. 그 해에 대통령상이 건축부문에 돌아올 것이라는 소문도 무성하여 내심 기대하기도 했었다.

그때 내 작품을 둘러보신 후 아버지께서는 "작품의 테마를 〈민족문화박물관〉으로 설정했더라면 좋았을 걸 그랬다"며 아쉬워하시던 기억이 난다. 그랬었다. 나는 그때만 하더라도 우리 문화의 중요함과 우리 멋의 깊이를 모르고 서양 것에만 눈을 돌리고 있었던 것이다.

우리 것을 철저히 알고 난 후에 그 바탕 위에서 현대적 요구와 미래를 보는 눈으로 시대적 흐름과 세계적 공통과제를 가미하여 새로운 전통계승으로서의 창조적 건축을 모색했어야 했다. 서양의 상업건물을 답습하기보다는 민족문화박물관이 국가의 미래를 위해 더욱 절실하다는 점을 왜 나는 깨닫지 못했는가. 문화를 선도하는 사명감을 지닌 야심찬 건축학도라면 마땅히 그 쪽으로 눈을 돌릴 줄 알았어야 했다.

그때까지만 해도 나는 아버지가 우리 민족문화에 대해 그토록 깊은 관심과 애정을 가지고 계시며 우리 전통문화의 올바른 계승을 위해 다각도로 연구하고 계신 줄을 모르고 있었고, 아버지가 어떤 생각과 어떤 사상을 가지고 계셨는지에 대해서도 무관심했기에 내 작품구상을 위해 아버지와 대화를 나누거나 조언을 받을 생각은 아예 하지 않았다. 그것이 지금도 두고두고 후회되곤 한다.

그로부터 40년이 지난 오늘까지 우리나라에는 〈민족문화박물관〉이 지어지지 않고 있다. 안타까운 일이 아닐 수 없다. 아버지가 문화부장관을 하셨다면 아마 이 사업을 제일 먼저 추진하셨을 것이라는 생각을 가끔 해보기도 한다. 예산이 없어 지을 수 없다면 먼 훗날을 위해서라도 당대의 건축가들과 머리를 맞대고 이를 위한 기획과 기본설계만은 해놓으실 것이라는 생각을 해보면서 문득 백범(白凡) 김구 선생의 말씀을 떠올린다.

> 우리나라가 세계에서 가장 아름다운 나라가 되기를 원한다. 오직 한없이 가지고 싶은 것은 높은 문화의 힘이다. 문화의 힘은 우리 자신을 행복하게 하

고 나아가 남에게 행복을 주기 때문이다.

이 말을 한 것은 정부수립 1년 전인 1947년이다. 그 혼란스런 시기에 어떻게 이런 말을 할 수 있었을까.

백범 선생과 마찬가지로 아버지는 민족문화의 정체성 확립과 올바른 전통문화의 계승으로서의 창조적 발전에 지대한 관심을 가지고 계셨다.

나는 국전에 대상을 받지 못한 불만으로 시상식에도 참석하지 않고 집에 틀어박혀 있었다. 우편으로 배달되어온 상장과 은메달을 전해주시며 "너무 상(賞)에 연연해 하지 마라. 예술이 무르익기 전에 대가연(大家然) 하든지 과한 대접을 받거나 큰 상을 받는 것은 네 자신을 위해 좋지 않다"고 하시며, 그런 뒤 "닭의 벼슬이 그립거든 초야에 묻힌 지렁이가 되는 공부를 하라"시던 말씀이 지금도 잊혀지지 않는다. 예술이든 문학이든 작품 이전에 사상이 확립되어 있어야 한다는 것을 훗날에서야 절실히 깨닫게 되었다. 지금 생각해 보면 부끄러운 일이다.

올바른 전통건축문화의 계승에 입각한 건축으로서의 나만의 독창적 작품의 기회를 얻기 위해 1971년 7월 이후 미국에 살던 나는 1982년 귀국과 함께 '독립기념관 현상설계'에 응모하였으나 뜻을 이루지 못했다. 그리고 9년 동안의 한국에서의 건축활동 기간중에도 그런 기회는 얻지 못했다. 88년 올림픽을 전후로 해서 내가 관여한 것은 일본 '니케이'건축회사가 공동참여한 강남 코엑스 단지 기획 및 계획설계(무역센터, 공항터미널, 인터콘티넨탈 호텔 등 몇몇 호텔과 현대백화점), 고층 오피스건물 등 상업건물과 주거건물이 대부분이었다.

그 중 그래도 가장 애착이 남는 작품을 들라면 미국에서는 미 독립 200

주년 기념 현상설계에 당선한 작품(기념탑 및 부대시설)과 한국에서는 쌍용에 이사로 근무할 때 미국의 조경설계회사 EDAW와 협동 설계했던 강원도 '용평리조트' 마스터 플랜수립(스키슬롭, 골프장 및 부대시설) 그리고 드래곤밸리(타워) 호텔과 콘도미니엄 기본계획〔국내 건축행정 업무 및 실시 도면작업은 '대호'건축(소장 김관욱, 후에 캐나다에 이민가서 투병중 작고한 나의 고교동기)에서 했다〕일 것이다.

비록 100% 서구식 건물이지만 나는 최선을 다했고 여러 가지 아픔과 함께 추억도 많은 프로젝트가 아닐 수 없다. 당시 10년 장기개발계획을 세울 때 언젠가는 평창에서 겨울올림픽을 유치하겠다는 김석원 회장(전 쌍용그룹 회장, 역시 나와 고교 동기동창)의 강한 열망과 의지를 담아 마스터플랜을 만들었는데 그 노력의 결과로 25년이 지난 오늘날 2014년 겨울올림픽 유치를 위해 국가적으로 총력전을 펼 수 있게끔 되었다. 얼마 전 올림픽 관계자들이 평창을 방문하여 실사를 한 뒤 긍정적 평가를 내렸다는 소식을 최근에 들었다. 뿐만 아니라 지난 '월드컵' 경기 이후 한류(韓流)의 시원(始原)이라고 할 수 있는 드라마 〈겨울연가〉의 촬영지로 국내외에 알려진 명소가 되기도 하였다.

한국 내에서는 그리 흔치 않은 자작나무를 구할 수 있는 대로 구입해서 횡계 입구에서부터 리조트 안 전역에 옮겨 심어놓던 젊은 날의 열정과 낭만을 소중히 꺼내 만져본다. 이 나이가 되고 보니 애무해 줄 것이라곤 추억밖에 없는 것 같다. 지난날 그 시절이 풍경이 되어 다가선다. 추억의 조각들이 용평의 푸른 잔디와 산자락을 너울거리며 나비처럼 내 앞에서 노닌다. 작은 보람이요 즐거운 일이 아닐 수 없다. 모쪼록 이 국민적 염원이 기필코 이루어져 조국이 한 번 더 도약하는 계기가 되기를 간절히 기원하는 바이다.

다시 생활의 터전을 미국으로 옮긴 후, 뉴욕 한인회관 건립위원회로부터 한인들의 꿈을 결집시킬 수 있는 작품으로서의 한인회관 컨셉 디자인을 의뢰받은 적이 있었다. 올바른 전통계승으로서의 창작의 기회가 오히려 한국이 아닌 미국 땅에서 그 꿈이 이루어질지도 모른다는 생각에 심혈을 기울여 디자인했으나 현실적 문제인 재원문제를 극복하지 못한 채 조감도만 액자에 담겨 회관 회의실 벽에 걸려져 있고 설계도면은 아직도 내 서류함에서 잠자고 있다.

이제는 지어지는 건물의 유혹으로부터도 자유로워졌다. 생활방편으로서의 건축설계에서는 손을 놓고 지금 나는 내 전공으로부터 벗어나서 생활하고 있다. 하지만 먹고 살기 위해서가 아닌 건축, 지어지는 것과는 무관한 나만의 작품을 위해 새하얀 백지와 밤을 새워가며 씨름하는 희열에 푹 빠져 있다. 내 나이 칠십쯤되면 이 작품들을 모아 드로잉전을 열고 나의 건축인생을 정리해 보려 한다.

아울러 남은 인생을 한국 전통건축, 특히 한옥주택을 더 공부하고 깊이 있게 연구하여 우리 한옥의 장점과 아름다움을 미국사회에 알리고 미국 주거문화에 접목시키는 작업을 해보려고 한다. 한국음식과 의복에 비해 한옥의 홍보는 미약한 편이다. 그 일환으로 한인들이 많이 거주하는 뉴욕 퀸즈 지역에 위치한 퀸즈 식물원 내에 전통한옥과 한국정원을 조성하여 뉴욕시에 헌정할 계획을 세워놓고 몇몇 뜻 있는 분들과 함께 그 꿈을 키워가고 있다. 이 역시 재원조달이 문제이긴 하나 꿈이 있는 곳에 길은 반드시 있다고 믿는다.

늦은 감이 있지만 이제야 비로소 나는 '가지 않았던 길', 아버지가 걸어가신 그 길 — 자연과 나라와 겨레사랑을 아름다운 우리말로 노래하시고 사라져가는 '우리 것', '우리의 멋'에 대한 지대한 관심과 애정으로 평생을 걸어가셨던 — 로 눈을 돌리고 있는 내 자신을 발견했다.

그 동안 글도 쓰기는 꽤 썼다. 써놓았던 글들 중 신문에 실렸던 것만 모아 부끄럽지만 한 권의 책도 세상에 내놓게 되었다. 호흡이 멎는 날까지 할 일이 새로이 생겼음에 감사한다. 얼마나 남았는지도 모르는 남은 인생은 비록 아버지 발끝에도 못 미치는 솜씨일지라도 글과 더불어 살아가고 싶다.

아버지처럼 단순하고 소박한 삶 속에서 그동안은 보이지 않던 소중하고 작은 것들을 건져올리는 기쁨에 내 영혼이 마음껏 춤추게 해주고 싶다. 그것들이 속삭이는 기쁨을 노래하며 삶의 다양한 '맛'을 음미하고 아버지가 남기신 발자취를 더듬으며 그 '멋'을 배우며 걸어가고 싶다.

고 백남준 선생께서 돌아가시기 얼마전 맨해튼 그리니치 빌리지 당신의 스튜디오 근처 그린가(街)에서 휠체어에 앉으신 채 나에게 "돈 없으면 예술을 못해!" 하시던 말씀과 "돈 없으면 건축가 될 생각 말라"시던 고 김수근 선생의 말씀을 떠올리면서 석고상을 내던지며 역정을 내시던 아버지의 심정을 뒤늦게 헤아려 본다.

여동생 혜경이 쓴 '아버지의 빈자리'

"내가 아버지에 관한 글을 쓰고 있으니 너도 아버지에 대한 글을 한 편 써 보내라"고 하나밖에 없는 누이동생 혜경에게 전화했더니 한국서 다음과 같은 글을 보내왔다.

" 아버지께서 돌아가신 지 어느덧 40년이라는 세월이 흘렀습니다. 그러나 아버지께서 아직도 우리 곁에서 호흡하고 계신 것같이 느낄 만큼 내 삶에는 늘 아버지의 이름 석자가 따라다녔습니다. 돌아가신 후에도 아버지께 누가 될까 늘 조심스럽게 살아야 했기 때문에 더 고통스러운 적도 있었습니다. 때로는 그 이름이 부담스럽기도 하고 너무 큰 산처럼 느껴지기도 했습니다. 그래서인지 언제부턴가 글을 쓰려고 하면, 아버지의 존재가 먼저 떠올라 결국 두려움 가운데 글쓰는 것 자체를 포기하기도 했습니다. 아버지를 생각하며 펜을 든 지금, 그 두려움보다는 그동안 참았던 그리움이 한꺼번에 복받쳐 오르는 듯합니다.

그러고 보니, 내 나이가 벌써 아버지께서 돌아가시던 해의 연세보다 여섯 살이나 더 먹은 나이가 되어버렸습니다. 이 나이 되도록 한 일이라고는 자식 키우며 가정 꾸려온 일밖에 없는데, 아버지는 그 연세에 그토록 많은 일을 해내셨다는 사실 앞에 내 자신이 너무 부끄럽고 송구스럽기까지 합니다. 그런데도 돌아가시는 순간까지 "아직도 할 일이 많은데…" 하셨으니 그저 놀라울 따름입니다.

그러나 부녀지간에 정다운 이야기 한마디 제대로 나누지 못한 채 그냥 훌쩍 떠나버리신 아버지가 외동딸로서는 야속하기도 하고 때로는 밉기까지 했던 것이 사실입니다. 제 기억으로는 아버지와 함께 나들이한 것이 딱 세 번 있었던 것 같습니다.

한 번은 초등학교 5학년 때인가 동생과 나만 데리고 당시 대한극장에서 상영했던 〈신데렐라〉 만화영화를 보러갔다가 극장근처에서 점심먹고 돌아왔던 일입니다. 또, 제가 중학교 입학시험을 치르느라 너무 애쓴다고 식구들 모두 도봉산에 물놀이 갔던 적이 있었는데, 산을 오르시면서 숨이 차셔서 몇 번씩이나 쉬시며 힘들게 올라가셨던 일도 생각납니다. 중학교 2학년 때인가는 기차타고 청평댐에 가서 하루 종일 동생과 함께 물장구치며 놀던 일이 아버지와 함께 나들이한 마지막 기억입니다.

그렇게 아버지와 함께했던 시간들이 너무 부족했기에 아버지의 잔정을 느끼지 못했고, 아버지께서 돌아가셨을 때만 해도 그냥 내게는 '아버지'라는 존재가 그저 추상적 개념으로만 느껴질 정도로 애달팠던 기억도 없는 것 같습니다.

그러나 저에게는 아버지의 빈자리가 아버지께서 떠나신 후 점점 더 크게 느껴졌던 것 같습니다. 사람은 무엇인가 잃었을 때, 그것의 소중함을 안다고 하더니 저 역시도 아버지께서 돌아가신 후에야 그 빈자리가 얼마나 크고 큰지 날마다 실감하며 살아왔습니다. 생전에 아버지께서는 내게 "네가 좀더 크면 나하고 함께 세계여행을 가자"고 자주 말씀하시곤 했던 기억이 납니다. 그러고 나면 금방 기분이 유쾌해지시는 듯했습니다. 이제야 "아버지께서 살아계셨더라면 정말 그 소원을 들어드릴 수 있었을 텐데" 하는 안타까움과 아쉬움에 너무나 가슴이 저려옵니다.

언젠가는 저녁을 먹고 난 후, 〈절정〉이라는 시를 읊으셨는데 왜 그러셨는지 녹음을 한 번 해보자고 하셔서 우연히 녹음해 둔 것이 지금까지 아버지의 목소리를 들을 수 있는 자료로 남게 되어 얼마나 감사한지 모릅니다. 비록 지병이었던 기관지확장으로 인한 합병증 때문에 다 쉰 소리였지만 그 소리조차 사무치게 그립습니다.…

아버지께서 돌아가신 후, 세상에 던져진 저희 가족들은 울타리를 잃은 채 세상과 싸우며 살아야 했습니다. 그것으로 인해 받은 상처 때문에 아플 때마다 함께 고통을 나눌 아버지께서 안 계신다는 사실이 너무 아팠습니다. 누구보다도 어머니의 마음고생이 많으셨고, 경제적으로도 어려운 살림을 꾸려가시느라 너무나 고생이 많으셨습니다. 그때마다 아버지를 대신해 그 빈자리를 채워드리지 못한 저희 자식들의 불효를 자책하곤 합니다. 그렇지만 오히려 그것 때문에 힘든 가운데서 작은 것에도 감사하는 법을 배웠고, 인생에서 정말 소중한 것이 무엇인지를 깨달을 수 있었던 것 같습니다. 그것이 어쩌면 아버지를 여읜 후에 저희들이 얻은 가장 큰 삶의 수확이 아니었을까 하는 생각이 듭니다.

그렇게 한 세대가 지나고 자식인 제가 그 다음 세대를 맞이하는 시점에 와 있습니다. 이제와 돌이켜 보건대, 어쩌면 아버지께서 지향하셨던 문학의 정체가 내면의 견딜 수 없는 고통을 언어로 표현하고자 했던 것이 아닌지 감히 생각해 봅니다. 고통과 슬픔과 한이 아버지를 비롯한 우리 가족에게는 너무나 익숙한 정서가 되어 있었기에 그것을 어떻게 풀어나가는가가 늘 인생의 숙제였던 것 같습니다.

그런 아버지의 문학세계를 이해하고 사랑하는 학계에 계신 여러분들, 아버지께서 아끼셨던 제자분들의 사랑과 관심이 지속되어 왔기에 남은 가

고려대 교정에서 아버지와 어머니, 나 그리고 혜경이. 아버지께서 세상을 떠나실 때 여동생 혜경은 꿈많던 17세 소녀였다. 오른쪽 끝은 외5촌 아저씨

족들이 메마르고 삭막하지만은 않은 삶을 살 수 있었던 것 같습니다. 이미 돌아가신 지 40년이 가까워 오는데도 그 관심과 사랑이 지속되고 있는 것을 보면 비록 아버지께서는 짧은 인생을 살다 가셨지만 정말 복이 많은 분이라는 생각이 듭니다.

인간이 인간에게 남길 수 있는 가장 큰 자산은 그 사람에게서 받은 사랑밖에는 없는 것 같습니다. 오래 전 돌아가신 아버지를 생각하며 펜을 들고 보니, 훌륭한 업적을 이룬 아버지보다는 나를 사랑하고 아끼셨던 아버지에 대한 애틋함이 더 많이 생각나는 것을 보면 말입니다. 그래서 오늘은 아버지가 더 그립습니다. ”

아버지께서 세상을 떠나실 때 여동생 혜경은 꿈많던 17세 소녀였다. 대개의 아버지가 다 그러하듯 아버지는 하나밖에 없는 딸 혜경을 무척 사랑하셨다. 그러나 그 사랑을 제대로 다 주시지 못한 채 아버지는 돌아가셨다. 혜경을 생각하면 나는 가슴이 아프다. 현재 혜경이 겪고 있는 고통을 생각하면 아버지에 대한 미움과 서러움이 흘러 넘치는 글이었어야 하리라. 그 빈자리가 얼마나 크고 한스러웠을까. 그러나 그 한과 설움을 누르고 누르며 솔직한 표현을 억제하며 이 글을 썼을 혜경을 생각하니 눈시울이 뜨거워진다.

아버지 없이 살아온 그 한 많고 어려웠던 시간들, 그 빈자리를 아버지대신 조금이라도 메워주지 못한 오빠로서의 죄책감이 저미고 저미며 내 가슴을 파고들기 때문이다.

아버지가 낭송하신 마지막 노래

돌아가시던 해(1968년) 어버이날이던가. 어머니 생신 때였나 보다. 아버지께서는 혜경에게 "내일이 네 엄마 생일이니 혜경이 네가 한 번 밥을 지어봐라"고 하셨다고 한다. 아마 그동안 당신의 아내에게 무척 미안한 마음이 들어서였을 것이다. 또한 이제 곧 성년이 될 하나밖에 없는 딸이 직접 지은 밥을 한 번 꼭 잡숴보고 싶으셔서 그런 말씀을 하지 않으셨을까. 왜? 그때 이미 아버지는 당신이 이제 얼마 못 사신다는 것을 알고 계셨던 것이다. 그러기에 혜경이더러 녹음기를 가져오라고 하셨을 것이다.

이런 추측을 하게 하는 것은 고모님도 생신날이 어머니와 같은 날이어서 그날 모처럼 온 가족이 모여 저녁식사를 하고 난 후, 아버지께서는 당신의 시 〈절정(絶頂)〉을 읊으셨다. 그때 우린 그걸 녹음했던 것이다.

그날 아버지는 당신의 마지막을 준비하고 계셨던 것이다. 젊어서부터 죽음을 늘 준비해 오신 아버지! 젊은 시절에 쓰셨던 그 시를….

그래도 우리 가족들은 전혀 몰랐었다. 동어반복이지만 그 무렵 "내 몸에 향수를 뿌려달라"고도 하셨다는데 집안에 노인이 안 계셔서 "어머니는 무슨 그런 농담을 하느냐?"고 그냥 지나치신 것을 원통해 하셨다. 하물며 철없던 우리들이 무엇을 알아차릴 수가 있었겠는가. 아버지는 일주일 후에 돌아가셨다. 아버지가 가족들 앞에서 처음이자 마지막 읊으신 당신의 시 〈절정〉을 소개한다.

나는 어느새 천길 낭떠러지에 서 있었다 이 벼랑끝에 구름속에 또 그리고 하늘가에 이름모를 꽃 한송이는 누가 피워 두었나 흐르는 물결이 바위에 부디칠 때 튀여 오르는 물방울처럼 이내 공중에서 사라져 버리고 말 그런 꽃잎이 아니었다

몇만 년을 울고 새운 별빛이기에 여기 한송이 꽃으로 피단 말가 죄지은 사람의 가슴에 솟아오르는 샘물이 눈가에 어리었다간 그만 불붙는 심장으로 염통속으로 스며들어 작은 그늘을 이루듯이 이 작은 꽃 속에 이렇게도 크낙한 그늘이 있을 줄은 몰랐다

한 점 그늘에 온 宇宙가 덮인다 잠자는 宇宙가 나의 한 방울 핏속에 안긴다 바람도 없는 곳에 꽃잎은 바람을 일으킨다 바람을 부르는 것은 날 오라 손짓하는 것 아 여기 먼곳에서 지극히 가까운 곳에서 보이지 않는 꽃나무 가지에 心臟이 찔린다 무슨 野獸의 體臭와도 같이 戰慄할 향기가 옮겨온다

나는 슬기로운 사람이 아니었다. 그러기에 한송이 꽃에 永遠을 찾는다 나는 또 철모르는 어린애도 아니었다 영원한 幻想을 위하여 絶頂의 꽃잎에 입 맞추고 길이 잠들어버릴 自由를 抛棄한다

다시 산길을 내려온다 조약돌은 모두 太陽을 呼吸하기 위하여 匕首처럼 빛나는데 내가 산길을 오를 때 쉬어가던 주막에는 옛 주인이 그대로 살고 있었다 이마에 주름살이 몇개 더 늘었을 뿐이었다 울타리에 복사꽃만 구름같이 피어 있었다 청댓잎 잎새마다 새로운 피가 돌아 산새는 그저 울고만 있었다

문득 한 마리 흰나비! 나비! 나비! 나를 잡지 말아다오 나의 人生은 나비 날개의 가루처럼 가루와 함께 絶命하기에 — 아 눈물에 젖은 한 마리 흰나비는 무엇이냐 絶頂의 꽃잎을 가슴에 물들이고 邪된 마음이 없이 죄지은 懺悔에 내가 고요히 웃고 있었다.

기력이 다 하셔서 숨이 가쁘고 탁하고 쉰 목소리로 "흰나비! 나비! 나비!" 하시던 그 애처로운 당신의 음성이 지금 내 귓전을 때리고 있다.

그 시를 읊으신 후에는 나의 고모님, 당신의 누이동생과 함께 당신의 시 〈낙화〉를 읊으셨다. 맨 마지막 연에 가서는 오누이가 연습이라도 많이 한 듯, 약속이라도 한 듯 "꽃이이이 지느으은 아치이임은 우우울고 싶어어라~" 곡조를 붙여 읊으시던 모습을 잊을 수가 없다.

나도 아버지 당신이 그리울 때면 혼자서 소리내어 그렇게 읊어보곤 하는 걸 하늘에 계신 아버지는 아시는지? 아버지는 죽지 않으셨다. 이렇게 생생하게 우리 가족들 가슴속에 늘 살아 계신다.

지금도 살아 계셔서 "남에게 동정받는 사람이 되지 말라", "비겁하게 살지 말고 당당하고 떳떳하게 살라"고 매일 일깨워 주고 계신다. 아버지가 말씀하시던 '생전부귀(生前富貴) 사후문장(死後文章)'의 참뜻을 이제야 알게 되었다. "마음이 가난해야 참 부귀를 아는 법이다"란 뜻을 불혹의 나이가 되어서야 알게 되었음이 부끄럽고 부끄러울 따름이다. 지금의 내 자식들도 그때의 날 닮은 것 같다. 그래도 나는 아버지가 그러하셨던 것처럼 내 글을 읽지 않아도 읽으라고 강요하지 않는다. 언젠가 제 아비의 글을 읽을 때가 있으리라 생각하며 오늘도 글을 쓰고 있다.

아버지는 〈병에게〉라는 시를 마지막으로 남겨놓으시고 세상을 떠나셨다.

내가 한때 폄하했고 외면했던 아버지! 나는 그분과 같은 삶은 살지 않겠

말년에 서재에서
집필중이신 아버지

다고 생각했던 철없던 어린 날을 후회하고 또 후회한다. 아버지와 같이 추호도 흔들림 없이 삶을 일관되게 살 수 있는 일이 얼마나 힘든 일인지 불혹의 나이를 지나서야 깨닫게 되었다.

그런 삶, 그런 평가를 받을 수 있었던 힘을 길러 주었던 연원과 그 바탕은 과연 무엇이었으며 그 정신을 낳은 배경은 어디에 있었을까. 아무도 얘기해 주지 않는 그 '힘의 원천'이 궁금했다. 그 원천의 일부는 조상으로부터 이어져 내려오는 우리 가문의 전통과 내력, 기질, 가학(家學)과 무관하지 않다는 것을 알게 되었다. 그것을 더럽히지 않으려는 처절한 당신 자신과의 투쟁의 소산이었다는 것을 알고서는 내 자신이 너무나 부끄러워졌다. 그러하기에 아버지를 이야기하면서 당연히 이 부분을 빼놓을 수 없다고 생각하였다.

아버지의 고향,
주실 이야기

- 한양(漢陽) 조씨(趙氏) 계보와 주실 입향조(入鄕祖) 할아버지
- 삼불차(三不借)
- 아버지의 생가(生家) 호은종택(壺隱宗宅)
- 나의 할아버지 조헌영(趙憲泳) 어른과 형제분들

한양(漢陽) 조씨(趙氏) 계보와 주실 입향조(入鄕祖) 할아버지

아버지는 음력 1920년 12월 3일, 양력으로는 1921년 1월 11일에 경상북도 영양군 일월면 주곡(주실)동 202번지에서 조헌영(趙憲泳: 1899~1988)과 유노미(柳魯尾)의 3남 1녀 가운데 차남으로 태어나셨다. 아버지의 고향이자 또한 나의 고향이기도 한 주실은 청량산을 지나 첩첩산중 길을 꼬불꼬불 자동차로 20분 정도 가야 닿는 경상북도 북동부 지역의 깊은 산골짝, 오지 중의 오지인 작은 마을이다.

태백산맥이 한반도의 등줄기로 내려오다가 소백산맥이 갈빗대처럼 서쪽으로 뻗어나가는 갈림목, 바로 그 서남쪽 첫 번째 골짜기가 영양이고, 그곳에 주실이 있다. 주실은 우리 한양조씨(漢陽趙氏) 집성촌으로 한때는 100여 호에 가까웠고 지금도 70여 호가 된다. 아직도 주민의 반 이상이 한양조씨다. 마을 뒤로 멀리 주실의 주산인 일월산이 보이는데 이 산은 동학의 2대 교주 최시형(崔時亨)이 한때 은둔해 있던 곳이기도 하며, 또 이필(李弼)이 교조신원을 위해 영해민란을 일으킨 뒤 숨어 있으면서 문경에서의 재거사를 준비하던 곳이기도 하다. 마을 앞으로는 일월산에서 발원한 장군천이 흐르고 있다.

아버지의 고향 영양군 주실마을. 경상북도 북동부 지역의 깊은 산골짝, 오지 중의 오지다.

나는 어릴 때 고향에 갈 때마다 하필이면 숨이 턱 막힐 만큼 좁고, 넉넉한 토지라고는 거의 찾을 수 없는 이런 첩첩산중에 조상들이 터를 잡았으며, 그럼에도 불구하고 다른 마을보다 일찍이 신문화를 받아들여 개화의 선봉이 되는 마을이 되었을까 의아해하곤 했다. 아버지가 돌아가시고 한참 후에야 나는 우리 집안의 족보와 안동문화연구소 등 여러 기관에서 연구한 논문들, 또 여러 학자들이 쓴 글을 통해 그 내력을 알게 되었다.

우리 한양조씨 집안에서 정리한 기록에 의하면, 시조는 고려시대에 조순대부 첨의중서사(朝順大夫 僉議中書事)를 지낸 지수(之壽)이다. 그 아들 휘(暉)는 아들 양기(良琪)에서 손자 임(淋)을 거쳐 증손자 소생(小生)으로 계승되었다. 실제로 한양조씨의 종손이 된 분은 돈(暾)이었다.

돈은 양기의 아들이자 임의 동생이다. 그의 아들 양렬공(襄烈公) 인벽(仁璧)에게는 온(蘊)과 연(涓) 두 아들이 있었다. 정암(靜庵) 조광조(趙光祖, 1482~1519)가 바로 온의 4대 손이다.

1519년 조광조가 훈구파 세력에 맞서서 개혁정치를 주도하다 끝내는 목숨을 잃자(기묘사화) 나의 선대 조상들은 멸문의 위기를 피하기 위해 전국 각지로 흩어져 피신했는데 9세 조종(趙琮; 靑河縣監)은 지금의 경북 영주에 정착하였다. 그후 그의 손자 조원(趙源; 1511~?)이 영양으로 이주하여(1553년) 광인(光仁; ?~1582), 광의(光義; 1543~1608) 두 아들을 남기고 일찍 세상을 뜨셨다. 이들 형제의 아들 중 수월(水月) 검(儉), 사월(沙月) 임(任), 연담(蓮潭) 건(健), 호은(壺隱) 전(佺)이 임진, 병자 양란 때의 의병으로 맹활약한 곽재우(郭再祐;1552~1617)의 화왕의진(火旺義陣)에 참가하여 영양 한양조씨의 명망을 더욱 드높이고 이곳에서의 지역기반을 다지고 또한 넓혔다. 그 중 한 분(광의의 둘째 아드님)이신 호은공 조전(趙佺) 할아버지가 인조 7년(1629년)에 입향한 마을이 주실이다.

그분은 이곳 주실에 자리잡으면서 호은(壺隱)이라 자호(自號)하였다. 호리병 속에 조용히 은거하겠다는 뜻의 '호은'이라는 호는 주실마을이 자리잡은 계곡의 형상이 호리병과 같다는 사실이 일찍부터 알려진 것과 무관하지 않다. 도가적 취향이 내포된 호리병은 방랑과 은둔을 좋아하는 도사들의 휴대품이었다. 이 계곡을 흐르는 물의 흐름 또한 호리병에 물을 채웠다가 빼내는 것과 같게 되어 생긴 이름이 주실이다. "물을 댄다는 의미의 '주(注)'자는 한자이고 골짜기를 뜻하는 '실'은 순 우리말이다. '주곡(注谷)'이 맞는 말이겠지만 언제부터인가 '주실'로 불리고 오히려 귀에 익은 말 주실이 되었다. 어쨌든 주실이라는 말의 뜻은 '물을 대는 골짜기'이거나 '물이 대어지는 골짜기'로 이해하면 될 것이다" 라고 이효걸(안동대 국학부) 교수는 말한다.

주실에 자리잡은 호은공은 후손들에게 삼불차(三不借)를 지킬 것을 당부하셨다고 한다. "재물과 문장(글), 그리고 사람, 이 세 가지를 남에게 빌리지 말라"는 가르침이다. 이 '삼불차'를 생각하며 어느 날 나는 다음과 같은 글을 쓴 적이 있다.

삼불차 (三不借)

❝ 내 선친은 시로서 그 이름이 널리 알려진 조지훈이시다. 그런 연고로 뉴욕의 한 언론에서 우리 가문의 가훈(家訓)을 소개한 적이 있었다. '삼불차(三不借)', 그후 여러 지인으로부터 그 삼불차의 뜻을 구체적으로 설명하여 달라는 이야기를 자주 들었다.

중학교 시절까지는 학교에서 가훈을 써 오라면 나는 "남에게 동정받는 사람이 되지 않는다"라고 써 갔다. 평소에 선친께서 그렇게 말씀을 하시었기에 그 말씀이 우리집의 가훈인 줄만 알았다. 그러다가 고등학교에 들어가서야 '삼불차'란 가훈이 370여 년 동안이나 우리 집안에 이어져왔다는 것을 알게 되었다.

'삼불차'란 글자 그대로 빌려서는 아니 되는 것 세 가지이다. 첫째가 돈이요, 둘째가 사람이요, 셋째가 문장(글)이다. 남에게 빌린다는 것은 비굴함이다.

첫째가 돈인데 그것을 빌리려면 구차한 자신의 형편과 사정을 늘어놓아 상대방으로 하여금 동정심을 불러일으켜야 하며, 때때로 거짓말도 섞어서 속이기도 해야 한다. 그렇게 해서 빌린 돈을 약속대로 갚지 못할 경우에는 본의든 본의 아니든 간에 신뢰를 잃게 되고 마치 신발끈 다 풀어진 구두를 신고 다니는 것과 같은 허술한 사람이 되고 만다. 심지어는 좋았던 관계를 상실하여 사람마저 잃게 된다.

둘째는 사람, 이것은 양자(養子)를 들이지 않는다는 것이다. 다른 종갓집들은 중간에 아들이 없으면 양자를 많이 들였지만, 우리 집안에는 그런 일이 없었다. 16대 동안 친자로 계속 이어져왔다.

지금 세상이야 별로 그럴 리야 없겠지만 아들이 없거나 딸자식마저 없는 옛날에는 가문의 대를 잇기 위하여 양자를 들였다. 또는 아들이 없다는 구실을 핑계삼아 첩을 들이거나 씨받이를 찾는 남자들이 있었다. 본처의 가슴을 아프게 하면서 다른 여자에게 눈을 돌리는 것이다. 옳은 일일까? 지금이나 예전이나 가정의 불화는 외도(外道)에 있다. 남자는 물론이려니와 여자들도 성문화가 문란한 현대의 골목길에서도 옷깃을 가다듬고 지켜서 가야 할 일은 지켜서 가야 한다. 뉴욕에서 꽤나 장사를 한다는 어느 장로는 장사를 한답시고 한국을 들랑날랑하더니 부인도 모르게 여자를 얻어 살림을 차리고 아이를 둘씩이나 낳았다. 부인의 심정이 어떠했겠으며, 혹시라도 자기 딸이 결혼해서 그런 남편과 살고 있다면 무엇이라 말할 수가 있을까?

세 번째는 글이다. 글을 쓰되 남의 글을 훔치거나 떳떳하지 못하게 빌려쓰지 말고 자력으로 하라는 말이다. 평소에 좋은 글을 늘 대하고 전문지식이나 일반지식, 또한 교양서적 읽기를 게을리하지 말라는 충언인 것이다. 학문의 뼈대는 정신에서 나온다.

창씨개명에 시달렸던 일제시대에도 창씨개명하지 않고 버티었던 조상들의 강인한 지조(志操)! 전에는 고리타분하다고 여기었던 '삼불차'의 가훈이 나이가 들수록 내 머리를 끄덕이게 하는 힘은 무엇일까? 내 나이 들어서 선친께서 알려준 것처럼 나도 내 아이들이 나이가 어지간히 들어서야 선친이 대를 이어 물려준 '삼불차'를 알려주었다. 가훈이란 그 집안의 정신적 문패요 가문의 가치관이다. 새롭게 세우는 가훈도 있겠지만 내 집의 가훈은 조상으로부터 물려받은 정신의 유산이다.

우리의 이웃을 보면 성씨도 다르고 집안도 다르다. 사는 방법도 다르고 생각하는 것도 다 다르다. 그것이 그 집안의 정신이다. 난초가 장미가 될 수 없듯이 남의 흉내를 내면서 산다면 그것은 집안에 가훈을 세우지 못한다. 가훈이 의식을 지배하여 주는 가정이 사회에서 거울이 된다.

"부자 되세요"라는 인사말이 새해의 덕담이 되어버린 세상에서 "깨끗하게 사세요" 하고 인사할 수 있는 내 아이들이 되어주기를 기대하며 '삼불차'를 전해준다.

세상이 복잡하면 갈등도 많겠지만 갈등 앞에 무릎을 꿇지 않는 배경은 정신의 뒷받침이다. 선친이 그리운 날이다.

— 《문예운동》, 2004년 봄호

고통스럽고 어려운 일이지만 '삼불차(三不借)'의 가훈을 실천하려고 노력하며 내 자식들에게도 물려준다. 아버지의 선조들이 4백 년 가까이 이어온 정신대로 살아오셨듯이 세상적으로 손해를 볼지언정 고통스럽더라도 이겨나가리라 다짐한다.

아버지의 생가(生家) 호은종택(壺隱宗宅)

우리 집안에서 내려오는 구전에 의하면 호리병을 들고 산으로 숨은 도인(道人) 호은공(壺隱公)이 매방산에 올라가 매를 날려 매가 앉은 곳 늪지에 터를 잡고 숯으로 메우고 그 위에 집을 지었다고 한다. 매방산은 높이 100여 미터 정도의 나지막한 산으로서, 주실에 맺힌 세 개의 봉우리 중 맨 오른쪽에 있는 세 번째 봉우리의 이름이다.

일상적인 방법과는 다른 이 택지법(擇地法)은 희귀한 사례에 속한다. 이효걸(안동대 국학부) 교수에 의하면 불가에서 절터를 잡을 때 고승들이 오리를 날려 그 오리가 착지하는 지점에다 절터를 정한 경우는 간혹 있었다 한다. 그러나 매를 날려 집터를 잡았다는 이야기는 없다고 한다. 더구나 산 사람이 거주하는 양택(陽宅)을 평지나 언덕이 아닌 늪지를 집터로 선택한 경우를 전문가들도 거의 들어본 적이 없다고 한다. 그러나 절터를 늪지에 잡은 경우는 있다고 한다. 대표적인 예로 백제 때 무왕이 잡은 익산의 미륵사 터가 원래 늪지였고, 진표율사가 잡은 김제 금산사의 미륵전이 늪지였다. 이외에도 치악산의 구룡사, 도선국사가 말년에 주석한 광양의 옥룡사, 고창 선운사의 대웅전 자리가 애초의 늪지였다는 기록이 있다고 한다.

아버지의 생가 경북 영양군 주실마을의 호은종택. 경북 지방기념물 78호로 지정된 이 종택에서 나의 고조부 및 조부님과 그 형제분들 그리고 아버지와 내가 태어났다.

이렇듯 이색적이고 흥미로운 방법으로 매를 날려 터를 잡은 호은공은 학문적으로나 정신적으로 상당한 경지에 있었던 분이었다고 짐작한다고 학자들은 말한다.

경북 지방기념물 78호로 지정된 이 호은 종택에서 언유(彦儒) 승기(承基; 독립유공자, 건국훈장) 할아버지(나의 고조부) 및 나의 조부님과 그 형제분들 그리고 아버지와 내가 태어났다.

이 집은 마을 복판에 있다. 조선중기인 인조(1623~1649)때 조정형(趙廷珩; 조전의 둘째 아드님)이 건립했으며, 한국전쟁 당시 일부 불탄 것을 1967년에 복구하였다. 마을 안길과 대문채 사이에 넓은 바깥마당이 있으며, '일(一)자형 대문채를 들어서면 정면에 'ㅁ자형' 몸채에 달린 사랑채가 나타난다. 사방 7칸의 정사각형 모양의 본채와 정자형식의 사랑채로 된 이 집은 높다란 본채를 댓돌이 듬직히 떠받들고 있다. 호은 종택은 "경북 북부지방의 일반적인 반가형식인 'ㅁ자형' 몸채에 '일(一)자형' 대문채가 결합한 형태이다. 집 가운데 뜰을 두고, 그 주위에 안채, 사랑채를 비롯한 경리시설이 배치된 집약적이고 폐쇄적인 주거형태이다. 여성들의 생활공간인 안채와 남성들이 거처하는 사랑채가 별동(別棟)으로 분리되어 있지 않고 한몸에 결합되어 있는 것이 이 일체형 'ㅁ자형' 반가의 특징이다. 이는 영남지역의 반가에서 안채와 사랑채가 별동으로 분산되어 있는 것과는 다른 공간구성 방식이다. 일체형의 'ㅁ자형' 반가에서는 사랑채 사랑방과 안채 안방을 대각의 위치에 배치함으로써 성리학적 생활규범에 따른 남녀 생활공간의 성적 분리를 실현한 것"이라는 게 밀양대학교 건축공학과 이호열 교수의 견해이다.

대문간에서 좌측으로 약간 비켜 뜰과 안채로 출입하는 중문간이 있다. 중문간을 들어서면 우측에는 두 칸 사랑방과 사랑마루가 놓여 있으며, 사랑마루 앞은 미세기 유리창을 달아 폐쇄하였다. 운치를 손상시키는 이 유리창으로 된 창호를 시설한 것은 일제 강점기 이후 나타난 새로운 경향으로서 해방 이후 수리 또는 신축된 한옥에 많이 채택된 양식으로 대청마루의 현대식 활용(거실)과 추위를 피함이었다. 사랑마루에서 직각으로 꺾인 곳에는 손님을 위한 작은 사랑방이 놓여 있다. 중문간의 좌측편에는 서고(書庫)를 앞에 두고, 뒤쪽에 창고와 화장실이 겹실로 배치되어 있다.

중문간을 지나 널따란 뜰(안마당)에 들어서면 뜰에 면한 6칸(정면 3칸 측면 2칸)의 안 대청이 한눈에 들어온다. 안마당 가에는 한 그루 향나무가 섰고, 담 옆으로는 몇 그루 늙은 감나무와 대추나무가 아직도 고색창연히 서 있다. 안대청 왼편에는 안방이, 오른편에는 작은 방과 고방이 붙어 있다. 안방과 부엌이 좌측 익사〔翼舍(날개집): 주건물의 좌우에 붙여 한 집채로 지은 부속건물〕를 이루고 있고, 작은방에 비밀고방, 그 아래로 연결된 고방과 문간, 작은 사랑방이 우측익사를 형성하고 있다. 안채와 좌우익사 그리고 중문간 좌우의 서고와 사랑방이 배치된 형태로, 전체적으로 보아 'ㅁ자형'을 이루고 있다.

자연적 기단에 막돌초석(막돌을 쓴 주춧돌)을 놓고 두리기둥 또는 네모기둥을 세워 상부가구를 받는 형식의 구조체로 되어 있다. 대부분 네모기둥을 사용했고, 안채 안대청과 사랑채 툇마루 앞과 같이 반가의 권위와 정면성을 나타내는 일부에만 두리기둥을 세워 지은 집이다.

호은 종택의 대문을 등지고 정면으로 바라보면 문필봉과 연적봉이 보인다. 네 개의 문필봉의 중심에 호은 종택이 앉아서 그 정기가 마을사람들의 심성에 새겨져 문장력 있는 인재가 배출되고 의식과 행동에 영향을 미친다고 풍수학자들은 말한다. 또, 주실은 마을모양이 배 모양의 형국이므로 우물을 파거나 지하수를 파면 배 밑바닥에 구멍이 뚫리는 형국이어서 인물이 안 나온다 하여 우물이 하나이고 현재까지 50m 떨어진 곳에서 수도 파이프로 연결하여 식수를 해결하고 있다.

조광조의 신원(伸寃)이 이루어져 관작이 복원된 것이 1545년이고 문정이란 시호가 내려진 것은 선조 원년인 1568년 기묘사화 이후 8대 만의 일이었다. 그분들이 영양에 입향한 지 6대 만에 주실의 조씨는 과거를 볼 수 있게 되어 두 사람의 문과급제를 배출했는데 호은공의 손자 조덕순, 조덕린 형제가 그분들이다. 각기 30대, 20대였는데 조덕순은 장원급제하여 이름을 날렸고 그 아우 조덕린은 문과를 거쳐 벼슬길에 올랐다. 그러나 조덕린은 벼슬보다는 영남지방을 대표하는 유학자로 후세에 이름을 떨쳤다. 이 두 형제의 어머니 풍산 유씨는 퇴계 이황의 제자인 유운룡의 증손자 유세장의 따님이었다고 한다.

조덕순은 42세로 벼슬한 지 3년을 지내지 않았을 때 형조판서의 사돈과 얽힌 송사를 패소시킨 일로 모함을 받았다. 그의 고매한 정신은 깊은 상처를 입고 병도 깊어져서 천재성을 펼치지 못하고 세상을 떠났다. 아우 조덕린은 사간원(司諫院) 사간(司諫: 종3품)으로 왕에게 시무 십 매를 올려 새 임

금에게 탕평의 실질적 시행을 건의하고 낙향하였다. 그때 권력을 장악하던 노론 대신들의 간청으로 함경도 종성 땅에 귀양가야 했다.

을사십조 사건이 그것이다. '을사십조서'란 다음과 같다.

> 첫째, 성학을 밝혀 마음을 바르게 하소서.
> 둘째, 실제의 덕을 닦아서 하늘에 보답하소서.
> 셋째, 관원의 선임을 정밀히 하여 바른 정치를 세우소서.
> 넷째, 백성을 보호하여 나라의 근본을 굳건히 하소서.
> 다섯째, 재물을 절약하여 비용을 줄이소서.
> 여섯째, 군비를 충실히 하여 미리 대비하소서.
> 일곱째, 옥사를 삼가 형벌을 잘 살피소서.
> 여덟째, 기강을 떨쳐서 풍속을 다듬으소서.
> 아홉째, 공도를 넓혀 사사로움을 없애소서.
> 열째, 명분과 실제를 바로잡아 왕도를 세우소서.
>
> — 안병걸 번역, 《영양 주실마을》, 안동대 안동문화연구원

제 3조와 제 9조는, 바로 노론의 전횡에 대한 직접적 비판이었다. 을사십조 사건은 영남 남인에 대한 노론의 경계심에서 빚어진 일들로 영남 선비가 겪은 영예와 시련의 번복된 세월은 1899년(고종 37년)에 이르러서야 6세손 조병희의 꾸준한 노력 끝에 그의 신원이 이루어졌다고 한다. 그 사이 주실의 한양조씨들이 겪은 고난은 필설로 다 말할 수 없을 정도라고 한다. 그 와중에서도 정조대 후반의 정국을 주도한 영의정 체제공은 조덕린을 위해 다음과 같은 묘갈명(墓碣銘)을 지어 새겼다.

> 공께서 피 어린 상소 올렸으니 영조의 충성스런 신하로다.
> 금기를 건드려도 무엇 해 되리, 초야의 선비 그 사람인 것을.

왕께서 말하시되 내가 안다 너의 말에 다른 뜻 없음을
벌떼처럼 일어나는 날카로운 공격, 난들 어쩌겠는가.
북쪽 험한 길 숫돌처럼 판판하고 남쪽의 물길 술잔처럼 평화로웠네.
한번 웃고 하늘 보며 운명이니 어찌하랴
성인의 글 아니라면 어디서 힘 얻으리
영예로운 직첩 다시 회복되니 백 년 세월도 멀지 않네.
대대로 그 은혜 잊지 말고 구천에 돌아가서 갚으시라.
내 공의 묘에 글 새기니 이는 영광이지 슬픔이 아니로라

— 김문식 번역, 〈영양 주실마을〉, 안동대 안동문화연구원

이때까지 우리 집안은 안동 하회 유운룡, 유성룡의 가문과 혼인을 맺어 학풍을 이어받아 한양조씨의 가학으로 승화 발전시켜 벼슬보다는 학문에 전념하여 벼슬길 이상의 선비의 영광을 누렸다고 한다. 영남 선비들은 관직에의 진출이 제한적이었으므로 그런 결과가 왔지만 학덕에 이름이 높아갈수록 노론의 경계대상이 되었다고 한다. 공자, 맹자, 이후의 유학적 전통이 정자, 주자로 이어졌고 그 이후의 학문적 전통은 조선으로 넘어와 조광조, 이인덕, 이황에게 계승되었다고 파악한 선대어른들이었다.

그렇다고 학문만 하는 샌님들이 아니라 국란에 처할 때마다 의리를 실천하는 기개를 펼쳐왔다고 한다. 임진왜란 때에는 곽재우 의병진에 참여했던 것이 좋은 예이다. 또 깊은 산골마을에서 신문화를 일찍 받아들이고 개화의 물꼬를 틀 수 있었던 데에는 바로 후손들이 선조들의 신원을 위해 꾸준히 서울로 자주 왕래하면서 조선후기 실학자 체제공(蔡濟恭), 정약용(丁若鏞), 이가환(李家煥) 등과 교류하면서 개혁의 단서가 되었음을 알게 되었다. 고려대 김종길(金宗吉) 명예교수도 "지훈이라는 사람"(《시와 시인들》, 민음사, 1997)이란 글에서 "지훈의 가문은 학자들이 근세에 들어 정약용, 이가환 등

증조할아버지 조인석. 호은종택에 영진 의숙을 열어 큰아드님 조근영 어른과 함께 청소년들에게 신학문을 가르쳤다. 아버지도 이 분께 한학을 배웠다.

과 교류하여 실학을 받아들였기 때문에 주실 조씨는 안동문화권에서도 가장 진취적이요, 가장 일찍 개화된 양반가문이 되었던 것이다"라고 말했다.

조덕순의 6세손 조병희는 민영환, 장지연, 단재 신채호, 신규식 등과 교류하며 개화에 앞장섰고, 그분의 영향을 받은 나의 고조부, 곧 아버지의 증조부 남주 조승기(趙承基) 어르신은 명성왕후 시해와 단발령에 항거하여 의병을 모아 영양의병대장을 지내셨고, 당대의 영남 퇴계학파의 대표적 유학자셨다. 그 무렵 집안의 일부 어른들은 1906년에 대종교에 입교하기도 했다. 또 90가구 중 70가구가 한양조씨였는데 그 중 7가구가 독립군 기지건설을 위해 사전답사를 거쳐 가족을 이끌고 만주로 망명했다. 이는 선교 차원이라기보다 독립운동 차원이라 여겨진다.

아버지의 조부이시며 나의 증조부이신 내은(乃隱) 조인석(趙寅錫; 1879 ~ 1950) 할아버지는 주실마을의 종손으로 조선말기 성균관과 사헌부 대간(臺諫)을 지내셨다. 한일합방(韓日合邦) 당시 귀향하여 집필에만 전념하시다가 항일운동에 가담, 독립투사로 활동하신 학문과 덕망이 높은 분이셨으며 가난한 사람들을 많이 도와주셨다고 한다. 그 어르신께서는 조병희에 의해 개화된 뒤 근대적 사립학교인 영홍학교를 설립하시고, 호은 종택에 영진의숙을 열어 큰 아드님 조근영 어른과 함께 청소년들에게 신학문을 가르쳤다. 부자(父子)께서 직접 학교를 만들고 《초경독본》이란 교재도 저술하여 구학과 신학을 함께 교육시키셨다.

훗날 나의 큰할아버지께 시집오신 김종진(金鍾振) 할머니께서도 이 학교의 선생이셨다. 큰할머니께서는 경기여자보통학교(경기여고 전신) 재학시절에 최은희(한국최초의 여기자)와 더불어 3·1 운동에 참가하여 유관순열사 그리고 이아주(이애주라고도 함) 씨와 함께 서대문형무소에 투옥되기도 하셨다(유관순 열사는 징역 4년형, 나의 큰할머니는 1년형을 받으셨다). 이아주, 이 분은 석방 후 당시 상처(喪妻)중이던 김성수 선생과 결혼하셨다. 나의 큰할머니께서는 일본 왕의 생일인 천장절에 나눠 받은 떡을 거두어 시궁창에 처박아 넣었으며, 대동단(大同團) 시위 때에는 당신의 집에서 태극기를 만들고 또 직접 시위에 나섰던 분이시다. 1년여 옥고를 치르신 나의 큰할머니는 총독부의 지시에 의해 '유고퇴학'을 당했으며, 이후 숙명여고보에 편입하고 이화여전을 졸업하여 경성여상에서 교원으로 지내다가 주실마을로 시집오신 것이었다. 주실로서는 신선한 서울 여성문화를 접하게 된다. 당시로서는 아주 드문 혼사였다.

나의 증조부께서는 여자 어린아이들을 위해 동진학교를 설립하고 양력설을 쇠게 했으며, 당시 선비로는 혁신적 인물로서 토지개혁 이전에 이미 소작인들에게 토지를 분배했으며 노비문서를 없애는 것은 물론, 월록서당(月麓書堂; 마을에 있는 서당으로 유학을 익히던 곳)에 배영학당이란 이름으로 양반, 머슴 구별 없이 글을 가르쳐 함께 생활하며 서로 돕고 살아가는 방법을 가르치고 대립을 지향하셨다. 이러한 의식으로 인하여 왜정치하에서 좌익과 우익을 다 포용하는 신간회 활동이 가능했고 그 연고로 영양 신간회 회장을 역임하시다 6·25 동란 때 동족상잔의 시기에 인륜이 무너지는 것을 개탄하며 자결하셨다. 슬하에 조근영(趙根泳; 1896~1970), 해산(海山) 조헌영(趙憲泳; 1899~1988), 조준영(趙浚泳; 1903~1962), 은촌(隱村) 조애영(趙愛泳; 1911~2000) 사남매를 두셨는데, 차남 헌영 어르신이 나의 조부(祖父)가 되신다.

나의 할아버지 조헌영(趙憲泳) 어른과 형제분들

나의 조부님은 일본에 유학하여 와세다 대학에서 영문학을 전공하셨는데 유학시절 아내가 있는 당신을 혼자서 짝사랑했던 일본여인이 있었다고 한다. 그 여인이 당시로서는 불치의 병이었던 폐결핵(3기)에 걸렸는데 이를 고치기 위하여 《동의보감》을 공부하다 동양의학에 심취하여 한방을 본격적으로 연구하여 한의학의 대가가 되시었다.

그 일본여인 이야기가 나오니 어릴 때의 어느날이 생각난다. 우리집에는 할아버지 동경 유학시절의 사진이 많았는데 학생차림의 할아버지 곁에 우아한 숙녀가 있어 아버지께 "이 분이 누구예요?" 하고 여쭈니 아버지는 웃으시면서 "너의 작은 할머니시다" 하며 농담하셨다. 그리고 앞의 이야기를 해주셨는데 그 여인을 주실로 데리고 와서 한방처방으로 병을 고쳤다고 한다. 어머니의 증언에 따르면 그 후 영남 유림가에서 할아버지의 한방 화제(和劑)를 받기 위해 주실이 한때 문전성시를 이루었다는 이야기도 들으셨다고도 하셨다.

본처가 주실에 살고 있는데 외간여인을 데리고 와 병가료에 열중한 아들과 남편을 용서와 이해로 관대하게 대한 나의 증조부와 할머니의 국량은 우리 고장의 전설로 구전되어 오고 있다. 서로간의 신뢰가 바탕이 되지 않고서는 불가능한 일이라며 산다지협(山多地峽)한 작은 마을이지만 넓은 마음과 큰 생각을 지닌 사람들이 사는 곳이 주실마을이라는 말과 함께.

나아가 나의 할아버지는 《통속(通俗) 한의학 원론》을 비롯한 한의학서를 저술했고 동양의학과 서양의학을 비교연구하기도 하는 등 한의학 체계화에 공헌하기도 했으며, 이 저서들은 훗날 경희대 한의과 대학에서 교과서로 사용되었다. 경희대 한의과대학장 김병운(金秉雲) 교수는 이 저서들에 대해 "한의학의 과학성과 민족의학으로서 가치성을 처음으로 이론화한 인문서였다"고 평한 바 있다. 나의 할아버지는 동경 유학생회장 시절, 1925년 3월 1일에 3·1 운동 6주년을 기념하는 대대적 시위를 이끌다가 체포되기도 했고, 1926년 2월 아나키스트 박열(朴烈)이 옥중에서 입었던 사모관대를 마련해 준 적이 있는데 이에는 사연이 있다.

박열이 재판받던 도중 일본판사가 법정에서 법복을 입는 것같이 자신도 조선의 관복을 입고 서겠다고 주장하여 이에 일본인 후세 변호사가 사모관대를 구하러 다니다가 나의 조부님으로부터 구했다고 한다. 고향집에 보관된 그 사모관대를 보며 당신의 아버지를 회상하는 구절을 아버지의 어느 수필 속에서 본 적이 있다.

나의 조부님께서는 이렇게 신간회 동경지회장, 신간회 중앙간부로 항일운동을 하셨고, 1935년에는 조선어학회 표준말 사정위원 및 큰사전 편찬전문위원, 1945년 광복 후에는 임시정부 및 연합군 환영준비위원회 사무차장을 역임하셨으며, 한민당 창당에 참여, 선전, 지방, 조직부장으로 활약하시다 제헌의원(한민당)에 당선되었으나 반민특위위원에 선임된 후 한민당과 결별했다. 선거에서는 무소속으로 출마하셔서 2대 국회의원으로 당선되어 활동하시면서 한의학의 제도권 진입을 위해 노력하기도 하셨다. 1950년 6·25 전쟁 기간에 납북되어 북한에서 동양의학 연구에 전념하여 최초의 동양의학 박사가 되어 동양의학의 체계를 수립하고 후진 양성을 하다 1988년

큰할아버지(조근영)의 회갑연 때. 맨 뒷줄 왼쪽 끝이 아버지이고, 앞줄 왼쪽 한 사람 건너 할머니, 큰할아버지, 큰할머니, 큰할머니 바로 뒤가 어머니.

5월 23일에 서거하셨음을 그쪽 적십자사에서 남한에 알려왔다. 89세로 타계하신 것이다.

당신의 형님이신 나의 큰 할아버지 근영 어른도 역시 일본 와세다 대학을 졸업하시고 귀국하여 문교부 문화국장을 거쳐 국립도서관장을 지내셨고, 아우 준영 어른은 보성고를 졸업하시고 신간회 영양지회의 총무로 일하셨다. 광복 직후 대한임시정부 환영준비위원장을 맡으셨으며 문경 경찰서장을 시작으로 관계에 투신, 경북 도경국장까지 승진했다가 1950년 4월 사임하셨다. 6 · 25 발발 후 조병옥 내무장관의 특명으로 경북 도경국장에 재임명돼 일선에서 대구사수작전을 성공적으로 치러내셨다. 자유당 독재가 심화되자 민주당에 입당, 1958년 초대 민선 대구시장으로 선출되셨고 4 · 19 이후에는 민선 경북도지사를 역임하셨다.

이 두 분의 누이동생, 대고모이신 애영 할머니는 부모님 몰래 서울로 오셔서 배화여고를 나오셨다. 여고시절 태극기를 만들어 배포하다 발각되어 투옥되기도 했으며, 결국 당신은 1929년 광주학생운동 때 배화여고 주동자로 입건되면서 무기정학을 당하였고 그때 감방에서 읊은 연시조 〈그리운 조국(祖國)〉이 전해져 오고 있다.

저서로는 일제로부터의 광복과 함께 혼탁한 세상으로부터의 진정한 해방과 자유를 그리워한 당신의 심정과 당시대에 여자로 태어난 운명으로 당신의 재능을 마음껏 펼쳐보지 못한 아쉬움, 문학과 예술에 대한 동경을 잘 아셨던 당신의 조카, 나의 아버지가 책제목을 지어주신 시조집 《슬픈 동경(憧憬)》과 주실의 부녀자들이 읊었던 가사와 당신 자신의 창작을 모아 엮은 《은촌내방가사집(隱村內房歌辭集)》 등을 남기셨다. 갑작스럽게 치른 혼사와 시집살이하는 여인의 정서를 담아낸 가사형식의 〈신혼가(新婚歌)(1932)〉 등이 있다. 시조시인으로 현 국정교과서에 당신의 시조가 몇 편 실려 있다. 전 법무부장관 이호(李澔)님의 형수이시기도 하다.

선조어른들, 고향 이야기를 쓰다 보니 집안자랑이 되어가는 느낌이다. 못난 놈이 집안자랑 한다더니 내가 그 꼴인가.

아버지의 유·소년 시절

- 아버지에게 영향을 끼친 집안어른
- 큰아버지 세림(世林)과 〈꽃탑회〉
- 설운 노래 부르다 가신 큰아버지 세림
- 아버지의 형제분들
- 증조할아버지의 손부(孫婦) 사랑과 《소녀필지》

아버지에게 영향을 끼친 집안어른

나의 조부 조헌영(趙憲泳)과 조모 전주유씨 유노미(柳魯尾)는 슬하에 동진〔東振, (號) 世林: 1917~1937〕, 동탁〔東卓, (號) 芝薰: 1920~1968〕, 동위〔東衛: 1930~1953〕, 동민〔東敏, (號) 古月心: 1927~ 〕의 3남 1녀를 두셨는데 나의 아버지는 차남이셨다. 나의 아버지는 〈이력서(履歷書)〉란 당신의 시 〈본적(本籍)〉 편에 "차운 샘물에 잠겨있는 은가락지를 건져내시는 어머니의 태몽(胎夢)에 안겨 이 세상에 왔습니다"라고 쓰셨다. 어린시절 아버지의 성장에 가장 영향을 끼친 분은 당신의 조부(祖父) 조인석 어르신과 맏형님 세림이었다. 6세 때부터 9세까지 조부로부터 한문을 수학하며 신학문을 병행하여 배우셨다. 아드님 두 분을 일본유학 보내셨던 경험도 있으셨던 나의 증조부께서는 손자들에게는 가학(家學)의 필요성을 절실히 느끼시고 아버지에게 "너는 몸도 약하니 내 밑에서 배워 한의사가 되거라" 하셨다고 한다. 가학의 전통을 계승하면서 한의학을 배우기를 바라셨던 그 분이 문학의 재능이 있는 아버지를 알아채고 "이놈도 내 옆에 붙어 있을 놈이 아니구나" 하면서 "너는 문인으로 나가거라" 하셨다고 한다.

아버지는 14세 때부터 일본 와세다대학 통신강의록으로 독학하고 18세

혜화전문 시절의 아버지.
아버지는 독학으로 이 학교에
입학했다.

되던 해 4월에 현 동국대학교 전신인 혜화전문학교에 입학하게 된다. 나의 증조부의 영향으로 아버지는 "일본식 정규교육을 받지 않았다는 것은 지적인 교양에서는 손해를 본 것이지만 성격형성에는 덕을 보았던 측면이 있다고 볼 수 있고 영문학을 전공하셨던 당신의 부친이셨기에 대신 근대화된 가학의 영향을 많이 받았던 것은 학문의 독자성을 이루는 기본바탕이 되었다"고 고려대 명예교수(예술원 부원장)이신 김종길 교수의 글을 읽은 적이 있다.

아버지의 맏형님, 나의 백부께서는 1917년 출생하여 영양보통학교를 졸업하시고 1933년부터 한문서당에서 수학중 소설에 흥미를 느끼며 어린이 잡지에 관심을 가지면서 시작(詩作)에 많은 힘을 기울였으나 1937년 20세의 아까운 나이로 별세하셨다. 소년회 활동으로 일경(日警)의 집요한 취조와 가택수색을 받고 울분에 쌓인 나날을 보내던 어느날 서울에서 방문한 문우 강노향과 함께 일경의 취조를 받고 울분을 못 이겨, 이를 뽑은 것도 잊고 술을 마신 일로 주독(수풍)을 얻어 돌아가셨다. 그분이 남긴 것이라곤 사후에 고향의 선배시인 오일도(吳一島)와 아우이신 내 아버지가 함께 유고시를 모아 1938년 3월에 시원사(詩苑社)에서 출간한 《세림시집(世林詩集)》이 전부이다.

두 분이 편집한 이 추모시집은 푸른색 표지의 양장본으로 당시에 제작된 것으로는 꽤나 고급스런 느낌을 준다. 아버지는 형님의 영향도 받으면서 유년 시절을 보냈다.

큰아버지 세림(世林)과 〈꽃탑회〉

아버지의 어린 시절에 가장 영향을 많이 끼친 나의 백부님이시기에 그분의 짧았던 생애를 한 번 짚어보지 않을 수 없다. 나의 큰아버지 세림은 일제의 교육을 거부한 조부님 밑에서 한문을 배웠다. 또 방정환의 〈어린이〉를 읽고 감명받아 동요, 동시 등을 창작하였으며 일찍부터 글재주를 인정받았다고 한다.

큰아버지는 1929년 일월보통학교 4년을 졸업하고, 이듬해 영양보통학교 5년에 편입하였다. 1931년 9월(14세)에는 마을 어린이들을 모아 '꽃탑회'를 조직하였고, 이후 어린이날을 기념하여 문집 〈꽃탑〉을 발간하였으며 소인극(素人劇) 〈목화(木花)〉, 〈먼동이 틀 때〉 등을 직접 지어 공연하였다. 이 〈꽃탑〉에 다수의 동시 및 희곡을 발표하였다. 1932년에 영양보통학교를 졸업한 후에는 소설에 흥미를 느끼는 한편 시작에 몰두하였다.

1935년에 동향출신 오일도(吳一島:1901~1946)의 권유로 상경하여 '시원사'(詩苑社, 한국최초의 시 전문지출판사)에 머물며 교열을 보면서 습작도 하며 일월서방(日月書房)을 경영하였다. 이때 강노향, 임학수(林學洙: 1911 ~1982) 등과 교유하였고, 월탄 박종화 선생으로부터 격려를 받기도 하였다. 다음은

큰아버지 동진(세림)과 영양 주실마을에 있는 그의 시비. 아버지는 큰아버지의 묘비에 "죽마(竹馬)의 옛 벗이 그를 아껴 찬산에 한 조각 돌을 세우고 그의 아우 동탁으로 하여금 두어 줄 글을 울며 쓰게 하노니, 망망한 이 누리에 임 왔다간 줄 고향의 하늘은 아오리라"라고 썼다.

나의 백부께서 '시원사'에 머물 당시에 쓴 것으로 보이는 〈오식(誤植)된 청춘(青春)〉의 일부이다.

찌그러진 의자(倚子)에 몸을 싣고
내 홀로 준(校訂)을 보다가
오식된 활자(活字) 보고 한숨 짓노라

한창 뻗어야 할 청춘의 때를
하로 세끼 밥에 목을 매고서
우울(憂鬱)한 방안에서 이렇게 보내다니

오… 사랑하는 세월아!
오식(誤植)된 내 머리 우에 붉은 줄을 쳐주지 않으려나.

〈오식(誤植)된 청춘〉

큰아버지의 나이 한창 때였다. 그러나 하루 세 끼 밥에 목을 매는 자신의 존재를 오식된 활자를 통해 깨달은 당신은 부정적 현실을 뛰어넘을 어떤 방도를 찾지 못해 자조하고 한탄하고 있다. 이 자조와 한탄은 현실에 대한 절망과 청춘으로서의 무력감에서 비롯한 것인 동시에 현실에 대한 비타협적 정신의 소산이기도 하다.

큰아버지에게 서울이라는 도시는 공동체의 체험과 양식이 해체된 너무나도 낯선, 억압의 공간이었는지도 모른다. 큰아버지의 일련의 '향수' 시편들을 보면 도시생활이 당신에게 얼마나 무기력과 공허를 가져다주었는지를 어렵지 않게 짐작할 수 있다. "불야성(不夜城) 밝은 불빛을 피해서/ 으슥한 성(城)터를 헤매는 마음이여 / … / 눈물 어린 눈으로 하늘을 보며/ 구슬픈 휘파람도 불어보았소"(鄕愁 .2)의 그 마음과 눈은 공허하기 짝이 없고, "약속 없는 인생의 길 싸늘한 거리에서/ 헛되이 청춘(青春)은 여위어 가나니…"(鄕

큰아버지가 조직하였던 〈꽃탑회〉의 1936년 3월 〈목화〉 공연후. 가운데 줄 왼쪽에서 두 번째가 아버지, 맨뒷줄 왼쪽에서 세 번째 사모관대 차림이 큰아버지.

愁 .1)에는 무기력과 패배감이 짙게 배어 있다. 이러한 감정은 당신이 소시민적 삶을 거부한 데서, 다르게 말하자면 남성적 의지가 거세당한 데서 비롯된 것이다. 결국 당신은 이렇게 통곡하기에 이른다.

> 새장 속에 파들거리는
> 작은 새와 같은 삶이여!
> 힘 오른 팔뚝
> 퉁겨진 혈관(血管) 속에 청춘은 통곡한다.
>
> 〈우울(憂鬱)〉

1935년 말에 큰아버지는 마침내 다시 주실마을로 돌아온다. 낙향한 당신은 '소년회' 활동을 재개하면서 의욕을 되찾는다. 낙향 후에 쓰신 당신의 작품에는 힘이 넘친다. 〈요람(搖籃)〉의 아홉째 연 "의미(意味)없는 애수(哀愁)를 저 멀리 팽개치고/ 씩씩한 생활(生活)의 물길 속에 뛰어들어라"는 현실에서 패배하고 절망과 우수에 젖어 있던 당신 자신을 일신하려는 의지와 열정의 다른 표현이었던 것이다.

무기력과 패배감을 딛고 일어선 큰아버지의 이 시는 한층 성숙해졌다. 현실을 그려내게 된 것이다. 큰아버지의 대표작이라고 할 수 있는 〈실춘보(失春譜)〉에서 그 점이 잘 나타나 있다.

> 불미꼴 골안에 뻐꾸기 애끓게 울어
> 앞개울 버들가지 무료(無聊)한 하루 해도 길었다.
>
> 허기진 어린애들 양지(陽地)쪽에 누워 하늘만 보거니
> 휘늘어진 버들가지 물오름도 부질없어라

땅에 붙은 보리싹 자라기도 전 단지 밑 긁는 살림살이
풀뿌리 나무껍질을 젖줄 삼아 부황난 얼굴들이여

옆집 복순(福順)이는 칠백 냥(七百兩)에 몸을 팔아 분(分)넘친 자동차(自動車)를 타더니
아랫마을 장손(長孫)네는 머나먼 북(北)쪽길 서글픈 쪽백이를 차고

어제는 수동할머니 굶어 죽은 송장이 사람을 울리더니
오늘은 마름집 고깐에 도적이 들었다는 소문이 돈다.

이제 큰아버지에게 고향은 더 이상 그리움의 대상이 아니라 삶의 현장 자체가 되었다. 1930년대 후반 농촌사회의 궁핍상이 객관적으로 표현된 이 작품에는 그 어떤 감상도 관념도 보이지 않는다. 이웃 사람들이 굶고 몸팔고 떠나고 죽어가는 형국을 바라보는 그 시선은 실로 냉담하기까지 하다. 투철한 현실인식과 역사의식과 삶에 대한 철저한 탐색이 필요할진대 애석하게도 큰아버지에게는 그럴만한 시간이 주어지지 않았다.

이상은 정천구(부산대 강사) 선생의 해설(〈영양 주실마을〉 '8장', 179쪽~182쪽. 안동대, 안동문화원)을 곁들여 큰아버지의 시와 짧은 인생을 더듬어 보았다. 당신은 그렇게 스물한 살의 나이로 애석하게도 세상을 떠나신 것이다. 큰아버지의 사후에 나온 그 시집의 서문(序文)에 오일도 시인(同鄕 출신)은 이렇게 적어놓았다.

설운 노래 부르다 가신 큰아버지 세림(世林)

시인(詩人) 치고 예로부터 불운(不運)치 않은 자 적지마는 우리 약관시인(弱冠詩人) 가운데 한 사람을 드랴면 나는 고 세림(世林)군을 말하고 싶다.

군은 여러 가지 불운 속에서 인생의 꽃다운 청춘의 때를 청춘답게 한 번 못 기뻐 보고 낙막(落漠), 우울, 고민, 방황으로 지내다가 그 청춘도 길지 못하야 마츰내 지난 봄 불귀(不歸)의 길을 밟고 말었스니 이 무슨 악착(惡錯)한 운명인고!

군의 시는 전편이 그 운명에 대한 비통한 울음과 우울의 모습과 반항의 정열로 충일되여 있다. 군의 시는 무엇 보담 자기를 속이지 않고 자기에게 충실한 시, '시즉기인(詩卽其人)'이란 말은 군을 위하야 더욱 지언(至言)이라 하겠다.

군은 시의 도(道)에 있어서 이러한 진정한 태도와 열렬한 감정의 소유자로써 더욱 부단의 노력을 하야 왔다. 앞으로 좀더 여년(餘年)을 허(許)하얐드면 장래 우리 시단(詩壇)에 반드시 커다란 기여가 있을 줄 기대하였든 것이 이 또한 수포(水泡)의 나의 망념(妄念), 망망(茫茫) 천고(千古) 유명(幽明)을 격(隔)하야 군의 소식을 어데서 다시 무를고.

군이 이 세상을 떠난 지 벌써 일주(一週)라. 지나간 봄은 다시 돌아와서 일월산록(日月山麓)에 마른 풀 새 속 넋나리! 이제 그 유고 몇 편으로 적은 책을 맨드러 지하의 영(靈)을 위로하는 동시에 멀리 일곡(一哭)에 대한다.

무인춘(戊寅春) 오일도(吳一島)

또 당신의 친구 강노향(姜鷺鄕)은 친구의 묘비에 이렇게 새겨 놓았다.

동해 가까운 산촌에 그대의 청춘은 영원히 잠들었다. 해질녘 가냘픈 굴뚝에서 흰 연기 가늘게 피어오를 때 평화한 안식과 소박한 동화를 그리던 정서도 그대는 다시 즐기지 못하는가. 생전 그대가 그렇게도 즐기던 그 황혼의 정서를… .

한적(閑寂)한 일월산록(日月山麓)에 한 그루의 보리수(菩提樹)가 있다. 그 나무 그늘 밑에 장식 없는 그대의 묘지가 있다. 해질녘이면 바람소리만 처량한 그곳. 간혹, 두세 마리의 꿩이 구슬피 울며 지나가는 그곳. 태양도 멀고, 별빛도 멀고, 만가(輓歌)와 울음조차 들을 수 없는 외딴 그곳이다. 그래도 봄이면 산나물의 향기가 떠돌 것이다. 손질 않은 산화(山花)들이 몇 포기 계절을 즐길는지도 모른다.

세림, 이제 그대의 영전(靈前)에 거룩하고 아름다운 한 개의 묘비가 세워진다. 그것이 곧 이 '시집'이다.

세림, 새 계절이 가까워 온다. 흙냄새 진동하는 고향의 땅 속에서 그대 앞에 세워진 아름다운 묘비를 바라보며 계절이 가져오는 봄풍경을 기다려 보게나.

그대의 명복을 빈다.

무인(戊寅) 정초(正初) 강노향(姜鷺鄕)

또 아버지는 당신의 맏형 세림의 묘비에 이렇게 써서 바쳤다.

조세림(趙世林)은 한양인(漢陽人)이니 이름은 동진(東振)이요 세림은 아호

(雅號)러라. 나라 허물어진 뒤 정사(丁巳) 2월 고은(古隱) 매계동(梅溪洞) 향제(鄕第)에 나서 스물한 살에 세상을 버리니 미취무후(未娶無後) 함에 다만 한 권의 시집(詩集)을 끼칠 따름이러라. 한(恨) 많은 세상에 병들어 설운 노래를 부르더니, 이제 고향의 앞산 남쪽기슭에 길이 묻혀 바람과 달을 벗하는 도다. 죽마(竹馬)의 옛 벗이 그를 아껴 찬 산에 한 조각 돌을 세우고 그의 아우 동탁으로 하여금 두어 줄 글을 울며 쓰게 하노니, 망망한 이 누리에 임 왔다간 줄 고향의 하늘은 아오리라.

경진 봄 동탁 삼가 지음

아버지의 형제분들

"형님이 살아 계셨다면 내가 구태여 시를 쓰지 않아도 되었을 텐데…"하시며 아버지는 우리 시문학사에 이름도 제대로 올리지 못하고 먼저 가신 당신의 형님을 안타깝게 생각하시곤 했다고 한다. 스무 해라는 짧은 생애를 살다간 시인, '불타는 정열'을 펴보지도 못하고 '헛되이 여위어 가는 청춘'을 저물어가는 황혼의 정열로 노래한 큰아버지는 천재시인이셨다.

아버지의 두 아우 중 작은아버지 동위 어른은 6·25 전쟁 때 돌아가시고, 한 분뿐인 누이동생 동민, 즉 나의 고모님은 1927년 출생으로 이상달(李相達; 당시 서울농대 교수)과 결혼하였는데 6·25 전쟁중 남편의 납북으로 반세기가 넘는 지금까지 수절하시면서 외아들 창훈(기형) 내외와 두 손자(재상, 재호)를 슬하에 두고 사시면서, 대한주부클럽연합회 부회장, 중앙부인회 이사를 역임하고 현재 한국여성단체협의회 이사 및 위원, 제헌국회의원 유족회 이사, 성균관 여성유도회(儒道會) 연수원장, 한일여성친선협회 이사, 한국여성노후문제연구회 회장, 삼성노인대학 학장 등 활발한 사회활동으로 남편과의 생이별의 한과 시름을 견디며 지내신다.

모든 여성들이 자신의 첫 조카를 신기해하고 귀여워 사랑하는 마음이

아버지의 한 분뿐인 누이 동민. 당시 서울농대 교수였던 李相達과 결혼하였는데 6 · 25 전쟁중 납북되었다. 고모님의 등에 업혀 바라보던 푸른 하늘과 끝없이 펼쳐 있던 초록색 들판을 내 나이 60이 지난 오늘까지 선명히 기억하고 있다.

각별하듯이 나의 고모님도 나를 많이 귀여워해 주셨다. 내가 기억할 수 있는 것 중 가장 오래된 기억도 고모님과의 일이다. 내가 걸음마를 겨우 시작했을 때가 아니었나 한다. 6 · 25 전쟁이 나기 전 아마 고모님의 신혼시절이었던 것 같다. 고모님의 등에 업혀 바라보던 푸른 하늘과 끝없이 펼쳐 있던 초록색 들판을 내 나이 60이 지난 오늘까지 선명히 기억하고 있다. 고모부가 교수로 계신 수원의 서울농대 임업시험장으로 고모는 날 업고 나가셨던 것이다. 그 고모부가 납북당하신 것이다.

아버지는 하나밖에 없는 누이동생이 혼자 사는 걸 몹시 안타까워해서 자주 서신을 보내셨다. 이 고모님이 언젠가 기억을 더듬으며 하시던 말씀이 생각난다. "세림 오빠는 독이 목까지 퍼진 상태에서 자기가 쓴 시들을 아궁이에 넣어 불태웠단다. 지금 생각하니 자신이 죽고 난 후 가족들에게 화가 미칠까 봐 그랬던 것 같다"고 지난 일을 회상하셨다.

앞에서 언급한 《세림시집》은 오일도 시인과 아버지가 남은 시들을 찾아내어 엮은 것이다. 그것도 일제치하에 별탈이 없을 듯한 시들만 골라 넣은 것이다. 사라져간 많은 시들이 아까울 뿐이다. 큰아버지의 일주기를 기념하여 펴낸 이 시집이 나온 것이 1938년도, 해방이 되기 전이니 충분히 짐작이 간다. 나의 고모님은 지난 2000년 1월에 《꽃이 지기로 소니 바람을 탓하랴》라는 제목으로 세림, 지훈, 동민 3남매 시집을 출판했는데 그 책머리에 이렇게 적었다.

……

젊은 날
차려입고 나섰지만 막상
갈 곳 없는 나는 성북동으로 향한다.
"오빠, 나 왔어요" 하면
말끔한 한복차림의 오빠는
아침에 찾아온 누이를 조심스레 반겨 주었다.

"매씨(妹氏), 오늘은 바람이 이는군
좀 재워야겠는데 … .
화사한 차림의 누이가 안쓰러우면
걱정 반 농담 반으로 이렇게 말하고
핼쓱한 모습을 보면
"누이야, 오늘은 바람이 잦구나
방황하지 말고 글이나 써라.
너도 소질이 있으니 부지런히 창작에 힘써
우리 삼남매 시집이나 내도록 하자."

엄격한 할아버지의 체벌을 받으면서까지
어린 누이의 통학을 도와준 세림(世林) 큰오빠
언제나 철부지라면서 지켜봐 준 지훈(芝薰) 작은오빠

칠십을 넘은 나는 아직도 철부지
부끄럽고 두렵지만 정이 그리워
이 한 권 엮어 두 오빠 영전에 올립니다.

1999년 만추(晩秋)
고월심(古月心) 조동민

증조할아버지의 손부(孫婦) 사랑과 《소녀필지》

나의 증조부께서는 사남매의 자녀에게 모두 신교육을 받게 하여 나의 큰할아버지와 할아버지를 일본 동경까지 보내어 대학교육을 받게 하신 어른이시다. 그런 증조 할아버지셨으나 손자들만큼은 한학을 고집하시고 절대 신학문 가르치기를 거부하셔서 아버지 형제분들을 슬하에 두시고 한학을 공부하게 하셨다. 그 이유는 어려서부터 일인(日人)의 교육을 받는 것은 영원히 나라를 잃어버리는 것이라는 당신의 교육관 때문이었다. 그래서 손자들은 가출하다시피 독학으로 신학문을 공부해야 했다고 한다. 특히 손녀들에게는 더욱 엄격하셨다고 한다. 이유는 당시 외지에서 신학문을 배웠던 남자들이 혼인한 여자가 있음에도 신여성을 데려오는 적이 있어, 나의 증조부는 여자는 배워봐야 남의 첩밖에 안 된다며 학교에 보내지 않고《소녀필지(小女必知)》라는 책을 만들어 가르쳤다고 한다.

필사본으로 전해 내려오던 이 책이 최근《20세기 전반 격동기의 여성교육, 원제; 소녀필지》란 제목으로 정양완(성신여대 교수, 한국 정신문화연구원 교수 역임) 선생에 의해 새롭게 세상에 알려진 바 있다.

이 책을 역주한 정 선생의 말을 빌리자면 이《소녀필지》는 제목대로만 생각한다면 세상을 살아가는 데 어린 딸이 꼭 알아야 할 삶의 지혜를 우암

(尤庵) 송시열 (宋時烈) 선생이 그 딸을 시집보낼 때 적어준《계녀서(戒女書)》와도 같이 당신의 외딸 조애영, 즉 나의 대고모님을 위해서 쓴 것같이 되어 있다고 했다.

그 내용의 제 1 부라고 할 수 있는 앞부분(1장~14장)은 여자가 갖추어야 할 기본적 덕목과 현실적 삶의 지혜들을 밝혀놓은 것이다. 이를테면 여자의 생김새, 말씨, 웃는 맵시, 걸음걸이, 몸가짐, 일처리, 사귐, 살림살이, 시댁에서의 몸가짐, 부부가 정답게 지냄, 건강관리, 집안을 깨끗하게 함, 아기 낳아 기르기와 시어머니의 길에 이르는 덕(德)이, 새댁이 시어머니 되기까지의 과정에서 낱낱이 올바른 도리로 이끌어나간 내용이다. 이런 덕목과 삶의 지혜들이 바로 한 가정을 건전하고 행복하게 이끌어갈 기틀이 되기 때문이다. 이 기틀 없이 건전하고 바람직한 사회와 국가는 이룩될 수가 없음을 깊이 깨달으셨던 것이다. 물론 이 덕목들이 과거의 내훈(內訓)과는 색다른 세상에 알맞은 혁신적 내용들이 들어 있음은 물론이다.

제 2 부라 할 수 있는 15장~18장에서는 당신의 외침을 문학적으로 작품화하여 피력한 것으로 보인다. 15장은 〈여행일록(旅行日錄)〉이라 하여 당신이 두루 돌아다니시면서 보고들은 것을 적은 것이고, 16장은 〈염라국에 놀던 이야기〉라 하여 여러 형태의 부부들의 삶의 모습을 저승에 가서 염라대왕 앞에 하소연하는 투로 각각 그려 놓았으니, 국권을 잃고 삶에 허덕이는 대중의 억울한 현실을 저승이라는 공간에 넋두리하는 것이다.

17장에는 〈꿈에 돈귀신 보던 이야기〉라 하여 민생이 도탄에 빠진 당시 우리나라 사회의 극심한 경제적 곤란상을 꿈을 통해 고발한 것이다.

18장은 〈농촌을 구경한 이야기〉라 하여, 암담한 당시 현실에서 그나마 전 국민의 8~9할을 차지하는 인구로 보아서 농업에라도 의존하여 개혁을 통한 독립에의 꿈을 이상촌의 실현으로 이룩해 보고자 구상해 본 작품이라 할 수 있겠다. 주권이 약탈되어 온갖 산업이 남의 손에 들어가 어떠한 기발한 생각이 있다 할지라도 자본이 없는 당시 현실에서 당신이 바란 이상적 새로운 사회에 대한 갈망과 애국애족에 대한 사윌 줄 모르는 외침이 이 글들 속에 녹아 있다 하겠다.

《소녀필지》 서문에서 나의 증조 할아버지는 다음과 같이 말씀하셨다.

> 대개 물을 건너려면 물의 깊고 얕음을 알아야 하고, 세상을 살아가자면 세상의 편하고 위태함을 알아야 됩니다. 언제나 삶의 세상이 편한 것은 아니나 하물며 이 세상은 물에 비하면 황류(黃流; 탁한 흙물)가 골골(汩汩; 끊임없음)하고 풍파가 일어나서 참 건너기가 어려운 때올시다. 불행히 그 세상에 온 이상에는 부득불 건너가야 할 터인데 가려면 지각(知覺)으로 배를 삼고 눈치로 돛대 삼아 황류를 헤치고 풍파를 피할 만해야 됩니다. 내가 여행하다가 耳目(이목)에 보고들은 것도 기록하고 혹 깊은 밤에 잠이 없어 혼자 생각한 것도 기록하여 한 책자를 이루어 이름을 〈소녀필지〉라 하니 볼 만한 지식은 없으나 우리 가정사람의 세상 건너가는 데 혹 도움이 될까 바라나이다.
>
> 정묘(丁卯 ; 1927) 삼월에 삼하병옹(三河病翁)은 쓰노라.

나의 증조 할아버지는 이 서문을 통해 국권의 상실이라는 암담한 국가의 위기를 슬기롭게 건너가도록 이 겨레를 격려하고 이끌어나가려는 당신의 피끓는 외침을 특히 15장~18장을 통해 겨레의 양심에 호소하고 있다. 서문 끝의 한 대목 중 "깊은 밤에 잠이 없어 혼자 생각한 …" 이란 바로 국권상실에 대한 지식인의 고민과 민생을 구하려는 당신의 열망이 잠 못 이루는 밤들을 당신에게 안겨주고, 그런 잠 못 이룬 밤의 깊은 사색을 통한 자주독립에의 길을 당신 나름대로 정리한 것이 이 작품들임을 알 수 있다.

허황된 외침보다는 차분하고도 단란한 한 가정의 확립에서 사회와 국가가 굳건해지고, 그 기본단위가 되는 가정은 실로 나약한 듯하지만 야무지고 단단한 낱낱의 주부들의 옹골찬 깨달음에서 비롯됨을, 당신 따님을 비롯한 이 겨레의 아낙네들에게 일깨워 주고자 하여 짓게 된 작품인 것이다.

그리고 당신이 맨 끝에 단 부록 〈꿈에 돌아간 아내 이하연을 만나다〉는 증조할아버지와 증조할머니가 그 험한 세상을 피땀으로 건넌 실생활의 자취를 그린 것이다. 증조할머니를 경오(庚午; 1930년) 10월 30일 저승에 보내고 거의 일년이 되는 신미(辛未; 1931년) 10월 스무날 무덤을 찾았다가 몽롱한 가운데 선경(仙境)에서 만나는 이야기다.

비록 몽자류소설(夢字類小說)의 형식을 취하고는 있으나, 나의 증조할아버지께서 밝히고자 한 것은 나의 증조할머니가 겪은 삶의 기록을 통해 당신 부부가, 특히 나의 증조할머니의 여러 가지 역경을 어기차게 헤쳐나간 강인한 한국여인의 올곧은 정신자세를 딸에게, 그리고 이 겨레의 모든 여성에게 거울삼아 보여주고자 하셨던 것이다.

그러나 이렇게 엄하신 증조할아버지의 뜻임에도 "세림 오빠는 여자도 집에만 있으면 무식쟁이가 된다고 할아버지 몰래 나를 자전거에 태워 학교에 데려다주곤 했단다. 그러던 어느날 그걸 아신 할아버지께서 오가는 길을 지키고 계시다가 학교에서 나를 데리고 오던 세림 오빠를 붙들고 가서는 마루기둥에 매달아 놓고 심하게 체벌을 주셨다. 다시는 학교에 안 갈 테니 오빠를 풀어주라고 할아버지께 애원하던 나에게 오빠는 난 괜찮으니 넌 학교에 가야 한다고…" 하시며 눈물을 흘렸다고 고모님은 그때를 회상하셨다.

증조부와 아버지 형제분들의 이야기를 하느라 정작 아버지의 이야기가 좀 뒷전으로 밀리는 듯하다. 그러나 이를 이야기하지 않고 지나친다면 아버지께서 어떤 집안환경 속에서 유소년 시절을 보냈는지를 독자들에게 알릴 기회가 없을 것 같아서이기도 하고, 또한 무엇보다도 천상에 계신 아버지가 섭섭해하실 것 같은 생각을 떨치지 못한 때문이다.

다시 아버지의 이야기를 계속하자. 집안 어르신들 말씀에 의하면 아버지는 나의 증조할아버지 슬하에서 대여섯 살에 〈천자문〉을 다 익혔고, 열대여섯 살에 〈대학〉을 읽었을 정도로 총명했다고 한다. 아버지가 글쓰기 시작한 것은 9살 때 동요를 지어본 것이 처음이라 한다. 생전의 아버지께서는 "그 무렵에 프로문학의 영향을 받은 기억이 있다" 하셨고, "열세 살 무렵에 처음으로 메테를링크의 〈파랑새〉, 베리의 〈피터팬〉, 와일드의 〈행복한 왕자〉와 같은 동화를 읽고 가슴이 흐뭇해져서 문학이란 이런 것이구나 속짐작을 했다"고 한다.

또한 그 무렵 당신의 형 세림이 이끌던 소년회 활동에도 상당한 열성으로 참가하셨고, 어려운 사회과학 서적을 읽기에 게으르지 않았다고 하셨다. 그런 책들을 읽을 수 있었던 것은 나의 할아버지가 일본사람 밑에서 일하기 싫어 서울에서 '일월서방'이라는 책방을 운영하고 있었기 때문이라 믿어진다. 그 서점의 일부 책들이 아버지 형제분의 좋은 독서물이 되었던 것이다. '최후의 어린이 날' 행사를 산중에서 비밀리에 거행한 것이 발각되어 소년회가 수색과 구류 끝에 해산당하던 날, 어린 소년들이 한자리에 모여 몹시 울었던 일을 기억한다고 하셨다.

형 세림이 〈꽃탑회〉라는 어린이 조직을 만들어 직접 희곡도 써서 연극도 했는데 당시 서울에서 살림을 차리고 사시던 나의 할아버지께서는 고향에 내려오시면 '꽃탑' 문집의 철자법도 고쳐주시고, 아버지는 세림 형님과 머리를 맞대고 문학을 토론하기도 하셨다고 한다. 그 시절을 회상하며 아버지는 "어린 형제가 외가에 다니러 가도 일본 경찰의 내방을 받던 감시의 세월은 13세 소년이 전개한 생애 최초의 민족운동의 좌절을 경험한 것이다" 라고 당신의 글에 피력하셨다.

아버지의 문학 역정(歷程)

10대 그리고 20대 초반

- 습작시기,
  그리고 19세에 〈문장(文章)〉지 등단
- 아버지와 어머니의 신혼시절
  (주실과 명륜동 시절)
- 마침내 완성된 시 〈승무(僧舞)〉
- '비승비속(非僧非俗)'의
  월정사 은거(隱居)
- 아버지 편지를 흉내내 써본 나의 졸문
- 〈문장〉 지 폐간과 시 〈정야(靜夜) 2〉
- 〈파초우(芭蕉雨)〉와 〈완화삼(玩花衫)〉

습작시기, 그리고 19세에 〈문장(文章)〉지 등단

아버지가 시를 습작한 것은 열여섯 살 때라 한다. "난독(亂讀)과 남작(濫作)의 방황은 이때부터 시작되었다"고 하셨다. "복자 투성이의 팜플렛을 탐독한 것은 그 흥분과 항쟁의 몽상이 좋아서였지만 그러한 의식을 노래한 '카프' 혹은 '나프'의 시는 차라리 팜플렛의 감격만도 못했다. 휘트먼도, 하이네의 혁명시도 어쩐지 시로서는 마음에 차지 않았다"고 하셨다.

17세 때 처음으로 상경하여 동향 선배인 오일도를 찾아가 "시원사"에서 머물게 되신다. 이때는 〈시원(詩苑)〉과 〈시인부락(詩人部落)〉, 〈삼사문학(三四文學)〉이 발간된 직후였는데 거개가 휴간으로 자연 폐간이 될 때였다. 그 전해 봄에 상경했다가 실의의 청년이 되어 귀향한 큰아버지 세림이 지니고 온 일변(一變)한 사편(詞篇)이 센티멘털한 시였듯이 상경한 후의 아버지의 습작시도 그러한 방향으로 흐르고 있었다. 우리 시사의 중흥시대인 '시문학'파의 영향을 이 무렵 받은 것도 자연한 추세였다고 하셨다. 윤곤강(尹崑崗)의 첫 시집이 교정을 볼 때였고, 오장환(吳章煥)의 〈성벽(城壁)〉은 아직 원고 뭉치로 있을 때였다고 한다.

〈문장〉 지에 〈고풍의상〉이 추천될 무렵의 아버지(안경 쓴 이, 1939년 5월)

이 무렵 아버지는 한 편의 투고도 시험하지 않았다고 하셨다. 이때부터 조선어학회에 출입하게 되었고 사회과학 서적 대신 민족문화에 대한 학술서를 읽게 된다. 그리고 조선어학회에서 활동하게 된다. 아버지의 관심은 활동영역이 사회운동에서부터 민족운동으로 전환되었던 것이다.

이 무렵 탐독한 시인은 보들레르와 와일드, 사실주의 이후 주로 읽은 문예사조를 알아보기 위해 도스토예프스키, 플로베르를 읽고 와일드의 탐미주의에 혹하여 〈살로메〉를 번역해 보기도 하셨다고 한다. 또 아버지는 그 당시 모든 문학청년들이 그랬듯이 이른바 아방가르드 문학에 열중하려고 하셨다. "쉬르니, 다다니, 포멀이니 하던 그날의 나의 습작은 보잘것없는 것"이라고 하셨으나 "이때의 섭렵은 나의 시공부에 결코 무익한 것은 아니었다"고 술회하셨다. "그러나 어쩐 일인지 이러한 첨단문학은 당신의 구미에 잘 당겨지지 않았다"고 하셨다. 이 무렵에 아버지가 쓰신 작품이 〈참회(懺悔)〉, 〈계산표〉 등의 시였는데 이 시기를 방황의 시기라 하셨다. 그때 쓰셨던 시 〈참회(懺悔)〉를 소개한다.

> 샤를르 보들레르여 난 그대를 읽은 것을 뉘우치노라
> 오스카 와일드여 난 그대를 읽은 것을 뉘우치노라
> 李白이여 杜子美여 랭보여 콕토여
> 무엇이여 무엇이여 난 그대를 읽은 것을 뉘우치노라
> 뉘우치는 그것마저 다시 뉘우치는 날 들창을 올리고 담배를 피운다 담배를 피우며 창을 내린다.

이렇게 당신의 문체를 발견하기까지의 남독과 방황은 당신의 사상과 문체를 형성하는 데 기여하였다고 봐야 할 것이다. 〈계산표〉라는 시에는 당신이 읽은 사회과학 서적들과 서구의 전위시인들의 영향이 들어있다.

> 六十七分의 勞動代價 一金五錢也. 막걸리 一盃一金五錢也. 막걸리 一盃快飮 所要時間二十三秒. 六十七分과 二十三抄의 나의定價는 五錢, 五錢에 괴롭고 五錢에 즐거우니 六十七分에 괴롭고 二十三抄에 즐거웁다. 이 술이 들어가면 二十四時間後에 五臟六腑에서 刺戟을 攝取하고 꿈을 먹고 남은 뒤 모든것에 濾過當하여 排出되리니 아— 六十七分의 剩餘價値. 아니 二十三抄 즐거움의 代償.

이러한 방황을 거쳐서 아버지는 자연을 관조의 대상으로 형상화하는 당신 나름의 세계를 개척하시게 된다. 혜화전문학교 시절, 당시 한국문단의 대들보 역할을 하던 《문장》지 추천시 모집에 응모하여 제 1 회로 〈고풍의상(古風衣裳)〉이 당선된다. 1939년 봄 19세 때의 일이다.

"〈고풍의상〉은 서구시를 모방하던 그때까지의 당신의 습작을 탈각하고 당신의 시를 정립하려고 한 첫 작품이었으나 실상은 강의시간에 낙서삼아 쓴 것을 그대로 우체통에 넣은 것이 뽑힌 것이었다"고 한다. 그러나 "이는 민족문학에 대한 나의 애착, 그 후에는 민속학 공부에 대한 나의 관심이 감성 안에서 절로 돋아나온 작품이었다"고 훗날 술회하셨다. 이 계열의 작품은 그때까지 이 〈고풍의상〉 한 편밖에 없었기 때문에 3회 추천을 필요로 하는 아버지의 추천통과는 자연히 지연되지 않을 수 없었다고 한다. 그해 11월에 〈승무(僧舞)〉, 그 이듬해 2월에 〈봉황수(鳳凰愁)〉가 추천되기까지에는 열 한 달이나 경과하였다. 〈고풍의상〉과 〈봉황수〉를 아버지의 육필시집의 모습대로 여기에 옮긴다.

하늘로 나를듯이
길게 뽑은 부연끝 풍경이 운다

처마끝 곱게 느리운 珠簾에
半月이 숨어
아른아른 봄밤이
杜鵑이 소리처럼 깊어가는 밤

곱아라 고아라 진정 아름다운지고
파르란 구슬빛 바탕에
자지빛 호장을 받힌 호장저고리
호장저고리 하얀 동정이
환하니 밝도소이다

살살이 퍼져나린 곧은 선이
스스로 돌아 曲線을 이루는 곳
열두폭 기인치마가
사르르 물결을 친다

초마끝에 곱게 감춘 雲鞋 唐鞋
발자취 소리도 없이 대청을 건너

살며시 문을 열고
그대는 어느 나라의
古典을 말하는 한 마리 胡蝶

胡蝶이냥 사푸시 춤을 추라
蛾眉를 숙이고
나는 이 밤에 옛날에 살아
눈 감고 거문곳줄 골라 보리니

가는 버들이냥 가락에 맞추어
흰 손을 흔들어 지이다 —〈古風衣裳〉

벌레 먹은 두리기둥
빛 낡은 丹靑

風磬소리 날러간
추녀 끝에는
산새도 비둘기도
둥주리를 마구 쳤다

큰 나라 섬기다
거미줄 친 玉座우엔

如意珠 희롱하는
雙龍 대신에
두 마리 봉황새를
틀어 올렸다

어느 땐들 봉황이
울었으랴만
푸르른 하늘밑 甃石을
밟고 가는 나의 그림자

佩玉소리도 없었다
品石 옆에서
正一品 從九品 어느 줄에도
나의 몸둘 곳은 바이 없었다

눈물이 속된 줄을
모를 양이면
봉황새야 九天에
呼哭하리라 — 〈鳳凰愁〉

이 시들을 쓰시던 직후, 해방되기 두 해 전인 1943년 아버지는 중매로 영주 신간회 지회장 김성규(金性奎) 어르신의 장녀 김위남〔金渭男, 1922~, 후에 아버지가 지어주신 예명(藝名) 난희(蘭姬)를 사용하심〕과 사진만 보고 혼인하게 된다. 당시 우리나라의 혼속에 따라 서로 잘 아는 집안 어른들끼리 일방적으로 맺은 혼인이었다.

어머니는 경상북도 영주군 문수면 무섬마을의 지주요, 역시 신간회 영주지부 회장으로 독립운동하는 집안에서 태어나셨다. 나의 외할아버지(金性奎; 1904~1946)께서는 젊어서 서울에서 현재의 중동고등학교에서 공부하셨는데 나의 외증조부께서는 서울서 계속 공부하게 되면 그곳에 정착하게 되니 곁에 데리고 있고 싶어하셨다고 한다. 또 외할아버지가 독립운동도 하고 싶다 하시니 그러면 서울같이 먼 곳에 가서 하지 말고 영주읍에 나가서 하라며 영주에 큰 집을 사주셨다고 한다. 나의 외할아버지는 영주에 사시면서

아버지 결혼 직후. 앞줄 왼쪽부터 아버지, 할머니, 할아버지, 작은 아버지 동위, 아버지 뒤로 어머니, 6촌 고모 동원, 고모 동민.

신간회 영주지회 회원으로서 청년동맹 집행위원장으로 계시면서 국제청년회 기념일을 기해 민족궐기대회를 열려다 일경에 체포되어 8개월간 옥고를 치르신 바 있다. 그런 연고로 해서 영주에서 자란 어머니는 어릴 적부터 집에 드나들던 독립운동가들을 보면서 당신은 "나도 저런 사람이 되리라"고 꿈꾸었던 소녀였다고 하셨다.

영주에서 살 때 외할머니가 하신 일은 한 달에 두어 번씩 독립운동하는 사람들을 위해 밥을 해먹이는 일이었다고 한다. 그 중에는 여자들도 있어서 부러웠으며 공부도 하고 싶으셨다고 하셨다. 외할아버지께서는 여자도 공부해야 한다고 대구에 있는 경북여고에 입학시키셨으나 후에 그 일을 아신 큰외할아버지의 반대로 졸업을 앞두고 학업을 마치지 못하셨기 때문에 졸업장을 못 받은 것을 어머니께서는 늘 아쉬워하셨다(그 무렵은 당신의 아버지가 옥고를 치르고 계실 때라 어머니를 대변해 주실 분이 안 계셨기 때문이었다).

그 당시만 해도 반가규수가 신학문을 하면 본처가 될 수 없다고 해서 중단하고 한학을 배우셨다. 그 당시 외할아버지가 옥중에 계셨기 때문이다. 당시 그 집을 드나들던 독립운동가들 중의 한 여자분은 나중에 어머니가 시집와서 보니 나의 친척 아저씨의 어머니셨다고 하셨다.

어머니는 그렇게 영남 명문 대갓집의 맏며느리(큰아버지 세림이 요절하셨기에)로 시집오셨다. 혼인날, 신랑을 처음 본 외가의 집안여자들은 한결같이 입을 모아 노성지인(老成之人)이라고 하였다고 한다. 조숙한 기질에 그때 이미 지병이 있어서 그렇게 보였을 것이라고 어머니는 회고하신다.

아버지와 어머니의 신혼시절(주실과 명륜동 시절)

어머니께서는 우리 조씨 집으로 1943년에 시집오셨다. 혼인하자마자 아버지는 강원도 월정사(月精寺)에 가셨다. 그러니 신혼이고 뭐고 있었겠는가. 몇 년 후 하향하여 어머니는 시조부님께 사랑을 많이 받으셨다고 하신다. 그 당시 아버지가 사시고 계신 주실집에는 방이 두 개밖에 없었는데 일제 강점기라 벌목을 금하던 터라서 장작을 아끼느라 방 하나를 쓰고 있었다 한다. 어느날 아버지가 고무신을 신고 먼 길을 다녀오셔서 발가락이 모두 헐어 진물이 났다고 한다. 그때 나의 증조할아버지께서 병풍을 가져오셔서 쳐주시며 "너는 병풍 뒤에서 자라" 하시며 웃으시며 가셨다고 한다. 이 이야기는 주위사람들에게 재미있는 에피소드로 자주 회자되기도 했다 한다.

증조할아버지께서는 손부(孫婦)인 어머니가 아침 문안을 올리러 가시기 전에 직접 먼저 나오셔서 어머니방을 휘둘러보시고 좋아하셨다고도 하셨다. 그렇게 나의 증조할아버지께서는 손부인 어머니를 사랑하셨다고 한다.

어머니는 나를 낳으신 후 바로 아버지를 따라 서울로 이사했는데, 와 보니 나의 할아버지께서는 명륜동에서 전세를 살고 계셨다고 하셨다. 그 집에는 '동양의학연구소'라는 간판과 '일월서방(日月書房)'이란 간판이 함께 걸려 있었다고 한다.

우리 집안 어른들께서는 창씨개명을 하지 않으셨다. 창씨개명을 하지 않으면 취직도 할 수 없고 배급쌀도 타먹을 수 없던 시절이었다. 동경유학까지 하신 할아버지께서 취직하려 했으면 좋은 직업, 높은 자리, 보수 많은 일자리를 얼마든지 구할 수 있었을 터이다. 그러하였음에도 나의 할아버지는 당신이 살고 계시는 전셋집에 이런 간판을 거시고 한의사로서 한의학을 연구하시며 한의서를 집필하고 계셨다.

한편으로는 일월서방에 주문오는 책을 우편으로 보내주는 일을 하셨다. 그 일로 남은 적은 이문으로 한 가족이 먹고살아야 했다. 또 가끔 소문을 듣고 찾아온 환자들을 할아버지께서 진찰하고 치료했는데 이를 고맙게 생각해서 인사로 쌀이나 음식, 기타 생활에 필요한 물품들을 놓고 가기도 했다고 한다. 할아버지께서는 현금은 절대 받지 않으셨다고 한다. 돈을 벌기 위한 목적이 아니었기 때문이다.

방 세 개짜리 집에서 여섯 식구가 살았다고 하셨다. 그때는 요즘과 달리 왜정치하 말기에 해당되던 때라서 우리 민족 모두가 심한 가난과 궁핍에 시달리던 때였다. 재산이 넉넉한 집도 물자를 구할 수 없어서 어렵게 살았다는 얘기가 여러 인사들의 기록물을 통해서 전해온다. 안방은 할머니, 고모 그리고 어머니가 쓰셨고, 건넌방은 할아버지와 아버지 부자분이, 그리고 다른 방 하나는 삼촌들이 쓰셨다고 하셨다. 냉방에 불을 때면 할머니 주무시는 부분만 따뜻하고 냉방이나 다름없었다고 한다. 식구들은 이른바 고다츠(전구를 나무박스에 넣어서 만든 난방기구의 일본말)를 담요 같은 것으로 씌워 그것으로 추위를 이기며 겨울을 보냈다고 하셨다. 난로도 없어 냉방이었다고 한다.

성북동 집에서 아버지와 어머니의 행복한 한때

갓 시집 온 새댁이었던 어머니에게 가장 힘든 것은 할아버지방과 부엌이 마주 보이는 것이었다. 많은 시간을 부엌에서 보내며 일해야 했던 어머니는 늘 어렵고 조심스러웠다고 하셨다. 그렇게 아버지와 그 집에서 살다가 그나마도 함께 있어주지 않고 아버지는 얼마 안 돼서 혜화전문학교 졸업 후 오대산 월정사로 훌쩍 가버리셨다고 한다. 아버지와 어머니의 신혼살림이 어떠하였는가는 짐작이 가고도 남지 않는가.

마침내 완성된 시 〈승무(僧舞)〉

그 무렵에 아버지는 당신이 남기신 시 중에서 가장 널리 알려진 시 〈승무(僧舞)〉를 쓰셨다. "〈승무〉로써 나의 시(詩)세계의 처녀지를 개척하려고 무척 고심하였으나 마침내 이보다 늦게 구상한 〈고풍의상〉에게 자리를 양보하지 않을 수 없었다"고 하셨다. 〈승무〉는 그만큼 오랜 잉태기간을 거쳐 생산된 시였다. 《지훈 육필시집》의 모습대로 여기에 옮긴다.

얇은 紗 하얀 고깔은
고이 접어서 나빌네라

파르란이 깎은 머리
薄紗 고깔에 감추오고

두 볼에 흐르는 빛이
정작으로 고와서 서러워라

빈 臺에 黃燭불이
말없이 녹는 밤에

오동닢 닢새마다
달이 지는데

소매는 길어서 하늘은 넓고
돌아설듯 날아가며
사뿐이 접어올린 외씨보선이여

까만 눈동자 살포시 들어
먼 하늘 한개 별빛에 모도우고

복사꽃 고운 뺨에
아롱질듯 두 방울이야
세사에 시달려도
煩惱는 별빛이라

휘어져 감기우고
다시 접어 뻗는 손이
깊은 마음 속
거룩한 合掌이냥 하고

이밤사 귀또리도 지새는 三更인데
얇은 紗 하이얀 고깔은
고이 접어서 나빌네라 — 〈僧舞〉

〈승무〉를 쓰시기 전에 아버지는 한성준의 춤, 그리고 최승희의 춤과 어떤 이름 모를 승려의 춤을 보셨다 한다. 1938년 가을에 수원 용주사의 큰 재(齋)에서 승무를 보고 아버지는 재가 파한 후 늦게까지 절 뒷마당 감나무 아래서 넋을 잃고 앉아 계셨다고 한다. 다음해 첫여름에 이당 김은호의 〈승무도〉 앞에서 두 시간 가까이 서서 7~8장의 스케치를 할 수 있었다고 하셨다. 그러나 "춤을 세밀하게 묘사하면 혼의 흐름이 살지 않고, 혼의 흐름을 중시하면 춤의 묘사가 죽는"〔조지훈전집 4권 《詩의 원리》(나남, 1996), 182쪽〕 고통을 겪으며 몇 달을 보내야 했다고 한다.

10월에 구 왕궁 아악부의 〈영산회상(靈山會相)〉 한 가락을 듣고 난 다음 날, 당신은 초고 서두의 무대묘사를 뒤로 미루고 직접적으로 춤추려는 찰나의 모습을 그리고, 그 다음에 무대를 약간 보이고 다시 이어서 휘도는 춤의 곡절로 들어가서 유창한 취타(吹打)에 따르는 의상의 선을 그리고, 마지막으로 춤과 음악이 그친 뒤 교교한 달빛과 동터 오는 빛으로 끝맺는 구성을 설계할 수 있었다고 한다. 무대도 나중에는 현실의 무대에서 환상의 무대로 바꾸었다고 하셨다.

아버지는 순수한 서정시를 좋아하셨으나 또한 평생토록 민족문화와 민속학에 대한 관심을 버리지 않으셨다. 한편 당신은 "시를 쓰려면 먼저 사상을 확립해야 한다"며 당신의 사상을 갖추기 위해 혼신의 노력을 기울이셨다. 그 당시 《문장》 지에 시선(詩選)을 맡아보시던 정지용(鄭芝溶) 사백(詞伯)은 내 아버지가 투고한 시 중에서 고전시 계열을 선정하고 선정이유를 "조지훈 군 〈화비기(華悲記)〉도 좋기는 하였으나 너무도 앙증스러워서 〈고풍의상〉을 취하였습니다. 매우 유망하시외다"라고 쓰고, 추천을 마쳤을 때에도 아버지의 시의 특색을 '신고전'이라고 규정하였다.

추천사에서 "조 군의 에스프리는 애초에 명소 고적에서 날조한 것이 아닙니다. 차라리 고유한 푸른 하늘바탕이나 고매한 자기살결에 무시로 거래하는 일말운하와 같이 자연과 인공의 극치일까 합니다. 가다가 명경지수에 세우와 같이 부리며 내려앉는 비애와 아티스트 조지훈은 한 마리 백조처럼 도사립니다. 시에서 깃과 쭉지를 고를 줄 아는 것은 천성의 기품이 아닐 수 없으니 시단에 하나의 고전을 소개하며 … . 부라보우!" 라고 극찬하였다.

아버지는 이 무렵 정지용 시인이 친필로 적어 보낸 몇 장의 엽서와 서신을 돌아가시기 전까지 소중히 보관하셨다.

뒤에 다시 쓰겠지만 아버지가 타계하신 후 우리 가족은 여러 번 이사를 하였다. 홍익미대 대학원에 재학중(1969)이던 나는 돌아가신 아버지 대신 생활을 꾸려가기 위해 대학원을 중퇴하고 취직하지 않으면 안되었다. 예술가로서의 건축가를 꿈꾸던 나는 대학원 졸업 후, 김중업 설계사무소나 김수근 건축사무소같이 유명한 사무실에서 인턴십을 거친 후, 건축가로서 독립하려는 계획을 세워놓고 있었다. 가능하면 미국유학도 가고 싶었다.

그러나 그 계획은 수정하지 않을 수 없었다. 왜냐하면 그런 사무실은 대개 몇 년 동안은 거마비 정도라도 감지덕지해가며 견뎌야 하는 곳이었기 때문이다. 당시 나의 형편엔 그것은 귀족적 사치일 뿐이었다. 할 수 없이 나는 현대건설 설계과에 입사하여 3년간 다녔다. 울산조선소 기본설계를 위해 영국으로 출장도 가야 하고 미국으로 연수도 가기 위해 여권을 만들어 놓았었다. 그 당시는 그런 혜택을 받고 해외에서 연수받고 온 사람은 회사를 마음대로 떠날 수가 없어 장래의 진로문제를 놓고 고민하지 않을 수 없었다. 나는 회사에 사표를 내고 미국 유학길에 올랐다. 그런 결정을 내릴 수 있었던 데는 당시 태평양화학(아모레화장품)에 다니고 있던 지금의 나의 아내가 참고 기다리며 내 대신 생활을 2~3년 책임져 주겠다는 결심을 해주었기 때문이었다.

나의 아내와 나는, 아버지의 삼년상이 끝난 그 다음해인 1971년 11월 25일, 박목월 선생님을 주례로 모시고 결혼식을 올렸다. 그리고 이듬해 여름 7월에 단돈 5백 달러를 들고 유학길에 올랐으니 결혼한 지 8개월 만이었다. 지금 생각해도 그때 쉽지 않은 결심을 해준 아내가 고맙다. 아내 고부숙〔高富淑, 후에 수정(秀姃)으로 고침〕은 1945년 생으로 나와 동갑이고 홍익미대 동창으로 아내는 응용미술과 2학년, 나는 건축과 3학년 때 만나 7년 교제 끝에 결혼했다. 이런 긴 교제기간이 그런 어려운 결심을 할 수 있는 힘이 되지 않았나 생각해 본다.

내가 정지용 시인의 친필서신 이야기를 하다가 이런 이야기를 하게 된 것은 그렇게 내가 미국에 가 있다가 1975년 처음으로 일시 귀국했을 때 (그때 우리 가족은 강남 무지개아파트에 살고 있었다), 정지용 시인의 장남이라는 분이 우리집에 찾아오셨던 이야기를 하기 위해서이고, 그 당시의 우리가 처했던 상황을 아울러 적어놓기 위해서이다. 그분은 자기 "아버지의 해금 및 복권을 위해 자료를 모으고 있는 중인데, 소문에 조지훈 선생님께서 저희 아버님의 친필서신을 별세하시기 전까지 보관하시고 계셨다는 야기를 듣고 물어물어 예까지 왔습니다. 좀 보여주실 수 있으신지요"라고 물었다.

나는 아버지 서재 윗목에 늘 놓아두시던, 왼쪽에 두 쪽의 미닫이문과 오른쪽에 세로로 대여섯 개의 서랍들이 달린 아버지의 손때 묻은 문갑에서 그것들을 꺼내어 보여드렸다. 그분은 마치 자기 아버지를 만난 듯 흥분과 기쁨을 감추지 못하면서 그 엽서와 편지들을 손에서 놓을 줄을 몰랐다. 한참 후 어렵게 말을 꺼냈다.

"오랜 기간 동안 소중히 보관해 오신 조 선생님께 감사드립니다. 염치없고 외람된 부탁인 줄 아오나 이걸 저에게 주실 수 있겠습니까?"고 강청했다.

참으로 난감한 일이 아닐 수 없었다. 아버지가 살아 계셨을 때는 안 찾아오다가 가신 후에 오셔서 우리를 난처하게 만드는 그 분이 원망스럽기도 하고 한편 안쓰럽기도 했다. 자기 아버지의 체취나 향기를 느낄 수 있는 것은 이것뿐이라며 자리를 물러날 기색이 전혀 없었다.

이 일을 놓고 "만일 내가 저 입장이라면…"하는 생각을 했다. 어머니와 나는 아버지의 제자분들이나 아버지의 문우분들에게 상의해 보지도 않은 채 그것을 내주고 말았다. 복사도 해놓지 못한 채(그 당시엔 요즘같이 복사기가 대중화되지 못했다). 한편으로는 좋은 일을 했다는 생각도 들었다. 그 후론 그 분은 우리집에 찾아온 적도 없고 다시 만난 적도 없다. 세월이 지날수록 사진판으로라도 찍어둘 걸 하는 아쉬운 마음을 지울 수 없다. 최근 한국서 오신 어느 문인에게 이런 이야기를 했더니 잘못한 일이라며 아마도 그것이 잘 보관되기는 힘들 것같이 보인다는 이야기를 듣고 실망이 컸다. 그 말이 사실이 아니기를 바랄 뿐이다. 그것은 그분의 것이 아닌 한국문학사의 귀중한 자료요 한국의 문화적 재산이기 때문이다.

여기서 나는 정지용 시인의 약력을 간단히 소개하고 아버지에 대한 이야기를 계속하기로 한다.

노래 〈향수〉로 최근 대중들에게 널리 알려진 정지용 시인은 1902년 음력 5월 15일 충청북도 옥천군 옥천면 하계리에서 출생하였다. 1918년(16세) 휘문고보에 입학, 이때부터 습작활동을 시작하여, 1922년(20세)에 시 〈풍랑몽〉을 쓰면서 본격 시인의 길로 들어섰다. 1933년(31세)에 '구인회'를 결성하여 이태준, 김기림, 이무영, 유치진, 조용만 등과 함께 활동하였다. 1950년(48세) 6·25 동란이 일어나자 정치보위부에 의해 서대문형무소에 정인택, 김기림, 박영희 등과 같이 수감되었다가 평양감옥으로 이감, 이광수, 계광순 등 33인이 같이 수감되었다가 그 후 폭사당한 것으로 추정될 뿐이다. 월북문인으로 분류되어 긴 세월 동안 거론되지 못하던 그의 문학이 1987년 2월에 와서야 《정지용 시와 산문》으로 출판이 허용되고 곧이어 해금발표로 한국문학사에 그 이름이 복원된 분이다.

다시 앞의 《문장》지 추천 당시로 돌아가자. 아버지(〈고풍의상〉, 1939년 4월)와 함께 제 1회 추천에 뽑혔던 김종한과 제 2회부터 등장한 이한직이 먼저 추천을 마쳤고, 그 뒤로 박두진(〈묘지송〉, 1939년 6월), 박남수가 통과한 뒤를 이어 세 번째로 아버지가 나온 뒤에 박목월(〈길처럼〉, 1939년) 선생이 데뷔하였다. 《문장》 지 추천시인은 이 여섯 분으로 막을 닫았다고 한다.

《문장》지 추천을 쉬고 있던 기간에 아버지는 《백지(白紙)》라는 동인지를 발간하였다. 이 동인지에 실린 당신의 작품들은 상경 이후 〈고풍의상〉 직전까지의 습작들이었는데 그 시집에 실린 〈계산표(計算表)〉와 〈귀곡지(鬼哭誌)〉를 유진오(兪鎭午) 선생이 "혜민(慧敏)한 지성을 산다고 평을 써줘서 은근히 기뻐하던 기억이 있다"고도 하셨다. 《백지》는 서울에 있는 문학 공부하는 학생 14명과 일본대 예술과 학생 4명에 기타 3명으로 구성되었는데, "시, 소설, 희곡이 다 실린 창작지였으나 3집으로 끝나고 말았다며, 그들 중 김종한 외 세 사람은 고인이 되고, 다른 사람들은 해방 전후에 뿔뿔이 흩어지고 거개가 문학을 떠난 듯, 간혹이라도 작품을 발표하는 사람은 아버지 혼자뿐이어서 적막하기 짝이 없다"고도 하셨다.

성북동 심우장(尋牛莊)으로 한용운(韓龍雲) 선생을 찾아뵌 것과 자하문 밖 셋방으로 홍노작(洪露雀) 선생을 찾아뵌 것도 문단에 데뷔할 그 무렵이었는데, 두 분 다 잊히지 않는 분으로 몇 가지 추억을 남겨주었다고 하셨다. 아버지는 훗날 〈한용운론〉과 〈홍노작론〉을 쓰시고 《한용운 전집》 편찬을 서두르시고 기리는 데 온갖 정성을 다하셨다.

아버지가 이 두 분을 찾아뵌 시기(17세)에 당신은 니체와 셰스토프와 메레즈코프스키를 읽고 좋아하기도 했다고 하셨다. 평원선 철로가 놓이기 전에 원산서 평양까지를 걸어서 여행한 것도 이 시기였고, 또 '극예술연구회'와 '중앙무대'와 '낭만좌'를 드나든 것도 1939년 전후의 일이었으며, 시인 서정주, 김달진 두 선배를 만난 것도 이때의 일이라 한다.

'비승비속(非僧非俗)'의 월정사(月精寺) 은거(隱居)

22세 되던 해 봄에 아버지는 혜화전문학교를 졸업하고 곧 오대산 월정사로 가게 되었다.

"경성제대 종교사회학 연구실의 아카마츠(赤松), 아키바(秋葉) 양 교수의 호의로 '만몽민속품 참고관(滿蒙民俗品 參考館)에 취직되었으나 아버지는 당신의 어지러운 머리를 가누기 위해서는 심산(深山)의 고찰이 더 필요했다"고 회고하시며, "불교강원(佛敎講院)의 외전(外典)강사란 이름으로 스물두 살짜리 백면서생은 주지와 조실의 다음자리에서 가승(假僧) 노릇으로 일년을 보냈다"고 하시면서, "자기침잠의 공부에 들어섰던 그 일년은 나의 시의 한 시기를 그은 것이 사실이요, 그만큼 나의 생애에 중요한 도정이기도 하였다" 고 술회하셨다.

월정사에서 비승비속(非僧非俗)으로 머물면서 비굴하게 일제에 날품팔이와 같은 행동은 결코 하지 않으셨다. 절간으로 가셨으나 비구계는커녕 거사계도 받지 않으셨다. 중이 될 생각은 아예 없었기 때문이다. 먹물적삼 대신에 흰 무명이나 서울 본가에서 흰 모시두루마기를 철따라 가져다 입고, 장발에 염주를 들고 법당 앞을 거니는 내 아버지의 모습은 이내 "오대산에 괴

오대산 월정사, 외전강사(外典講師) 시절

물 중이 나타났다는 소문이 돌게 되었고, 그 때문에 강릉에서 신문 기자가 왔던 일을 생각하면 지금도 포복(抱腹)할 지경"이라고도 하셨다.

"경을 읽고 싶으면 경을 읽고, 시를 쓰고 싶으면 시를 읊고, 예불하고 싶으면 예불하고, 술 마시고 싶으면 술 마시던 비승비속의 멋은 그때부터 시작되었다"고 하셨다. 이 무렵에 지은 당신의 아호(雅號)가 '증곡(曾谷)'이었다. 증(曾)자에 인(人)변이 있으면 '승(僧)'자가 되고 '곡(谷)'자에 인(人)변이 있으면 '속(俗)'자가 된다. 그러므로 '증(曾)'에 인(人)변이 없으니 '승(僧)'이 아니고, '곡(谷)'에 인(人)변이 없으니 '속(俗)'이 아니다. 이른바 '증곡'은 비승비속(非僧非俗), 즉 죽도 밥도 아니라는 자조(自嘲)였던 것이다. "학자도 교육가도 시인도 정치가도 아무것도 아닌 방황하는 이가 어찌 비승비속의 탄을 금할 수 있겠는가" 하셨다.

이 무렵 한복 위에 흰 무명두루마기를 입고 손에는 염주를 든, 그리고 예의 그 굵은 테 안경을 쓴 채 월정사(月精寺) 뜰 9층 석탑에 비스듬히 서서 찍은 당시의 아버지의 모습을 담은 사진 한 장이 있다. 그 사진 뒷면에다 아버지는 이렇게 낙서를 하셨다.

> 宇宙의 幻影.
> 하나의 人間이 있으되 그는 이름이 없었으나 세상 사람이 짐짓 東卓이라

부르더라.

이제 그를 模寫함은 幻影의 幻影이라 足히 믿을 것이 없으니 이는 寫僞기 때문이다.

辛巳 봄. 於月精蘭若 東卓

남들 같으면 신혼의 재미에 푹 빠져있거나 비록 식민지 치하일지라도 출세와 세속적 꿈에 젖어 있어야 할 그 나이에 내 아버지는 이렇게 세상을 등지고 은둔하고 계셨다. 그 무렵 아버지는 어머니에게 이런 편지로 당신의 아내를 위로하였다.

사랑하는 난희(蘭姬)!

나에게도 안해라는 여인이 있어 외로운 산사(山寺)에서 나직이 이름도 불러보고 고요히 생각하기도 하고 이렇게 붓을 들어 편지를 쓰는 것이 어쩐지 복스러운 일 같소. 쓸쓸할 때마다 생각하면 호젓이 그리워지나 그 다음엔 다시 더 큰 외로움을 느끼지 않을 수 없고. 오늘은 처음으로 당신에게 '사랑하는 난희'라고 불러보고 싶소. 아름다운 이름이라 생각하오. 괴팍스런 나의 성미는 세상사람을 모두 거리낌없는 동무로서 사귀고 싶소. 그러므로, 응당 난희는 속으로 안해를 유달리 사랑할 줄 모르는 남편이라고 생각할 것이오. 영원히 어린아이 같은 마음으로 나는 늙고 싶은 것이오. 겉으로 쌀쌀하고 매정한 동탁은 사실은 남달리 안이 뜨거운 사나이라오. 나타나지 않는 마음의 효도, 안해에의 애정, 동생들에의 우애 이것을 당신은 나를 대신하여 겉으로 나타내시오. 결혼의 재미란 처음 세 해 안에 있다는 것인데 이렇게 운산천리(雲山千里)를 격(隔)해 사는 것이 응당 원망스런 일이 아닐 수 없으나 멀리 떠나 생각는 것도 또한 좋은 것이 아니겠소. 이도 부모를 섬기는 도리니 병약한 몸을 너무 무리하지 말고 참으시오. 내년 봄 제비와 함께 당신의 남편은 당신을 만나러 날아갈 테니…. 떠나올 때 당신의 기침이 낫는 것을 보지 못하고 온 것이 매우 마음에 끼이오. 그동안 좀 차도가 있는지 궁금하오. 둘의 건강을 위해서라도 이렇게 잠시 사는 것이 좋을 듯하오. 벌써 가을소식이 완연하니 천고마비 시절, 당신도 포동포동히 살이나 좀 쪄 보오. 떠나온 후 두 위분 기체휘 만강하압시고 동생들 삼종남매 무탈(無頉)하며 방 고치는 일은 그간 끝났는지 알고 싶소. 딴 방에서 혼자 거처하며 눕기도 하고 해서, 시집살이 너무 잘할 생각 말고 우선 건강부터 회복하시오. 나는 중로(中路)에서 비를 만나 하루를 더 묵고 재작일(再昨日) 간신히 이곳까지 무사도착했소만 피로가 심하오. 며칠 쉬면 절로 나으리라 믿소. 이곳 베옷을 입으면 부서질 정도로 날이 쌀쌀하오. 홑옷을 곧 보내 주오. 두루막과 함께…. 안동(安東)과 주실도 곧 편지 써 부치겠으니 안심하시오. 우선 잘 왔다는 뜻 몇 자 적고 다음 또 쓰겠소.

당신의 남편 동탁(東卓)으로부터

위에서도 말한 바와 같이 나의 어머님의 본명은 위남(渭男)이시다. 이 남자 같은 이름을 가지시게 된 것에는 이런 연유가 있다. 어머니는 1남 4녀 중의 맏이로 태어나셨다. 바라던 아들이 아니어서 섭섭하신 외할아버지께서는 다음에는 꼭 아들을 바라시는 마음으로 이런 이름을 내 어머니께 붙여주셨다. 그 후로 외할아버지께서는 손바닥에 빳빳한 나무 막대기〔무슨 의미가 있는 민속(民俗)인지는 모른다〕를 늘 쥐고 다니셨다고 한다. 그러나 아들은 안 생기고 네 번째 자식에 가서야 외아드님이신 나의 외삼촌 동웅(東雄)을 얻으셨다 한다.

아버지는 위남(渭男)이라는 본명 대신 '난희'라는 아름다운 이름을 지어 선사함으로 해서 어머니의 가슴을 찡하게 울려놓고, 그리고는 평생토록 병수발, 술시중, 집안 대소사를 꿋꿋하게 감내하도록 만드셨고, 나의 고모부가 납북되어 과부 아닌 과부가 되신 단 한 분의 그 시누이를 지극히 섬기게 하셨다. 역시 아름다운 이름을 지어주는 행위는 여인을 감동시킨다. 여기서 나는 잠깐 멈추어 아버지가 당신의 필명으로 '지훈'을 쓰게 된 유래에 대해 간단히 언급하고자 한다. 이 필명은 아버지가 어렸을 때 어느 고노(古老)가 〈공자가어(孔子家語)〉에 나오는 '芝蘭生於深林不以無人不芳(지란생어심림불이무인불방)'이라는 문장에서 '지' 자와 '방' 자를 따서 지어준 이름이라 한다. 어린 마음에 이 구절의 뜻은 아버지의 성격과 운명을 말해주는 듯싶어서 매우 마음에 들어 쓰기 시작하셨다고 한다. 아버지는 어머니에게 '난희'라는 이름을 지어주실 때 혹 이 문장의 첫 두 글자를 떠올리지나 않으셨을까 나 혼자서 생각해 본다. 한국 남자들이 다 그렇듯이 아버지도 속으론 이렇듯 사랑하시면서도 평소에 어머니에게 사랑표시를 말씀으로나 행동으로 나타내시는 것을 본 적이 없다.

그런 아버지를 보면서 자란 나도 으레 남자는 그리하여야 한다는 고정관념을 가졌고, 이는 나뿐만 아니라 대부분의 한국 남자들도 그렇다고 본다. 그러나 시대도 달라졌고 또 내가 미국서 오래 살다보니 미국인들의 부부간, 부자간에 나누는 정이 그렇게 보기 좋을 수 없었다. 이를 보며 참으로 멋대가리 없는 남자들이 한국 남자들이라는 생각이 들었다. 우리 남자들도 이젠 겉으로 조금은 표현도 하며 살아야 한다는 생각이 들어 나도 서서히 고쳐가는 중이나 그게 쑥스럽고 낯간지러워 잘 되지 않는다.

아버지 편지를 흉내내 써본 나의 졸문

기왕 이런 이야기가 나온 김에 독자들은 어떻게 생각할지 모르나 이 글이 지루하지 않게 내 글 한편을 소개하고자 한다. 내가 죽기 전에 나도 아버지처럼 내 아내의 마음을 한 번은 찡하게 해주고 싶어 어느 감사절 날(미국에선 매년 11월 마지막 목요일 추수감사절에 하늘이 주신 모든 것에 감사하는 날로 지난날을 되돌아본다), 그 동안 너무 아내를 고생시킨 데 대한 미안한 마음과 고마운 마음이 들어 용기를 내어 〈뉴욕 한국일보〉(2003년 11월 29일) 나의 칼럼에 올렸던 글이다.

“7년이란 연애 끝에 결합하여 부부가 된 우리가 살아온 지 어언 서른두 해가 지났다. “오묘한 인연과 세월의 속절 없음”은 이를 두고 한 말이런가.

이제는 장로가 된 가수 윤형주의 감미로운 노래가사처럼 라일락 향기 가득한 교정에서 동갑내기 우리 둘은 만났다. 곤색 스커트에 새하얀 블라우스를 단정히 받쳐입은 유난히도 고운 피부의 싱그러운 모습이었는데, 이제는 굳어지고 굽어진 어깨와 거친 손, 노새처럼 일했다는 거주증명서, 쥐가 나서 자다가 일어나 서성대는 아내의 저리다는 팔다리를 주물러 줄 때면 나는 죄인이 된다.

어느 날, 오랜만에 둘이만 외출했다가 돌아오는 길에 살며시 내 손을 잡아주던 아내의 따뜻한 체온을 생각한다. 하도 오랜 만에 아내답지 않은 행동에 조금은 어색하고 쑥스럽기조차 했음에도 그동안 잊고 지냈던 연애시절의 아름다웠던 추억들이 무지개처럼 활짝 펴지던 그 순간, 짜릿함마저 느꼈다는 걸 아내는 알고 있을까. 그렇게 오랜 세월을 같이 살아왔음에도 신비한 느낌을 주는 접촉, 그 강한 친밀감, 젊은 시절과는 또 다른 어떤 아련함 같은 것이 가슴으로부터 아내의 손을 잡은 그 손끝까지 저미며 흘러내리는 이름지을 수 없는 그 '무엇'을 느끼며 한동안 말없이 우리는 걸었다. "그래, 이런 걸 부부애라고 하는구나." 속으로 생각하며 누군가가 나를 사랑하고 있다는 것은 이처럼 소중한 것이라는 생각을 했다.

언젠가 공원을 거닐다 두 손을 꼭 잡고 연인같이 다정히 걸어가던 백인 노인을 보면서 "참 보기 좋다" 던 아내의 말을 생각했다. 그렇게 우리도 오래오래 서로를 아끼며 보기 좋게 늙어가자고 하는 아내의 우회적 표현이었음을 생각하니 내 손을 꼭 잡은 것은 그런 바람에 대한 무언(無言)의 메시지였음을 내가 왜 모르랴. 서울서 애틀란타로, 애틀란타에서 서울로, 다시 서울에서 시애틀로 또 뉴욕으로 가족을 끌고다니며 고생만 시킨 남편이 어디가 좋아서 그렇게 내 손을 꼭 잡아주었는지? 상큼한 바람마저 우리들의 두 볼을 간질여주던 모처럼 기분 좋았던 날이었다.

내 앞에선 내색을 안 하면서도 남들이 "남편의 어디가 그렇게 좋으냐?" 고 물을라 치면 "모든 게 다 좋다"고 하는 아내와 친구의 대화를 엿들었을 땐 김정일이 상해에 가서 천지개벽을 느낀 것보다 더 놀랍고 고마웠다. 아내 덕분에 하나님 만나고 달라진 내 모습이 좋아져서였을까? 아니면 내자신의 혁신을 위해 부단히 애쓴 그 노력이 안쓰러워 그랬을까?

아내가 면사포를 쓰던 때의 나이가 다 된 우리딸 윤정이가 "어휴! 31년

이야! 지겹게도 같이 사셨네!" 해서 웃던 일이 생각난다. 그렇다. 흘러간 세월의 빛과 그늘의 무늬 위에 우리는 이렇게 서 있는 것이다. 즐거웠던 일, 슬프고 고통스러웠던 일, 그런 수많은 날들을 우린 서로 짝이 되어 같이 나누고 또 짐을 함께 지고 여기까지 온 것이다.

멋진 설계로 내가 지은 집에서 마음껏 호강시켜 주겠다는 나의 감언(甘言)에 스물여섯 고운 나이에 내 짝이 되어주어 실천 없는 감언에도 한마디 원망도 없이 혼자서 그 감언을 메워가는 아내, 가슴속의 서랍에 한 겹, 두 겹 쌓아놓은 처가(妻家)의 얼굴들을 가끔씩 꺼내면서 한숨의 실타래를 푸는 아내 앞에 서면 나는 죄인이 된다.

어느새 성격마저, 얼굴마저 닮아진 우리, 한때는 서로 달라서 맺어진 사이가 이제는 같아서 다투는 우리. 외로움 타령에 서로 등을 돌려도 자고 나면 제자리 찾는 마음마저 닮아진 우리는 부부. 우리는 허물없는 그런 친구. 한국 제일의 화장품회사에서 인정받고 잘 나가던 그 아내가, 남의 맵시 가꿔주다 지친 육신을 아무도 몰라주는 이 지붕 밑을 오늘도 제집이라 찾아온 아내, 곤히 잠든 아내의 구겨진 중년을 못난 사내 따라와 살아온 여인이 인내와 끈기로 하루를 쓰다듬으며 하나님의 말씀으로 스카프를 짜는 아이 셋의 어머니, 그 아내가, 세월의 흔적은 어쩔 수 없어 장모님 모습으로 변해가는 게 오늘은 왜 이다지도 가여움뿐인가. 곱던 옛 모습을 다시 챙겨 본다.

감사의 달, 11월, 이달 25일은 서른 하고도 두 번째 우리들의 결혼기념일, 빼어나고 단정하라는 그 이름답게 단정히 살아온 내 아내 수정(秀姃)에게 세월이 흐를수록 깊이가 더해가는 내면의 미, 갈수록 발견되는 삶의 지혜에 고마움을 느끼며 그런 아내와 짝지어 주신 하나님의 섭리와 우리를 위해 예비하신 놀라우신 계획과 인도하심에 감사하면서 진실한 마음의 꽃다발 한아름 아내에게 안겨주고 싶다. ”

아내 자랑하는 녀석은 팔불출이라는데 내가 그 꼴이 되었다. 그걸 감수하고 펜을 끼적인 나조차 내가 썼나 믿어지지 않는다. 이 글을 읽은 독자마다 날 만나면 모두 한마디씩 했다. 그들의 반응은 다양했다. 가부장의 권위를 주장하는 전형적인 한국 남성들이나, 고국의 나의 어머님께서는 주책이라 난색을 표했음은 물론이다. 그러나 어떤 남성독자는 글이 너무 마음에 들어 그해 크리스마스에 아내에게 작은 선물과 함께 이 글이 자기 마음이라며 복사하여 카드에 넣어 자기 아내에게 주었다고 하며 "조 선생 글을 애독하는데 내가 팬클럽을 만들어 회장을 해야겠습니다" 하는가 하면 많은 여성독자들은 이 글을 자기 남편에게 보여주며 "나도 평생 이런 글 한 번 남편으로부터 받아보면 원이 없겠다"고도 했다고도 한다. 우리 교회 여자 권사님은 "조 선생 용기가 대단하십니다"고 하며, "다른 남자들도 좀 배워야 한다"고도 하셨다.

그러나 무엇보다도 중요한 게 아내의 반응이었는데 기대했던 것처럼 별로 감동받은 기색이 아니었다. 속으론 어땠는지 모르지만 말이다. 그리고 깨달은 것이 평소의 나를 누구보다 잘 아는 까닭이 아니었나 추측하며 앞으로는 이런 글보단 비록 사소한 일일지라도 그때그때 진실이 담긴 아끼는 마음과 사랑이 담긴 배려의 꾸준함이 무엇보다 감동을 주는 데 더 효과가 있다는 당연한 사실을 절감했다. 그러나 한 가지 분명한 사실은 불출이란 말을 들어가며 낸 이런 용기에는 아직도 후회가 없다. 너나 나나 우리 모두는 너무나 사랑에 목말라 있는 사람들이라는 생각이 들었기 때문이다. 받으려고만 하지 먼저 줄 줄은 모르면서 살아가고 있기 때문이다. 후에 남는 것은 후회뿐이다.

나는 아내가 우리의 첫 아이(윤정)를 가졌을 때 장모님께서 연세(당시 80이 좀 넘으셨다) 더 드시기 전에 미국구경도 시켜드릴 겸 초청하자는 것을 내 어머니가 먼저 다녀가신 후로 미루었다. 그러다가 미국구경 한 번 못 시켜드리고 처가 부모님 두 분 다 돌아가시고 말았다. 장모님 타계하셨을 때는 "형편도 어려운데 돌아가신 후 나가면 무슨 소용이 있나. 생전에 잘해드려야지" 하며 귀국할 뜻을 접었다. 아내가 막내딸의 설움을 혼자서 씹어 삼키며 얼마나 서러워했겠는가. "오빠 언니가 많아 장례야 잘 지내 드릴 터인데… 이제 돌아가신 마당에 내가 가서 뭐하냐" 하는 것을 억지로라도 등 떠밀어 보내는 것인데, 두고두고 이 일 만큼은 아내에게 미안하고 그 어른들께 죄스러운 마음을 지울 수 없다.

엉뚱하게 부끄럽고 시시콜콜한 이런 이야기까지 늘어놓는 것은 조금이나마 하늘에 계신 그 어른들께 엎드려 속죄하며 내 자식들에게 처가와 본가에 대한 사랑에 있어 우선순위나 결코 배려의 차이를 두지 말 것을 늘 마음에 새겨 후회 없는 가정생활을 꾸리게 하고 싶은 마음에서이다.

아버지의 오랜 시우(詩友)이신 박목월 선생께서 우리 부부의 결혼식을 주례하실 때의 말씀 중에 다음과 같은 내용을 기억하고 있다.

> 가정은 사람다운 길을 걸어가게 해주는 힘의 원천이다. 추하고 악한 것들을 정화시켜 주는 곳이다. 가족끼리 대가를 바라지 않는 순수한 정과 정이 서로 따뜻하게 만나는 곳, 외로운 존재로서 시린 등을 서로 따스이 맞대고 의지하고 위로하며 참사랑이 어떤 것인가를 깨닫게 해주는 곳이다.

그렇다! 가정은 참사랑의 요람이요 훈련장인 것이다. 얼마 전 선종하신 테레사 수녀님이 노벨평화상 시상식장에서 "세계평화를 위해서 가장 시급한 게 무엇입니까?" 라고 묻는 기자의 질문에 "돌아가서 가족을 사랑하세요" 한 말을 생각한다. 가족을 참사랑할 줄 모르는 사람이 어찌 이웃을 사랑할 수 있겠는가. 나 역시 결혼한 지 30년이 지나서야 아내가 어떤 존재이며 나에게 얼마나 소중한 사람인가 하는 것을 비로소 발견하고 깨달았던 것이다.

말로만 살아온 삶이요, 남편이었던 것이다.

각설하고, 아버지는 비록 국가적으로 가정적으로 어려운 상황 속에서 건강까지 좋지 않으셔서 어머니를 힘겹게 하기는 하셨으나 정신적인 면에서는 마음속 깊이 진실하게 사랑하셨다고 나는 생각한다. 그런 것이 '참사랑'이 아니겠는가.

아버지가 오대산에서 은둔하시던 시절로 다시 돌아가자. 그 무렵 아버지는 "시가 지닌바 기교주의는 선으로부터 오는 무기교주의로써 지양되었고 주지의 미학은 자연과의 교감으로 바뀌기 시작하였다"고 하셨다. "금강경오가해(金剛經五家解)와 화엄경(華嚴經)에 경도(傾倒)하고 전등록(傳燈錄)과 염송을 탐독하고 절의 서고에 있는 노장(老莊)과 스피노자와 헤겔, 베르그송을 읽은 것도 이 무렵의 일"이라고 하셨다. 〈마을〉, 〈달밤〉, 〈고사(古寺)〉, 〈산방(山房)〉 계열의 시들은 이 절에서 지은 작품이요, 주로 서경(敍景)의 자연 시 슬프지 않은 시 몇 편은 이때에 이루어진 것이라고 하셨다.

이 중 〈고사(古寺)〉 한 편을 소개한다.

木魚를 두드리다
조름에 겨워

고오운 上佐아이도
잠이 들었다

부처님은 말이 없이
우스시는데

西域 萬里ㅅ길

눈부신 노을 아래

모란이 진다

"바레리, 릴케, 헤세를 집어치우고 다시 당시(唐詩)를 읽고 한산시(寒山詩)를 비롯한 선가어록(禪家語錄)과 창송(倡頌)을 좋아한 것이 그때의 나의 생활"이라 하셨다.

〈문장〉 지 폐간과 시 〈정야(靜夜) 2〉

1941년 가을로 접어들면서 아버지의 유유자적은 파탄에 직면하게 된다. 〈문장〉 지 폐간호를 받고 신선골 노파집에서 술에 취하여 방성통곡을 했다 하셨다. 두께가 두툼한 그 폐간호에는 아버지의 시 〈정야(靜夜) 2〉가 실려 있었다.

한두 개 남았던 은행잎도 간밤에 다 떨리고
바람이 맑고 차기가 새하얀데

말없는 밤 작은 망아지의 마판 꿀리는 소릴 들으며

산골 주막방 이미 불을 끈 지 오랜 방에서
달빛을 받으며 나는 앉았다 잠이 오질 않는다

풀벌레 소리도 끊어졌다

이 시는 폐간호에 너무나 부합하는 시였다고 훗날 회고하셨다.

그러나 이 시는 〈문장〉 폐간호를 위하여 써보낸 시가 아니요, 초기에 시단에 등단하기 위해서 그 잡지에 투고했다가 낙선된 작품이었다. 폐간호를 꾸미기 위해서 아버님께 원고청탁을 두 번이나 보내도 어디 갔는지 소식이 없으니까 잡지사에서 몰서(沒書)한 원고뭉텅이에서 이 시를 골라 실은 모양이었다고 하셨다.

아버지는 가슴이 아파 넓적다리에까지 눈이 쌓인 밤, 초롱불을 들고 신선골 노파의 집에서 술이 취해 자빠지며 일어나며 돌아오던 밤에는 〈동아일보〉, 〈조선일보〉 종간호가 나붙은 사옥 앞에서 울며 작별하던 노 인쇄공들의 모습이 어른거려 산골에서 혼자 목놓아 우셨던 것이었다.

아버지가 이 〈문장〉 지를 통해 등단하기도 했지만 이 문학지가 우리말과 문학을 위해 기여해 온 바가 워낙 컸기 때문에 그 폐간소식에 접한 아버지의 상심은 보통 큰 것이 아니었다. 아버지는 우리말과 시의 터전에서 또 한모퉁이를 잃은 비분을 참아내지 못하였다. 이어서 진주만 폭격이 있고 나서는 아버지 서실의 수색이 있었고, 싱가포르 함락의 비보가 전해지던 날은 주재소(駐在所) 수석이 와서 축하행렬을 명령하고 갔다는 소식을 듣고 종일 통음하다가 졸도하여 전보를 받고 월정사로 내려오신 나의 할아버지를 따라 서울로 올라오시게 된다. 〈암혈(岩穴)의 노래〉, 〈비혈기(鼻血記)〉 같은 것이 그 무렵의 작품이었다.

시 〈암혈의 노래〉는 다음과 같다.

야외면 야윌수록
살지는 魂
별과 달이 부서진
샘물을 마신다

젊음이 내게 준
서릿발 칼을 맞고
創痍를 어루만지며
내 홀로 쫓겨왔으나

세상에 남은 보람이
오히려 크기에
풀을 뜯으며
나는 우노라

꿈이여 오늘도
광야(曠野)를 달리거라
깊은 산골에
잎이 진다

〈파초우(芭蕉雨)〉와 〈완화삼(玩花衫)〉

서울로 올라오신 아버지는 두어 달 휴양 끝에 몸이 회복되자 나의 조부님이 조선어학회의 〈큰사전〉 편찬을 돕도록 주선해 주셨다. 그러나 그해 10월 이른바 총독부 시정기념일(總督府 施政記念日)을 기하여 함흥경찰서는 조선어학회를 급습하여 여기에 조선어학회의 검거선풍이 일어났고, 아버지는 또 산중으로 달아나지 않으면 안 되셨다. 조선어학회 사건은 함흥영생여고(永生女高)에서 고 정태진(丁泰鎭) 선생에게 배운 어느 여학생의 일기가 발단이 된 것으로 그해 여름방학에 함흥에 갔던 정 선생을 구속함으로써 탄압의 계기를 삼은 것이다.

아버지가 어학회의 일을 거들기로 작정한 것은 정태진 선생은 모르고 갔었기에 아버지는 그 명단에 들지 않은 것을 알았다. 그럼에도 사건이 확대되면 아버지도 조만간 끌려갈 것을 각오하지 않을 수 없었으니 그 초조와 체념의 시간은 아찔하기만 하셨을 것이다. 그때의 아버지의 건강은 끌려가기만 하면 살아나올 가망이 없을 정도로 허약하셨기 때문이다.

그해 가을에 조선어학회 전원이 검거되었다. 시골로 달아났다가 다시 상경하였을 때는 징용바람에 서울거리는 젊은 문인들이 드물었다 한다. 그때 아버지는 "성지순례와 같은 심정으로" 경주를 다녀오게 된다. 〈파초우(芭蕉雨)〉, 〈완화삼(玩花衫)〉 계열의 방랑적 서정의 시편이 이 무렵의 작품이다. 아버지 타계 후 문인들과 고려대학교 김상협 총장 및 홍일식 선생을 비롯한 국문과 제자들이 성력을 모아 서울 남산에 세운 시비(1971. 5.17)에는 이 〈파초우〉가 서예가 배길기 선생의 글씨로 새겨져 있으며, 비문은 김종길(고려대 명예교수, 현 예술원 부회장) 선생이 쓰셨고 여초 김응현 선생의 글씨로 새겨졌다. 이 비문의 내용은 이 책 뒤에 부록으로 싣기로 한다.

외로이 흘러간
한송이 구름
이 밤을 어디메서
쉬리라던고

성긴 빗방울
芭蕉닢에 후두기는
저녁 어스름…

창 열고 푸른 산과
마조 앉어라

들어도 싫지 않은
물소리기에
날마다 바라도
그리운 산아

온아츰 나의 꿈을
스쳐 간 구름

이 밤을 어디 메서
쉬리라던고
〈파초우(芭蕉雨)〉
차운 산 바위 우에
하늘은 멀어

산새가 구슬피
우름 운다

구름 흘러가는
물길은 七百里

나그네 긴 소매
꽃닢에 젖어
술 익는 강 마을의
저녁 노을이여

이 밤 자면 저 마을에
꽃은 지리라

다정하고 한 많음도
병인 양하여

달빛아래 고요히
흔들리며 가노니…　　　　— 〈玩花杉 —木月에게〉

아버지가 경주에 사시던 박목월 시인을 처음 만난 것은 바로 이때의 일이었다고 한다. 《문장》지를 통해서 이름과 작품만 알 뿐 서로 얼굴을 모르는 사이라, 박 선생이 '趙芝薰 歡迎'이라는 깃발을 들고 약속한 날 건천(乾川)역에 환영하러 나오셨는데 "기골이 비범하고 장대한" 아버지를 금방 알아볼 수 있어서 사인 판은 필요가 없었다고 훗날 박 선생께서 회고하셨다. 두 분이 처음 만나던 날, 아버지는 그날의 추억을 담아 박목월 선생의 첫시집 〈산도화〉 발문에 다음과 같이 쓰셨다.

… 내가 목월을 처음 만난 것은 1942년 이른 봄이었다. 그 전에 가을에 나는 절간에서 일본의 진주만 공격의 소식을 들었고 《문장》 폐간호를 받았다. 그해 겨울 과음한 탓으로 빈사(瀕死)의 몸이 되어 서울로 와 있다가 이듬해 봄에 조선어학회의 〈큰사전〉 편찬을 돕고 있을 때였다. 일본서 돌아오는 초면의 시인이 하나 화동(花洞)에 있는 조선어학회를 찾아와서 오는 길에 목월을 만나고 왔다는 말을 전했었다. 그때까지 경주를 못 보았을 뿐 아니라 겸하여 목월도 만나고 싶고 해서 나는 그 이튿날 목월에게 편지를 썼다. 무슨 말을 썼는지 지금은 모르지만 매우 긴 편지였다는 것만을 기억하고 있다.

얼마 뒤에 목월에게서 답장이 왔다. 그 짧으면서도 면면한 정회(情懷)가 서려 있는 편지는 다음과 같았다.

> 경주박물관에는 지금 노오란 산수유(山茱萸) 꽃이 한창입니다. 늘 외롭게 가서 보곤 하던 싸느란 옥저를 마음속에 그리던 임과 함께 볼 수 있는 감격을 지금부터 기다리겠습니다. 오실 때 미리 전보(電報)주시압.

이 짧은 글을 받고 나는 이내 전보를 쳤었다.

1940년 3월 경주에서 처음 만났을 때 아버지와 박목월 시인. 박 시인은 이때 아버지가 흰 두루마기를 입었던 것으로 선명하게 기억난다고 했는데, 사진의 양복입은 모습을 보고 놀라며, 흰 두루마기 펄럭이는 준수한 차림만이 실감난다고 하였다.

철에 이른 봄옷을 갈아입고 표현히 경주에 내린 것은 저녁 어스름 — 분분한 눈송이와 함께 봄비가 뿌릴 때였다. 목월은 초면에 서울 나그네를 맞으려 '박목월'이란 깃대를 들고 건천(乾川)까지 마중을 나왔었다는 것이다. 그 밤 여사(旅舍)에서 목월이 나에게 준 시는 〈밭을 갈고 콩을 심고〉란 시였다. '장독 앞에 모란 심고 장독 뒤에 더덕 심고'의 구절과 '꾹 구구구 비둘기야' 라는 후렴구는 아직도 기억에 남아있다.

외롭고 슬픈 내 노래의 마음을 세상에 알아주는 이가 목월이라는 처음 보는 눈이 크고 맑은 시인밖에 없을 상싶어 미덥고 서럽던 생각!

목월이 출장다닐 때 걸어가는 길가에서 들은 비둘기 울음, 혹은 살살 날리는 어스름과 산그늘도 그의 소개로 나는 듣고 보았다. 석굴암 가던 날은 대숲에 복사꽃이 피고 진눈깨비가 뿌리는 희한한 날씨였다. 불국사 나무그늘에서 나는 찬 술에 취하여 떨리는 봄옷을 외투로 덮어주던 목월의 체온도 새로이 생각난다. ”

1942년 3월이었다. 두 분은 이때 경주에서 불국사와 석굴암을 탐방하셨다. 석굴암에서 석가불을 배경으로 찍은 사진이 남아 있다.

아버지는 보름 동안을 경주에서 머무르셨고 옥산서원(玉山書院)을 찾아 옛 선비의 향취에 접하기도 하셨으며, 위의 〈완화삼(玩花衫)〉이란 시를 목월 선생에게 보내기도 하셨다. 목월 선생의 시 “강나루 건너서/ 밀밭 길을”로 시작하는 〈나그네〉는 이 〈완화삼〉에 화답하여 보내신 시이다. 아버지는 훗날 그 시절을 회상하시며 “붓을 꺾고 떠돌며 살던 5년간은 우리는 이렇게 편지로 서로의 마음을 하소연하며 해방을 맞았다” 라고 하셨다.

아버지의 문학 역정(歷程)

20대

- 시 〈낙화(洛花)〉, 그리고 어머니의 장티프스
- 서울 성북동으로
- 《청록집(青鹿集)》과 청록파(青鹿派)
- 27세에 교수가 되신 아버지

2007

시 〈낙화(落花)〉, 그리고 어머니의 장티프스

1943년 가을에 낙향하여 지병인 '폐침윤(肺浸潤)'과 '신경성 위아토니'라는 진단을 받은 아버지는 노무감내불능(勞務堪耐不能. 노동을 감당할 수 없음)이란 딱지를 받고 징용면제 처분을 받았다. 그리고 장발을 깎이운 채 방면된 것은 1945년 3월, 해방되기 5개월 전, 다시 말하면 내가 태어나기 두 달 전이었다. 〈낙화(落花)〉, 〈낙엽〉, 〈고목〉, 〈바람의 노래〉 등이 이 무렵의 작품이라고 한다.

나는 해방둥이다. 1943년에 주실에서 결혼한 어머니는 이듬해에 나를 가지셨다. 나를 낳으신 후, 어머니는 장티푸스에 걸리셨다고 한다. 그때의 에피소드를 어머니께 들은 대로 소개한다.

이 병은 전염병이라 사람을 집안으로 못 오게 금했는데, 문만 열면 바로 옆집에 작은댁(셋째 할아버님 댁)이 있었다. 전염병이라 올 사람이 없어 그 댁에서 음식을 날라다 먹었는데 누가 놀러갔다가 복숭아를 사와서 자시고 다시 재발해서 병이 더욱 심해졌다고 한다.

그때 처음으로 아버지가 약을 손수 달여 주시고 계셨는데 그게 그렇게 고마울 수가 없었다고 하셨다. 그러나 이 재발을 보고 약탕관이 놓인 풍로

불에 부채질을 하시던 아버지가 부채질의 속도를 가속시키며 "에잇, 이제 다 나왔는데 그걸 왜 먹어 속을 썩이느냐?" 역정을 내시며 화가 나서 짜증과 신경질을 부릴 때 미안하기도 했지만, 한편으로는 고맙던 마음도 싹 가시더라고 하셨다. 다행히 어머니는 아버지가 모처럼 봉사하신 덕분에 병이 낳으셨고, 아버지도 전염되지 않으신 것을 지금도 감사하게 생각하신다.

그래서 나는 어머니의 모유(母乳)를 먹지 못했다. 대신 앞집 아주머니(석만 어머니)를 유모로 하여 젖을 얻어먹으며 자랐다. 그 아주머니도 같은 시기에 아이를 얻었기에 그것이 가능했다. 그 아주머니의 은혜에 깊이 감사드린다. 그 당시에는 우유가 아주 귀했다고 한다.

아버지의 시 〈낙화(落花)〉는 해방 전 주실에서 은둔하고 계실 무렵에 쓰신 것이라고 한다.

꽃이 지기로소니
바람을 탓하랴

주렴 밖에 성긴 별이
하나 둘 스러지고

귀촉도 울음 뒤에
머언 산이 다가서다

촛불을 꺼야하리
꽃이 지는데

꽃 지는 그림자
뜰에 어리어

하이얀 미닫이가
우련 붉어라

묻혀서 사는 이의
고운 마음을

아는 이 있을까
저허하노니

꽃이 지는 아침은
울고 싶어라 — 〈落花〉

김대중 정권 시절에 문화관광부 장관, 대통령 비서실장을 지냈던, 뉴욕 출신 박지원 씨가 감옥으로 가면서 읊었다는 〈낙화〉라는 시이다. 그때 그 기사를 뉴욕에서 보면서 나는 아버지를 생각하며 신문칼럼에 〈낙화(落花)와 대통령(代(?)統領)〉이라는 제목으로 이런 글을 썼다.

"1946년 발표된 이 시 〈낙화〉는 실인즉 시인이 스무 살 때, 일제가 창씨개명의 강도를 높이자 고향인 경북 영양군 주실에서 은둔하고 있을 때 쓰이진 시다. 이 시 속에는 자연의 섭리와 무상, 우아한 자세, 한 발 물러나 세상을 보는 관조미가 녹아 있다.

한동안 묻혀 있던 이 시가 이번에 구속된 박지원 전 대통령 비서실장으로 인해 세상에 다시 빛을 발하게 된 것은 아이러니요, 이 시를 몰랐던 사람들에게 널리 읽혀지게 돼 반가운 일이다. 그러나 이 시를 썼던 시인과 그 가족들에게 북한의 독재자 김일성 부자가 가했던 한 많은 사건들(공산당의 시달림으로 자결한 시인의 조부, 제헌국회의원이던 시인의 부친, 서울대 교수이던 매부가 그들에게 납북당해 생이별해 오다가 돌아가셨거나 생사를 모름)과 돈주고 산 남북정상회담 성사에 무한한 자부심을 느꼈던 박지원 씨, 사석에서 거나하게 취하면 정상회담 얘기를 털어놓는 게 한동안 낙이었다던 그, 김정일과 서로 팔을 끼고 술잔을 비우는 '러브 샷'을 하고… 전 대통령의 명예욕과 영웅심을 부추기던 모사꾼, 권력지향 정치인으로 국민을 속이고도 적장에게 군자금을 전하고도 단 1달러도 준 적이 없다던 그, 김정일을 화통한 인물로 소개했던 그의 이미지는 시 속에 녹아있는 〈낙화〉의 마음과 자세와는 거리가 멀다.

떠나는 자신을 미화시키려는 재치가 놀랍긴 하지만 시 한 줄의 인용이, 순간적 재치가 소멸을 아름답게 해주는 건 아니어서 오히려 비난의 대상이 된 것은 그의 이미지가 시인의 그것과는 이른바 '코드'가 맞지 않았던 것이다.

…"조지훈은 '승무의 저자이며 청록파 시인 중 한 사람이다'라는 일반적 정보를 가지고 '지훈문학관'을 방문한 관람객에게, 그는 4 · 19 혁명의 불꽃을 지피고 추상과 같은 질책으로 지조 있는 삶을 외친 논객이요, 한국의 민족문화사를 재정립한 민속학자라는 사실을 알리고, 일제시대 이후 험난한 역사적 현실 아래 선비의 지조와 열정을 지니고 살아온 조지훈의 삶을 통해 이 시대가 요구하는 지성인의 소명이 무엇인가를 생각하고 학습하는 공간으로서의 역할, 끊임없이 고뇌하면서 어떤 상황에서도 불의와 타협하지 않는 꿋꿋한 기개와 지조를 보여주었던 조지훈의 삶을 '노블리스 오블리주'의 원형으로서 제시하면서, 그의 삶을 체험하고 그와 같은 열정과 신념을 자신의 분야에서 두각을 나타내는 사람들이 되도록 유도하는 데 목적이 있다."

이러한 '지훈문학관 건립계획안'을 승인, 지원한 정부부처의 수장이었던 박지원 씨가 자신의 처지를 아름답게 꾸미기 위해 선택했던 이 시로 인해 세인들의 비난을 받을 줄 어찌 알았겠는가. 권불십년(權不十年)이 아니라 '권

불오년'이다. 바야흐로 새 정부 출범 후 신당문제로 시끄러운 한국 정치판에 과거 박지원 씨를 부러워하던 뉴욕 한인사회 언론인들과 한인사회인사들이 뛰어들고 있다. 제 2의 박 씨가 더 이상 나오지 않기 바란다.

— 2003. 7. 10 ❞

이 칼럼 쓸 때가 마침 한국서 내게 검토를 의뢰해 온 '지훈문학관' 사업계획서와 설계도면이 내 책상에 놓여 있어 감회가 더욱 새로웠다.

아버지의 조선어학회 시절에 이런 일화가 문인들 사이에 전해져 온다. 어느 날 종로 우미관 골목에서 문인들과 술을 마시다 종로 깡패들과 시비가 벌어졌다고 한다. 친구들은 모두 꽁무니를 빼고 아버지만 남아 깡패두목과 맞붙게 되었는데, 상대방에게 아버지는 "술이나 한 잔 하고 싸우자"고 하며 막걸리 몇 사발을 대작한 후 달래어 돌려보냈다. 지인들의 증언에 의하면 아버지는 완력으로 상대방에게 대들 수는 없으나 담대함으로 힘센 사람의 기를 꺾는 데는 타고난 특장이 있는 분이라고 한다. 그날 깡패두목과의 대결도 그와 같은 선상에 놓일 수 있는 '사건'이었으리라. 당시에 종로 깡패와 싸워서 맞지 않은 유일한 시인이라는 이야기가 있었다 한다. 그런 아버지는 말과 이름을 빼앗겼던 일제시대에도 꾸준히 한글로 글을 쓰셨다.

마음 후줄근히 시름에 젖는 날은
動物園으로 간다

사람으로 더불어 말할 수 없는 슬픔을
짐승에게라도 하소해야지

난 너를 구경 오진 않았다
빰을 부비며 울고 싶은 마음
혼자서 숨어앉아 시(詩)를 써도
읽어 줄 사람이 있어야지

쇠창살 앞을 걸어가며
정성스리 써서 모은 詩集을 읽는다.

鐵柵 안에 갇힌 것은 나였다
문득 돌아다보면
四方에서 창살틈으로
異邦의 짐승들이 들여다본다

"여기 나라 없는 詩人이 있다"고
속삭이는 소리…

無人한 動物園의 오후 顚倒된 위치에
痛哭과도 같은 落照가 물들고 있었다

— 〈동물원(動物園)의 오후(午後)〉

서울 성북동으로

광복이 되자 10월, 아버지는 곧 서울로 올라오셨다. 그때 할아버지께서는 명륜동 전셋집을 떠나 성북동에 있는 집장수가 지은 작은 한옥집을 사서 살고 계셨다. 그 시절을 어머니는 이렇게 회상하신다.

그 성북동 집에는 당시 수도가 없었다. 요즘은 수도가 없는 서울의 주택을 찾아볼 수 없지만, 일제시대는 물론 광복 후 얼마동안은 장안에 수도를 가진 집이 드물었다고 한다. 지금처럼 생각하면 큰 착각이다.

그래서 수도를 놓기로 했다. 마침 아버지 친구가 수도를 설치하는 사람을 알고 있다고 해서 그 사람에게 부탁하여 맡겼는데 그만 사기를 당하셨다. 그걸 아신 할아버지께서는 아버지를 나무라시고 꾸중을 하셨다고 한다. 결국 수도를 못 놓았다. 때문에 어머니가 물지게를 져서 물을 길어 날랐다. 집에서 10분 정도 되는 거리에 있는 동사무소에 가서 줄을 서서 기다렸다가 물을 받아 져 날랐다고 한다. 당시 서울의 풍속으로 반가(班家)의 남정네가 물지게를 지는 일은 거의 없고 아낙들이 주로 물을 길었다는 얘기를 들었다. 우리집도 예외는 아니었던 모양이다.

한 번은 김장 때 배추를 사서 씻어야 하는데 아버지는 물론 아무도 도와

주지 않아 야속하여 물을 길어와서는 대문을 들어서서 높은 문지방을 넘자마자 물이 담긴 물지게를 바닥에 '쾅' 하고 내려놓았다. 그 소리를 듣고 아버지가 문을 열고 내다보시다 도로 닫아버리시더란다. 얄밉고 매정하게 느껴져 눈물이 났다고 그때를 회상하기도 하셨다 한다.

그 이야기를 친지들로부터 전해들은 우리 외가에서는 서울이 좋다는데 서울 집에서도 물 져먹는 집이 있냐고 야속해 하셨다고 했다. 당시 할아버지께서는 제헌국회의원이셨는데 "국회의원 며느리가 물 져먹는다"는 소문이 돌았다고도 한다.

또 이런 일도 있었다고 한다. 어느날 어머니가 물을 져오려고 대문을 나오다 보니 아버지와 친구가 집으로 들어오시다 물지게를 지고 있는 어머니 모습을 보게 되었는데 그때 아버지께서 무안하셨는지 "수도를 놓아야겠다"며 어색하고 난처해 하셨다고 한다. 다행히도 어머니께서는 물을 그리 오랫동안 져 나르시지는 않았다고 하신다.

아버지께서는 그후 다른 일로도 몇 번 사기를 당하셨다고 한다. 나도 그런 아버지를 닮았는지 미국서 잠시 귀국하여 직장생활을 하다 건축사업을 하였는데 사기(이건 사기라기보다 도적질당했다고 해야 하리라)를 당해도 크게 당해 살던 집마저 홀랑 다 날린 일도 있었다. 만일 그때 할아버지가 계셨으면 어찌하셨겠는가 생각해 볼 때가 있다. 이젠 다 지나간 일로서 더 이상 생각해 보기조차 싫은 악몽 같은 날들이었다.

어머니는 그 시절 외출 한 번 못 해보시고 결혼 초년기를 보내셨다고 한다. 그러던 어느날, 몇 년 만에 아마도 5, 6년 만에 할머니의 허락을 받고 아버지와 어머니는 영화구경을 가셨다고 했다. 영화제목이 〈7년 만의 외출〉이었다고 한다. "어쩌면 우리 부부가 함께 외출하는 기간과 이리도 딱 맞아떨어지는 영화제목일까" 하고 두 분이 함께 웃으시던 기억이 나신다고 했다. 영화 얘기가 나오니 생각이 나는데 그후 어머니와 아버지가 함께 가신 영화로 내가 기억나는 것은 찰튼 헤스튼이 주연한 〈벤허〉 밖에 없는 것 같다. 그 이외에 더 있으셨는지는 모르지만… . 물론 나를 데리고 가신 적은 없다.

가족이 함께 외식해 본 기억도 없다. 중국집에 데리고 가서 짜장면 한 그릇 사주신 기억도 없는 것 같다. 위에서 소개한 여동생 혜경의 글과 같이 당신의 딸 혜경이를 데리고 〈신데렐라〉라는 만화영화를 같이 가셨다가 오는 길에 음식점에 들렀다 오신 것이 꼭 한 번 있다고 기억한다.

각설하고, 세상은 변해 가는데 당신의 아내가 집안에서 연탄이나 만지고 장작이나 쪼개며 시집살이로 허송세월만 하고 있었으니 아버지는 얼마나 안쓰러우셨을까. 장작 얘기가 나오니 친척 할머니께서 들려주시던 얘기가 생각난다. 어머니께서는 음식을 하려면 풍로에 불을 지피기 위해 연탄을 개서 주물러 조개탄같이 만들어 말려 놓은 것 위에 장작을 쪼개 놓아 불을 피워야 했다. 우리 할아버지께서는 규모가 얼마나 대단하셨는지 그때마다 할아버지께 장작을 배급받듯이 허락을 받고 꺼내서 작게 쪼개 써야만 했다고 한다. 그래서 우리집에 자주 드나드는 그 친척 할머니는 대문간 한옆에 천장까지 쌓여 있는 장작을 보며 들어오시면서 “이 집은 부잣집이라서 늘 장작이 줄지 않는 겐가. 아끼고 안 써서 그대로 있는 겐가” 하셨다는 이야길 하시던 기억이 난다. 할아버지가 국회의원이셨는데 그렇게 살았다면 누가 곧이 듣겠는가.

아버지는 그 시절 한글학회 ‘국어교본’ 편찬위원이 되시고, 11월에는 진단학회 ‘국사교본’ 편찬위원이 되셨다. 이듬해 2월에 경기여고 교사(경기여고에서 조선어학회에, 혹은 조선어학회 회원인 어느 국어학자에게 국어교사로 쓸 만한 분을 소개해 달라는 부탁이 와서 아버지가 발탁되어 그 학교 선생으로 부임하셨다고 한다. 이 대목은 홍일식 선생의 증언에 따른 것이다), 9월에는 서울여전(현 고려대 의과대 전신)으로 옮기시고, 청년문학회 창립동지로 또는 전국 문화단체 총연합회 창립동지로 참가하면서 유치환, 김동리, 이한직, 박두진, 최태웅, 곽종원 제씨를 만나게 된다. 그리고 4월 동국대학교 강사를 역임하시게 되는데 이때의 아버지의 나이 26세였다. 이 무렵의 작품이 〈산상의 노래〉라는 해방기념시와 〈십자가의 노래〉, 〈불타는 밤거리〉 등 수 편이 있으나 아버지는 이 시들을 대수롭지 않게 생각하셨다.

《청록집(靑鹿集)》과 청록파(靑鹿派)

이 무렵 박목월 선생의 시 15편, 박두진 선생의 시 12편 그리고 아버지의 시 12편을 모아 《청록집(靑鹿集)》을 간행하게 된다. 1946년, 내가 한 살 때였다. 이 시집의 장정은 서양화가 김용준(金瑢俊)이 맡았고, 시인의 얼굴 소묘는 김의환(金義煥)이 그렸다. 《청록집》은 출간되자마자 장안의 화제를 불러일으켰다고 한다. 이념대립이 극심했던 시대에 출간된 순수시집이 의외로 문단과 대중에게 큰 인기를 얻었던 것이다.

아버지는 훗날 회고하시기를 "《청록집》 간행을 을유문화사에서 요청받고 이를 연락한 분은 박두진 시인이었고, 《청록집》 원고를 서로 뽑아주던 것은 어느 눈 오는 밤의 성북동 우리집에서의 일이요, 《청록집》이란 이름을 붙인 것은 목월이라는 것을 아는 이는 우리 세 사람뿐이다"고 말씀하셨다. 또 아버지께서는 《청록집》에 대해 이렇게 말씀하셨다.

> 《청록집》은 우리 세 사람 공동의 첫 시집이라는 것과 거기 수록된 작품들이 모두 해방되기 직전 주로 발표의 길이 막혔던 암흑기에 쓰여진 것들임은 이미 주지의 사실이다. 우리 세 사람은 같은 시기에 시를 쓰기 시작했고, 또 같

《청록집》 출판기념회. 꽃을 들고 앉은 청록 3인 뒤로 소설가 김동리 선생이 보인다.

은 무렵에 〈문장〉이라는 같은 문예지의 추천시인으로 시단에 등장한 사람들이다. 발표할 수 없었던 시를 발표하게 된 해방의 감격, 혼란한 정치조류 속에서 시의 바른 길을 제시하려는 의욕, 우리 시의 새로운 전개를 위한 교량으로서의 전통의 집성, 이런 것이 어울려서 《청록집》을 엮게 한 객관적 기연(機緣)이 되었지만, 이러한 의욕이 어째서 하필이면 우리 세 사람을 한데 묶음으로써 시도된 것일까. 우리 세 사람은 해방 전 시단의 최후의 사람이요 문단 전체가 좌경했던 당시에 그 사상의 격류 속에 반립(反立)하여 시의 고독을 같이 지키고자 했고 작품경향이 다같이 민족애를 기조로 한 전통적 율격이 짙었기 때문인지도 모른다. 그러나 그보다도 더 근본적인 인연은 이 세 사람이 같은 잡지의 추천동인이었다는 정의(情義)라 할 수 있다. 같이 시단에 등장한 김종한(金鍾漢)은 요절했고, 이한직(李漢稷)은 학병에서 안 돌아왔으며, 박남수(朴南秀)는 아직 북한에 있을 때인 당시에 만난 사람이 세 사람인데다가 이들은 본래 시세계에 많은 공통점을 지니고 있었다.

세 사람의 시에서 공통점을 요약한다면 민족과 자연, 모어(母語)에 대한 애정과 기다림의 정서라고나 할까. 향토에 대한 애착과 슬픔의 목가(牧歌), 자연에 대한 관조(觀照)와 사라져가는 것에 대한 아쉬움의 정한(情恨), 자연 속에 마음의 빛을 찾는 생리와 신념의 기도, 이것들은 모두 다 그 공통된 에스프리의 다른 표현이었던 것이다. 우리는 민족적 현실의 초극을 위한 저항을 노래하진 못했으나 붓을 꺾고 숨어서 시를 씀으로써 치욕의 페이지에 이름을 얹지는 않았고, 쫓긴이의 슬픔 속에 잠겨서 시를 썼으나 퇴폐에 몸을 맡기지 않아 희구(希求)하는 슬픔으로 빛을 삼았던 것만은 확언할 수 있다.

— 〈세대〉 창간호 1963년 6월

〈한국일보〉 객원 논설위원 고종석은 그의 시집산책 《시인공화국 풍경들》에서 "박목월, 조지훈, 박두진의 '청록집'— 풍진(風塵)을 피하는 법"이란 소제목을 붙인 글에서 다음과 같이 언명하고 있다.

《청록집》의 저자들은 눈앞의 역사적 격랑에 눈감고 자연이나 민족전통이나 관념 속으로 퇴각함으로써 정치적 이성의 사나운 발톱으로부터 문학을 보전할 수 있었다. … 이 세 시인의 공동시집 《청록집》(1946)에 묶인 시들은 식민지 말기의 전시체제와 해방 뒤의 정치적 격랑 속에서 쓰여진 것이다. 놀랍게도 이 시집에는 그 역사적 격동의 수레바퀴 자국이 전혀 보이지 않는다. 심지어 시적 화자들의 '생활'조차 거의 보이지 않는다.

《청록집》의 사회적 진공(眞空)상태는, 이 시집보다 한 달 늦게 간행된 오장환의 〈병든 서울〉이 정치적 자의식으로 충만돼 있었다는 사실을 떠올리면 더욱 또렷하다. 이 점을 지적하는 것은 이 저자들이 정치적으로 백치에 가까웠음을 드러내기 위해서가 아니다. 그와 반대로, 어떤 역사적 격랑 속에서도 (경우에 따라서는 그 격랑이 거셀수록) 인간에게는 사적 정서를 향유할 권리가 있고, 그 권리를 심미적으로 행사하도록 돕는 것이 문학적 욕망의 한 가닥임을 드러내기 위해서다.

… 자연지향을 공유하고 있다고는 하지만, 《청록집》에서 드러나는 이 세

진해에서 부산으로 여행하는 배 위에서 아버지와 박목월, 박두진 청록 3인(1954년).

시인의 문학적 육질은 사뭇 다르다. 박목월이 두드러진 외형률을 형식적 근간으로 삼았던 데 비해, 조지훈과 박두진은 특히 박두진은 상대적으로 개방적인 리듬을 선호했다. 박목월의 문학공간이 온통 시골 정으로 채워졌던 데 비해(지나는 길에 지적하자면 그의 시에서는 경상도 방언의 사용이 두드러진다), 조지훈은 민족문화의 과거에도 눈길을 건네는 복고취향을 드러냈고, 박두진은 어떤 보편적이고 절대적인 정신의 거처로서 자연을 노래했다. '박목월 편'에서 종교의 냄새가 나지 않는 데 비해, '조지훈 편'은 불교의 빛깔을 다소 띠고 있고, '박두진 편'은 사뭇 기독교적이다.…

화사하기로는 조지훈이 가장 앞선다. 〈승무〉나 〈율객(律客)〉은 전형적인 예인(藝人)의 시다. 거기선 자유당 정권 말기에 '지조론(志操論)'으로 수많은 사람들을 감동시킨 '선비 조지훈' '지사 조지훈'을 쉽게 떠올릴 수 없다. 하늘하늘한 예인과 꽂꽂한 지사를 동시에 보듬고 있었다는 점에서 조지훈은 희귀한 정신이었다.

'목월에게'라는 부제를 단 조지훈의 〈완화삼〉과 "술 익는 강 마을의 저녁노을이여… 지훈"이라는 제사(題詞)를 단 박목월의 〈나그네〉는 일종의 켤레를 이루고 있다. 조지훈이 박목월에게 보낸 〈완화삼〉에 박목월이 역시 시로써 화답한 것이 〈나그네〉다. 두 시 모두 나그네의 풍류를 그리고 있지만 "이 밤 자면 저 마을에 꽃은 지리라" 같은 시행에서 보듯 〈완화삼〉 쪽이 한결 을씨년스럽다. 〈완화삼〉의 여섯째 행 "술 익는 강 마을의 저녁노을이여"는 〈나그네〉의 넷째 연 "술 익는 마을마다 타는 저녁놀"로 되살아났다. 조지훈은 이에 대해서 "압운(押韻)이 없는 현대시에도 이렇게 절실한 심운(心韻)이 있다는 것을 보여주었다"고 정겹게 언급한 바 있다.…

청록파의 세 시인은, 48세라는 비교적 이른 나이에 생을 마감한 조지훈을 포함해, 모두 복 받은 삶을 살았다. 그들은 대학에 자리잡고 대가(大家)의 위의(威儀)당당함으로 후진을 길렀고, 제자들(의 제자들)의 깊은 존경을 받고 있다. 그러나 그 존경은 이들의 시보다는 인격에 돌려지는 것이 더 마땅할 것 같다.

— 〈한국일보〉, 2005. 12. 29

이 공동시집 《청록집》에 실린 박목월 시인의 시 〈청노루〉를 소개한다.

머언 산 청운사(青雲寺)
낡은 기와 집
산은 자하산(紫霞山)
봄눈 녹으면
느릅나무
속잎 피어가는 열두 굽이를
청노루
맑은 눈에
도는
구름

박두진 시인의 시집 《거미와 성좌》 출판기념회에서 축사하는 아버지(1963년)

훗날, 아버지는 1963년 어느날 밤에 쓰셔서 〈나의 시작노트〉라는 제목으로 《세대》지 창간호에 실으신 글에서 "청록집 이후 25년여의 세월을 보내는 동안 적지 않게 시풍(詩風)이 달라졌음을 유의하는 이는 알 수 있을 것이다. 옛날엔 한때 청록(靑鹿)이던 우리들은 늙어갔다. 셋이서 가던 길을 혼자서 가는 것 같다.… 시를 통해서 듣는 서로의 소식 속에서 아직도 두 벗의 체온과 향기가 남아있고 새로 마련된 공통의 세계를 발견하고 놀라기까지 한다. 늙을수록 깊어지는 시의 우정은 어린 날의 꿈과 같다"고 하셨다.

다음은 목월 시인의 〈어느 날의 일기〉에서 발췌한 글이다.

> 밤. 두진의 《거미와 성좌》 출판기념회에 늦게 참석.
>
> 두진 옆자리에 지훈. 그 건너편 앞자리에 내가 앉았다. 동명 그릴 8층.
>
> 두진은 자기 말대로 학처럼 여윈 모습이 화려한 불빛 아래 더욱 정결해 보였다. 그 옆이 위풍이 당당한 지훈의 풍채 좋은 모습이 대조적이다.

"청록파 두목들이 모인 이 자리에…" 사회자의 말이다. 청록파라는 말이 이런 자리에서는 더욱 우정을 돋우게 한다. 농담이면서도 농담으로만 끝날 것 같지 않는 ―꼭 이루어질 것 같다.

— 박목월 시인의 어느 해 1월 14일 일기에서 /
《아버지와 아들》(대산출판사), 50~51쪽.

청록파 세 시인의 우정이 엿보이는 글이라서 옮겨보았다. 아버지 말씀같이 옛날엔 한때 청록이던 이 세 분의 시풍도, 관심을 갖는 분야도 서로가 점점 달라지고 있었다. 아버지의 다음과 같은 시 〈혼자서 가는 길〉도 이런 의미로 읽힌다.

이제는
더 말하지 않으련다

하고 싶은 말을
다 쏟아 놓고
허전한 마음으로
돌아가는 길 위에는

저녁 노을만이
무척 곱구나

소슬한 바람은
흡사 슬픔과도 같았으나
시장끼의 탓이리라
술집의 문을 열고

이제는 더
말하지 않으련다

내 말에 귀를 기울이고
옳다고 하던 사람들도
다 떠나 버렸다

마지막 남은 것은 언제나
나 혼자뿐이라서 혼자 가는 길

背信과 蔑視와 包圍網을
그림자 같이 거느리고
나는 끝내 원수도 하나 없이
이리 孤獨하고나

이제는 더 말하지
않으련다

잃어버린 것은 하나 없어도
너무 많이 지쳐 있어라
목이 찢어지도록
외치고픈 마음을 달래어

휘정 휘정
혼자서 돌아가는 길 위에는

오래 잊었던 李太白의
달이 떠 있다

이 세 분은 어느날 만났을 때, "젊어서 청록집을 냈으니 우리 세 사람이 이다음에 머리가 하얗게 늙으면 꼭 〈백록집〉도 함께 냅시다"고 약속도 하셨다는데 그 약속을 못 지키시고 아버지가 먼저 마흔 여덟(1920~1968)에 타계하시는 바람에 〈백록집〉은 영 빛을 보지 못했다. 이제는 모두 고인이 되셨음이〔박목월 선생은 예순 둘(1916~1978), 박두진 선생은 여든 둘(1916~1998)〕 안타깝기만 하다.

지금쯤 하늘나라에서 만나셨을 이 세 분은 지상에서 이루지 못한 〈백록집〉 애길 하고 계실까? 인생이 무상하니 문학도 덧없음을 나누고 계실까? 언젠가 내가 이 세 분을 위해 〈백록집〉을 내드려야겠다는 생각을 해왔었는데 어느덧 올해(2006)가 〈청록집〉이 나온 지 60년이 되는 바로 그 환갑의 해가 아닌가. 그 백록집을 못 내드린 채 60주년을 맞는 아쉬움에 젖어있던 터에 이를 안타까워하는 칼럼이 있어 그 일부를 여기 잠깐 소개한다.

> … 박목월은 민요조의 리듬을 자기화하여 애틋하고 소박한 향토적 정서를 형상화했다. 조지훈은 정적인 전통적 미학을 전아한 가락으로 표상화했다. 박두진은 건강한 생명력의 표상으로 자연을 노래하면서 자연너머의 광명을 희구한다. 《청록집》은 모국어를 빼앗겼던 암흑기에 그것을 지켜주고 밝혀주는 일을 감당했다. 광복 앞과 뒤의 단절됐던 한국시문학을 이어주면서 '청록파'라는 유파로 불릴 정도로 큰 영향을 끼쳤다. 그 《청록집》이 올해 탄생 60주년, 환갑을 맞는다.… 《청록집》 60주년을 주제로 그 흔한 세미나 하나 열린다는 소식조차 없는 것은 문학하는 사람들의 태무심이 정도를 넘어서서 한국문학을 걱정하지 않을 수 없게 한다. 외국어의 홍수 속에 한국어는 짓밟히고 있다. 모국어를 비틀고 짓이기면서 말장난이나 하려 하는 한국 서정시의 오늘날 모습을 보면서 《청록집》을 펼친다. '청록파'의 역사적 의미를 거듭 생각하게 한다.
>
> — 김선학(문학평론가, 동국대 교수), 〈조선일보〉 2006. 4. 28

27세에 교수가 되신 아버지

아버지는 1947년 가을에 모든 일에서 손을 떼고 고려대학교 강단으로 옮기게 된다. 아무 연고도 없는 이 대학에 약관 27세의 젊은이가 교수로 초빙된 데에는 다음과 같은 설(說)이 있다. 이상은(李相殷) 선생과 이종우(李鍾雨) 선생, 이 두 분은 다 철학자 윤사순(尹絲淳, 고려대 명예교수) 선생의 스승들이셨는데, 윤 선생의 증언에 의하면 두 분이 함께 어느날 지식인들이 자주 드나들던 술집에 가게 되었다. 그곳에서 어느 젊은이를 처음 만났는데 '깊이 있는 학문적 지식과 논리정연한 화술, 비범하고 당당한 풍모'의 그 젊은이에게 두 분이 지대한 관심을 갖게 되었다.

두 분 중 한 분께서 "기가 막히다"며, 주위사람에게 "저 사람이 누구냐?"고 물었다. 그래서 '《문장》지 출신 시인이면서 뛰어난 이론가 조지훈'이라는 사실을 알게 되었다고 한다. "시인이면서 사회, 과학, 철학, 모든 분야를 꿰뚫고 있다"며 깜짝 놀라셨다고 한다.

그때가 현상윤(玄相允, 6 · 25 때 납북) 초대 총장시절이었는데 국문과에는 고전문학을 가르치시는 구자균(具滋均) 선생과 국어학을 가르치시는 김형규(金亨奎) 선생, 한문학 전공의 김춘동(金春東) 선생 이 세 분이 국문과 교

1947년부터 20년간 몸담았던 고려학교 석탑건물 앞에 선 아버지(1959년경)

수의 전부였다. 교수를 보충해야 할 시기였는데 현 총장이 두 선생에게서 이 이야기를 듣고 구자균 교수한테 지시를 내렸다.

김종길 교수의 증언에 의하면, 어느날 현 총장께서 구자균 교수를 불러 "지훈이라는 젊은이가 박학다식하다고 하니 우리 국문과를 위해 알아봐 달라"고 하셨다. 시인인 줄만 알 뿐이었지, 안면이 없어 난감하던 구 선생께서는 메신저로 대구사범 교유(선생)시절 제자이면서 당시 고려대 영문과 학생이던 김종길 선생을 택했다. "지훈이 영양사람이고 자네가 고향이 안동이니 지훈에게 가서 내 이야기(학교부임 건)를 전해달라"고 부탁하셨다고 한다. 그 말씀을 전해 들으신 아버지는 "나는 고려대와 인연도 없을 뿐 아니라 아직 더 공부해야 할 어린 나이인데…. 며칠 시간을 줄 수 있겠소?" 라고 하시더란다. 수일 뒤 마침내 이를 승낙하신 아버지께서는 결국 고려대에 부임하시게 되셨다.

김종길 선생께서는 그때를 회상하시며 "고려대는 지훈을 필요로 했고 지훈은 고려대를 만나 더욱 빛났으니 지훈과 고려대는 궁합이 잘 맞았다"고 말씀하셨다.

해방 이후 좌우이념 대결이 대학가를 들끓게 했을 때 아버지는 그 소용돌이 속에서 여러 가지 어려움을 겪으셨다. 어느날은 좌익학생이 교수셨던 아버지를 벽돌로 찍으려 날뛰었다. 그러나 상대는 아버지의 의연한 자세에 압도당해 제풀에 꺾여 벽돌을 내려놓기도 했다고 한다. 이 일과 관련하여 아버지는 학생들에게 "선생이 학생에게 맞을 수도 있다. 맞았느냐, 않았느냐 하는 것은 문제거리가 되지 않는다. 다만 당당하게 맞았느냐 비겁하게 맞았느냐 하는 것은 끝까지 따져야 한다"고 말씀하셨다고, 후일 제자들이 이를 전해주었다.

아버지는 비겁한 것을 가장 싫어하셨다. 아버지는 제자들에게 "죽음을 공부하라", "살찐 돼지보다 깡마른 학이 되라"고 틈만 나면 일깨우셨다고 한다. 또, 언젠가는 "우리는 죽어야 하고 죽음에도 여러 가지가 있겠지만 죽는 까닭과 죽는 태도가 중요하다" 하셨다 한다.

아버지의 문학 역정(歷程)

30대와 6·25 종군 시절

- 한 많은 6·25, 그리고 〈창공구락부〉
- 아버지의 종교 그리고 나
- 아버지와의 재회
그리고 할아버지의 납북
- 대구 피란시절과
아버지의 첫 시집 《풀잎 단장》
- 아버지와 《한용운 전집》
- '기루운' 큰 사람 그 '님'!

한 많은 6·25, 그리고 〈창공구락부〉

1950년 6·25 동란이 터졌다. 6월 25일 아버지는 성북동 집에서 방문을 열어놓고 세상모르게 주무시고 계셨다. 잠결에 깨우는 사람이 있어 눈을 떠보니 목월 선생이 문득 창 밖에 서 계셨다. "거리에는 호외(號外)가 돌고 야단이 났는데 낮잠이 다 무엇이냐"고 하셨다. 괴뢰군(傀儡軍)이 남침했던 것이었다. 아버지는 초연(悄然)히 담배에 불을 당기셨다. "언젠가 한 번은 오고야 말 날이 기어이 오늘에 오고 말았구나." 가슴에서 싸늘한 것이 내려앉았다. 구름처럼 흘러가던 마음이 고개를 들었다. 흡사 슬픔과도 같은 것이 스쳐갔다. 그런 기분도 잠시 이내 무덤덤해지며 아무렇지가 않았다.

다음날 26일 오후 2시, 아버지는 고려대 3층 강의실에서 '시론(詩論)'을 강의하고 계셨다. 의정부(議政府) 방면에서 총성이 들려왔다. 교정의 스피커에서 전황보도가 떨고 있었다. 수런대는 학생들을 보면서 아버지는 생각에 잠기셨다. 오늘 흩어지면 우리는 다시 이승에서는 못 만난다는 슬픈 가능성을 생각하며 인정(人情)의 약함에 눈시울을 적시며 강의실 문을 힘없이 밀고 나와 집으로 향하셨다.

호호(濩濩)한 포연(砲煙)이 산머리를 덮는 황혼에 성북동 골짜기를 목남

(木南) 선생께서 찾아오셨다. "서울 후퇴(後退)는 불가피하다. 우리는 어쩔 것이냐" 하셨다. 어쩔 것이 아니라 이미 어쩔 수 없는 길, 아버지는 마음이 오히려 가라앉는 이유를 모르겠다고 하셨다. 그 마음을 목남 선생이 아신다고 하셨다. 삶과 죽음의 공포에 누가 흔들리지 않는다 하랴마는 아버지께서는 "더럽게 죽지 말자, 더럽게 죽어서는 안 된다"고 속으로 다짐하셨다. 그리고 이 힘을 입어 죽음 앞에 나설 수 있음과 그 작은 시간에 감사하셨다.

27일 아침 가족과 결별하셨다. 여섯 살, 세 살박이였던 나와 학열은 때아닌 새 옷을 갈아입고 좋아했었다. 아버지는 그 철없는 우리 어린 것의 얼굴이 자꾸만 눈에 밟히셨다. 이른 아침에 김동리(金東里) 선생께 가셨다. 목남 선생께서 그리로 오시겠다고 했기 때문이었다. 그 분의 가족과 함께 흰죽을 나누신 뒤 이 세 분은 미당(未堂) 선생과 약속한 장소로 가셨다. 미당 선생이 비상국민선전대(非常國民宣傳隊) 마이크를 잡고 서 있었다. "시민 여러분, 우리는 어떻게 살았으면 좋겠습니까?" 이고 지고 떠나가는 피란민들이 누가 이 말을 듣는다 하랴만 이 아무렇지도 않은 한마디에 눈물이 쏟아졌다.

문예(文藝)빌딩 지하실에 거적을 깔고 최후의 농성을 하기로 했다. 국방부 정훈국에서 의정부 탈환의 축배를 드셨다. 새파란 전투복을 갈아입은 김현수(金賢洙) 대령은 이 술을 다 마시고 취해서 죽는다 하니 떠나기를 재촉하는 벗의 손길이 눈물겨웁다고 하셨다. 아버지는 "국민 앞에 사과하고 세계에 호소한 다음 방송국을 파괴하는 것이 하나 남은 책무(責務)"라고 얘기하는 김 대령을 껴안고 "안다 안다 이 마당에 무슨 거짓이 있느냐. 진실한 사람에게는 거짓말도 참말이다. 그대 마음을 내가 안다"고 하셨다.

'문예빌딩 지하실에 오마고한 벗들이 하나도 없었다. 밤은 열한 시인데….'

술에 취한 미당, 목월, 목남 선생과 밖으로 나와 부슬비 나리는 밤거리

6 · 25전란으로 파괴된 안동교 앞을 걸어가는 종군시절의 아버지(왼쪽 등진 사람)

로 나가셨다. 원효로 종점 아는 집에 누워 마지막 방송을 들으며 눈을 감으셨다. "조국이여! 겨레여! 아아 산하(山河)여!" 목메어 굽이치는 시낭독 소리가 들려왔다. 사람은 가고 목소리만 남아서 도는 것이었다. 목소리만 있어도 안심이요 외롭지 않다고 하셨다. 서울 최후의 보루(堡壘) 그 지점 한강 언덕에서 귀를 틀어막고 소리없이 느껴우는 소리를 들으며 잠이 드셨다.

28일 아침, 어디로 가야할지 모르는 배수(背水)의 거리에서 아버지의 이마에 문득 땀이 흘렀다. 아침을 드셔도 밥이 모래와 같았다. 국물은 마셔도 밥알은 영 넘어가지 않았다. 그때 아버지는 "마음이 이렇게도 육체를 규정(規定)하는 힘이 있는가" 하셨다. 수십만의 인파가 마포에서 인도교 다시 서빙고 광나루로 몰려나왔다. 붉은 깃발과 붉은 노래와 탱크, 그대로 사면초가, 그 속에 앉아 넋없이 피우던 담배도 떨어졌다. 나룻배는 다섯 척, 바랄 수도 없었다. "아 나의 가족과 벗들도 이 속에 있으련만, 어디로 가야 하나 배수의 거리에서" 한숨지으시며 마침내 숨어 앉은 절벽에서 한 척의 배를 향해 뛰어내리셨다. 헤엄도 칠 줄 모르는 절대(絶對)의 투신이었다. "아 죽음의 한순간 연기(延期)"를 위해. 이렇게 아버지는 절벽에서 투신하여 뱃전에 매어 달려 도강(渡江)하는 데 성공하셨다.

위의 이야기는 내가 아버지가 쓰신 '절망(絶望)의 일기'라는 시를 바탕으로 1960년 6월 25일부터 28일까지의 상황을 풀어서 쓴 것이다.

이후 아버지는 곧 남하하여 대전에서 문총(文總)구국대를 조직하고 기획단장으로 종군하여 10월에 평양에 다녀오셨다. 아버지는 그때 평양에서의 심정을 이렇게 시로 남겨 놓으셨다.

> 평양(平壤)을 찾아와도 평양성(平壤城)엔 사람이 없다
> 대동강(大同江) 언덕길에는 왕닷새 베치마 적삼에 소식장총(蘇式長銃)을 메고 잡혀오는 여자(女子) 빨치산이 하나
> 스탈린 거리 잎지는 가로수 밑에 앉아 외로운 나그네처럼 갈 곳이 없다
> 십년 전 옛날 평원선 철로 닦을 무렵 내 원산(元山)에서 길 떠나 양덕(陽德) 순천(順川)을 거쳐 걸어서 평양에 왔더니라
> 주머니에 남은 돈은 십이 전(十二錢), 냉면 쟁반 한 그릇 못 먹고 쓸쓸히 웃으며 떠났더니라
> 돈 없이는 다시 안 오리라던 그 평양(平壤)을 오늘에 또 내가 왔다 평양(平壤)을 내 왜 왔노
> 대동강(大同江) 다락에 올라 흐르는 물을 본다. '패강무정(浿江無情)' 십년(十年) 뒤 오늘! 아 가는 자(者) 이 같고나 서울 최후(最後)의 날이 이 같았음이여!

아버지는 1·4 후퇴 이후인 1951년 5월 종군 문인단 부단장으로 중공군으로부터 재탈환한 서울에 다녀오셨다. 6·25 이후 쓴 작품으로 〈다부원에서〉, 〈도리원에서〉, 〈너는 삼팔선을 넘고 있다〉, 〈패강무정〉 등이 있다.

아버지는 이 시기에 "난리통에 어머니를 여의고 아버지 소식을 모르게 되었다. 조부가 자결하시고, 아우가 죽고 하나뿐인 매부마저 잃어서 천애고아가 되었다"고 쓰셨다. 6·25 전란이 발발했을 때 아버지는 30세였다. 아버지는 피란지 대구에서 남하해 온 문인들을 규합하여 〈창공구락부〉를 결성하여 공군에 종군하셨다. 아버지는 〈창공구락부와 나〉라는 글에서 이 단체의 성격을 이렇게 설명하며 그 시절을 회고하셨다.

> 창공구락부는 공군 종군문인단의 명칭이다. 실질적으로는 공군의 정훈업무에 협조 봉사하는 군의 한 부속기관이었지만, 종군문인단이란 딱딱한 이름을 붙이지 않고 창공구락부란 경쾌한 이름을 붙인 것은 그만큼 공군이 현대적인 참신한 군대란 것을 의미한다. 삼군의 종군작가단에 구락부란 이름이 붙은 것은 창공구락부밖에 없었다.
>
> 이름 그대로 창공구락부는 공군에 종군하는 문인들의 친목단체, 사교(社交)구락부적 성격이 짙었다. 1·4후퇴로 대구에 피란 와서 모인 시인, 작가들이 서로 의지가 되어 애환(哀歡)을 함께 나눈 가지가지 추억을 이 창공구락부는 지니고 있는 것이다.
>
> 금(金) 펜에 은익(銀翼) — 금 펜은 가느다란 금색선(金色線)의 원형으로 싸서 단결을 상징한 창공구락부의 배지는 우리 단체의 성격을 잘 표현한 맵시 있는 것이어서 요즘도 책상 서랍에서 가끔 꺼내어 보곤 웃음 짓는다.
>
> 창공구락부 동인은 다재다능한 사람이 모였고 일에 대한 의무감과 정열(情熱)도 있어서 무슨 일이든 계획하고 추진하면 손발이 척척 맞아서 신이 났다. 환도(還都) 후 시나 소설뿐 아니라 잡지편집이나 문화계 어느 면에서도 창공구락부 동인들이 일제히 두각을 드러낸 적이 있거니와 애초에 멤버의 구성이 짜임새가 좋았던 것이라 할 수 있다. (중략)
>
> 창공구락부에 관계하는 동안 내가 한 일은 역시 가사작사(歌詞作詞)가 가장 많았던 것 같다. 작곡(作曲)은 대개 그때 군악대(軍樂隊)에 있는 김성태(金聖泰) 씨께, 이분과는 동란 전에도 작사작곡에 콤비가 된 적이 많았기 때

문에 생소하지가 않았다.

종군으로 기억에 남는 것은 51년 봄에 최인욱(崔仁旭) 형과 더불어 여의도에 내려 일주일 동안 천막살이를 하면서 조종사들과 공군 창설비화(創設秘話), 전투회고담(戰鬪回顧談)을 듣던 일과, 이한직(李漢稷) 형과 같이 눈 오는 대관령을 넘어 제10 전투비행단 창립기념식전에 참석하러 갔다가 김영환(金英煥) 준장이 사천기지(泗川基地)에서 비래(飛來) 도중 동해상에서 조난(遭難)하여 잔칫집이 그만 초상집이 되는 바람에 우울한 밤을 새우던 일과, 대구로 오는 토이기(土耳其) 비행기를 편승하였을 때 해상에서 낙하산을 지워 주고 벨이 울리거든 뛰어내리라면서 간단한 예비훈련을 했기 때문에 입맛이 쓰던 일이 생각난다. 또 유주현(柳周鉉) 형이 사천기지에 종군했을 때 연습기를 한 번 타라 해서 탔다가 공중에서 몇 차례 물레바퀴 놀음을 하는 바람에 창공을 쳐다보니 갑자기 하늘이 시뻘건 흙빛이 되더라나. 비행기에서 내리니 담가(擔架)를 가지고 왔더라는 것이다. 간신히 일어나 비틀거리며 걸어가니깐 모두들 웃으면서 그래도 창공구락부원이라서 공군에 적성(適性)이라고 하더라는 얘기를 듣고 얼마나 웃었는지 모른다.

집회행사로는 대구 문화극장에서 열렸던 '창공문학의 밤'이 가장 성황(盛況)이었다. 이때는 이미 일부 단원이 상경하였을 때고 또 부산에도 내려가 있을 때지만 대구로 총집결시켜서 공군 군악대의 찬조출연을 얻어 프로그램이 꽤 다채로웠다. 이날 내가 약간 계획적으로 미취(微醉)하여 "날개는 경금속(輕金屬), 음악은 경음악, 경쾌한 군대 공군(空軍)의 공(空)짜 흥행(興行)…" 하는 투로 명사회(?)를 해서 홍을 돋구던 일이 생각난다.

창공구락부가 서울로 이동하기 직전 우리는 공군장교 구락부를 빌려 고별연(告別宴)을 열고 많은 인사(人士)를 초청하여 그동안 여러 가지로 신세진 것을 사(謝)하고 하룻밤을 즐기던 일이 또 가끔 생각나는 일이다 홀에선 칵테일 파티, 마당에는 막걸리 독까지 갖다 놓았던 멋진 잔치였다.

〔조지훈전집 4권 《수필의 미학》(나남, 1996), 348쪽 참조〕

창공구락부 시절의 일화 몇 토막이 있다.

나의 서울고등학교 동기동창이며 공군 정훈감실에서 근무한 적이 있는 김세환(사관후보 57기, 예비역 대위) 학형에게 “내가 아버지의 〈창공구락부〉 시절의 이야기를 듣고 싶은데 소개해 줄 분이 있느냐?” 했더니 마침 자기가 잘 아는 분이 있다고 했다. 어느날(2006년 10월 중순경, 이때 나는 고려대 교정에 건립된 아버지의 시비 제막식 행사에 참석키 위해 잠시 귀국하였음), 나를 데리고 이재환(사관후보 24기, 예비역 중령) 선생 댁으로 갔다. 그분은 현재 81세의 공군 정훈장교 공채 1기생으로 중령으로 제대한 분이시다. 다음은 6 · 25 당시 공군 정훈장교로 근무하셨던 이재환 예비역 중령에게 들은 이야기들이다.

이 선생께서는 직장생활을 하다 공군장교로 입대해서 정훈감실에서 근무하게 되었다고 한다. 당시 정훈감실에는 장교가 총 8명~10명뿐이었다고 한다. 김기찬 씨가 공군 〈창공구락부〉 창설멤버였는데 거기에 공군 작가단이라는 단체가 있었다. 청록파 3인도 이 단체에 끼어 있었다. 그 중 박목월 선생은 육군에 더 관여하고 계셨다. 이 선생께서는 당시 26세쯤 나이로 시인에 대한 동경을 가지고 있을 때라 창공구락부 소속문인들을 모시고 다니며 많은 것을 배웠다.

당시 〈창공구락부〉는 마해송(아동문학가) 선생이 단장, 아버지와 김동리(소설가) 선생이 부단장으로, 황순원, 박두진 제씨들이 공군기관지(〈월간공군〉의 전신인 〈코메트〉 지 및 전시뉴스레터 성격을 띤 공군순보)를 발행하고, 각종 문학작품을 선보이며 군인들에게 전투의지를 고양하였다. 후방에 있는 일반인들에게는 아군의 활약상과 적군의 무도함을 전달하는 등 장병들의 정신전력 향상에 많은 기여를 했다. 당시 정훈감실의 정훈감은 아버지와 동갑이셨던 서임수 씨였다. 아버지와 공군 작가단은 자주 비행단을 방문하면서 군의 사기를 고취시키고 있었다.

조석으로 소설가 최인욱 선생, 유주현, 박화성, 방기환, 이상로 제씨들이 정훈감실을 직간접적으로 자주 드나드셨다. 모두들 전쟁으로 실의에 빠졌을 때니 으레 저녁이 되면 막걸리로 식사를 대신하면서 힘든 생활을 하였다. 대구에 가면 말대가리집, 열차집, 은행나무집, 버드나무집들이 잘 가는 술집이었는데, 이 선생은 나의 아버지, 마해송, 최인욱, 구상, 박두진, 유주현, 박화성 선생들과 함께 그곳에 가서 자주 술을 마셨는데 주로 항아리에 담긴 막걸리를 바가지로 드셨다고 한다. 여류문인으로는 최정희 여사가 이 분들과 자주 어울리셨다고 한다.

잡다한 시국에 대한 이야기가 주를 이루었다고 한다. 마 선생과 최 선생은 농담을 잘하셨는데 아버지는 항상 과묵하셨다고 했다. 이 선생이 기억하시는 나의 아버지의 모습은, 겨울이면 검은 두루마기에 검은 목도리를 하신 모습이 인상적이었으며 사람들 앞에선 언제나 "허허허" 웃는 얼굴로 늘 친근감을 주시던 품위 있는 처신이 아직도 잊혀지지 않는다고 하셨다.

당시 창공구락부 주위에는 많은 예술인들이 있었다. 육군소속보다 공군이 더 많았다. 이해랑, 김동원 씨가 이끄는 '신협극단'이란 이름으로 세익스피어의 연극을 주기적으로 연출하기도 했다. 그런 일은 이해랑 씨가 김정렬 장군의 사촌 처남이어서 가능했을 거라 했다. 군을 배경으로 하지 않으면 아무 일도 하지 못하던 시절이었다.

영화도 만들었다. 6 · 25 동란 후 처음으로 일반 극영화 〈출격명령〉을 홍성기 감독이 만든 것도 이때였다. 최용덕 장군 주도로 제작되었는데 분야는 다르지만 서로의 단체끼리 충고와 아이디어를 서로 교환하면서 제작했다. 그 당시 영화인들은 김승호, 최남현, 주선태, 황정순, 최무룡, 김학송, 최은희 여사의 전 남편이었던 카메라맨(이름은 기억이 없다고 함) 등 제씨들이었다.

내일이 기약 없던 황량한 시절, 한마음 되어 같이 웃고 울고 술 마시던 시절이었다.

공군에는 다른 군보다 지성인들이 더 많이 모이는 것 같았다. 공군작가단이 정신적으로나 다방면으로 교육역할, 정치장교역할을 더 잘하던 시절이었다고 회고하셨다. 정훈감실을 만들면서 외곽단체들이 많이 생겨나서 오히려 주인보다 객원들이 더 많았던 시절이라고도 하셨다. '공군작가단(창공구락부)'은 일반인들이 볼 때는 군인도 아니고 저게 무슨 단체인가 할 정도였다고 한다. 그러나 그 나름대로 두각을 나타내는 분들로 조직된 군복을 입은 특별한 종군단체였다.

아버지는 이 시절, 〈은익(銀翼)의 노래〉, 〈너의 훈공(勳功)으로〉, 〈Follow Me〉, 〈하늘을 지키는 젊은이들〉, 〈Z 환상〉, 〈고별(告別)〉, 〈이기고 돌아오라〉, 〈전선(戰線)의 서(書)〉 등을 쓰셨다. 육군에는 시인 구상 씨가 관여하고 있었는데, 각군의 종군작가단끼리 "야. 임마! 넌 육군 군바리냐?", "넌 비행기 타냐?"고 서로 놀리며 농담을 주고받았다고 한다. 당시 단장이시던 마해송 선생은 나의 아버지보다 12년이나 연상이셨으나 두 분은 무척 친하셨다. 서로 존경하며 지내셨다. 또 최인욱 선생은 아버지를 보고 "당신이 명문집안 자손이라고 중놈 자식인 나를 괄시하는 거요?" 라고 뼈있는 농담을 할 때면 아버지는 그저 껄껄 웃으셨다고 했다. 당시 나의 작은할아버지께서는 대구치안을 총책임지신 경찰국장이시기도 했다.

가수 패티 김의 오빠 김준과 김기완, 주정호 제씨들이 '창공구락부' 창설멤버였으며 모두 문인기질이 있었던 분들이었다고 말씀하시는 이재환 선생은 "재미있는 이야기들이 많았는데 너무 오래되어 기억이 잘 안난다"며, "도움이 되었는지 송구스럽다. 찾아와 주어서 고맙다"고 말씀하셨다. 이재환 선생께 감사드린다. 일화를 이야기한다는 게 길어진 것 같다. 하지만 이것도 아버지의 종군시절의 한 풍경이요 그 시절 시대상을 짐작하게 하기에 좋은 에피소드라고 생각한다.

"이 창공구락부는 환도 후 얼마 되지 않아 해체하였으나 옛날의 동인들은 매주 수요일마다 한 번씩 막걸리 추렴하는 모임을 몇 해 동안 계속하였다고 한다. 수요일 오후가 되면 다방 거리에 잘 나오지 않는 마해송(馬海松), 최정희(崔貞熙) 두 분을 비롯하여 동인들이 모여들기 시작하므로 다른 사람들까지 '아 참, 창공구락부 회의날이군, 그래' 하고 술자리에 끼여들기가 일쑤였다"고 아버지는 회고하셨다.

2006년 9월 29일 고려대에 세워진 아버지 시비 제막식 참석차 잠시 귀국했을 때 이재환 선생을 인터뷰할 수 있게 해 준 고교동기 김세환이 내가 미국으로 돌아온 후(바쁜 일정으로 내가 미처 못한 일, 남산에 세워진 아버지 시비에 쓰여진 김종길 선생의 비문을 옮겨 적어 보내달라는 부탁을 하고 왔었다), 나에게 이런 편지를 보내왔다.

> 한국을 떠난 지 10여 년, 환갑을 훌쩍 넘겨버린 나이에 불시에 내방하여 일정이 무척 바쁘기도 했지만 모처럼 재회는 했으나 제대로 회포도 풀지 못한 채 또 다시 석별하고 나니 섭섭한 마음 금할 길이 없네. 피차 다음 기회를 기약하기로 하세.
>
> 별첨하는 유명한 공군군가 '銀翼의 노래'는 6 · 25 전란 당시 '공군 창공구락부' 내의 '공군작가단'의 일원으로 활동하시던 자네의 선친께서 작사하신 노래로 내가 1968년 2월에 대학을 졸업하고 3월 2일, 당시 대전에 있던 '공군 航空兵학교에 사관(장교) 후보생으로 입교하여 그해 7월 1일, 공군소위로 임관하기까지 4개월의 훈련기간 동안 단 하루도 빼지 않고 거의 매일 부르던 우리 공군의 대표적인 군가일세.
>
> 음미해 보면 볼수록 구구절절이 선친의 애국애족하는 숭고한 정신이 물씬 깃들어 있는 실로 훌륭한 가사가 아니겠는가? 앞으로도 이 군가는 대한민국 공군이 건재하는 한 우리 후대의 장병들에게 영원토록 불릴 불후의 노래라

확신하며 6·25 전란을 전후한 선친의 활동도 이 군가 일편으로 능히 대변될 수 있을 것으로 사료되네.

서울 남산에 세워져 있는 선친 시비의 비문(자네가 부탁한)을 비롯하여 기타 본인이 소장하고 있는 몇몇 자료를 첨부하니 참고바라며 가족 모두의 건승을 기원하면서 재회의 날을 기다리겠네.

이런 편지와 함께 아버지가 지으시고 김성태 선생이 작곡하신 〈은익(銀翼)의 노래〉를 복사해 보냈기에 고마운 마음과 함께 여기 옮겨 놓는다.

국토를 지키려는 원(願)이 뭉쳐서 하늘높이 떼지어 솟아오르니
그 이름도 아름답다 창공의 용사 해동청 보라매가 바람을 탄다
하늘에 살아서 높아져라 이상아 희망에 빛나는 아 — 은빛날개다

하늘을 지키려는 원이 뭉쳐서 죽음으로 맹세코 날개를 펴니
그 모습도 믿어웁다 창공의 용사 검은 구름 헤치며 웃으며 간다
하늘에 살아서 넓어져라 도량아 정의에 빛나는 아 — 은빛 날개다

그가 첨부한 자료에는 〈공군애호문인단 '창공클럽' 발족, '55년 만에 부활… 애국심 계승〉이란 제목으로, 6·25 전쟁이 한참이던 1951년 총 대신 펜을 들고 군인들에게 전투의지를 고양하는 작품활동을 펼쳤던 선배문인들의 애국심을 계승한 공군애호문인단 발족식이 2006년 9월 공군회관에서 열렸다는 '공군전우회' 신문기사(2006. 10. 27)도 보내주었다.

이 노래는 《지훈전집》에도 없기에 여기 소개했다. 아버지는 이런 군가뿐 아니라 경기여중고등학교 교가, 고려대학교 교가 등을 비롯하여 많은 학교의 교가를 지으셨고, 현대건설 등 여러 회사의 사가(社歌)들도 지으셨으나

모두가 전집에 실리지는 않았다는 것을 첨언하는 바이다.

다음은 9 · 28 서울수복 직후 쓰여진 〈서울에 돌아와서〉라는 시 후반부이다.

……

옛날의 明洞거리를 찾아간다
숨었다가 겨우 산 옛벗을 만난다
껴안을 수가 없다 말조차 없는 그 對面

저무는 거리에서 추럭을 타고
牛耳洞 CP를 찾아간다

家族의 生死를 아직 모르는 木月을 보내고
내가 혼자 이 밤을 거기서 자리라

師團長 R 准將이 웃으며 맞아준다
"오늘 저녁에는 안 오실 줄 알았는데
죽다가 산 사람끼리 하소연이 많을 텐데…"

武器도 하나 없이 暗號를 외우며
어두운 밤길을 혼자서 걸어온다

敦岩里 길가에서 줏어 업은 戰爭孤兒는
이름을 물어도 나이를 물어도 대답이 없다

― 1950. 10.3.

1959년에 내신 아버지의 시집 《역사(歷史) 앞에서》에는 6 · 25의 참상을 읊은 시가 다수 실려 있는데, 어느 평론가는 이 계열의 작품을 두보(杜甫)의 전쟁시에 견준 것을 본 기억이 난다. 또 고려대 김인환 교수(지훈상 운영위원장)는 "지훈의 시가 사회윤리적이며 현실참여적이라는 사실을 보여준다. 이 시들은 6 · 25의 체험이 반영된 전쟁시집으로 〈패강무정(浿江無情)〉 같은 명작도 있다. 그런데 지훈은 이러한 시들을 좋아하지 않았다. 이 시집 서문에서 지훈은 '우리 시가 두 번 다시 이런 슬픈 역사 앞에 서지 않게 되기를 비는 마음 간절하다' 라고 말했다" 라고도 하였다.

아버지의 종교 그리고 나

전란시의 또 다른 한 가지 일화는 6·25 직후 대구 피란시절 어느날, 콘센트 안에서 술자리가 벌어졌다. 모두 가족들의 생사를 모르는 채 초조와 불안과 무료를 달래던 전시문인(戰時文人)들은 마침내 크게 취하여 체념한 상태에서 고성방가하기 시작했다. 그 순간이었다. 현역군인 하나가 권총을 빼들고 들어와서 천장에 대고 마구 공포를 발사하며 대갈일성을 했다. "지금이 어느 땐 줄 알고 술을 처먹고 이짓들이냐"고.

모두들 겁에 질려 벌벌 떨면서 쥐구멍을 찾고 있는데 벽력같은 소리를 지르며 나서는 사람이 있었다. 아버지였다. "이놈! 여기가 어딘 줄 알고 함부로 들어와 총질이냐? 너는 애국을 총으로만 하는 줄 아느냐? 총보다 더 뜨거운 애국이 있는 줄을 모르는 놈 같으니, 펜으로 나라를 위하는 길도 있어 이놈아! 쏠 테면 쏴라! 이놈!" 그리고는 달려들어 그 군인의 따귀를 후려치셨다. 그리고 추상같이 소리를 질러 꾸짖었다. 눈 깜짝할 사이에 눈에 불이 번쩍 난, 벼락(?)을 맞은 군인은 총을 내려놓고 무릎을 꿇은 채 사과했다고 한다.

이것은 그때 그 자리에 함께 계시던 박목월 선생께서 저의 가족에게 들려주신 일화다. "자네 아버지의 담력이 또한 이러했다"고 하시면서….

또 박목월 선생께서는 다른 일화도 들려주셨다. 아버지의 왼손 손등 오른편에 푸르스름한 흉터가 있었던 것을 나와 아버지의 지인들은 모두 기억하는데, 그에 대한 궁금증이 풀리던 순간이었다.

그러니까 휴전이 되고 서울 수복 얼마 후인 1954년 5월경이었다고 한다. 명동성당에서 노기남 대주교의 초청으로 당시 문인들과 종교인들의 모임이 있었다(당시 우리나라 천주교 사제의 최고자리는 대주교였다. 추기경이 없을 때였다). 칵테일 파티였다는데 이 자리에서 어쩌다가 '인간의 의지'가 화두로 떠올랐다. 주교는 '신(神)의 의지'를 강조 위해 "담뱃불만 잠깐 스쳐도 그 뜨거움을 참지 못하는 것이 인간의 의지"라고 하면서 지성인의 의지를 폄하(貶下)하는 발언을 했다. 그러자 아버지는 지난날의 사육신(死六臣)의 실례를 들어서 이를 반박하셨다고 한다.

그래도 주교가 별로 공감을 하지 않자 아버지는 벌떡 일어났다. "그러면 내가 주교님에게 인간의 의지를 보여주겠소이다" 하시며 성냥개비 대여섯 개에 불을 붙여 당신의 왼 손등에 올려놓았다. 손등이 지글지글 타 들어갔다. 순간 주교도 문인들도 경악하여 질려버렸다. 주위가 숙연해졌다. 그런데도 아버지는 태연자약하게 오른손으로 술잔을 들어 마셨다. 한참 만에 손등의 불이 제풀에 꺼지자 입으로 훅 불어서 타다 남은 성냥개비를 털어버리고는 아무 일도 없었다는 것처럼 술을 마시고 밖으로 나셨다고 한다.

"이처럼 자네 아버지는 의지 또한 꿋꿋하셨다"고 그 자리에 함께 계셔서 그 장면을 지켜보셨던 박목월 선생께서 전해 주셨다. 박남수 · 이한직 시인도 동석했는데 아버지는 그분들에게 성직자의 아집(我執)이 종교를 망친다고 개탄했다고 한다.

신앙에 관한 한 아버지는 사교가 아닌 이상 모든 종교를 수용하는 입장을 취하셨다. 다만 어느 종교든 자신들의 교리만이 옳다고 주장하는 아집에 대해서는 결코 동의하지 않으셨다.

훗날 크리스천이 된 내가 나를 친히 찾아주신 주님으로 인한 그 기쁨과 감격으로 마음이 뜨거울 때, 그 성숙되지 못한 믿음으로 들떠 '땅끝'에만 집착하면서, 고국에 계신 어머님을 전도하기 위해 장문의 편지를 올리면서 노기남 대주교를 상대로 한 아버지의 행동은 쓸데없는 객기(客氣)요, 교만(驕慢)이 아니겠느냐고 폄하한 적이 있었다. 그러나 나는 그런 편지를 쓴 것을 지금 후회하고 있다.

왜냐하면 이 글을 쓰기 위해 아버지가 쓰신 여러 편의 글들과 아버지의 지난 행적에 대한 이야기나 자료들을 듣고 읽으면서 아버지가 얼마나 일찍이 인생에 대해 고민하고 그것에 흠뻑 빠져보셨는지를 알게 되었으며, 옛 성인들의 삶을 닮고자 당신 자신과의 싸움을 끊임없이 해오셨는지 알았다. 하늘을 경외하고 말과 글뿐만 아니라 행동으로 실천하는 삶을 일관되게 살 것과 "하늘을 우러러 한 점 부끄러움이 없는" 삶과 값진 죽음을 위해서는 목숨도 아끼지 않겠다는 각오로 이미 20세 전에 뜻을 세우셨고, 늘 죽음을 생각하며 죽음을 두려워하지 않는 삶, 잘 죽는 삶을 준비하시며 살아오셨다는 것을 알게 되었기 때문이다.

종교보다 더 종교적인 삶을 아버지는 살고 가셨던 것이다. 나는 이러한 아버지를 생각하며 어느 부활절 날 〈앎이 아니라 삶이다〉란 제목으로 이런 글을 쓴 적이 있다.

> 禪不在靜處(선부재정처) 亦不在鬧處(역부재료처)
> 不在日用應緣處(부재일용응연처) 不在思量分別處(부재사량분별처)

중국 송대 대혜선사의 어록 중 24자를 적은 아버지의 휘호이다.

이 글은 "선(禪)은 고요한 곳에도 있지 않고 시끄러운 곳에도 있지 않으며, 날마다 관련맺는 일에도 있지 않고 생각하고 분별하는 곳에도 있지 않다"는 뜻이다. 선을 한답시고 조용하고 한적한 곳을 찾아다니는 것은 아직 선의 경지에 이르른 것이 아니요, 어느 때 어느 곳에서나 비록 그것이 시끄러운 저잣거리라 할지라도 매이지 않고 흔들림 없는 고요하고 비운 마음을 삶 속에서 누릴 수 있는 경지에 들어서야 진정한 선을 할 수 있다는 뜻인 줄로 안다. 문을 걸어잠그고 깊은 산 속에 숨어 있는 것보다 사람들 속에서 함께 어울리되 물들지 않음이 더 어려운 일이다. 깊은 산 속에 있으면서도 그의 마음이 번잡하다면, 그는 비록 산 속에 있으나 실은 장터에 나와 앉아 있는 것과 무엇이 다르겠는가.

우리는 태어나서 죽는 날까지 배우고 또 그것을 남에게 가르친다. 또 유한한 존재로서의 원초적 고독을 극복하고 참된 평안과 복된 생활을 위해 삶의 기술인 종교를 통해 길과 진리와 생명을 배우기도 한다. 가르침을 받는다는 것은 나 자신을 위해서이기도 하지만 남에게 자기가 아는 바를 전수시키는 목적도 있다. 그러나 우리는 결정적인 순간에 가르침에 실패를 하는데 그 주된 원인은 말과 삶이 일치하지 않은 것에서 비롯되었음을 알 수 있다. 백문이 불여일견(百聞不如一見)이듯 백언이 불여일행(百言不如一行)인 것이다. '앎'이 아니라 '삶'이어야 하기 때문이다. '삶'속에 '앎'이 몸에 배어 자기혁신을 통해 자기통합을 이루어야 올바른 가르침이 되고 신뢰를 받게 되는 것이다.…

— 〈뉴욕 한국일보〉 2003. 4. 19 ”

이 글은 어느 부활절 날, 아버지가 좋아하시던 글귀, 앞의 "선부재정처, 역부재료처, 부재일용응연처, 부재사량분별처"가 문득 생각나서 쓴 글이다. 손수 붓으로 쓰셔서[아마도 이것이 〈야정화명(夜靜花明) 고서생향(古書生香)〉이라는 붓글씨와 함께 아버지가 써서 남겨놓으신 최초이자 마지막 붓글씨였다고 생각한다], 이 글을 액자에 넣어 당신 서재에 늘 걸어두셨기에

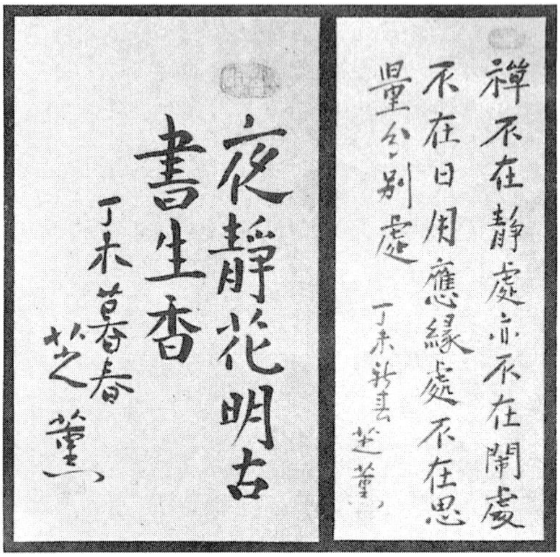

손수 붓으로 쓰신 〈야정화명(夜靜花明) 고서생향(古書生香)〉. 액자에 넣어 당신의 서재에 걸어 두셨다.

나도 자연히 외우게 된 글귀이다. 그러나 나는 그 뜻을 아버지께 여쭈어 보지도 않았고 아버지 또한 뜻을 설명하신 일도 없다. 나 혼자 그 뜻이 대강 이러한 것일 것이라는 어설픈 해석을 하고 있을 뿐이다.

이와 같이 아버지는 말보다 실천을 중요하게 여기며 사셨기에 그러한 아버지의 삶의 태도를 생각하며 써본 졸문이다. 그 정신을 본받고 초라한 내 신앙에 채찍질을 스스로에게 가하기 위함이었음을 이 기회를 빌려 독자들에게 알린다. 〈산시산 수시수(山是山 水是水)〉(나의 에세이집 〈태초에 멋이 있었다〉, 나남출판, 2007)란 나의 수필도 유사한 성격의 글이다.

다시 아버지의 이야기로 돌아가자.

앞에서 언급한 에피소드들 같은 풍모의 아버지이셨으나 그렇게 경직된 것만 같은 아버지에게도 뜨거운 육친에의 사랑은 있으셨다.

아버지와의 재회 그리고 할아버지의 납북

……

나의 祖國은 나의 良心
내사 忠誠도 功勳도 하나 없이 돌아왔다.

버리고 떠나갔던 城北洞 옛집에
避亂갔던 家族이 돌아와 풀을 뽑는다

밤길을 걸어서 아이를 데리고
울며 갔다던 먼 山中 절간

아내는 아는 집에 맡겨논 보퉁이를
찾으러 가고 없고

도토리 따먹느라 옻이 올라 진물이 나는
세살배기 어린 것을 안고 뺨을 부빈다

"가재 잡아 구워먹는 맛이 참 좋더라"는 말
아 여섯 살짜리 큰놈이 들어온다

애비를 잘못 둔 탓 찢어져 죽었다면
어쩔 것이냐.

밤마다 죄지은 듯 아프던 가슴
근심은 실상 그것밖에 없었더니라

아 나의 어버이도
이렇게 나를 사랑했으리라

아버지가 안 계시다
죽을까 염려하시던 자식은 살아왔는데

원수가 돌려준 아버지 세간
眼鏡과 面刀만이 돌아와 있다

어머니는 아직
짓밟힌 고향에서 소식이 없다

서른을 넘어서 비로소 깨달은
내 肉親에의 사랑이 아랑곳없음이여
(하략)

이 시는 아버지가 1950년 10월 3일에 쓰신 〈서울에 돌아와서〉라는 시의 일부이다. 9 · 28 수복으로 대구에서 종군문인으로 활약하시던 아버지가 서울로 귀환하여 가족 재회의 감격을 시로 담아낸 글이다. 6 · 25가 발발하자 어머니와 우리 형제(나와 동생 학열)는 친척 할아버지의 인솔에 의해 광나루(지금의 워커힐호텔 근처가 아니었나 싶다) 어느 절간(어머니는 '덕소 묘적사'로 기억하고 계신다)으로 피란이 있었는데 그때의 광나루는 깊은 산골로 하늘이 안

보일 듯 숲이 우거지고 나무와 나뭇가지로 얽힌 넝쿨에 머루 다래가 주렁주렁 달려 있고, 오디가 지천으로 널려 있던 기억이 난다. 썩은 나무등걸 밑 다람쥐 달아나고 송이가 여기저기 매달려 있었다.

전쟁이 뭔지도 모르는 철부지 어린아이였던 나는 맑은 계곡물에 들어가 바위틈에서, 또는 작은 돌을 들어내고 가재를 잡는 재미로 시간가는 줄을 몰랐었다. 잡은 가재를 엄마에게 가져가면 엄마는 그것을 끓는 물에 넣어 삶아주시곤 했다. 바알갛게 익은 그 가재의 모습과 껍질을 벗기고 맛있게 발라내서 먹던 기억이 아직도 눈에 선하다.

인민군이 패퇴한 뒤 서울 성북동 집으로 돌아와 보니 마당에는 잡초가 내 키만큼 자라있었고, 우리집을 부상군인 치료소로 사용했던지 약병과 피 묻은 붕대들이 널려 있던 것이 기억난다. 그때 나는 피로와 영양부족으로 입술이 온통 물집투성이로 퉁퉁 부어 있었다. 그런 모습의 자식들이 아버지에게 얼마나 측은해 보였으랴. 이때, 내 나이는 여섯 살이었다. 내 기억 속에 남아있는 가장 오래된 모습의 아버지는 이때가 아닌가 한다. 이전의 아버지에 대한 기억은 전혀 없다. 그건 아마도 아버지가 절간에서 칩거하신 때문도 있겠지만, 어른들 앞에서 자식을 너무 귀여워하는 것을 금지했던 유교사상 때문이 아닌가 하는 생각이 든다.

그런 재회도 잠깐 우리는 다시 헤어져야 했다. 아버지께서는 그날 어머니도 만나지 않으신 채(아버지는 위의 시에서 "아내를 만나지 않고 집을 나선다. 白衣從軍 내 몸이 인정탓으로 信義를 저바림 어찌하느냐"고 쓰셨다), 다시 종군하셨고, 우리는 1·4 후퇴 때 다시 피란길에 올랐다. 아버지는 이 무렵 《서울신문》 편집국에서 김영랑(金永郎) 시인의 죽음을 들으셨다.

어머니와 내 동생 학열(당시 세 살) 그리고 나는 군 트럭에 산더미같이 실은 피란민들의 이삿짐 위에 아슬아슬하게 올라앉아 여러 피란민 속에 끼어 남쪽으로 피란가고 있었다. 시골 논길을 달리던 트럭이 갑자기 논두렁쪽으로 쓰러졌다. 짐들 위에 앉아 있던 나와 학열은 그 짐들 속에 묻혀 논두렁 진흙에 처박혔다. 다행히 평평한 아스팔트 길이 아니고 골이 많이 패인 논두렁이어서 피란짐들 사이로 군데군데 틈이 있어 숨은 쉴 수 있었다. 나는 동생의 손을 붙들고 살려달라 외쳤다. 어머니는 우리 형제와 같이 짐더미 아래 깔리지는 않으셨다.

얼마나 지났을까 뒤에서 미군 트럭이 와서 섰던 모양이다. 밖에서 웅성웅성하는 소리 너머로 영어로 무슨 말들을 나누는 것 같더니 미군들이 장비를 동원하여 트럭을 다시 바로세우는 데 성공했다. 그래서 우리 형제는 가까스로 목숨을 보존할 수 있었다. 어머니는 우리 두 형제가 죽었을까 안절부절 못하셨다고 했다. 그렇게 하여 우리는 대구로 피란갔던 것이다.

또 아버지는 우리가 이런 일을 당하기 이전에 쓰신 위에서 소개한 시 〈절망(絶望)의 일기〉 중 '6월 27일' 이라는 시를 통해 우리 가족이 결별하던 분위기를 써놓으셨다.

새벽에 온 家族이 訣別하다
죽지 않으면 다시 만나게 되리라고…

때아닌 새옷을 갈아입고 좋아하던
어린것의 얼굴이 자꾸만 눈에 밟힌다

"죽음을 너무 가벼이 스스로 택하진 말라" 하시던
아 아버님 말씀
……

나의 할아버지께서는 "우리 부자(父子)는 세상에 이름이 알려져서 세상이 뒤집히면 살지 못한다. 씨나 전해 다오" 라고 며느리인 어머니한테 부탁하셨으며, 우리 가문에 내려오는 매운 기질을 염려하여 자식인 내 아버지께 특별히 당부하셨던 것 같다. "너희도 알다시피 우리 조씨 집안은 선조 할아버지 대부터 너무 강직하고 목숨보다 지조와 명예를 더 귀하게 여기는 기질이 있다. 그래서 많은 조상들이 의에 죽고 의분에 자결하여 단명으로 가셨다. 너희들은 죽음을 너무 가볍게 여겨서 스스로 목숨을 버리지 말라"는 부탁의 말씀을 남기고 헤어지셨던 당신은 납북당하셨던 것이다.

그 이후, 언젠가는 가족이 재회할 수 있으리라는 희망을 버리지 않고 그 날을 위해 당신의 건강을 유지할 수 있는 한 최선을 다해 관리하셨다는 나의 할아버지! 그러나 그 분은 89세까지 견디시다가 결국 사랑하는 가족들과의 재회도 못하시고 생이별의 한(限)을 안으신 채 1988년 5월 23일 북한에서 타계하셨다는 소식을 적십자사로부터 듣게 되었다. 하나밖에 안 남은 당신의 둘째 아들(나의 아버지)마저 세상을 떠난 지 20년이 되던 해였다.

이 전쟁통의 심경을 아버지는 당신의 누이동생에게 하신 편지에 이렇게 쓰셨다.

누이 이실(李室)에게

이실 살펴라. 사장(查丈) 오셔서 너의 모자 그 동안 별탈은 없는 줄 들었으나 그 뒤 또 몇 날이 거듭되고 소식이 다시 아득하구나. 환패하신 후, 사장 두 위분 기력이 손첨이나 없으시고 너도 뫼신 나머지 침식이나 그대로 보전하며 기형(창훈)이도 무탈한지 알고 싶다. 이곳은 어머니 몇날 병환이 어제 비로소 기동하시고 나도 일솔이 별고 없으며 동위 고향간 후 어제 인편 있어 무사한 줄 편지받았다. 대소가 여러 어른들 현첨은 없으시고 주실도 요즘은 시소가 조금 쉬는 듯 과히 염려하지 말아라.

누이야, 이 몇 줄 편지를 쓰기 전에 내 응당 너를 한 번 보고 왔어야 할 일이요 가보지 못할 바에는 이 편지나마 진작 써야 할 일인데 살아서 다시 만날 기약이 없던 몇 안 되는 동기가 한하늘 아래 살아 있어도 서로 만나 가 없는 슬픔을 나누지 못하고 몇 조각 종이와 몇 방울 잉크면 쓸 수 있는 이 편지조차 이날까지 미루어 온 것을 생각하면 진실로 나는 일가친척들이 말하는 것처럼 그렇게 무심한 사람이 되고 말았나 보다. 아버지 안부와 이 서방의 소식은 물을 바 길이 없다 하더라도 할아버지 산소 앞에 엎드려 하늘을 우러러 한바탕 통곡하는 일과 너의 괴로운 심정을 위로는 못 하더라도 얼굴이나 보고 오는 일이야 바이 못할 바도 아닌데, 작년 유월 이래 열 달을 내리 서울에서 대전, 목포까지 부산에서 대구, 평양까지 이렇게 방황하고 있는 것은 무엇 때문이냐. 무심한 사람이기에 짐짓 잊어버리고 살 수도 있으나 안 잊혀지는 일을 잊고서 살자하니 어찌 마음의 갈피를 잡을 수 있겠느냐. 다만 내 슬픔을 알아주는 이 있으면 고마운 일이요 설령 몰라준대도 내가 이 세상에서 살 뜻을 버리지 않기 위해서는 남이야 뭐라 하든지 나는 나대로 좀 살아야겠다는 것이다. 지난날 그렇게 심상하게 생각했던 부모형제간의 인정과 친척고구간의 의리가 이다지 뼈아픈 줄 이제 비로소 깨달았으며 지난날 그다지 쉽게 생각했던 살고 죽는 일이 이렇게 어려움을 이제야 깨닫는다. 인정과 의리가 뼈아프기 때문에 살고 죽는 것이 인생을 욕되게 하는구나.

내가 해방 후 같이 일해 오던 친구의 의리를 저버리고 도망하려 했으면 어떻게 가족과 함께 미리 떠날 수 없는 것도 아니었으나 하루 종일 거리에서 일하다 보니 몰아치는 운명은 이미 서울을 적군의 수중에 맡기고 말았던 것이다. 6월 27일 밤 미아리 쪽으로 터져 들어오는 적군 속을 뚫고 내가 성북동으로 들어가서 잤더라면 나도 이렇게 편지를 쓰고 있는 사람이 못 되었을 것이니 새삼스레 세상에서 이름도 얼굴도 모르는 사람이 되지 못한 것을 한탄할 따름이었다. 나는 그날 밤 한강가 박목월의 집까지 밀려나와 자다가 한강다리 끊는 소릴 듣고 모든 것을 단념해 버리고 말았다. 들어갈 수도 나갈 수도 없는 심경, 다리가 끊어진 한강 나룻가 수많은 군중 속에 앉아 세 시간 동안을 담배만 태우다가 친구들 의논에 좇아 강을 건너기로 하고 뱃전에 매달린 채 강을 건너게 되었던 것이다.

누이야, 나만이라도 강을 건넌 것을 다행이라 해야겠느냐. 아버지와 처자를 버리고 혼자 살아온 이 죄를 울어야 하겠느냐. 이제 지난 일을 뉘우친

들 무슨 소용이 있으랴만 대구에 와서 비로소 후회한 것은 씨나 전해야 한다고 처자까지 정처 없이 떠나보내고 부자가 생사를 운명에 맡기려고 의논했던 것이 잘못이라기보다는 너무 절망했던 까닭인가 한다. 석 달 뒤 전세가 좋아져서 내가 군대를 따라 서울에 들어갔을 때의 아픈 심경을 너는 알아줄 것이다. 처자는 다행히 살아와서 집을 정돈하고 있었으나 아버지는 계시지 않았다. 그 밖의 소식은 알 길이 없었다. 몇 날 뒤 동위(나의 작은아버지)가 와서 전하는 말을 듣고 할아버지 돌아가신 일과 이 서방이 잡혀간 것을 비로소 알았다. 내가 남하할 때 너의 내외가 수원에 그대로 남아 있었을 것을 어찌 생각이나 하였으며 외로운 몸으로 우리집에 와서 가족과 다름이 없이 지내던 현옥 군이 또한 영 소식이 없을 줄 어찌 뜻하였겠느냐. 실상 나는 생각하기를 난리판에는 가족이 흩어져서 제각기 살 궁리를 하면 뭉쳐서 서로 매이기보다 낫다고 생각했었다. 그러나, 우리의 불행은 흩어졌기 때문에 일어난 불행이 아니냐. 어디에 숨거나 뛰쳐나갔다가 다시 만날 줄 알았던 사람이 기다려도 소식 없을 때 내 마음이 어떠했겠느냐. 내가 가까이 지내던 사람 중에는 구사일생으로 살아있는 사람도 많았고 너무도 쉽게 소식없는 사람도 한둘이 아니었다.

누이야, 나는 더 쓰지 않으련다. 할아버지와 아버지가 모두 의리 때문에 오늘의 길을 취하셨고 나마저 섣부른 의리에 몸이 매어 부조에게 죄를 짓게 되었구나. 세월은 아직 어떻게 끝장을 낼는지 아는 사람 하나도 없으니 우리의 한스러움이 일조일석에 피어질 것도 아닌 것, 어떻게 제 마음 제 몸을 제가 다스려 제 지킬 바 길이나 지키고 살아야 하지 않겠느냐. 나는 지금도 소식 없는 모든 사람에 대하여 영 단념하고 싶지는 않다. 다만 가신 이나 남은 이가 오랜 동안을 그리움에 고통이 있을 뿐이라 믿는다.

날새도 따뜻해지고 하니 너의 모자 한 번 다녀가기 바란다. 어머니 늘 편치 않으시고 나도 어디로 종군가게 될지 모르니…. 기다리고 있겠다.

3. 30. 오빠 씀

납북되신 할아버지가 북에서 돌아가셨다는 소식을 들은 후 16년이 지난

2004년 어느 봄날, 한국의 일간지에 〈'납북인사' 62인 한곳에 묻혔다〉 라는 큰 제목 아래 '평양 교외에 공동묘역 조성'이라는 소제목으로 둥근 봉분이 없는 비석들만 일렬로 질서 있게 세워진 사진과 함께 아래와 같은 기사가 실렸다.

> 북한은 최근 평양시 용성구역 용궁 1동에 한국전쟁 당시 납북된 '유력인사'들 묘역을 마련한 것으로 확인됐다. 북한에서 발행되는 《통일신보》에 따르면 북한은 평양교외의 삼석구역 정동과 형제산구역 신미리, 용성구역 용추동 등에 분산되었던 재북인사들의 유해 62기를 한자리에 모아 묘역(墓域)을 만들었다.
>
> 이곳에 묻힌 인물은 제헌의원이었던 조헌영, 김약수, 2대 의원인 백상규 등 국회의원이 34명이며, 안재홍 전 미군정 민정관, 송호성 전 국방경비대 총사령관, 현상윤 고려대 초대총장을 비롯해 정인보 전 서울국학대학장 등 남한 정·재계 및 학계의 명망가도 포함돼 있다. 그 동안 삼석 구역에 묻혀 있던 인사들은 공개됐으나 한국여자국민당 부위원장을 지낸 박보렴과 한국독립당 발기인이자 임정요인이었던 김의한의 묘는 이번에 새로 알려졌다. 특히 친일문학가로 알려진 이광수의 묘도 이곳으로 이장돼 눈길을 끌고 있다. 《통일신보》는 "지난날 나라의 독립을 위해 반일 애국투쟁을 벌인 분도 있지만 불미스러운 길을 걷지 않으면 안 됐던 사람도 적지 않다"고 밝혔다. 북한이 1990년대 들어 이광수의 문학을 근대문학의 출발점으로 삼고 있는 점이 반영된 것으로 보인다. 이 신문은 "2003년 6월 어느날 김정일 국방위원장이 용성구역의 명당자리에 재북인사들의 묘를 잘 꾸미도록 하고 여러 곳에 묻혀 있던 유골을 이장토록 해준 것"이라고 밝혔다. 한편 한국전쟁 때 납북된 국회의원 중 최태규(84) 옹은 사망소식이 전해지지 않아 아직 생존한 것으로 보인다.
>
> — 《중앙일보》 2004년 4월 13일

대구 피란시절과 아버지의 첫시집 〈풀잎단장〉

1952년 대구 피란시절에 우리는 삼덕동의 작은 한옥에서 살았다. 우리가 살던 집 뒤 공터는 미군부대에서 나오는 깡통들을 수집해서 그것들을 이용하여 생활용품을 만드는 공장이었다. 늘 그곳에선 깡통 다루는 소리가 하루 종일 그치지 않았다. 어느 겨울 무척이나 많은 눈이 어른 키 높이보다 높이 쌓여 우리집 대문으로부터 터널을 뚫으시던 아버지의 모습, 그리고 일본 군대의 군복(영화 〈콰이강의 다리〉에 나오는 일본 군복)과 흡사한 교복을 입고 다니던 나의 초등학교시절에 홍역으로 심하게 앓던 일, 어머니 손을 잡고 학교에서 가는 소풍을 함께 가던 기억이 조금씩 떠오른다.

그 당시 고려대학교도 대구에 피란학교를 열었다. 내가 일곱 살이었을 게다. 그 삼덕동 집 마루에서 아버지의 두 번째 시집, 개인시집으로는 첫 번째 시집의 표지에 들어갈 제목을 그리던(?) 기억이 난다.

아버지는 《청록집》에서 9편, 새 작품 26편을 모은 그 시집의 제목을 〈풀잎斷章〉이라 붙이시고 나에게 그 글씨를 쓰게 하셨던 것이다. 아버지가 써주신 제목을 빨강 크레파스로 보고 베꼈다. 쓴 게 아니라 그렸다고 하는 게 맞을 것이다. 빼뚤빼뚤하게 보고 그린 글씨를 만족해하시며 아버지 개인의 첫시집의 표지로 삼으셨다. 그리고 표지 뒷면엔 낙타천으로 만든 고급양복

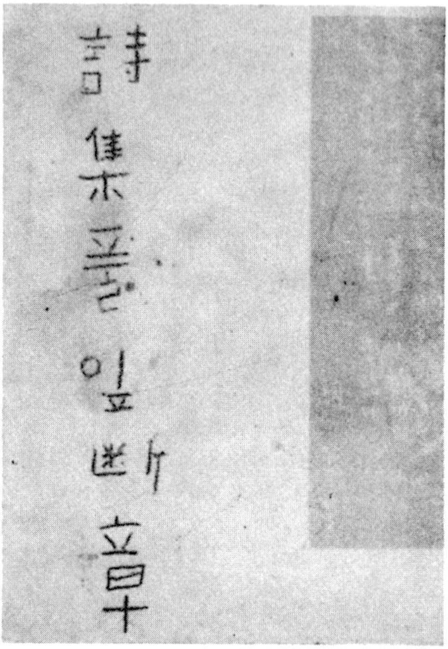

첫시집 《풀잎단장》의 표지. 《청록집》에서 9편, 새 작품 26편을 모은 시집의 제목을 〈풀잎斷章〉이라 붙이시고 나에게 그 글씨를 쓰게 하셨다. 아버지가 써주신 제목을 빨강 크레파스로 보고 베꼈다. 쓴 게 아니라 그렸다고 하는 게 맞을 것이다.

을 해 입히시고 찍은 나의 사진을 싣고, 표지글씨를 쓴 당신의 장남 광렬이라고 소개하셨다. 아버지의 나에 대한 아름다운 사랑으로 아직까지도 내 가슴속에 따뜻하게 남아 있다. 초등학교 입학 전인 아이의 글씨는 훗날 내가 보아도 애교 있고 자못 예술적(?)이기까지 했다. 역시 아버지는 멋쟁이셨다. 그 시집이 지금은 내 수중에 남아있지 않아서 무척이나 아쉽다.

허무러진 城터 아래
말없이 놓인 찬돌에 앉아

한 줄기 바람에 조찰히 씻기는
풀잎을 바라보며

나의 몸가짐도 또한
실오리 같은 바람결에 흔들리노라

아아 우리들 太初의 生命의
아름다운 分身으로 여기 태어나

얼굴을 마주대고
나즉히 웃으며 얘기하노니

때의 흐름이 조용히
물결치는 곳에

그윽히 피여 오르는
한 떨기 영혼이여!　　　　—〈풀잎 단장(斷章)〉

대구 피란시절에 나의 할머니께서 돌아가셨다. 어머니의 증언에 따르면, 어느날, 할머니께서 나들이를 나가셨다가 어느 일가 분을 만나셨다(그 사람은 과거에 공산주의자로 이북에도 다녀온 사람). 그 사람은 "내가 이북서 당신의 남편을 뵈었는데 잘 계신다"고 했다. 나의 할머니는 그 소식을 듣고 충격을 받아 쓰러지셨다. 너무 위독하셔서 우리집까지 모셔올 형편이 아니어서 인근 친척집으로 모셨다는데 다시 일어나지 못하시고 그만 그 친척집에서 운명하셨다고 한다. 나는 그 당시 예닐곱 살밖에 안된 아이였다. 그 시절의 기억이 잘 나지 않는다.

아버지는 1953년에 《시(詩)의 원리(原理)》를, 1956년에는 제3(《청록집》을 포함하여) 시집 《조지훈(趙芝薰) 시선(詩選)》을 간행하셨고 이 시집으로 자유문학상을 수상하시게 된다. 이 시선은 그때까지 쓰신 시를 총 정리

한 시집으로 《청록집》에서 11편, 《풀잎 단장(斷章)》에서 24편, 새로이 쓰신 36편이 실려 있다.

아버지와 《한용운 전집》

사람들은 아버지를 일컬어 만해 한용운(韓龍雲) 선생의 문학과 학문과 정신을 계승한 분이라고 일컫는다. 또한 아버지께서도 20대 이전에 만해(萬海) 선생을 찾아뵙고 그분의 사상과 조신(操身)을 배우고자 하였다. 아버지의 이러한 존숭(尊崇)의 염(念)이 마침내 큰 일을 일궈내는 기회를 얻은 것은 고려대학교 교수로 재직하고 계실 때였다.

휴전 이후 세상이 전쟁의 피곤에서 점차 안정기에 접어든 1958년에 한용운 전집 간행위원회를 만해의 지기 및 고려대학교의 몇 제자분들과 함께 구성하셨다. 이 전집은 아버지를 지도교수로 하여 임종국, 인권환, 이기서, 이화형, 박노준, 정진규 등 당시 고려대학교의 제자들이 주축이 되어 정리해서 출판되어 나왔다. 전집출판 후 학계, 문단, 불교계에 큰 반향을 일으켰고, 이로 인해 만해 연구에 불을 붙인 고대인(高大人)의 쾌사(快事)로 기록되고 있다. 이 전집의 기획부터 출간에 이르기까지 참여했고 그 과정을 소상히 알고 계시는 박노준(한양대 명예교수) 선생의 증언을 그의 글을 통해 들어보기로 하자(박노준, "한용운 전집과 고대문학회", 〈고대교우회보〉, 제 426호, 2006.1.10).

조지훈 선생이 처음 발의하다

지금으로부터 근 50년 전인 1958년, 나의 3학년 1학기 때의 일이다. 4월 어느날 조지훈 선생에게서 임종국(林鍾國, 시인 및 평론가) 형을 통해 '고대문학회' 회원 몇 사람을 만나자는 전갈이 왔다. 임 형은 우리보다 4년 선배이지만 그때 장기휴학중이어서 후배인 우리와 가끔 만나던 사이였다. 그는 1956년, 그러니까 내가 고려대학교에 입학하던 그 해에 이미 《이상(李箱)전집》을 펴내어서 문단과 학계에 이름이 알려져 있었고 그후 1966년에는 《친일문학론》을 저술하여 세인의 이목을 끈 바 있다.

통지를 받은 즉시 인권환(印權煥, 고려대 명예교수), 이기서(李起墅, 고려대 부총장 역임), 이화형(李和珩) 형 그리고 나는 임 선배와 함께 성북동 선생댁을 방문했다. 임 선배를 빼고 우리 네 사람은 국어국문학과 동기로서 평소 친하게 지내는 사이였다. 성북동 쪽으로 걸어가면서도 선생께서 무슨 일로 우리를 보자고 하시는지 서로 묻곤 하였으나 도무지 감을 잡을 수가 없었다.

서재에서 우리를 맞은 선생은 차를 몇 모금 마신 뒤 천천히 입을 여셨다. 선생의 말씀을 다 들은 우리는 전혀 예상치 못한 '사업계획'에 놀라지 않을 수 없었다. 그 자리에서 선생이 밝힌 사업의 구상은 이런 것이었다. 즉, 만해 한용운(1879~1944) 선생의 전집을 '고대문학회'가 책임지고 편찬하여 출판하자는 것. 책을 펴내어서 받는 인세로는 작당한 장소에다 만해 시비(詩碑)를 건립하여 그분을 기리자는 것. 남는 돈으로는 자금사정으로 창간 이후 2집을 발행하지 못하고 있는 〈高大文化〉를 복간하자는 것 등 학생 신분인 우리가 듣기에는 실로 거창한 것이었다. 따라서 우리가 놀란 것은 지극히 당연한 것이었다.

계획의 대강을 밝힌 선생은 이어서 부연설명을 했는데, 만해로 말하자면 〈님의 침묵〉으로 우리 문학사에 큰 족적을 남긴 시인이며, 근세 불교의 혁신적 바람을 일으킨 고승(高僧)이고, 또한 33인의 한 분으로서 항일독립운동사에 길이 이름을 남긴 지사인데, 그분의 글이 적지 않으니 이걸 수집하여 전집을 내면 학계와 문단에 크게 기여할 것으로 전망된다고 하셨다. 이렇듯 의의가 있는 큰 일에 문단이나 학계의 어느 누구도 관심을 기울이지 않고 있은즉, 우리 고려대학교에서 소리소문 없이 해내면 학교의 명예에 보탬이 될 것이며, 이 일에 참여하는 우리 학생들에게는 큰 공부가 될 것이라고 말씀하셨다. 마침 임 선배가 '고대문학회' 이름으로 《이상전집》을 엮은 경험이 있으니 후배들과 함께 작업에 곧 착수하는 것이 어떻겠느냐고 의견을 물으셨다. 권고인 듯싶었으나 실은 지시나 다름이 없었다. 우리는 곧 작업계획을 짜서 일을 시작하겠다는 말씀을 드리고 나왔다.…

萬海 측근인사들과 간행위원회 구성

그 해 7월 초순경으로 기억한다. 수업을 받는 짬짬이 학교 중앙도서관에 출입하면서 일제시대의 신문과 잡지 등을 검색하면서 만해의 글을 찾아내어 목록을 작성하던 우리에게 지훈 선생에게서 다시 만나자는 기별이 왔다. 즉시 연구실로 찾아뵈었더니 선생께서 하시는 말씀인즉 만해와 동고동락하며 아주 가까이 지내던 분이요, 또한 숨은 지사인 남정(男丁) 박광(朴洸, 작고) 선생께서 종로구 견지동(안국동 네거리와 화신백화점 중간에 있는 동네)에 생존해 계시다는 소식을 들었으니 그분을 찾아뵈면 뜻밖의 소득이 있을 수도 있다는 정보였다.

우리 다섯 명은 지체하지 않고 남정 선생댁을 방문하였다. 이쪽 학생들의 얘기를 들은 남정께서는 낙루(落淚)까지 하시면서 이런 감격스럽고 고마운 일이 어디 있느냐며 우리들의 손을 덥석 잡는 것이 아닌가. 그때 그분의 연세는 팔순을 앞두고 있을 때였다. 이제야말로 지훈의 지도를 받고 있는 뜻있는 청년학생들을 만나 자신의 둘도 없는 벗인 만해의 전집을 출간하게 되었으니 이 얼마나 경사스런 일이냐면서 연방 좋아하시는 것이었다. 우리 일행은 금세 눈치챘다. 이분에게 틀림없이 많은 자료가 있구나 하는 판단이 스쳐갔다. 그래서 실인즉 '기뻐하고 감사할 사람은 우리 쪽입니다' 라고 말하고 싶은 심정이었다.

사실이었다. 저간의 경위를 들어보니 만해께서 남긴 발표, 미발표의 대부분 자료를 만해 사후 그분이 모아서 간수하고 있다가 한때 6·25 동란 통에 분실될 위기도 맞았으나 다행히 잘 모면하고, 이제 살 날이 얼마 남지 않았으므로 그 모든 자료를 만해의 제자인 효당(曉堂) 최범술(崔凡述; 당시 50대 중반, 제헌국회의원과 해인사 주지 및 해인대학장 역임, 작고) 선생에게 맡겨 놓았으니 급히 가보라고 재촉하는 것이었다.

선생댁을 나온 우리는 그 길로 계동 중앙고등학교 못미처 있는 효당댁을 찾았다. 남정에게서 전화로 우리 얘기를 들어서 알고 있던 효당 또한 반갑게 맞아주었다. 그때에 안 일이지만 남정, 효당 두 분은 옛 동지이며 또한 스승인 만해의 전집을 내기는 해야겠는데 그 많은 원고를 어떤 방식으로 분류하여 정리하고 필사를 거쳐 편집을 마쳐야 하는 것인지를 몰라서 허송세월하던 차였다는 것이었다고 한다. 우리의 입장은 위에서도 내비친 바와 같이 그 역(逆)이었으니 쾌재를 부를 지경이었고, 그리하여 양측이 모두 흡족의 순간을 동시에 맞게 되었다.

그 자리에서 얘기는 급속도로 진전되었다. 그 달(7월) 중~하순 사이, 장소는 효당댁인 계수장(桂水莊), 참석자는 남정과 효당을 비롯하여 만해 생존시 인연이 있던 분 10명 정도, 우리 쪽인 '고대문학회'에서는 지도교수인 지훈 선생과 임종국, 이기서, 인권환, 이화형, 박노준 등이 회합하여 앞으로의 일을 협의하자는 데 합의했다. 지훈께 당일로 가서 말씀드렸더니 그분 또한 희색이 만면하여서 그리하자고 하셨다.

회합 당일 오후 1시로 기억한다. 계수장 넓은 대청마루에 팔순 노인장부터 스물한두 살 우리 젊은이들까지 모두 15명쯤의 인원이 좌정하였다. 회의는 남정, 효당, 지훈 선생 세 분의 인사말씀, 그리고 고인에 대한 추모와 회고담이 한동안 이어진 뒤 이어서 '고대문학회'가 참여하여 무보수로 원고정리 및 편집실무를 전담하는 '한용운전집 간행위원회'를 정식 발족시켰다. 위원장은 당연히 남정 선생이 추대되었고, 원고정리의 지도는 지훈 선생이, 재정의 모든 지원과 출판에 관한 일체의 사무는 효당 선생이 맡았다. 전집이 간행되어서 들어오는 인세로는 우리가 당초 계획한 대로 만해를 기리는 시비를 건립하기로 결정하였다. 〈고대문화〉 2집 복간호에 관한 것은 말을 꺼낼 계제가 아니어서 함구하였다. 후에 〈고대문화〉 2집은 학교의 지원금 일부를 받아서 1960년 2학기 초에 발행하게 된다.

그 자리에는 통문관(通文館) 주인 이겸로(李謙魯) 선생도 합석한 것으로 알고 있는데 회의 전 효당이 이 선생께 미리 상의한 바 원고정리가 끝나는 대로 출판은 그분이 맡기로 결정이 되었기 때문에 동석했던 것으로 기억한다. 많은 비용이 들어가는 일이지만 뜻 깊은 출판을 맡는 일에 그분도 흔쾌히 동참하였던 것이다.

회의에서 결정된 바에 따라 그 해 8월 5~6일 경 이화형, 인권환 그리고 나는 효당의 자가용 지프에 자료묶음과 '한용운전집간행위원회'라고 인쇄된 원고지 1만여 장(지금도 나는 그 원고지 몇 장을 가지고 있다. 누렇게 빛 바랜 볼품없는 원고지로 변해버렸다)을 싣고 효당이 관리하던 경남 사천군 곤명면(慶南 泗川郡 昆明面) 소재 신라고찰인 다솔사(多率寺)로 내려가 약 1개월 예정으로 원고정리에 들어갔다. 임종국, 이기서 형은 서울에 남아서 남정, 효당에게서 들은바 자료뭉치에 없으리라고 예상되는 글을 도서관을 찾아가서 필사하는 작업에 착수하였다.

한용운전집을 펴내려는 첫 움직임은 앞에서 말한 바와 같이 고려대 캠퍼스 안에서 태동하였다. 그러나 곧이어 만해의 최측근인사를 만나게 됨에 따라 그분들과 함께 기구를 구성하는 것을 기점으로 새롭게 시동이 걸렸다. 그것이 계기가 되어 가속도가 붙어서 본격적인 작업이 시작되었던 것이다. (중략)

전집 나오자 한용운 연구에 불이 붙다

다 정리된 원고를 임종국 형이 전집의 체재로 틀을 잡아보니 모두 한 질 6권이 되었다. 2백자 원고지로 1만 수천 매나 되는 거대한 분량이었다. 〈님의 침묵〉을 비롯한 시편들, 한시 수상문과 논설, 그리고 〈조선독립선언서 이유서〉를 하나로 묶고, 저 유명한 〈조선불교유신론〉 및 불교관계 논설이 모여 또 한 권의 책이 된다. 〈불교대전〉을 비롯하여 〈십현담주해〉 등을 모아 한 권을 만들고, 번역서인 〈채근담〉과 건봉사 및 건봉사 말사 사적을 적은 글을 모아 또 한 권을 이루었다. 소설 〈흑풍〉, 〈박명〉, 〈죽음〉, 〈철혈미인〉을 두 권으로 편집하니 전집은 모두 6권이 되었다.

그해 말, 늦어도 1960년 봄까지는 햇빛을 보게끔 되어 있는 전집은 그러나 유감스럽게도 십수 년이 경과된 1973년에 가서야 출판되었다. 늦어도 보통 늦은 게 아니었다. 뿐만 아니라 당초 통문관에서 펴내기로 되어있는데 왜 신구문화사로 출판사가 바뀌었는지 우리는 지금까지도 그 사유를 알지 못한다. 원고정리의 의무와 권리만 우리에게 있었고(사실인즉 책을 냄에 있어서 이 일이 가장 중요한 일이 아니겠는가), 출판에 관한 일은 우리의 권한 밖의 일이라서 알 수가 없었다. 그저 좀더 좋은 책을 내기 위한 피치 못할 사정이 있었기 때문이려니 하고 이해하고자 노력했다. 그 사이 인권환 형과 내가 공저한 《한용운 연구》가 전집보다 10여 년 먼저 1960년 가을에 통문관에서 나왔는데, 이런 걸 두고 을축갑자(乙丑甲子)라고 하던가. 세상사 참으로 헤아리기 어려울진저.

그 긴 10여 년 동안, 한평생을 독립운동을 하는 동지들의 뒷바라지를 하는 데 성력을 다 쏟았고, 말년에는 막역지우(莫逆之友)인 만해전집의 간행에 전심전력하며 책이 나오기를 고대하던 남정 선생과, 전집발행을 최초로 발의하여 일의 순조로운 진행과정을 흡족하게 지켜보았으나 책이 나오지 않은 것을 그토록 안타깝게 생각하던 지훈 선생, 이 두 분이 불귀의 객이 되는 슬픔을 우리는 겪어야만 했다.

어쨌거나 전집은 1973년에 나왔다. 한 질 배달되었기에 받아보니 책은 참 잘 찍어내어서 비록 늦은 것이 유감스러웠지만 그런대로 기분이 좋았다. 간행사를 읽어보니 전집이 나오기까지의 저간의 경위를 밝히면서 조지훈 선생 지도하의 고려대 우리 얘기도 기술되어 있었다. 하지만 제한된 문장이므로 소상하지는 않았다. 그것은 충분히 이해되는 대목이다. 그래서 세월이 한참 지난 뒤인 지금에 이르러 이런 성격의 글이 새삼 필요한 것이 아닌가 싶다.

하나 전집이 나온 지 이미 30여 년의 세월이 흘러간 지금까지도 우리가 서운해 마지않는 것은 책머리에서 박스형태로 별도 처리해 놓은 편집위원과 간행위원 명단 어느 쪽에도 남정, 지훈 두 분의 이름이 없다는 점이다. 책을 낼 당시에 이미 고인이 되었으므로 누락시킨 모양인데 말도 안 되는 소리. 그쯤의 출판상식은 우리도 안다. 만해전집이라면 이 두 분이 중심이요 핵심인물이었는데 세상을 떠났다는 이유로 이름을 넣지 않았다면 그것은 군색한 변명이 될 뿐이다. 원고정리 이후에도 출판단계까지 개입할 수 없었던 우리의 제한된 권한을 거듭 탓할 수밖에 없었다. 이것이 아무것도 아닌 것 같지만 세상사 모두 원칙과 경위(經緯)가 있는 것이고, 중심이 되는 정체성은 지켜야 하는 것이 아닌가 싶어서 〈한용운전집〉을 떠올릴 때마다 우리는 두 분께 죄를 지은 것 같아서 늘 불편한 마음으로 지내오고 있다.

각설하고 전집의 위력은 대단하였다. 판을 거듭해서 펴냈다는 소식이 바람결에 들려오는가 하면 범(汎)학계와 문단의 여러 인사 그리고 대학원석, 박사과정의 학생들이 한용운의 여러 국면을 연구하는 붐이 급작히 일어나 빠른 속도로 번졌고, 그러한 움직임은 가속도가 붙어서 오늘에 와서는 '만해학'이라는 학명이 나올 정도이다. 이와는 별도로 만해를 기리는 크고 작은 각종 행사가 매년 곳곳에서 거행되거니와 이런 모든 학문적 열기와 그를 기리는 행사가 실은 〈한용운전집〉이 토대가 되었다는 사실만은 누구도 부인할 수 없으리라.

성북동 지훈 댁에서 처음 얘기가 나온 지 어느덧 반세기가 지났다. 아— 세월은 이렇듯 빠른 것인가. 그 옛날 계수장 대청마루에 모였던 여러 어른들과 임종국 형은 이승을 떠난 지 이미 오래되었고, 그때 나이 스물한두 살 청년이었던 고려대학교 학생 우리 몇 명만이 남아 고희(古稀)의 무상감에 젖어 노년을 보내고 있다.

이렇듯 인생의 황혼기를 살고 있는 나에게 〈高大校友會報〉가 그때의 일을 기록으로 남겨달라고 요청해 왔다. 이에 나는 사양하지 않고 그때의 일을 간추려 진술하면서 잠시 지극한 감회에 젖는다. ”

이렇듯 아버지는 만해 선생의 지사(志士)적 풍모 그리고 그분의 생애와 다방면에 걸친 업적을 후세에 제대로 알려 기리고자 많은 노력을 기울이셨다. 〈한용운 전집〉은 위의 글을 통해서 알 수 있듯이 아버지께서 처음 운을 뗀 지 15년 만에, 돌아가신 후 5년 만에 출판된 점이 유감스럽지만 그나마 생존해 계실 때 인권환·박노준 두 분의 〈한용운 연구〉를 받아보셨고, 돌아가신 이후에도 일이 허사로 끝나지 않고 뒤이어 고려대 제자들의 땀이 밴 전집이 햇빛을 보게 되었으니 재천(在天)의 영령께서도 기뻐하셨을 것이리라.

나는 만해 선생의 글이나 기사를 접하면 그 분과 함께 내 아버지의 모습이 오버랩되곤 한다. 특히 해마다 3·1절이 오면 더욱 그러하다. 어느 3·1절 날 나는 그러한 마음에 이런 글을 쓴 적이 있다.

'기루운' 큰 사람, 그 '님'!

언제부터인가, 3월의 창문을 열면 내 마음의 정원 어느 곳에 '풍란화(風蘭花) 매운 향내도 따르지 못할' 짙은 향기와 함께 내게 다가오는 이름 석 자가 있다. 크나큰 이미지와 함께 오는 그 향기는 돌아가신 내 아버지의 초상과 함께 늘 그렇게 조용히 내게 다가오곤 한다.

그 향기의 주인공은 만해 한용운 선생이시다. 나는 선생을 뵌 적이 없다. 선생은 해방둥이인 내가 태어나기 일 년 전에 입적하셨다. 그러나 선생의 모든 면을 기리고 존경하셨던 내 아버지로 인해 나 또한 아버지께서 심어주신 이미지로서의 선생의 초상을 내 가슴에 늘 간직하며 살아가게 되었다. 내 아버지의 유풍(遺風)이 선생을 많이 닮아 보인다는 연유에서일까? 선생의 향기는 내 아버지의 향기와 더불어 내 가슴에 머물러 나를 움직이고 있다.

내 아버지는 위당 정인보 선생의 표현을 빌려 선생의 인품에서 나는 향내를 '매운 향내'라 하셨다. "고매한 인격과 식견은 본디 그윽한 향기를 지니는 법이지만, 그 향내의 짙음이 맵다는 표현에 이르지 않을 수 없는 것은 선생의 지조 높이를 아는 사람만이 가능한 발언"이라 하시며, "선생의 그런 향기는 바로 학식과 예지와 정서가 무르녹은 더 근원적인 기품에서 우러난 것이기에 그 준열(峻烈), 그 애수가 지금도 문득 우리의 심두를 울리고 있는 것"이라고 하셨다. 만해 한용운 선생은 시인만이 아니라 독립운동가였고 불교의 석학이었고 사상가로서 우리 근대사에 큰 업적을 남겼다. "선생은 한국이 낳은 고사요, 애국지사이자 불학의 석덕(碩德)이며 문단의 거벽(巨擘)이었다. 선생의 진면목은 이 세 가지 면을 아울러 보지 않고는 얻을 수 없는 것이다"고도 하셨다.

1919년 1월, 윌슨의 민족자결주의 제창과 관련하여 최린, 현상윤 등과 조선독립을 의논하고 3 · 1 운동의 주동자로서 손병희 선생과 거유(巨儒) 곽종석 선생을 포섭하고자 성력을 다하였고, 참여를 주저하던 모씨를 위협 설득하여 마침내 쾌락을 받아내고 최남선이 작성한 조선독립선언서의 자구 수정을 하고, '공약 3장'을 첨가하신 만해는 3월 1일, 명월관 지점에서 33인을 대표하여 독립선언 연설을 하고 투옥되었다. 고문 앞에서 두려워하고 나약해지는 민족대표들을 꾸짖고 격려하며 끝끝내 굴복하지 않은 거의 유일한 분이시다. 일제의 온갖 회유와 협박에 저항하며 저명인사들의 변절을 막으려 애썼고, 세월의 흐름에 따라 민족대표들이 하나 둘 흔들리고 허물어지는 비애 속에서 끝까지 꿋꿋하고 억센 소나무였다.

1940년 창씨개명 반대운동을 벌이고 1943년 조선인 학병 반대운동을 하다가 1944년 6월 29일, 총독부의 꼴이 보기 싫어서 총독부를 등지고 앉은 심우장에서, 배급 타먹기를 거부하며 단식투쟁하다가 입적하셨다. "선생은 현실에 즉한 호국불교, 대중불교가 염원이셨다. 선생의 지조는 이 때문에 한갓 소극적 은둔에 멈추지 않고 항시 적극적인 항쟁의 성격을 띠었다. 선생의 문학을 일관하는 정신이 또한 민족과 불(佛)을 일체화한 '님'에의 가없는 사모였다. 선생의 문학은 비분강개와 기다리고 하소연하는 것과 자연관조의 세 가지로 나눌 수 있는데, 비분강개는 지조에서, 자연관조는 선(禪)에서 온 것이라 한다면 그 두 면을 조화시켜 놓은 사랑과 하소연의 정서에서 가장 높은 경지를 성취했던 것이다."

아버지가 쓰신 한용운론은 당신 스스로 밝히고 있듯이 "선생의 유풍을 추앙함에 무슨 도움이 될까 하여 아무 자료도 없이 기억을 더듬어서 이 글을 쓴다. 내가 본 한용운 선생은 이렇다는 말이다"와 같이 주로 선생의 인품, 성격, 사상, 지조, 신념, 시 세계 등 다양하게 골격적 핵심만 짚은 것이다. 일송 김동삼 선생이 서대문 감옥에서 옥사하셨을 때 시신을 돌볼 사람이 없어 감옥 구내에 버려둔 것을 선생께서 결연히 일어나 성북동 꼭대기 심우장까지 관을 옮겨다 모셔놓고 장사를 치르셨다. 그때 아버지도 장례에 참석하셨는데 "일제의 말기라 때가 때인 만큼 20명 안팎의 회장자(會葬者) 속에 묵묵히 정립하여 추연하시던 선생의 모습이 당신이 선생을 뵈운 마지막 모습이기 때문에 감회가 한층 깊은 바 있다" 시며 선생의 모습에는 남들이 모르는 '다정다한(多情多恨)의 인(人)'의 그림자가 짙게 드리워져 있다고 피력하시며 글을 마무리 지으셨는데 그때가 내 나이 13살이었던 1958년이었다.

일제 36년 동안 독립투쟁에 몸 바치신 분들은 수없이 많다. 그러나 가장 튼튼한 기둥들이 있었으니 또 다른 두 분은 매천 황현과 단재 신채호 선생이시다. 매천이 '절명의 순간에도 창공을 비추는 촛불'로 자신의 죽음을 표현하였듯이, 꼿꼿하고 단단하기가 두 분 못지 않았던 단재 선생도 그 죽음을 선택한 장렬함과 비장함이 두 분 선생과 다를 바 없이 맵고 맑고 뜨거웠다. 그 단재 선생의 비문을 만해 선생이 쓰셨다.

이 어이 우연의 일이요 내 어찌 '님'을 잊을 수 있겠는가. 길이 아니면 가지를 않고 정의가 아니면 손을 잡지 않았던 독립투사' 만해!

"우리의 민족사 위에서 부활의 영생을 누리고 있음은 나약하고 비겁한 우리들이 만든 우리들의 자랑이고 영광"이 아닐 수 없다. 포악한 일제의 발

굽 아래 신음하며 "해 저문 벌판에서 들어가는 길을 잃고 헤매는 어린 양"을 인도하시던 선생은 한국의 모세요, "이를 위해 살신성인한 의열의 사(士)를 보여주신 선생은 마치 십자가를 지신 예수의 모습"이 아니고 무엇이던가!

숨어서 활동하시지 않고 적나라하게 한 점 누(累)를 용서하지 않으셨던 선생!

민족정기의 지표였고 정신의 기둥이 되셨던 '님'!

신념을 위해서는 천하에 두려운 것이 없으셨던 '님'!

우왕좌왕 혼란에 빠진 오늘날의 한국을 우려하니 '님의 침묵'이 야속타. 선생이 '기루운' (그리운) 삼일절이다.

— 〈뉴욕 한국일보〉 2004. 3. 1 ”

아버지와 만해 선생을 생각하다 보니 아버지의 제자분이신 박노준 선생의 글이 다시 떠올라 여기 몇 구절 인용한다. 다음의 글은 〈교수신문〉(1997년 7월 7일자)에 게재되었던 〈권력에 굴하지 않은 시대의 고사(高士) — 완미(完美)하게 살다간 나의 스승 지훈 선생〉이란 제목의 글인데, 아버지를 만해 선생과 결부시켜서 기필(起筆)하고 있다는 점에서 나의 눈길을 끈 바 있다.

“ 조지훈 선생을 생각할 때면 으레 만해 한용운 선생의 초상을 떠올리게 된다. 불과 17세의 소년시절에 성북동 심우장으로 만해를 찾아뵙고 그분에게 경도된 바 있었던 지훈은 후일 "한용운 선생"(〈思潮〉 1958년 10월호)이라는 글에서 이렇게 말했다. "애국지사(혁명가)와 선승(禪僧)과 시인의 일체화 — 이것이 한용운 선생의 진면목이요, 선생이 지닌 바 이 세 가지 성격은 마치 정삼각형과 같아서 어느 것이나 다 다른 양자를 저변으로 한 정점을 이루었으니 그것들은 각기 독립한 면에서도 후세의 전범이 되었던 것이다."

이 짤막한 인물평을 통해서 우리는 만해의 참모습을 쉬이 포착할 수 있다. 그러나 더욱 중요한 점은 만해에 대한 지훈의 이러한 평가는 바로 그 자신에게도 해당된다는 사실이다. '선승' 운운한 자리에 '국학자'라는 말을 교체시켜 놓으면 위의 글은 영락 없는 '지훈론'이 된다는 뜻이다. 이런 식으로 말해도 무방하리만큼 지훈은 만해의 정신과 학덕을 충실히 계승한 우리 시대의 고사(高士)였다.

시인으로서 그가 남긴 뛰어난 업적을 새삼 거론할 필요가 있을까. 세상이 두루 알고 있는 사실이니 재언을 피하기로 한다. 그보다는 학계의 소수 인사들만이 알고 있는 국학자로서의 지훈의 면모와 이 나라 지성인이면 모두가 존숭해 마지않는 논객의 풍모에 대해서 잠시 언급해두는 것이 좋겠다.

시단에 데뷔하기 전부터 국학에 지속적인 관심을 두었던 그는 지금까지도 명저로 꼽히고 있는 《한국문화사 서설》을 1964년에 간행하였다. 이때를 전후로 해 국문학, 민속학, 종교학, 한국철학, 한국민족운동사 등 다방면에 걸쳐서 값진 논문을 발표해 학계에 크게 기여했다. 학계에서는 '시인 조지훈'이 '국학자 조지훈'으로 변신하는 것을 지켜보면서 그에게 밝은 앞날을 기대했다. (중략)

그러나 뛰어난 인물, 대인장자(大人長者)는 하늘이 시기한다던가? 1960년대 이후 몇몇 제자들과 더불어 시작 활동보다는 학문연구에만 몰두키로 하고 주제선정과 자료수집에 심혈을 기울이던 중 겨우 48세를 일기로 기세하였으니, 그 슬픔과 아쉬움은 이제 환갑을 넘긴 제자들에게 아직도 아픈 한이 되어 때때로 추연한 심경에 빠지게 하고 있다. 더도 말고 덜도 말고 갑년만이라도 채우고 가셨더라면 국문학계를 비롯한 우리의 국학계가 한 단계 도약했을 것이라고 그를 알고 있는 인사들은 지금도 확신하고 있다. 그렇게 단언해도 좋으리 만큼 지훈의 머릿속에는 국학의 큰 광맥이 자리를 잡고 있었다.

'논객 조지훈'의 기개와 용기는 가위 지사의 절의(節義)를 방불케 하는 것이었다. 필봉(筆鋒)을 통한 자유당 정권과의 목숨을 건 한판의 싸움은 지금도 많은 사람들이 기억하고 있거니와 4월 혁명 직전, 불의와 부정을 보고도 대학생들의 움직임이 없자 〈고대신문〉 사설을 통해 그들의 봉기를 독려해 마침내 '고려대의 4 · 18'을 이끌어 낸 공훈을 아는 사람은 다 알고 있는 사실이다. 경세의 대문장인 '지조론'도 그 무렵에 발표한 글이다.

그의 현실참여는 5 · 16 이후 군사정권이 들어 선 뒤에도 계속되어서 저들의 회유와 협박에도 굴하지 않고 자유민주주의를 되찾는 일에 늘 선두에서는 참된 지성의 면모를 보여주었다. 한일회담과 관련해 박 대통령을 직접 공박한 논설 때문에 이른바 '정치교수'로 몰려 대학교단을 떠나야 할 위기에 봉착했어도 지훈은 의연한 선비의 자세를 잃지 않았다. 이런 일련의 지사적 거동과 해박한 지식에 감복한 당시 고려대학교 학생들은 학과를 초월해 누구나 그를 참된 스승의 전형으로 규정하고 존숭해 마지 않았다. (중략) 지훈은 결코 강직하고 근엄한 성격의 소유자만은 아니었다. 주석에서의 풍류는 당대의 일류였고, 온유하고 관대함은 주변의 많은 사람을 포용하는 데 부족함이 없었다. '멋'을 제대로 체득한 이도 그였고, 국적불명의 문장에서 벗어난 한국인의 정서에 걸맞은 명문을 남긴 이도 바로 지훈 그였다.

한 인물의 온전하고 객관적인 평가는 사후에나 가능하다고 한다. 그러나 지훈의 경우는 생전에 이미 걸출한 인물로 결론이 내려져 있었다. 그만큼 그는 완미(完美)한 삶을 살다간 우리시대의 대표적 지성이었다. ”

위 박 선생의 글과 성격이 비슷한 것으로 최동호(고려대 대학원장) 교수가 최근 '고려대 국어국문학과 60주년 기념 학술대회'에서 발표한 글이 있다. 그 글의 한 부분을 인용키로 한다.

“ 시인 지훈, 학자 지훈, 논객 지훈 — 이 중에 어느 하나도 빠질 것이 없는 것이 인간 조지훈이다. 고은은 20여 년 전 “서정주는 하나의 정부다”라고 단언한 적이 있다. 1980년대를 지나면서 필자는 때로 이 언명이 과장된 것이 아닌가 의아심을 가진 적이 있다. 그러나 1990년대 중반 팔순이 지나서도 왕성한 시작활동을 계속한 미당 서정주를 보았을 때 고은의 발언은 그 나름의 설득력이 있는 예견이었다고 생각되었다. 그럼에도 이는 어디까지나 시인으로서의 길을 뜻하는 것이 아닐까.

이 점에서 지훈은 동세대의 다른 시인들과 확연히 구분된다. 오히려 지훈의 인간상은 더 거슬러 올라가서 만해 한용운이나 매천 황현 선생에게서 어떤 전범을 찾을 수 있는 것인지도 모른다. 시인, 학자, 논객 이 세 가지를 하나로 아우른 전인적 인간상으로서 지훈의 남다른 특징이 여기서 부각되기 때문이다.

시를 다루는 언어적 장인술이나 지식만을 포함한 직업적 전문성 그리고 재빠른 변신을 일삼는 사회적 출세술만을 갖춘 인간형과 지훈은 격이 다른 존재였기 때문이다. 세기말의 과도기적 혼란이 가중될수록 사람들은 이 시대를 밝혀 줄 등불로서 스승을 찾기 마련이다. 그러나 시인들은 언어적 연금술에 골몰하고 지식인이나 교수들은 지식을 자신의 전유물로 소유하고자 하고 사회지도층 인사들은 시세에 따라 자신의 이익을 뒤쫓는 변신을 실천하기에 영일(寧日)이 없는 것은 아닐까. 이러한 사회문화적 상황을 의식했음인지 《조지훈 전집》의 편집위원들은 그 서문을 다음과 같이 기술하였다.

“지훈(芝薰) 조동탁(趙東卓, 1920~1968)은 소월(素月)과 영랑(永郎)에서 비롯하여 서정주(徐廷柱)와 유치환(柳致環)을 거쳐 청록파(青鹿派)에 이르는 한국 현대시의 주류를 완성함으로써 20세기의 전반기와 후반기를 연결해 준 큰 시인이다. 한국 현대문학사에서 지훈이 차지하는 위치는 어느 누구도 훼손하지 못할 만큼 확고부동하다. … 지훈은 항상 현실을 토대로 하여 사물을 구체적으로 파악하려 하였고 멋을 척도로 하여 인간을 전체적으로 포착하려 하였다. 지훈은 전체가 부분의 집합보다 큰 인물이었다. 지훈의 면모를 알기 위해서는 그의 전체상을 살펴볼 필요가 있다. 한국의 현대사를 연구하려는 사람은 반드시 먼저 한국 현대정신사의 지형을 이해해야 한다. 우리는 지훈의 전집이 한국 현대정신사의 지도를 완성하는 데 기여하리라고 확신하고, 지훈이 걸은 자취를 따르려는 사람들뿐 아니라 지훈을 비판하고 극복하려는 사람들에게도 지훈의 전모를 객관적으로 인식할 수 있게 해야 한다고 생각하여 오래 전에 절판된 전집을 편찬하기로 하였다."

이러한 서문은 한 시인의 전집을 새로 편찬하기 위해 씌어진 서문이라고 하기에는 너무 크고 우람하다. 그러나 어쩌면 그것이 지훈의 전인적인 참모습인지도 모른다.

— 〈文士의 길, 또는 精神史의 높이〉, 2006. 9 ”

아버지의 교훈

• 소년기에 접어든 나를 위하여—
대한민국의 모든 소년들에게 주신 말씀

소년기에 접어든 나를 위하여—
대한민국의 모든 소년들에게 주신 말씀

같은 해 1958년에 아버지는 수상집 《창에 기대어》를 간행하셨고, 1959년에는 《역사 앞에서》라는 시집을 내시고 수상집 《시와 인생》, 그리고 홍자성의 《채근담》을 역주하여 간행하셨다. 내 나이 열서너 살 때였다.

피란지 대구에서 돌아와 서울 혜화초등학교를 졸업하고 서울중학교에 응시하여 합격하였을 무렵이었다. 그 무렵, 청소년을 위한 월간지 《학원》이 매달 우편으로 우리집에 배달되고 있었다. 유년기에서 막 소년기로 접어든 아들에게, 쏜살같이 지나갈 인생의 소중한 시기에 꼭 주고 싶으신 말씀을 아버지는 우회적으로 혹은 거시적으로 "소년들에게"란 통칭으로 이 잡지에 몇 회에 걸쳐 쓰셨는데, 이 글은 수상집 《창에 기대어》 속에 수록되어 출판되었다.

자식인 나뿐만 아니라 어느 시대, 어느 나라, 어느 부모 밑에서 태어났든 세상의 모든 소년들에게 적용되는 귀한 말씀이요, 나 또한 내 사랑하는 자식들은 물론 내 후손들이 소년시절에 꼭 마음에 새겨두길 간절히 바라는 소중한 말씀이기에 다소 길지만 여기에 모두 옮겨 놓고 싶은 마음 간절하나

아버지의 전집(조지훈전집 4권 《수필의 미학》, 195~233, 총 40여 쪽)을 꼭 읽어 보기를 권하며 여기서는 아쉽지만 전문(全文)은 생략하고 어떤 글인지 그 윤곽만 그려놓기로 한다. 이 글을 다시 꺼내 읽으며 아울러 아버지가 남기신 글들 중에서 청소년들을 위한 글들만을 추려 한 권의 책으로 출판해야겠다는 생각을 하고 있다.

청장년과 지식인을 비롯한 일반인을 상대로 쓰신 아버지의 문장이 수다(數多)하지만 내가 특별히 《학원》에 연재된 이 글에 애착을 느끼는 까닭은 장차 가정과 사회와 이 나라를 이끌어 갈 청소년을 위한 교훈의 말씀이 너무나 값져서 그냥 간과할 수 없기 때문이다. 이 글을 다시 꺼내 읽으며 청소년을 사랑하고 그들에게 기대를 건 아버지의 간절한 마음을 새삼 접한다.

아버지의 글은 전부 7장(章)으로 되어 있다. 제 1장은 〈생성(生成)의 장〉으로 인생을 한 그루의 나무에 비유하셨다. 자연의 섭리에 의해 이 세상 어느 땅에서 어떤 싹으로 태어나 해를 거듭하면서 자라서 열매도 맺고 시원한 그늘도 마련해 주는 늠름한 한 그루의 고목이 되기까지를 한 사람의 일생이라 하셨다.

제 2장은 〈순결(純潔)의 장〉으로 순결의 중요성을 가르치셨다. "순결은 너희들의 둘도 없는 자랑이다." "너희는 이 덧없이 흘러가는 세월의 한 토막 속에서 순결을 값진 자랑으로 삼는 얼마 안 되는 소년시절을 때묻고 병들지 않도록 깨끗이 누려야 한다."

제 3장은 〈입지(立志)의 장(章)〉으로 이 시기에 큰 뜻을 세워야 하며 그 뜻을 이루기 위한 기초를 다지는 시기임을 가르치셨다.

"너희 자신을 스스로 채찍질해야 한다. 너희 스스로를 격려해야 한다. 너희가 사람이 되고 안 되는 것, 너희가 훌륭해지거나 하잘것없는 사람이 되는 것은 너의 마음에 달려 있는 것이다. 운명은 너의 의지로 극복하고 타계하고 바꿀 수가 있으니 극복하기 위해서는 먼저 운명 앞에 인종(忍從)하여라. 하늘은 스스로 돕는 사람을 돕는다고 한다. 큰 뜻을 이룰 사람, 큰 사업을 맡길 사람에게는 먼저 그 삶의 몸과 마음을 수고롭게 하여 그가 얼마나 굳센가를 시련하고 그 시련 속에서 이치와 힘을 얻게 한다고도 한다."

"사랑하는 소년들아 – 참다운 사람이 되어라. 향기를 지니는 사람이 되어라. 끈기 있는 사람이 되어라. 너희가 학교를 나오기 전에 어느 때 어느 곳에서나 배울 수 있는 공부는 이 세 가지뿐이다. 이 세 가지는 너희가 이 세상을 떠나는 날까지 너희를 도우고 너희를 빛내고 너희를 다듬어 줄 것이다. 향기를 지녀라. 너희 가고 난 뒷세상에 너의 향기를 끼치도록 하여라 소년아."

제 4장은 〈사모(思慕)의 장〉으로 "꿈 꿀 힘이 없는 사람은 살 힘도 없다"는 말씀과 함께, 풍성한 꿈을 지닌 소년들에게 "너희는 이 꿈을 깨뜨리려는 모든 외력(外力)에 대해서 항거하여야 한다. 어른들은 너희의 꿈을 '젊음의 죄'라고 보겠지만 너희는 그것을 '젊음의 권리'라고 믿어야 한다"고 하신다.

"한 개인이든지 민족이든지 꿈을 잃어버린 자에게는 발전이란 있을 수 없고 오직 몸서리칠 어둠과 타락만이 찾아오는 것이기 때문이다. 소년들아, 새로운 꿈을 키우는 너희의 한때가 너 개인이나 민족 전체를 위해서 얼마나 소중한 줄을 아느냐. 그러나 모든 꿈이란 깨고 보면 부질없는 꿈이다. 부질없는 꿈은 빨리 깰수록 좋지만 부질없는 꿈과 올바른 꿈은 확연한 구별이 없다. 부질없는 꿈을 두려워해서 올바른 꿈조차 잃어버림으로써 더럽고 약아빠진 속물이 되는 것을 경계하여라" 하셨다.

"너희는 어머니 같고 누님 같은 구원의 여성을 그리워하여라. 너의 육체적 충동이 너의 정신의 순결을 더럽히지 않도록 하여라. 사랑하는 소년들아" 하시며 괴테가 지은 〈젊은 베르테르의 슬픔〉이란 소설 속에서 괴테의 첫사랑에 대한 추억을 기록한 글 한 구절을 소개하며, 그 첫사랑의 소녀 그레첸(뒷날 그의 명작 〈파우스트〉의 여주인공 이름이 이 소녀의 이름이다)은 괴테가 소년시절에 친구집에서 만난 소녀로 괴테는 그 무렵 이 소녀를 사랑하는 감정을 지니고 다른 친구들의 연애편지를 써주고 있었다. 이 대서 편지가 괴테와 그레첸의 인연을 맺어준 이야기를 하며 "인생은 영원한 '에로스'의 과정이다. 그리움의 연속이다. 구슬 같이 맑은 그리움으로 불같이 사랑하라. 소년아" 하셨다.

제 5장은 〈탐구(探究)의 장(章)〉으로 "내 열다섯에 학문에 뜻을 두어 서른에 비로소 서고, 마흔에 이르러 의심하거나 방황하지 않았으며, 쉰에는 천명(天命)을 알았노라"는 공자님의 말씀을 인용하시며 "소년들아, 사람이란 자칫하면 서른은커녕 예순이나 혹은 아흔이 되어도 혹은 죽는 날까지도 정신적으로 한 번 자립해 보지 못하고 죽기가 첩경 쉬운 것이다. 하물며, 열다섯이 되어도 학문에 뜻을 두지 못하고서야 어찌 서기를 바랄 수가 있겠느냐" 하셨다.

"학문은 사람을 바르게 성장시키는 데 참뜻이 있는 것이며 우리들의 인격(人格)을 구성하는 요소가 되는 것이다. 소년들아, 너희가 몸을 닦고 나라를 다스리기 위해 책을 읽든지, 또는 예술을 위하여 책을 읽든지, 책을 읽는 마음의 공통된 목적은 개인의 성장을 위한 노력과 인격의 구성을 위한 정성이라 믿어라" 하셨다.

"책을 읽으라. 소년들아, 무엇을 찾고 있는 너희, 너희가 들어앉아 살 수 있는 정신의 집을 짓기 위해 재목을 다듬고 설계하고 있는 너희들의 책상에 꽂힌 책이 그렇게 초라해서야 쓰겠느냐. 너희의 머리가 그렇게 텅 비어 있어야 쓰겠느냐. 너희의 머릿속에는 수많은 책을 쌓아도 차지 않는 서재(書齋)와 도서관이 있다. 소년들아, 땅바닥을 기어다니고 있는 정신의 유아(乳兒)들아, 일어설 준비를 하여라. 서른은 내일 모래다. 세월이 사람을 기다리지 않기 때문에 ―."

제 6장 〈고민(苦悶)의 장(章)〉에서는 이 세상을 '괴로움의 바다'라는 불교

에서의 말씀과 "그래서 어린애가 처음 어머니 뱃속에서 나올 때 울음 울며 나오는 것도 한 번 인간에 떨어지면 억만 시름이 있기 때문이라는 옛글이 있다"시며, "서럽든지, 즐겁든지, 너는 모르고 울었어도 너희가 이 세상에 크나큰 감격을 지니고 태어난 것은 틀림없는 일이다. 아무리 이 세상의 모든 존재가 저 자신이 없는 거짓 존재라 할지라도 너희가 이 세상에 태어나기까지의 그 인연이라는 이름의 전우주적(全宇宙的) 협동작용(協同作用)을 너희가 거기에 보답함으로써 너희 사는 동안 진실한 존재가 될 수 있는 것이다. 그러나 소년들아, 너희 존재를 무슨 영원한 이름으로 믿지 말아라. 시시각각으로 변하고 옮아가며 터무니없이 사라져버리는 이 세상에서 이 인생의 괴로움을 너희 자신 안에 얼마만한 즐거움으로 바꿀 수 있으며, 세상의 덧없음을 얼마만큼 뜻있게 열매로 맺게 하며, 너 아닌 너를 진실한 너로 파악할 수 있는가를 근심하여라. 이 세상에서 얻는 즐거움이란 한갓 육체적 향락의 그런 부질없음 속에 있는 것이 아니고 괴로움을 즐거움으로 자각하는 데서 비롯되는 법이다. 즐거움은 괴로움 밖에 있는 것이 아니요, 도리어 그 괴로움 자체가 즐거움이기 때문이다" 하셨다.

"소년들아, 너희는 젊어서 흠뻑 괴로워하여라. 괴로움은 너를 단련하는 대장간이요, 또, 너의 영혼을 살찌게 하는 고귀한 양식이기 때문이다" 라고 하셨다.

제 7장은 〈의욕(意慾)의 장〉으로 "사람은 이성을 가진 동물이기 때문에 또한 창조하는 동물, 의욕하는 동물이 아닐 수 없다"라고 하시며, "소년들아 — 너희가 진실로 훌륭한 인간이 되고 싶은 의욕이 있거든 먼저 너의 이성을 흐리지 말아야 한다. 너의 이상의 깃발을 높이 달아야 한다. 그리고 끝까지 넘어지지 않는 의욕을 길러야 한다.… 모든 동물이 오직 적응성(適應性) 하나만으로 제자신을 변모시켜 왔을 뿐, 제힘으로 제환경을 극복하고 제힘으로 제것을 만드는 동물은 사람밖에 없다는 것이다"는 말씀을 하셨다.

“사랑하는 소년들아! 너희는 젊어서 먼저 죽음의 진리를 배워라. 죽음을 바르게 사랑하는 마음만으로 이 세상에서 큰 일을 할 수 있기 때문이다. 너희는 살아 있는 세상의 눈앞의 이익과 명예에만 팔리지 말아라. 죽어서 너희 육체가 썩은 뒤에라도 뒷사람의 위에 남을 그 명예를 더 높이 생각하여라. 사람이 세상에서 누리는 하찮은 영예는 미끼를 탐내는 고기떼와 부엌간을 엿보는 생쥐와 무엇이 가릴 바가 있겠느냐. 살아서 괴롭더라도 죽은 뒤에 더러운 이름을 남기지 않도록 노력해야 한다. 죽은 뒤의 더러운 이름은 대개 살아서 지나친 부귀영화의 허영으로 말미암아 마련되는 것이다. 더러운 이름을 남길 양이면 차라리 이름 없이 살다가 죽어가는 것이 얼마나 부러운 일이냐” 말씀하셨다.

이 글은 아마도 내가 열 살이나 열한 살쯤 되었을 때 쓰신 것으로 생각된다. 당시에 나는 그저 아버지가 쓰셨구나 정도로만 생각했지 아버지의 글을 새겨 읽지도, 아버지의 깊은 뜻도 헤아릴 줄 몰랐다. 뿐만 아니라 아버지도 내게 그걸 읽어보았느냐고 물어보시거나 읽어보라고 나더러 강권하거나 강요하시지도 않으셨다. 왜 그러셨을까. 훗날 내가 자식을 낳아 내 자식이 소년기에 들기 전까지 나는 그런 아버지를 이해하지 못했다. 받아들일 준비가 안된 자식에게 한갓 잔소리로 여겨지진 않을까 우려하셨을 것이라 생각된다. 대신 스스로 찾아 읽기를 바라셨을 것이며 말보다는 글, 글보다는 몸소 행동과 실천으로 자식을 가르치는 것이 더 효과적이란 걸 이미 알고 계셨다는 것을 뒤늦게 깨달았다.

행동으로 보여주는 사람이 리더가 되고 위대한 인물이 된다. 말만 많았지 실천은 조금도 하지 않는 사람의 가벼움은 인생의 작은 바람에도 쉽게 날아가 버리고 만다. 아무리 좋은 생각도 행동으로 옮겨야 성과를 거두고, 멋진 말도 행동이 뒤따라야 한다. 하물며 한집에서 보고 듣는 부모와 자식간의 관계에서야 말해 무엇하랴.

후회스럽고 부끄러운 일이지만 스무 살이 되기 전 중고등학교 시절에 읽었어야 할 이 글을 나는 대학생이 되고 나서야 차분히 읽어보았으며, 아버지가 돌아가신 후에야 '소년들아'를 '광렬아' 또는 '나의 사랑하는 자식들아'로 고쳐 읽으며 후회와 함께 사무치게 아버지를 그리워했다.

공허한 언어의 파편들을 붙들고 표류하기 일쑤인 세상사, 나는 아버지에게서 말을 하지 않고 말하는 법을 배운다. 침묵! 그것은 언어의 부재가 아니다. 장황한 설명보다 때로는 훨씬 설득력을 발휘한다. 그러나 그것은 인내를 필요로 한다. 침묵이 어려운 일은 아니다. 정작 어려운 것은 하지 말아야 할 말을 하지 않는 것이다. 그것은 다그치는 말 대신 말없이 껴안아주는 부모가 실제로 더 무서운 것과 같은 이치다. 그런 의미에서 글은 말보다 더 설득력을 갖는다. 나는 아버지의 이 글을 읽으면서 다산 정약용이 유배지에서 아들에게 보낸 가계(家戒 ; 집안의 가르침), 그 가운데서 부인이 시집올 때 가져온 붉은 치마에 쓴 〈하피첩(霞帔帖)〉을 떠올린다. 기록만으로만 전해오던 그 가계가 석 점의 〈하피첩〉으로 약 200년 만에 최근에 발견됐다는 신문기사를 접했다. 이를 메모해 놓은 것이 있어 간단히 소개한다(어느 일간지인지 어느 기자분의 글인지 없어 출처를 명시하지 못했음).

" 〈하피첩〉은 다산의 가족사랑을 대표하는 유산이다.

"하늘이나 사람에게 부끄러운 짓을 저지르지 않는다면 자연히 마음이 넓어지고 몸이 안정되어 호연지기(浩然之氣)가 우러나온다." "전체적으로는 완전해도 구멍 하나만 새면 깨진 항아리이듯이 모든 말은 다 미덥게 하다가 한마디만 거짓말을 해도 도깨비처럼 되니 늘 말을 조심하라." "근(勤 : 부지런함)과 검(儉 : 검소함), 두 글자는 좋은 밭이나 기름진 땅보다 나은 것이니 일생 동안 써도 다 닳지 않을 것이다." "흉년이 들어 하늘을 원망하는 사람이 많다. 굶어 죽는 사람은 대체로 게으르다. 하늘은 게으른 사람에 벌을 내려 죽인다."

다산이 아들에게 보낸 '가계'엔 엄격한 가르침과 따뜻한 사랑이 가득하다. 학문, 효도로부터 재물, 음식까지 세심하게 충고했다. 명분보다 실리를 주장했던 실학자 다산의 면모가 두드러진다. '하피'는 조선시대 왕실 비(妃), 빈(嬪)들이 입던 옷인데, 다산은 부인이 보낸 치마가 붉은 색이라 '하피'라고 이름 붙였다. 전남 강진에서 유배중이던 다산은 1810년 한양에서 아내가 보내온 붉은빛 치마에 글을 써서 〈하피첩〉이란 이름을 달았던 것이다. 다산이 남긴 문집에는 아내 홍씨가 시집올 때 가져온 치마를 유배지인 강진에 있던 남편에게 보내고, 다산이 이를 잘라 하피첩을 만들었다는 사연이 적혀 있다. 다산은 모두 넉 점의 소책자(첩)를 만들어 멀리 떨어져 살던 두 아들에게 보냈다. 그 중 석 점이 최근에 처음 발견된 것이다. 아들에 대한 다산의 애틋한 사랑을 엿볼 수 있는 이 〈하피첩〉의 머리에 다산은 이렇게 적고 있다.

하피첩에 부쳐

병든 아내가 해진 치마를 보내왔네
천 리 먼 길 애틋한 정을 담았네
흘러간 세월에 붉은 빛 다 바래어
만년에 서글픔을 가눌 수 없구나
마름질로 작은 서첩을 만들어
아들을 일깨우는 글을 적는다.
부디 어버이의 마음을 잘 헤아려

평생토록 가슴에 새기려무나 ❞

'사랑하는 소년들아'라는 제목으로 일련의 글을 쓰신 아버지의 마음도 바로 이런 마음이 아니셨을까. 삶의 실체를 꿰는 아버지의 교훈과 충고는 가치관이 혼란스러운 오늘날 더욱 유효하다고 생각이 들기도 하고 이 시대의 소년들에게 들려주고 싶은 마음에 권해보았다.

아버지의 이 교훈은 나에게 하나의 종교와 같은 것으로 내 마음에 자리잡고 있음을 부인할 수 없다. 왜? 그것은 시대가 바뀌어도 변치 않는 진리요 알고는 있더라도 결코 행하기 쉽지 않기 때문이다. 다산이 그의 아들에게 한 것 같은 각론적이고 실용적인 따뜻하고 세심한 충고는 아니지만 아버지의 이 원론적 교훈 속에는 그 모든 각론적 충고들이 내재해 있다. 한갓 '살아 있음'에 안주하지 말고 창조적이고 보람있는 미래를 위해 늘 '살아가는' 사람이 되라는 교훈이라 생각한다. 그러나 철없던 시절의 내 생각으로는, 그것은 세상적 욕심을 다 버리고 가난하고 이름없이 고달프게 살다가라는 뜻이나 다름없으며, 세상을 살아가는 데 오히려 마이너스만 될 것 같았다. 아버지의 깊은 뜻을 헤아리지 못했다. 그 시절이 후회스럽기만 하다.

그러나 살아가면 갈수록 애써 외면하려 하면 할수록 아버지의 가르침은 더욱 내 마음속 깊이 파고들었다. 실제로 아버지의 이 가르침 때문에 세상살이에서 득보다는 손해를 보는 경우가 더 많았다. 오죽하면 아내가 "당신은 상을 차려줘도 못 집어먹고, 멍석을 깔아줘도 춤 못추는 사람"이라 할까. 그렇듯 나는 아무개의 아들이라는 꼬리표를 달고 다녔기에 함부로 행동할 수가 없었고 그로 인한 중압감, 강박감에 시달리며 갈등 속에서 살아왔음도 고백하지 않을 수 없다.

때로는 아버지는 내 인생의 걸림돌이요, 때문에 내 인생이 죽도 밥도 안 된다고 공연히 아버지를 원망하던 시절도 있었다. 거꾸로 보아야 제대로 보이는 세상, '꿩 잡는 게 매'요, '모로 가도 서울로 가면 된다'는 험한 세상을 살면서, '서울을 가지 못하더라도 바로 가야 한다'는 아버지의 교훈이 큰 기둥처럼 버티고 있었던 것이다.

인간의 일생은 자기와의 끊임없는 싸움이다. 성(聖)과 속(俗), 이원적인 자아(自我)와의 투쟁이다. 거짓되고 비열한 소아(小我)와 온전하고 참된 나인 대아(大我)와의 부단한 싸움인 것이다. 그 결과에 따라 그 사람의 인격과 가치관이 결정된다. 아버지는 '허세'와 '거짓'과 '비겁'을 제일 싫어하셨다. 아는 것보다는 '실천'을 중요시하셨다.

"죽음에 대해 고민하고 공부하라"는 아버지의 깊은 뜻을 철부지 소년시절에 어이 내가 헤아릴 수 있었겠는가. 그저 피상적으로 우리는 언젠가 죽을 수밖에 없는 존재이기에 살아있는 동안 허송세월 하지 않고 열심히 성실하게 살아야 한다는 정도만 생각했고, 많은 날들을 '어떻게 살아야 하는가' 보다는 '무엇을 하며 사는가'에 더 집착하며 살았던 것을 부끄럽지만 고백하지 않을 수 없다. 환갑을 넘긴 이 나이까지 나는 국가나 민족을 위해 한 일도 없이 해외를 떠돌며 여윈 골목길을 힘없이 걸어만 왔다. 죽는 연습도 제대로 하지 못한 채 … .

아버지의 창문을 통해 나는 삶과 죽음의 의미를 배웠다. 힘들고 괴로움으로 지쳐도 의연하시던 아버지, 견고하고 든든한 정신적 울타리를 쳐주신 아버지께 한 번도 해보지 못한 '사랑합니다'는 말을 이제서야 꺼내어 안겨드리고 싶다니 … .

1950년대 말, 아버지는 이승만의 독재정권을 비판하는 활동을 전개하셨다. 민권수호 국민총연맹 중앙위원과 공명선거 전국위원회 중앙위원이 되셔서 반독재 투쟁대열에 동참하시게 된다. 특히 1960년 4월 혁명 이후에는 한국교수협회 결성에 참여하여 중앙위원이 되셨으며, 세계문화자유회의 창립위원으로 일하시며 벨기에 크노케(Knokke le zoute)에서 열린 제5차 국제시인회의(International Biennial of Poetry)에 이하윤(異河潤) 시인과 함께 한국대표로 참가(1961년 9월 7일~11일)하시기도 하셨다. 그 회의참가를 준비하시며 한국문학 번역의 낙후성을 개탄하시던 모습이 기억난다.

처음이자 마지막인 아버지의 해외여행

국제시인회의 참가

- 아버지의 여행 소묘(素描)
- 아버지로부터 받은
처음이자 마지막 편지, 그리고 선물

아버지의 여행 소묘(素描)

아버지께서는 1961년 9월 4일 김포공항을 출발, 벨기에에서 열린 국제시인회의에 한국대표로 참석하셨다. 그곳으로 가시는 길에 일본에 들러 아버지의 숙주(叔主)분들이신 내성(乃城)할아버지와 조운해(趙雲海, 전 고려병원장. 이병철 씨 맏사위) 할아버지를 찾아뵙고, 미국 앵커리지를 경유하여 독일 함부르크와 프랑스 파리를 거쳐 브뤼셀 공항에 도착하셔서 Brussel Central Station 발 열차로 회의장이 있는 Knokke (화란과 접경의 북쪽해안의 관광도시)의 호텔에 도착하여 여장을 푸셨다.

한국대표가 가장 멀리서 왔다고 반갑게 맞아주었다고 하셨다. 이하윤(異河潤, 시인. 당시 서울사대 교수) 선생이 화란(和蘭)에서 편지로 신청해서 대표명단에 들어 합류하셨다고 한다. 그날 회장(會場) 카지노에서 열린 미전(美展)을 참관하다가 뉴스영화 촬영반에 붙잡혀 일장(一場) 배우노릇도 하셨다 한다.

7일, 12시에 제 5 차 국제 격년(隔年) 시인회의(詩人會議) 개회식 참가를 시작으로 회의에 들어가셨다. 일본 대표 고바야시(小林正) 교수를 만나셨는데 그는 동대(東大) 불문과 조교수로 파리에 체류중이었다. 유트레히트 비교

1961년 벨기에에서 개최된 국제시인대회에 참석한 뒤 처음이자 마지막으로 세계여행을 하셨다. 국제시인대회 칵테일 파티에서 이하윤 시인과 얘기를 나누고 있다.

문학회의에 이(異) 선생과 그가 같이 참석했는데 위인(爲人)이 조촐하고 양심적이었다고 하며 아버지와 매우 가까이 하고자 했다고 한다. 같이 관광도 했는데 일본시인회의 요청으로 시인이 아닌 자기가 참석했다는 것을 들으신 아버지는 어느 나라나 시인은 돈이 없고 대접을 못 받는 모양이라 소회하시며, 그래도 시인이 두 사람이나 참석한 한국이 생색(生色)이 났다고 하셨다. 43개 국의 407명(부인까지 합하여 469명) 시인이 참가하였다고 하셨다.

아버지는 〈'국제시인회의' 보고서〉에서 "이번 대회의 참가를 통해서 얻은 내 개인적 이득은 서구시인의 생태(生態)와 그 시의 역사적 풍토적 배경을 직접 체득한 것이 한갓 정저와(井底蛙)의 편견(偏見)이 아니라는 데 대한 자신을 얻은 점이다"라고 하셨다. 다음은 그때의 중요한 대목을 아버지의 글에서 옮긴 것이다.

이 회의의 중요한 성과는 시인의 국제적 친선과 이해로, 시의 국제적 교류 내지 시문학의 공통된 당면문제의 공동토의와 질의가 시종 화기애애한 분위기 속에 이루어져서 이 대회참가에 대한 매력을 더했고, 이러한 시인의 모임다운 분위기가 소수의 공산권 시인의 선전(宣傳)을 압도했다는 점이다. 이 회의에서만은 영원히 공산주의는 교란전술을 쓰지 못하리라는 것을 느꼈다. 우선 그들은 수적 열세를 도저히 뒤집지 못할 것이다. 이 점에서 시인회의가 다른 작가회의와 다른 점이다.

제 4 차 회의 때는 신청만 하고 참석하지 못했지만 그 의제 '내일의 인간과 시'에 대해서 발언할 준비를 했는데, 이번 대회에는 국내사정으로 말미암아 의제 연락을 못 받고 총총히 떠났기 때문에 토의에 발표할 기회는 못 가졌으나, 유지시인(有志詩人)의 개별초대 파티 같은 데서 간단히 한국의 시를 소개했고 텔레비전에 자작시 낭송을 녹음하여 한국말이 아름답다는 찬사와 함께 해수욕장에서 사인공세를 받았으며, 라디오 콘 닥터의 요청으로 한국시와 그 영역시(英譯詩)를 기록하였다. 또 각국 시인단체 대표자회의에 참석하여 의견을 교환하였다.

본인이 지참한 Korean Verses의 증정(贈呈)과 그 신청을 받으며 역시(譯詩)문제와 시어(詩語)교환 등을 논의하였고, 특히 일본, 월남 등의 대표와 아시아 시인회의 개최에 대하여 의견을 교환했으며, 비교문학 내지 문화인류학적 연구를 논의하였다. 이에 대해서는 별도로 추진할 심산(心算)이다.

거처와 식사는 관광호텔에 배정되어 모든 설비가 충분하였고, 회의기간 중 음료대(飮料代)를 제외한 호텔비를 주최측이 부담하였으나, 이번 여행의 전체적인 여비는 넉넉한 것이 못되어 귀로에는 곤란이 있었다. 언어는 아쉬운 대로 통해서 심한 불편은 느끼지 않았으나 구라파 여행중 독일어에는 좀 녹았었다. 영어가 안 통하는 곳은 토막 불어로, 그도 안 되면 영어대역(對譯) 독어회화를 활용했다. … 마땅히 우리 정부에도 이를 건의하겠지만 아세아재단(亞細亞財團)으로서도 이 회의를 충분히 이해하여 계속 후원이 있기를 바란다. 또 하나 부언할 것은 한 사람만의 참가는 너무 외로우니까 매 대회에 두 사람 이상이 가야겠다는 점이다. 한두 사람의 참가로 그 성과와 반향이

> 큰 것은 차종류(此種類)의 문화관계회의라고 생각한다.
>
> 나는 이 대회를 마치고 귀로에 파리를 들러 유네스코와 CCF를 방문하고 그 활동상황에 대한 자세한 설명을 들었으며 여러 가지 시찰을 하여 얻은 바가 크다. 유네스코에서는 Roger Callous 씨(이 분은 국제시인회의 개회식에 유네스코 대표로 참석하여 축사한 분)를 만났고, CCF에는 John Hunt 씨(CCF 한국본부 창립대회 때 왔던 분)를 방문하여 장시간 의견을 교환하였다. CCF의 연락으로 런던에서는 Spenser 씨를 방문하여 30분간 환담했다. 비엔나에서는 국제원자력회의로 한국대표단을 방문했고, 로마에서는 내이중(內伊中)인 한국 축구선수단을 방문 격려했다.

아버지께서는 11일 Knokke를 떠나 11일은 Bruges와 Brussel에서 이(異) 교수, 고바야시 교수와 함께 관광하고 간단한 선물을 사신 후, 13일 파리에 도착하셨다. 14일 아침엔 소르본 대학거리와 센 강변을 거니시고 저녁엔 월남 청년 무룡(武龍) 씨를 동반한 아버지의 제자 김재옥 씨가 내방하여 청요리를 아버지가 대접했다고 하셨다. 15일 1시에는 공관(公館)을 방문하여 기다리던 서양화가 이일(李逸) 씨와 변종하(卞鍾夏) 씨와 국보전시(國寶展示)차 그곳에 온 최순우(崔淳雨) 씨를 만나 밤의 파리를 구경하셨다고 하셨다. 다음날 16일은 백선엽 대사 초대를 받아 주식(晝食)을 대접받으시고 20일까지 파리에 계시다가 21일 영국 런던에 도착하셨다. 22일은 지인 현경호(玄景鎬) 씨의 초대를 받아 지하철로 혼자서 교외에 위치한 그 집을 찾아가셔서 유학생 전원과 대사관 젊은 직원들이 모여서 노는 파티에 가셔서 한국음식을 포식하셨다고도 하셨다.

24일은 피로열(疲勞熱)과 감기에다 지병으로 인해 피를 좀 토하셨다고 했다. 아버지는 이를 과도한 흡연탓이라고 하셨다. 그날은 호텔에서 쉬시고 다음날 25일 오전에 공관에 들러 김용식 대사를 만나시고, 저녁엔 김호길(金宗吉선생 族弟) 등 지인들이 호텔로 와서 놀다가 갔다고 하셨다. 26일은

Spenser 씨를 방문하고 회로에 미술관을 보고 현경호 씨와 석반(夕飯)을 하셨다.

27일은 원자력원(原子力院) 파견유학생 김호길 씨가 내방하여 함께 대영박물관을 보고 귀숙하시고 다음날 28일 런던을 떠나 28일 Bonn에 도착하셨다. 29일 오전에 공관을 방문하였으나 신응균 대사는 한국대표단을 인솔하고 비엔나에서 열리는 원자력회의에 2주일간 참가중이어서 윤석헌(尹錫憲) 참사관과 김인권(金寅權) 두 고려대 제자들에게 청요리로 점심을 대접받고, 오후에는 혼자서 라인 하반(河畔)을 돌아 저녁을 드시고 돌아와 쉬셨다. 29일은 윤석헌 씨 집에서 보내시고, 30일엔 함부르크 주소로 윤이상(尹伊桑) 선생께 전보를 치시고 혼자서 베토벤 생가를 구경하고 돌아와 보시니 함부르크에서 회전(回電)이 왔는데 윤 선생은 그곳을 떠나신 지 오래라는 내용이었다고 하셨다.

11월 1일은 지인이 차를 가지고 와서 명승으로 안내하여 히틀러의 별장이었고 현재는 관광호텔인 Petersberg와 고성 Dragon Hill을 구경하고 김 선생 댁에서 저녁을 하셨다. 2일은 오스트리아 비자를 얻기 위해 애 쓰시다 간신히 비자를 얻어 3일 프랑크푸르트에 도착하신다. 거기서 뮌헨을 경유 비엔나에 도착해서 카페에 나가 맥주 한 잔 마시고 이름난 비엔나 요리로 배를 불린 후 밤거리를 구경하시고 호텔로 돌아와 원자력회의 교체대표 정태하(鄭泰河) 씨를 전화로 불러서 인사하고 자리에 드신다. 4일은 거리에 나가 간단한 선물을 사고 돌아와 쉬신 후 정 씨가 묵고 있는 호텔을 방문했는데 마침 신응균 대사가 Bonn에서 도착해서 반가웠으나 회담관계로 바빠 약 45분 환담하고 돌아와 관광스케줄을 예약하신다.

5일. 9시에 맞으러 온 Vienna Historique에 참가하셔서 약 3시간 시내의 역사적 명승을 관광하신다. 베토벤, 브람스, 괴테, 하이든, 모차르트, 요한 스트라우스를 비롯한 20여 개의 Monuments, 5개의 Musses, 8처의 Eglises, 세

곳의 Palais, 그 밖의 Danube와 오페라 등, 아름다운 도시 비엔나, 다뉴브 강을 관광하고 돌아와 보니 텔레비전에 9·28 수복기념 마라톤대회 광경이 나와 사진으로도 반가웠다고 하셨다. 6일 호텔을 떠나 비엔나를 출발해서 뮌헨을 경유 제네바, 플로렌스, 알프스의 준령을 감상하시며 오후 로마 시내에 들어오신다. 7일은 정 서기관의 집에서 저녁을 하시고, 8일은 관광버스를 타고 시내를 돌았다고 하셨다. 콜로세움, 카타콤 욕장, 바티칸이며 한니발, 스키피오의 결전장, 네로의 궁전터….

9일, 아침 7시 30분에 나폴리, 봄베이, 소렌토, 카프리를 향해서 떠나신다. 가지각색의 얼굴빛과 언어 속에 외톨은 한국사람은 당신 한 사람뿐이었다고 하셨다. 중국인이 10여 명, 일인이 6, 7명, 서양사람은 다 부부동반이더라고 하셨다. 안내하는 소녀가 정다웠다고 하셨다. 바다에 눈이 팔려 버스가 떠나는 줄도 모르고 서 있는 아버지에게 달려와 어깨에 기대며 "당신 여기서 살고 싶으냐"고 물었단다. "당신 같은 예쁜 소녀와 같이 산다면 몰라도 경치가 아무리 좋아도 혼자 살기는 적막하지 않느냐"고 했더니 "살기만 한다면 나보다 예쁜 소녀는 얼마든지 있다"고 하여 같이 웃었다고 하셨다. "사실은 이 경치에 하늘빛 물빛이 너무도 우리나라와 같아서 조국 생각을 한다"고 했더니 "그리워한다는 것이 얼마나 좋으냐"며 웃더란다. 그리고 버스로 돌아오면서 아버지는 생각했다고 하셨다. 우리나라도 관광사업에 눈을 뜨려면 첫째 안내하는 사람은 이 정도의 세련된 교양은 길러야겠다. 아주 인상적이었다고.

10일에는 오전중에만 일을 보는 일본 대사관에 비자를 내러가셨다가 허행을 하시고 11일은 공관을 방문하고 오후 3시 축구단 숙소로 방문, 장기영 한국일보 사장과 만났다고 하셨다. 저녁은 이 대사와 선수단과 함께 저녁을 드시고 장 사장과 동승해서 호텔로 돌아오셨다고 한다.

12일, 9시 반에 호텔에 셈을 치르고 12시 40분에 로마를 출발해서 테헤란, 카라치, 캘커타, 방콕, 사이공, 마닐라를 경유해서 10월 13일 21시에 도쿄 타워호텔에 투숙하셨다. 아버지는 내성할아버지, 즉 당신의 숙주께 전화드려 함께 시간을 보내시고 다음날 14일은 신주쿠 명월관에 가서 불고기 안주로 정종 10여 컵을 드시고 만취해서 돌아와 호텔 바에서 맥주 3병을 마시고 몹시 떠들다가 주무셨다고 한다. 호텔에 일하는 청년 하나가 문학청년이었는데 그 청년과 고언대담(高言大談)을 하다가 잠이 들었다고 하셨다.

15일은 속이 좋지 않으셔서 종일 낮잠을 주무셨는데 다행히 아무도 연락이 없어서 숙면을 취하셨다. 16일, 아침에 외신기자구락부에 물어 고려대 제자인 한종우(韓鍾愚) 특파원에게 연락이 닿아 같이 식사하고 오후에 주일대표부로 가셔서 이동환(李東煥) 공사를 만나신 후 호텔로 돌아오셨단다.

이상은 아버지의 처음이자 마지막이었던 해외여행시 메모형식인 〈외유일지초(外遊日誌抄)〉를 대략 연결하여 서술형식으로 요약한 것이다. 이걸 읽느라고 수고하신 독자에게 미안한 마음 금치 못한다. 이렇게 옮긴 까닭은 대범하시면서도 치밀하기 이를 데 없는 아버지의 성품을 독자들에게 알리고 싶어서였다. 집에서 가계부 적듯 택시요금, 음식값 등 꼼꼼하게 적어 놓으셨으나 그런 것들은 모두 생략하고 여행지와 그곳에서 만난 사람들을 위주로 간추려 보았다.

아버지로부터 받은 처음이자 마지막 편지, 그리고 선물

아버지께서는 여행중 어머니와 우리 사남매 그리고 나의 고모 모자와 김포공항까지 배웅 나오셨던 고원(高遠, 시인. 현재 미국 LA 거주), 정한모(鄭漢模), 박목월(朴木月), 박남수(朴南秀), 최정희(崔貞熙), 김남조(金南祚) 제씨들에게 편지를 쓰셨는데 나도 그때 처음이자 마지막으로 두세 장의 편지(엽서)를 아버지로부터 받았다. 나는 이 육필편지를 꺼내보면서, 생전 처음 해외에 다녀오시는 아버지로부터 받을 선물을 손꼽아 기다리던 어린시절의 추억 몇 조각을 꺼내보곤 했다.

그때 아버지께서 사오신 것은 대고모부님의 부탁으로 던힐 파이프, 친구분들이나 수고하신 분들에게는 넥타이, 집안 아낙들에게 줄 선물로는 벨기에 제품으로 보이는 가죽 돈지갑과 가죽 주머니나 스카프, 종이로 만든 일제 돈지갑 등으로 기억된다. 내가 받은 선물은 외제 크레파스와 학용품들이었다.

그때 받았던 친필편지는 보통 아버지가 해외여행중 자식에게 보내는 평범한 내용이었다. 그 편지 중 한 장을 내가 다시 미국 올 때 아버지의 체취라도 느끼고자 그때 사오셔서 당신이 매고 다니시던 넥타이 한 개와 함께 가지고 왔다. 아버지 전집 서간문 편에 빠져 있기에 이곳에 옮겨 놓는다.

나는 지금 런던에 와 있다. 13일에 파리에 가서 9일간 즐거운 날을 보내다가 21일 저녁에 런던에 닿아 오늘이 사흘째다. 파리에서는 30도를 넘는 늦더위가 계속해서 땀에 젖었고 안개로 유명한 런던도 청명한 날씨가 계속해서 내게는 다행이다.

파리에선 저녁 한끼는 청요리(清料理)로 영양을 보충하고 두 끼는 빵 쪽이나 먹으며 때는 형편, 먹는 것 싸기는 우리나라가 제일이고, 가족이 오붓이 먹는 재미도 우리가 더 나은 것 같다. 파리에서는 한국사람이 제법 많아서 하루 저녁밥을 짓고 스끼야끼를 해서 잘 먹었다. 런던 와서도 여기 유학생들과 대사관직원들이 한데 모여 갈비, 불고기, 잡채 등 온갖 요리들을 남자들이 푸지게 만들었는데 음식솜씨가 놀라웠다. 오랜만에 포식(飽食)했다.

나는 길 떠난 뒤로 신문도 잘 안보고 음력도 잘 알 수 없어 세월이 어떻게 되는지 잘 모른다. 오늘이 아마 추석날쯤 된다는 말을 들은 것 같다. 몸이 피로해서 호텔에 앉아 편지나 쓰며 하루를 보낸다. 혼자서 하는 여행은 쓸쓸하고 고달프다. 모처럼 온 길을 그냥 갈 수가 없어 그렇지 내 성미엔 그저 돌아가고만 싶다. 옷은 너무 많이 가지고 와서 짐만 된다. 내의나 양말, 손수건 모두 한 벌씩만 더 가지고 다니면 족한 것을 대여섯 벌씩 가져왔으니 말이다. 모두다 경험이 없어 그렇다.

27일경에 서독으로 가겠다. 앞으로 로마, 아테네, 이스탄불, 카이로 구경에 중점을 두고 그 중로(中路)에 있는 명승(名勝)을 잠깐씩 들를 작정이다.

來月 초순에 귀국할 작정이다. 늦어도 13일까지는 돈이 자꾸 줄어드니 돌아갈 날짜가 빨리 오는구나. 모든 노정(路程)은 주머니와 상의해 봐야 안다. 제대로 다 보자면 아직도 30일은 더 돌아다녀야겠는데 돈은 일당 15불(弗)로 쳐서 20일분밖에 남지 않았다. 그것도 아껴썼으니 그 정도밖에 안 쓴 거지 뭐냐.

집안에 별고는 없느냐. 가을이라서 그런지 요즘은 집생각이 난다. 이하윤(異河潤) 씨는 21일 파리에서 갈라져 동경으로 가고 나 혼자만 다닌다. 남에게 의뢰하지 않고 내 힘으로 하니 재미도 난다마는 호텔의 독방(獨房)은 참 적막하다. 어제는 복잡하기로 유명한 런던의 지하철을 타고 교외의 지인을 방문해서 놀라게 했다. 당하면 하는 게지 별 수 있겠니. 가족들 면면(面面)이 보고 싶다. 또 쓰마.

24일 London에서 父 書

항공 봉함엽서에 만년필로 쓰신 이 육필편지도 2004년 고려대학 박물관내 〈지훈기념관〉에 마지막 유품(遺品)으로 넥타이 한 개와 함께 기증하였다. 아버지가 생각날 때마다 가끔씩 꺼내 매던 유행을 타지 않는 디자인의 일자형 넥타이는 실로 짠 것이었다. 그 넥타이만은 기증하지 않고 미국 올 때 지니고 왔었다. 그 넥타이를 매고 있노라면 아버지의 체취와 향기가 목에서부터 가슴까지 전류처럼 밀려오는 것을 느끼며 그리움에 젖기도 했는데 그것마저 떠나보내고 나니 허전하기 짝이 없다.

그때 아버지께서는 당신이 쓰실 물건으로 만년필, 책가방과 곤색, 검정색 베레모, 단장(短杖) 등이었는데 그 베레모 중 하나는 대학다닐 때 같은 과 친구 김성탁이 며칠 빌려 달라 사정하여 아버지 허락도 받지 않고 빌려주었는데 그 친구가 그걸 잃어버렸다고 했다. 정말인지는 모르지만 돌려받지 못했다. 걱정했는데 그 일로 아버지로부터 꾸지람은 듣지 않았으나 늘 죄스런 마음을 지울 수 없었다.

또 한 가지가 더 있다. 그것도 아버지가 사오신 것이 있었는데 그것은 신기한 단장(短杖, 지팡이)이었다. 비가 많이 오는 나라 영국서 사 가지고 오신 것으로 평소에는 단장으로 사용하나 그 지팡이 속에 얇은 천으로 만든 검정색 우산이 들어 있었다. 비오는 날 친구들에게 자랑하려 들고 나갔다가 그만 잃어버린 것이다. 아버지는 섭섭해 하셨지만 역시 큰 꾸중은 안 하셨다. 그러나 내가 더 애가 타고 아까웠다. 그 우산(지팡이)은 지금의 나의 아내와 나를 맺어준 인연을 제공했기 때문이다. 대학생시절 남녀 단체미팅 때 다방에 그걸 놓고 나왔는데 그날의 여학생 중 한 명이었던 지금의 내 아내가 그것을 보관하고 있어서 다시 만나게 되었고 사귀기 시작했기 때문이다.

아버지가 돌아가신 후 이사도 많이 다녔기도 해서지만 아버지의 손때가 묻은 유품들을 짐이 된다 하여 버리거나 분실된 것을 생각하면 아쉽기 한이 없다. 그나마 아버지의 서재에 있던 장서들을 일찌감치 고려대학교 도서관에 기증했던 일은 지금 생각해도 잘한 일이요 다행이란 생각이 든다. 그때는 문학관이 지어질 계획이 없었을 때였으니 어쩌랴. 돈으로 치면 하잘 것 없는 서류궤짝, 몇 개의 문갑과 사방탁자들 그 위에 놓여있던 아버지의 손때가 묻은, 그리 비싸지는 않으나 운치 있는 주둥이가 깨진 신라 토기 및 골동품들과 깨어진 청자 조각들… .

당신이 가신 지 어언 40년이 다 되어가는 지금 그만큼의 유품들을 보관해 오기도 힘든 일이라고 남들은 위로의 말을 던지지만 자식으로서 죄스럽기 짝이 없다. 그것들이 남아있다면 지금 향리 생가 옆에 짓고 있는 〈지훈문학관〉이 더욱 향기 있고 운치가 있을 터인데… 이제 와서 후회한들 무슨 소용이 있으랴.

아버지의 40대 전반기

사회 참여

- 〈늬들 마음을 우리가 안다〉
- 4·19 혁명과 아버지
- 나라를 다시 세우기 위하여
- 〈빛을 찾아 가는 길〉
- 아버지의 제자 키우기에 관한 일화 (1)
- 〈지조론(志操論)〉을 쓰시다
- "소인기(少忍飢)하라"
- 아버지의 제자 키우기에 관한 일화 (2)
- '친일과 청산작업' 에 대한 나의 소견

〈늬들 마음을 우리가 안다〉

나는 그날을 잊을 수 없다. 1960년 4·19 혁명 직후 어느 날 〈경향신문〉 복간에 즈음하여(자유당정권 말기에 〈경향신문〉은 집권층의 미움을 사 폐간당하였다. 그러다가 4월혁명 직후 복간되었다) 축시를 청하므로 우리집으로 찾아온 기자를 앉혀놓은 자리에서 일필휘지(一筆揮之)로 4월 혁명의 감격을 직정(直情)의 분류(奔流) 그대로 쏟아 놓으시던 모습을….

아 그것은 洪水였다
골목마다 거리마다 터져나오는 喊聲

백성들 암흑 속으로 몰아넣은
"不義한 權力을 打倒하라"
良心과 純情의 밑바닥에서 솟아오른
푸른 샘물이 넘쳐 흐르는
쓰레기를 걸레 쪽을 구더기를 그
罪惡의 구덩이를 씻어내리는
아 그것은 波濤였다

東大門에서 鍾路로 世宗路로 西大門으로
逆流하는 激情은 바른 民心의 새로운 물길,
피와 눈물의 꽃波濤
南大門에서 大漢門으로 世宗路로 景武臺로
넘쳐흐르는
이것은 義擧 이것은 革命 이것은
안으로 안으로 닫았던 憤怒

온 長安이 출렁이는 이 激流 앞에
웃다가 외치다가 울다가 쓰러지다가
끝내 흩어지지 않은 피로 물들인
온 民族의 이름으로
일어선 者여

그것은 海溢이었다
바위를 물어뜯고 왈칵 넘치는
不退轉의 意志였다. 高貴한 피 값이었다

正義가 이기는 것을 눈앞에 본 것은
우리 평생 처음이 아니냐
아 눈물겨운 것
그것은 天理였다
그저 터졌을 뿐 터지지 않을 수
없었을 뿐
愛國이란 이름조차 차라리
붙이기 송구스러운
이 빛나는 波濤여
海溢이여! — 〈革命〉

4 · 19 당시, 아버지는 감격하여 학생혁명을 지지하는 4월 25일의 교수 시국선언에 참여하고 거리시위에 나섰는데 이때 교수협회 시국선언은 아버지가 집필하셨다("한국교수협회 조직은 위원장 조윤제, 부위원장 이상은, 총무부장 정재각, 중앙위원 조지훈 등이었는데, 조지훈은 문장을 도맡아 썼다." 정재각, "지훈의 인품과 사상", 《민족문화연구》 22, 1989. 2).

내가 서울중학교 2학년 때의 일이다. 평소에 고려대 교단에 서시면 "요즘 학생들은 패기가 없다"던 당신이셨다니, 4 · 18 고대생 데모와 이어서 터진 전국학생들의 4 · 19 의거가 얼마나 대견해 보였을 것인지 짐작이 간다. 〈늬들 마음을 우리가 안다〉라는 시에 그런 당신의 마음과 스승으로서의 제자들에 대한 뉘우침의 마음이 잘 나타나 있다.

> 그날 너희 오래 참고 참았던 義憤이 터져
> 怒濤와 같이 거리로 거리로 몰려가던 그때
> 나는 그런 줄도 모르고 研究室 창턱에 기대 앉아
> 먼산을 넋없이 바라보고 있었다.
>
> 午後 二時 거리에 나갔다가 비로소 나는
> 너희들 그 무엇으로도 막을 수 없는 물결이
> 議事堂 앞에 넘치고 있음을 알고
> 늬들 옆에서 우리는 너희의
> 불타는 눈망울을 보고 있었다.
> 사실을 말하면 나는 그날 비로소 너희들이
> 갑자기 이뻐져서 죽겠던 것이다.
>
> 그러나 이것은 어쩐 까닭이냐.
> 밤늦게 집으로 돌아오는 나의 발길은 무거웠다.
> 나의 두뺨을 적시는 아 그것은 뉘우침이었다.

늬들 가슴 속에 그렇게 뜨거운 불덩어리를
간직한 줄 알았더라면
우린 그런 얘기를 하지 않았을 것이다.
요즘 학생들은 氣槪가 없다고
병든 先輩의 썩은 風習을 배워 不義에 팔린다고
사람이란 늙으면 썩느니라 나도 썩어가고 있는 사람
늬들도 자칫하면 썩는다고…

그것은 정말 우리가 몰랐던 탓이다.
나라를 빼앗긴 땅에 자라 악을 쓰며 지켜왔어도
우리 머리에는 어쩔 수 없는
병든 그림자가 어리어 있는 것을
너희 그 청명한 하늘 같은 머리를 나무램 했더란 말이다
나라를 찾고 侵略을 막아내고 그러한 自主의 피가
흘러서 젖은 땅에서 자란 늬들이 아니냐.
그 雨露에 잔뼈가 굵고 눈이 트인 늬들이 어찌
民族萬代의 脈脈한 바른 핏줄을 모를 리가 있었겠느냐.

사랑하는 학생들아
늬들은 너희 스승을 얼마나 원망했느냐
現實에 눈감은 學問으로 보따리장수나 한다고.
너희들이 우리를 민망히 여겼을 것을 생각하면
정말 우린 얼굴이 뜨거워진다 등골에 식은땀이 흐른다.
사실은 너희 先輩가 약했던 것이다 氣槪가 없었던 것이다

每事에 쉬쉬하며 바른 말 한마디 못한 것
그 늙은 탓 純粹의 탓 超然의 탓에
어찌 苛責이 없겠느냐.

그러나 우리가 너희를 꾸짖고 욕한 것은
너희를 경계하는 마음이었다. 우리처럼 되지 말라고
너희를 기대함이었다 우리가 못할 일을 할 사람은
늬들 뿐이라고—
사랑하는 학생들아
가르치기는 옳게 가르치고 행하기는 옳게 행하지 못하게 하는 세상
제자들이 보는 앞에서 스승의 따귀를 때리는 것쯤은 보통인
그 무지한 깡패떼에게 정치를 맡겨 놓고
원통하고 억울한 것은 늬들만이 아니었다.

그러나 이럴 줄 알았더면 정말
우리는 너희에게 그렇게 말하진 않았을 것이다.
가르칠 게 없는 훈장이니
선비의 정신이나마 깨우쳐 주겠다던 것이
이제 생각하면 정말 쑥스러운 일이었구나.

사랑하는 젊은이들아
붉은 피를 쏟으며 빛을 불러 놓고
어둠 속에 먼저 간 수탉의 넋들아
늬들 마음을 우리가 안다 늬들 공을 온 겨레가 안다.
하늘도 敬虔히 고개 숙일 너희 빛나는 죽음 앞에
해마다 해마다 더 많은 꽃이 피리라.

아 自由를 正義를 眞理를 念願하던
늬들 마음의 고향 여기에
이제 모두 다 모였구나.
우리 永遠히 늬들과 함께 있으리라.

—〈늬들 마음을 우리가 안다—어느 스승의 뉘우침에서〉 1960. 4. 20

이 시는 1960년 5월 3일 〈고대신문〉에 발표되었다. 그로부터 46년이 지난 어느날 오후 고려대학교 문과대학 60주년 기념사업의 일환으로 고려대학 캠퍼스 안, 아버지가 스스로 교가에 쓰셨던 '안암의 언덕' 인촌기념관 입구, 서관 뒤편 아늑한 장소에 '조지훈 시비(詩碑)'가 세워졌다. 2006년 9월 29일, 내외 귀빈들을 모시고 성대히 제막식을 올린 '조지훈 시비'는 어머니의 글씨로 새겨졌다. 그 시비 전면에는 같은 제목의 후속작(後續作)이 새겨졌다. 원시(原詩)가 너무 길기 때문이었지 싶다.

이 시비의 디자인도 자식인 내가 하는 게 더욱 뜻깊을 것 같다는 주문도 받았으나 심사숙고하여 정중히 거절하였다. 이 시비건립을 위해 1980년대부터 꾸준히 국문과 졸업생 및 재학생들이 모금운동을 펼쳐온 바를 잘 알고 있다. 이에 동참하신 모든 분들과 아름다운 부지를 기꺼이 내주시고 모든 지원을 아끼지 않고 물심양면 도와주신 고려대학교 재단과 학교당국, 고려대 교우회, 고대신문 동인회, 또 이를 위해 시비건립위원장으로 수고하신 최동호 교수님을 비롯한 여러 위원님들과 교수 여러분들의 노고에 특별히 이 지면을 빌려 거듭 깊은 감사의 말씀을 드린다.

이 시비 비문은 시비건립추진위원회 위원장으로 실무를 전담하여 노고를 아끼지 않으신 고려대 최동호 대학원장이 쓰셨다. 그 전문은 이 책 말미에 부록으로 싣기로 한다.

4 · 19 혁명과 아버지

"이제 질식할 듯한 기성독재의 최후적 발악은 바야흐로 전체국민의 자유와 생명을 위협하고 있다."〔1960년 4월 18일, 고려대 학생회 선언문, 당시 〈고대신문〉 학생편집국장인 박찬세(통일연수원장 역임) 선생이 기초하였음〕. "보라, 우리는 기쁨에 넘쳐 자유의 횃불을 올린다. 보라. 우리는 캄캄한 밤의 침묵에 자유의 종을 난타하는 타수의 일익임을 자랑한다."(1960년 4월 19일, 서울대 학생회 선언문).

4월 19일 화요일 아침, 나는 그때 15살짜리 철부지 중학생이었지만 삼선교에서 광화문행 버스를 타고가는 나의 어린 가슴에도 분노의 불길이 타오르고 있었다. 3 · 15 정부통령 선거에서의 조직적 부정행위, 마산에서 데모하다 죽은 김주열 고등학생의 눈에 최루탄이 박힌 참혹한 모습, 그리고 바로 그 전날 저녁, 국회의사당 앞에서 연좌데모를 하다가 귀교(歸校)하던 중 천일극장(종로 4가와 청계천 4가 사이에 있었음) 앞을 지나다가 정치깡패들에게 무참하게 두들겨 맞은 고려대학 학생 데모대들 … . 이런 것들이 어린 중학생의 가슴에도 분노의 불을 지펴놓기 충분했다.

내가 그때의 내 나이가 몇 살이었는지 쉽게 기억할 수 있는 것은, 그날,

수업이 시작되기 전, 내 짝 경철이가 제 바지춤을 내리고 아랫도리에 드문드문 나기 시작하는 고추언저리의 털을 친구들에게 보여주며 자기가 같은 학년에서 제일 어른이라고 자랑하던 날이었기도 하기에 그날의 내 나이와 4 · 19가 더욱 잊혀지지 않는지도 모른다. 경철이가 그런 짓궂은 장난을 하고 있는데 밖에서 무슨 함성이 들렸다. 고등학교 상급생들이 현수막을 들고 어서 나오라고 소리치고 있었다. 주로 고등학교 2, 3학년생들이었다. 우리 중학생들은 나오지 못하게 했다.

"3 · 15 부정선거 다시 하라!" 선배들은 약속이나 한 듯 우르르 몰려나갔다. 학교에서 돌아오는 길은 아수라장이었다. 경무대가 가까운 신문로 옛 경희궁터에 학교가 있었기 때문에 더욱 그러했다.

"부정선거 다시 하라, 부정선거 다시 하라, 부정선거 다시 하라…." 구호를 외칠 때 시민들이 몰려 나와 박수쳤고 빵과 마실 물을 퍼다주기도 했다. 이제는 학생들만의 데모가 아니었다. 우리는 국회의사당에 연좌데모를 하다가 기수를 중앙청으로 돌리는 대학생들에게 박수를 보냈고, 어용신문으로서 여론을 왜곡하던 서울신문 취재차가 불타는 것도 보았다. 경찰 바리케이드를 뚫고 경무대를 향하여 돌격해가는 대학생들과 일부 고교생 선배들에게도 박수를 보냈다.

"전우의 시체를 넘고 넘어, 앞으로 앞으로 … "

그때 유행하던 군가가 데모대의 함성이 되었다. 경무대 출입구가 저만치 보일 때 그곳을 둘러싼 경찰부대가 보였는데 그들은 먼저 공중을 향해 총을 쏘아댔다. 경고사격이었다.

"이승만은 하야하라, 이승만은 하야하라 …"

그러자 갑자기 총소리가 콩 볶듯 들려왔다. 누군가가 엎드리라고 소리질렀지만 나와 경철이는 오히려 그냥 서서 뛰어갔다. 경복궁 담벼락 구석진 곳까지.

4월혁명에 관한 좌담회. 왼쪽부터 사회자, 박두진, 박남수, 아버지, 박목월, 이한직 씨. 4 · 19 당시, 아버지는 감격하여 학생혁명을 지지하는 4월 25일의 교수 시국선언에 참여하고 거리시위에 나섰는데 이때 교수협회 시국선언은 아버지가 집필하셨다.

한참 만에 총소리가 끝나고 다시 데모 대열로 돌아오니 아수라장이었다. 피를 펑펑 쏟고 있는 학생, 악을 쓰는 학생, 보도블록을 깨서 미친 듯이 던지는 학생….. 흥분과 분노는 절정에 달했다.

"민주주의 나무는 피를 먹고 자란다."

누군가가 한 말을 되새기며 나는 집으로 돌아왔다. 아버지께서 몹시 걱정하셨는지 대문을 들어서는 나를 반기셨다. 성한 몸으로 멀쩡히 돌아온 내가 부끄러웠다. 이미 계엄령이 선포되었으니 몸조심하라고 하셨다. 데모대가 지나간 자리는 이미 칠흑 같은 어둠이 내리고 있었다. 전국에서 140여 명이 죽었다는 소식이 들렸다. 나보다 세 살 많은 큰댁 오촌 당숙(趙東昌)께서는 당시 보성고등학교 2년생이셨는데 그날 데모에 참가하셨다가 경찰들에게 곤봉으로 머리를 구타당한 후 그 후유증으로 얻은 파킨스씨 병으로 오랜 세월 고생을 하다가 자식들 삼남매를 두고 육십이 안 된 나이에 타계하셨다.

그날 나와 행동을 함께 했던 경철이는 1960년 후반에 일찌감치 미국으로 이민 와서 현재 내가 살고 있는 뉴욕 맨해튼 그리니치 빌리지에 살고 있다. 그렇게도 조숙했던 그는 자신 스스로만이 쓰다듬을 수 있는 고독을 껴안은 채 환갑이 지난 오늘까지 결혼도 하지 않고 독신으로 살고 있다.

혁명 후 며칠 뒤인 4월 25일에는 교수단의 데모가 있었으며, 부정선거의 원흉 이기붕의 일가족 4명이 자살했다. 서울고등학교 우리 선배였던 강욱, 강석 형제가 부모를 총으로 쏘고 그들도 자결했던 것이다. 그 선배들은 내가 고교생이 되어 활동했던 아이스하키부를 만들었고 승마부를 만들어 많은 도움을 주었던 사람들이라 안타깝기 그지없었다. 고인의 명복을 빈다.

4 · 19 혁명에 직접 참여했지만 아버지는 4 · 19 이후 학생운동의 분열과 혼란이 발생하여 혁명이 실패로 돌아갈 것을 우려하면서 혁명의 바른길을 모색하셨다. 또한 아버지는 민주당 정권의 분열로 인해 혁명정신이 실종되는 것을 우려하셨다. 이러던 차에 5 · 16 군사정변이 일어났다.

이에 아버지는 학생운동의 혼란과 민주당 정권의 무능으로 인해 실패로 끝난 4 · 19 혁명의 정신을 다시 살릴 수 있는 기회로 생각하게 되었다. 5 · 16 초기에는 그렇게 기대를 거셨다. 그리하여 아버지는 국가재건최고회의에서 추진하고 있었던 재건국민운동의 사상적 토대와 실천방법을 기술한 〈나라를 다시 세우는 길 – 재건국민운동요강(再建國民運動要綱)〉을 작성하기도 하셨다.

나라를 다시 세우기 위하여

이것은, 5 · 16 군사혁명이 실패한 쿠데타로 끝나지 않고 꼭 성공한 혁명이 되기를 바라면서 반드시 실천해야 할 구체적 지침을 마련한 것이었다. 당신은 4 · 19 혁명은 민주적 민권혁명이라 했고, 5 · 16은 민권보다 민생혁명의 성격이 강한 것이라고 하셨다. 그러면서도 아버지는 5 · 16 군사정변 세력에게 여론에 기초하여 조속히 민주주의를 회복시키라고 충고하셨다.

그러나 5 · 16 군사정변 세력이 추진했던 작업은 아버지가 요구했던 대로 실천되지 않았다. 오히려 당신의 기대와는 달리 자유와 인권을 억압했고 민족의 이익에도 반하는 조치를 취했다고 판단하시게 된다. 이에 아버지는 1962년 4 · 19 혁명 2주년을 맞이하여 '죽음을 무릅쓴 학생혁명'의 완성을 역설하셨다. 그리고 6월에는 한미행정협정 체결을 촉구하는 학생데모를 옹호하는 글을 집필하셨다. 이어 9월에는 군사정부의 문화혁명의 몰이해에 대한 통렬한 비판을 가하게 되기에 이른다〔조지훈, "큰일 위해 죽음을 공부하라", "우리의 신념에 의혹은 없다", "혁명정부에 직언한다", 조지훈 전집 5권 《지조론》(나남출판), 164~181쪽〕.

박정희 군사정권에 대한 당신의 비판은 1965년 박 대통령의 진해발언에 대한 비판에서 직접적이고 격렬하게 표출되었다. 박 대통령은 진해에서 학생데모의 비애국성, 언론의 무책임, 지식인의 옹졸을 격렬하게 비판했는데 이에 대해 아버지는 "그들은 과연 비애국적이며 무책임하고 옹졸한가 – 박 대통령의 '진해발언'과 '데모'학생, 언론, 언론인, 지식인" 이란 제목의 글로 박 대통령을 직접 거론하면서 그 발언의 잘못을 조목조목 지적하셨다. 학자와 학생과 기자를 버리고 정치를 하려 드는 것은 어리석은 짓이라고 통렬하게 비판하였다.

그 직후 아버지는 이른바 '정치교수'로 몰려서 한때 교수직에서 강제로 쫓겨날 위기를 맞이하였다. 아버지는 잘못한 것이 없는 이상 여차하면 자진해서 물러나시기로 작심하고 늘 사직서를 지니고 다니셨던 것을 기억한다. 당시 중앙정보부는 우리집 전화를 도청하고 가족을 감시하던 일들이 지금도 생생히 잊혀지지 않는다.

이 일을 생각하니 약전(藥田) 김성식(金成植; 1908~ 1986년) 선생과 선생의 시조 〈지훈(芝薰)이 떠나는 날〉이 떠오른다. 선생께서는 고려대 사학과 교수로 아버지와 함께 반(反)자유당, 반(反)군사정권 투쟁에 논설로 저항한 분이시다. 고려대에서는 아버지와 함께 이 분 역시 이른바 '간판교수'로 그 명성을 떨쳤다고 한다. 1965년 한일회담 반대 때 굴욕적 외교라고 주장하다가 이 분도 아버지 등 몇몇 교수와 함께 당국으로부터 이른바 '정치교수'로 지목되어 고생하셨다.

아버지를 비롯한 몇 분은 교수직을 겨우 유지하였으나 당시 정부당국의 강압적인 지시로 약전 선생만 2년 반 동안 고려대 교단에 서지 못하고 쫓겨나서 고생하셨다. 이 분은 아버지가 돌아가시던 해인 1968년에 복직하여 고려대에서 정년을 하셨다. 아버지보다 12세 연상(年上)이시나 아버지를 좋아하셨고 가까이 하셨다. 1986년 향년 78세로 작고하셨는데 김 선생님은 서양사(西洋史) 연구의 선구적 학자이셨다.

1960년대 초(?) 어느날 아버지께서 문인 몇 사람과 함께 이 분도 성북동 우리집에 초청되어 즐거운 술자리를 가진 일이 있다고 한다. 이 분의 주량은 많지 않았으나 본시 청년시절 문학을 지망한 바 있어서 정감이 있던 분이고, 또 그때 시조창(時調唱)을 배우면서 익히던 중이었다. 늘 야인(野人)편에 서서 자유민주주의를 고수하던 양심적인 학자셨다. 당대 일류논객(一流論客)으로서 이 분의 활약상이 두드러진 시기는 박대통령 유신시절과 전두환 정권 말기(1987년)까지였는데 대단했다. 요주의 학자로 늘 감시받았고, 그 기간중 정보계통에서는 신문, 잡지에 글도 못쓰게 하였다고 한다. 그러다가 《동아일보》 회장이던 김상만 선생의 배려로 전두환 정권말기에 거의 매주 1회 1년 동안 고정 시사칼럼난을 맡아서 붓으로 반(反)신군부 저항운동을 전개하여 지식인, 야당인사, 학생, 청년 등 각계로부터 박수갈채를 받았다. 그 연재물을 모아 작고하시던 해인 1986년 《쓴 소리, 곧은 소리》(동아일보출판부)를 간행하여 당시 독자들의 많은 호응을 얻었다. 자택에서 장례식을 열었는데 장례기간 동안 그댁 골목근처에 조객들의 갑작스런 데모를 미리 막는다는 구실로 전경차 1대를 배치해 놓았다. 당시 여당인 신군부 패거리를 빼고 학계, 정계, 언론계 등 전국 각처에서 구름처럼 몰려와 문상하였다.

다음은 그 분께서 1968년 나의 아버지 타계 직후 아버지 장례일에 지은 조시(弔詩)로 쓰여진 〈芝薰이 떠나던 날〉이라는 시조(時調)이다. 그 지극한 애통의 울림이 크기에 여기 소개한다.

구름도 날으다가 高峰長嶺을 쉬어 넘고
부든 바람도 湖水가에 잔잔한데
芝薰이 가시는 길은 거칠 매가 없구료.

蠻風이 휘몰아쳐 우리들을 갈라놓아
歲月은 흘러 두 해에 또 半年을
이제사 虛舟는 돌아왔는데 芝薰은 가고 없구료.

超然한 장자풍(長者風)에 活火山을 지녔겄다.
〈古風衣裳〉 속에 原子彈도 숨어 있고
芝薰은 抵抗의 詩人 찾을 길이 없구료.

〈梅花頌〉 끝 章대로 '아리따운 사람을
보내고 그리는 情도 싫지 않다' 하오리까.
芝薰이 芝薰이 芝薰, 대답이 없구료.

— 金成植, 《歷史와 現實》, 민중서관, 1968년

《역사와 현실》이라는 이 논설집에 실린 이 시는 보통 신문, 잡지 등에 일단 싣고 난 뒤 저서에 올리는 관행을 따르지 않고 곧바로 당신의 저서에 게재한 것이 특이하다. 참고로 독자들의 이해를 돕기 위해 약간의 어휘 설명을 덧붙이자면 2연(聯)의 첫 행(行) "만풍이 몰아쳐…"는 1965년 자신이 고려대에서 쫓겨나 나의 아버지와 헤어져 있던 것을 말한다. 또 허주(虛舟)는 김성식 교수의 아호이다. 그러나 선생은 이 호보다 약전(藥田)이라는 호를 더 애용하였다고 한다.

〈빛을 찾아 가는 길〉

4월 혁명 얼마 전인 1959년 아버지는 제 4시집《역사(歷史) 앞에서》를 내시게 된다. 아버지가 겪은 시대와 사회에 대한 절실한 감회를 그대로 읊은 소박한 시편들이다.

滿身에 피를 입어 높은 언덕에
내 홀로 무슨 노래를 부른다
언제나 찬란히 티어올 새로운 하늘을 위해
敗者의 榮光이여 내게 있으라.

나조차 뜻 모를 나의 노래를
虛空에 못박힌 듯 서서 부른다.
오기 전 기다리고 온 뒤에도 기다릴
永遠한 나의 보람이여
渺漠한 우주에 고요히 울려가는 설움이 되라.

— 〈歷史 앞에서〉

6 · 25와 4 · 19를 계기로 전운초(戰雲抄)를 비롯해서 조가(弔歌), 송가(頌歌)

에까지 아버지는 당신의 신념을 시로써 표하셨고, 미학보다 역사적 사명감에 더욱 관심을 보이셨다. 요컨대 시인의 시대적 사명감과 선비정신은 결국 한 뿌리임을 강조하셨다. 이 시집에 실린 〈빛을 찾아가는 길〉은 1982년 8월 15일 당신의 고향 주실마을에 내가 설계한 조촐한 시비(詩碑)에 새겨진 시이다.

사슴이랑 이리함께 산길을 가며
바위틈에 어리우는 물을 마시면

살아 있는 즐거움의 저 언덕에서
아련히 풀피리도 들려 오누나

해바라기 닮아가는 내 눈동자는
紫雲 피어나는 靑銅의 香爐

東海 동녘 바다에 해 떠오는 아침에
북바치는 설움을 하소하리라

돌부리 가시밭에 다친 발길이
아물어 꽃잎에 스치는 날은

푸나무에 열리는 과일을 따며
춤과 노래도 가꾸어 보자

빛을 찾아 가는 길의 나의 노래는
슬픈 구름 걷어가는 바람이 되라.

— 〈빛을 찾아 가는 길〉

울창한 팽나무들로 둘러싸인 시비에는 이 시 전문과 함께 "맑은 시혼(詩魂)과 드높은 기개는 길이 후생의 가슴을 뛰게 하리라"로 끝나는 비문이 새겨져 있는데, 이는 아버지의 뒤를 이어 고려대 민족문화연구소 소장을 지내신 제자이자 전 고대 총장인 홍일식 교수가 쓰셨다. 이 비문은 이 책 부록에 싣기로 한다.

이 시비 건립을 위해 애를 많이 쓰신 분 중 나의 집안 숙주(叔主) 조동걸(국민대 명예교수) 교수, 이동환(고려대 명예교수) 선생이 계신데 이 선생께서는 이 시비뿐만 아니라 남산에 세워진 시비건립 때도 힘이 되어 주셨다. 홍일식 선생이 적지 않은 기금을 마련하는 데 동분서주하였다면, 이 선생은 장소물색 등 서울시로부터 인허가를 얻는 일을 맡아서 고생하신 분이다. 이 선생은 아버지의 애제자(愛弟子) 중의 한 분으로 아버지께 한문학(漢文學)을 전수(傳受)받으신 분이시다.

아버지의 제자 키우기에 관한 일화 (1)

이동환 선생과 〈대학(大學), 중용(中庸)〉 이야기

이동환 선생 이야기가 나오니 선생께 들은 일화가 떠올라 여기에 잠시 선생이 직접 말하는 어법으로 소개하고 지나가기로 한다. 이 선생이 대학원 1학년생 때라고 한다. 어느날, 아버지께서 이 선생을 고려대 본관 교수 휴게실로 부르시더니 "자네 '현암사'라는 출판사 알지? 그 출판사에서 〈대학(大學), 중용(中庸)〉을 출판할 계획이라는데 자네가 맡아서 해보지…" 하시더라고 했다. 이 선생은 혹 잘못 듣지나 않았나 하며 자신의 귀를 의심했을 정도로 뜻밖의 일이었다고 했다.

"이제 겨우 대학원에 들어온 지 한 달밖에 안 된 나 같은 사람한테 내 이름으로 출판시키시려 하실 리는 없을 터이고, 분명 선생님의 이름으로 책이 나올 텐데 내가 아무리 한문학을 공부하고 있다고 하더라도 어찌 함부로 대역(代譯)할 수 있겠나" 싶어 "좀 생각해 보지요" 하며 머뭇거리고 있었더니, "생각해 보긴 뭘 생각해 봐. 한 번 해봐" 하시기에 번역을 하고 나면 선생께서 손을 봐 주시겠지 생각하고, 이왕이면 한 번 최선을 다해 보자고 다짐한 후 "한 번 해보겠습니다" 하고 돌아왔으나 영 큰 짐을 진 것 같아 한동안 마음이 무거웠다.

한편으로는 선생이 야속한 마음도 들었다. "지훈 선생 명의로 나갈 책을 통째로 내게 맡기시다니…" 야속한 마음도 들었다. 그렇다고 "이 책이 누구 이름으로 출판되는지요?"라고 여쭈어 보고도 싶었지만 스승의 명령에 이해타산 생각해서 따지는 것도 있을 수는 없는 일이라서 그냥 입다물고 따르기로 하였으나 마음이 무거웠다. 며칠을 그런 상태로 있다가 "기왕 승낙한 것 열심히 해보자" 다시 마음을 잡고 시작했다. 그때가 1964년 4월경이었다고 한다. 그때 이 선생께서는 혼자 자취를 하고 있을 때라 밥해 먹으랴 원고 쓰랴 하니 일이 진척되지 않았다.

1965년 7월경에 출판사로부터 원고독촉이 왔다. 그래 빡빡한 형편을 이야기하니 현암사 조상원 사장께서 "내 친구가 성북동에 살고 있는데 그곳에 '팔전암'이라는 암자가 있소. 거기서 하숙하면서 쓰는 게 어떻소" 하기에, "그렇게 배려해 주시면 고맙겠습니다" 하고 그리로 옮겨 밤낮으로 원고를 쓰고 있는데 하숙비를 원고료에서 떼내 가서 원고료가 바닥이 나버렸다.

할 수 없이 다시 정릉 절간으로 옮겨 1966년 봄에 그 작업을 마감하고, 아버지께 갖다드렸더니 일별하신 뒤 "이건 내 이름으로 세상에 내놓을 수 없으니 자네 이름으로 하게" 하시는 게 아닌가? 이 선생은 무안하기도 하고, 선생께 죄스럽기도 하고 한편으로는 이게 웬 횡재(?)냐?는 엉뚱한 생각도 들더라고 하셨다. 그런데 아버지가 하신 다음 말씀이 그런 자신을 더욱 놀라고 부끄럽게 하였다.

"자네 이 책 나오면 이종우(李鍾雨) 총장한테 가서 강좌 한자리 달라고 하게" 하시는 게 아닌가. 그제사 "지훈 선생의 참뜻을 깨닫고 제자를 위해 길을 열어주시려는 지훈 선생의 깊은 사랑에 큰 감동을 받았으며, 잠시라도 스승을 오해했던 자신이 부끄러웠다"고 훗날 술회하셨다.

농담식으로 하신 그 말씀대로 그 일이 계기가 되어 고려대학교에서 강의를 맡을 수 있었고, 오늘 이 선생이 연구하는 한국 사상사관계와 문학의 여러 갈래 가운데 도학문학을 전공하게 되었으며, 당신의 학문적 방향을 정하는 계기가 되었다고 술회하셨다. 실학을 하면서도 늘 한구석 아쉬운 부분이 있었는데 이를 계기로 실학과 도학을 겸해서 할 수 있었다고 고마워하신다. 그 당시 원고료로 그때 돈으로 칠만 오천 원을 받았는데, 현암사에서는 자신의 책《대학, 중용》과 이어령 선생의《흙 속에 저 바람 속에》라는 책이 크게 히트하여 넓은 대지에 큰 사옥을 마련하기도 했을 정도로 그 책이 꾸준히 팔렸다고 한다.

그것뿐이 아니었다. 아마 1966년인가, 67년경인가 기억이 잘 나질 않으나 성북동에 있는 동북공업고등학교에서 교직원들을 상대로 교양강좌를 해달라는 요청을 받아 간 적이 있었다. 아버지께서 주선하신 것이다. 거기에는 박목월 선생 같으신 분도 강사로 나오시고, 연세대 철학과 아무개 교수도 초빙될 수준의 특별강좌였는데 이 선생이 가서 교장께 인사를 드리자 대학원생임을 알고 깜짝 놀라더라는 얘기도 해주셨다. 아버지 덕에 사회 그리고 학계에서 일약 스타가 되신 것이었다.

아버지께서는 그렇게 인재를 알아보시는 눈을 가지셨으며 늘 뒤에서 남몰래 제자들의 길을 열어주시는 분이셨다. 이동환 고려대 한문학과 명예교수는 지난 학기(2006년 3월) 연세대의 용재 석좌교수로 초빙되기도 하였다. 백낙준 전 연세대 총장의 호를 따서 1995년 제정된 용재상과 용재 석좌교수는 그 동안 국내외 굴지의 학자들을 시상하고 석좌교수로 초빙해 왔다.

"그 동안 용재 석좌교수로 초빙된 분들이 많아요, 그런데 나는 박사학위도 없는 사람이라 석좌교수에 선정된 심사기준이 나도 궁금하네요."

본인 스스로는 심사기준이 궁금하다지만 사실 이 명예교수의 면면을 살펴본다면 용재 석좌교수 선정기준은 궁금하게 여길 것이 아니다. 이 명예교수는 그간 한문고전의 역해 및 폭넓은 연구를 통해 한국학 연구에 알찬 논문으로 크게 기여해 왔다. 1987년 고려대학교에 한문학과를 설립한 분도 이 명예교수이시다. 십여 년 만에 찾아뵈니 머리칼은 물론 눈썹까지 새하얗게 변해 완전 도사(道士)모습이었다. 세월은 그렇게 덧없이 흘러갔던 것이다. 말씀이 적고 자상하고 늘 겸손하시며 덕을 골고루 갖추신 분으로 아버지가 사랑하시던 제자 분의 한 분이시다.

또 요즈음 사후(死後)에 명성을 날리고 있는 "친일문학"을 전공한 고(故) 임종국(林鐘國) 선생도 아버지께서 이와 비슷한 방법으로 길을 열어주셨다. 이에 관한 에피소드는 뒤에 가서 하기로 하고 다시 아버지 이야기로 돌아가자.

아버지는 당신 자신을 "시 못쓰는 시인이올시다. 가르칠 게 없는 훈장이올시다. 혼자서 탄식하는 혁명가올시다" 라고 당신의 시 〈이력서〉에 쓰시기도 하셨다. 아버지가 사직서를 지니고 다니실 무렵은 한일회담 반대가 뜨겁게 달아오를 때였다. 이때의 학생데모는 바로 한일회담 반대데모였다. 나는 지금도 그날을 잊지 못한다. 서울대 문리대 교정에서 열릴 교수들의 성토대회를 위해 고려대학 신일철 교수와 자주 통화하시던 기억이 난다. 그 당시 아버지는 병환중에 계셨으며 각혈(咯血)을 하곤 하셨다. 기관지 확장 및 폐기종이 심해지셨던 모양이다. 가족들의 만류도 뿌리치고 그곳을 가신다기에 나는 각혈을 대비해서 타구(唾具)를 들고 택시로 대회장까지 모시고 갔던 기억이 지금도 생생하다.

〈지조론(志操論)〉을 쓰시다

이 무렵 아버지는 《지조론(志操論)》을 간행하셨다. 신문이나 월간지에 실렸던 논설문들을 모은 책으로 정치, 교육, 종교, 문화 등 각 방면에 걸쳐 시사문제를 논한 시론(時論)을 묶은 것이다. 다섯 개의 큰 제목으로 엮어진 이 책은 '젊은이와 현실'이란 제목으로 14편, '선비의 도(道)'란 제목으로 10편, '혁명에 부치는 글'이란 제목하에 8편, 총 32편의 글들로 되어있는데 아버지가 타계하신 후에 두 번째 발간된 전집(나남출판사) 5권의 《지조론》에는 이제까지 어느 기간서에도 수록되지 않았던 글, "그들은 과연 비애국적이며 무책임하고 옹졸한가"(박정희 대통령의 진해발언에 대해서 비판한 논설문)라는 글을 새롭게 발굴하여 수록하여 총 33편으로 되어있다. 책이름인 《지조론》은 '선비의 도'편에 두 번째로 실려있는 글의 제목 '지조론'에서 비롯됐다. 원래 '지조론'이라는 논설은 4 · 19 직전인 1960년 3월 〈새벽〉 지에 실려서 당시 많은 지식인의 뜨거운 공감을 샀던 글이다.

시론집인 《지조론》이 책으로 출판된 1962년, 이 시기에 박정희 대통령은 이런저런 루트를 통해 직간접적으로 아버지를 여당 정치권 참여를 권하였으나 이에 응하지 않으셨다. 전국구 비례대표, 장관 등이 그런 유혹이었다. 아버지의 〈지조론(志操論)〉의 일부를 소개한다.

지조(志操)란 것은 순일(純一)한 정신을 지키기 위한 불타는 신념이요, 눈물 겨운 정성이며, 냉철한 확집(確執)이요, 고귀한 투쟁이기까지 하다.… 지조가 없는 지도자는 믿을 수 없고, 믿을 수 없는 자는 따를 수 없기 때문이다. 자기의 명리(名利)만을 위하여 그 동지와 지지자와 추종자를 일조(一朝)에 함정에 빠뜨리고 달아나는 지조 없는 지도자의 무절제와 배신 앞에 우리는 얼마나 많이 실망하였는가?

지조를 지킨다는 것이 참으로 어려운 일임을 아는 까닭에 우리는 지조 있는 지도자를 존경하고 그 곤고(困苦)를 이해할 뿐 아니라 안심하고 그를 믿을 수도 있는 것이다. 우리는 이와 같이 생각하는 자(者)이기 때문에 지조 없는 지도자, 배신하는 변절자들을 개탄(慨嘆)하고 연민(憐憫)하며 그와 같은 변절의 위기 직전에 있는 인사들에게 경성(警醒)이 있기를 바라는 마음이 간절하다.

지조는 선비의 것이요, 교양인의 것이며, 지도자의 것이다. 장사꾼에게 지조를 바라거나 창녀에게 지조를 바란다는 것은 옛날에도 없었던 일이지만, 선비와 교양인과 지도자에게 지조가 없다면 그가 인격적으로 장사꾼과 창녀와 가릴 바가 무엇이 있겠는가. 식견(識見)은 기술자와 장사꾼에게도 있을 수 있지 않은가 말이다. … 여름에 아이스케익 장사를 하다가 가을바람만 불면 단팥죽 장사로 간판을 남 먼저 바꾸는 것을 누가 욕하겠는가. 장사꾼, 기술자, 사무원의 생활방도는 이 길이 오히려 정도(正道)이기도 하다. 오늘의 변절자(變節者)도 자기를 이 같은 사람이라 생각하고 또 그렇게 자처한다면 별 문제다. 그러나, 더러운 변절을 하면서도 자기는 훌륭한 정치가요 지도자라고 그 변절의 정당화를 위한 엄청난 공언(公言)을 늘어놓는 것은 분반(噴飯)할 일이다. 백성들이 그렇게 사람 보는 눈이 먼 줄 알아서는 안 된다. 백주대로(白晝大路)에 돌아앉아 볼기짝을 까고 대변을 보는 격이라면 점잖지 못한 표현이라 할 것인가.… 도도히 밀려오는 망국(亡國)의 탁류(濁流) — 이 금력과 권력, 사악 앞에 목숨으로써 방파제를 이루고 있는 사람들은 지조의 함성을 높이 외치라. 그 지성(至誠) 앞에는 사나운 물결도 물러서지 않고는 못 배길 것이다. 천하의 대세가 바른 것을 향하여 다가오는 때에 변절이란 무슨 어처구니없는 말인가.… (1960. 2. 15)

《월간조선》이 선정한 '한국의 명문장' 중의 하나로 소개된 글이다. 위에서 언급한 바와 같이 많은 사람들에게 감동을 준 이 글이 실린 《지조론》 책은 세상이 어지러울 때면 더욱 잘 팔리는 책으로 당신이 역주하신 《채근담(菜根譚)》과 함께 아버지의 책들 중에서 비교적 꾸준히 팔리고 있는 책이다.

이승만 대통령의 자유당정권이 저지른 3·15 부정선거 직전에 쓰여진 이 글은 아버지의 세계관과 당신의 신념이 어떤 것인지를 잘 드러내 보여주고 있다. 그것은 이렇게 요약된다. 즉, 지성인(문인, 학자, 교육가, 종교가)은 본질적으로 선비라는 것, 선비정신의 핵심은 지조인데 그 순일한 신념을 지키기 위해서는 살신성인(殺身成仁)의 경지에 이르러야 한다는 것, 그 정신의 근본은 정(正)과 사(邪), 의(義)와 불의(不義)의 분별에 있다는 것 등이라 할 수 있겠다. 선비정신에 입각한 아버지의 삶과 문학은 아버지의 인생관을 고백한 것으로 보이는 앞에 언급한 시 〈이력서〉에서 솔직하게 피력되고 있다. 거기에 이런 구절이 있다.

… 마음이 가난한 게 유일의 財産이올시다. 어떠한 苦難에도 부질없이 생명을 포기하지 않을 信念이 있습니다. 조금만 건드려도 넘어질 사람이지만 暴力 앞에 침을 뱉을 힘을 가진 弱者올시다. 敗者의 榮光을 아는 죽음을 공부하는 마음이올시다. 地獄의 平和를 믿는 사람이올시다. 贖罪의 賂物 때문에 人跡이 드문 쓸쓸한 地獄을 능히 견디어 낼 마음이올시다.

거짓말을 할 수 없는 사람이올시다. 참말을 안 쓰는 편이 더 眞實합니다. 당신의 생각대로 하옵소서 — 孔子一生就職難이라더니 履歷書는 너무 많이 쓸 것이 아닌가 하옵니다.

"지극한 정성을 오(汚)의 공(功)과 바꾸지 않고, 한 마리 학(鶴)으로 살기를 바라며, 어떠한 고난에도 부질없이 생명을 포기하지 않을 신념을" 가지셨던 아버지, 당신의 일생을 공자(孔子)의 그것과 비교하고자 하는 아버지의 삶이 선비를 지향할 수밖에 없음은 너무나도 자명한 일이 아닐 수 없다. 나는 이런 아버지를 생각하며 어느날 신문에 다음과 같은 글을 쓴 적이 있다.

"소인기(少忍飢) 하라"

박정희 정권초기였으니 내가 고등학교 다니던 때였다. 그 당시 아버지는 고려대학에서 교편을 잡고 계셨는데 권력으로부터 집요한 유혹에 시달리고 계셨다. 어느날 저녁상을 들여오시며 모친께서 "오늘도 박 대통령이 사람을 또 보냈는데 한 번 만나 보시면 어때요" 하시며 뻔한 대답이 나올 줄 알면서도 혹시나 하며 전해드렸다. 농담반 진심반, 아니 진심이 더 많이 담기셨을 게다.

그도 그럴 것이 요즘이야 대학교수의 경제형편이 그럭저럭 지낼 만하지만 그 당시는 학문과 인격면에서의 존경도는 요즘 교수님들보다 훨씬 높았어도 교수 월급은 지금과 비교가 안될 정도로 박봉이었는데다 선친께서는 어려운 이웃을 위해서나 친구분들과의 약주 비용은 서슴없이 내놓으시면서도 집에서는 다른 사람이 보면 민망할 정도로(사실은 아버지의 제자들은 다 알고 있는 사실이지만) 가계부를 직접 챙기시며 파 한 단, 콩나물 살 돈마저도 내 모친께서는 선친께 타서 쓰셨으니 얼마나 치사(?)하고 숨이 막히시는 생활을 꾸려가셨는가를 나는 잘 알고 있어서이다. 그래서 "나는 커서 문인이나 대학교수는 절대로 되지 않겠다. 또 가정의 경제권도 어느 정도 아내에게 맡길 것이다" 다짐을 했을 정도였으니까.

그 말씀을 들으신 선친께서 "당신 남편이 오물 뒤집어쓰는 꼴 보고 싶지는 않겠지. 난세엔 벼슬하는 것도 아니거니와 선비는 나라의 기강이요 사회정의의 지표인데, 밖에서라도 바른 소리하는 사람이 있어야 하지 않겠소. 그리고 학자는 학자의 자리에서 끝내는 것이 몸을 더럽히지 않는 유일한 길이요. 차돌에 바람이 들면 백리를 날아간다는 우리 속담도 있듯이 늦바람은 무서운 것이라오" 하시며 다음과 같은 이야기를 해주셨다.

"광해군 난정(亂政) 때 깨끗한 선비들은 나가서 벼슬을 하지 않았소. 어떤 선비들이 모여 바둑과 청담(淸談)으로 소일하는데 그 집 주인은 너무 가난하여 그 부인이 남편의 친구들을 위해 점심에 수제비국이라도 끓여드리려고 하니 땔감이 없었소. 궤짝을 뜯어 도마 위에 세워놓고 식칼로 쪼개다가 잘못되어 젖을 찍고 말았소. 바둑두던 선비들은 갑자기 안에서 나는 비명을 들었소. 주인이 들어갔다가 나와서 사실 얘기를 해주며 '가난이 죄'라고 탄식하였소. 그 탄식을 듣고 선비 하나가 일어서며 '가난이 원수인 줄 이제 처음 알았느냐?'며 야유하고 간 뒤로 몇 해 지나서 그 주인은 첫뜻을 바꾸어 벼슬을 하다가 반정(反政)에 몰려 죽게 되었소.

수레에 실려서 형장으로 가는데 길가 숲 속에서 친구가 나와 수레를 잠시 멈추게 하고 가지고 온 닭 한 마리와 술 한 병을 내놓고 같이 나누며 영결(永訣)을 했소. 그때 그 친구 말이 '자네가 새삼스럽게 가난을 탄식할 때 나는 자네가 마음이 변할 줄 이미 알고 발을 끊었네' 라고 했소. 고기밥의 맛에 끌리어 절개를 팔고 이 꼴이 되었으니 죽으면 고기맛이 못 잊어 어쩌겠느냐는 야유가 숨었는지도 모르잖소. 그러나 그렇게 찾은 것은 우정이었소. 죄인은 수레에 다시 타고 형장으로 끌려가면서 탄식하였소. '소인기(少忍飢; 배고픔을 조금 참다), 소인기(少忍飢)하라'고 말이오."

물론 선친께서는 그때의 유혹을 단호히 거절하셨고 타계하시기 전까지 평생 고려대학 한 군데서만 몸담고 계시면서 이승만 독재정권과 박정희 군사독재정권을 붓으로 준엄하게 꾸짖으시다 나중엔 정치교수로 몰리시어 전화도청으로 사생활까지 침해받으며 언제나 사직서를 품에 지니고 다니셨으나 권력이 감히 건드리지 못하였다.

벌써 40년 가까이 흘러간 그때 일이 요즘 자꾸 생각나는 것은 그후로 수많은 지식인들, 학자들, 대학총장들이 권력에 붙어 영합하거나 정치판에 발을 들여놓았다가 더러운 물을 뒤집어쓰지 않고 깨끗이 물러나온 예를 보지 못했기 때문이다. 한국의 모든 전직 대통령들의 추한 모습들, 그리고 그 아들들, 친인척들의 감옥행, 그리고 정권의 오만, 비겁, 더욱 교활해진 수법으로 국민을 속이며 저버림으로 인해 국민과 멀어져 가고 있기 때문이다.

연일 꼬리를 물고 이어지는 각종 부정부패와 비리, 수단과 방법을 가리지 않는 출세 지향주의와 배금주의로 공직자와 지도자들이 쇠고랑을 차고 오물을 뒤집어쓰고 수없이 물러났고, 아직도 진행형으로 무슨무슨 '게이트'라는 해괴한 사건이 일어 오늘날처럼 나라의 기강이 어지럽고 사회정의와 이념의 지표를 잃은 적이 일찍이 우리 역사에는 없었던 것 같기 때문이다.

비겁과 나약을 가지고 어찌 민심을 붙잡을 것인가. 시대착오적 잠꼬대가 되어버린 지조와 정조를 논함도, 그것을 지킨다는 것이 오히려 부자연하고 우매한, 시세를 거슬리는 것으로 전락한 이 시대, 권력에 붙어 이권이나 챙기고 가족이나 고생시키지 말아야겠다는 자들이 곳곳에서 악취를 뿜어내고 있다. 국민의 65%가 이민을 생각하고 84.8%의 판검사와 공직자들이 청렴을 내세워 처가의 재력과 결합하려는 생각을 하는 나라. 나라의 최고의 엘리트들인 그들이 어떤 일이 있어도 부정한 권력에 휘둘리지 않고 최저의 생활, 곤고(困苦)한 삶을 무릅쓸 각오를 하지 않는가 묻는 것이 어리석은 질문인가.

— 〈뉴욕 한국일보〉, 2002. 2. 4 ”

"난 아버지처럼 살기 싫어"라는 TV연속극 제목 같은 말을 되씹던 철없던 어린 시절에 아버지가 주신 교훈을 그리워한다. "한때의 적막(寂寞)을 받을지언정 만고(萬古)에 처량한 이름이 되지 말라"는 채근담(菜根譚)의 글귀는 명언 중의 명언이요 이 시대의 지도자들이 명심해야 할 지표가 아닐 수 없다는 〈지조론〉에도 들어있는 이 말씀을 생각하며 새삼 아버지의 인고(忍苦)의 의지와 어머니의 희생적 내조에 존경심을 표함과 아울러 '소인기(少忍飢)하라'를 마음속에 새겨둔다.

각설하고 아버지는 그 시기를 전후해서 선비정신의 실천적 행동으로 사회참여 시를 많이 쓰셨다.

……
權力의 구둣발이 네 머리를 짓밟을지라도
殘忍한 총알이 네 등허리를 꿰뚫을지라도
絶望하지 말아라 絶望하진 말아라
民主主義여 !

백성의 입을 틀어막고 목을 조르면서
"우리는 民主主義를 信奉한다"고
외치는 者들이 여기도 있다
그것은 羊의 탈을 쓴 이리
……
— 〈터져오르는 喊聲〉

……
共産主義와 싸우기 위하여 共産主義를 닮아가는 無知가 不法을 恣行하는 곳에
民主主義를 세운다면서 民主主義의 목을 조르는 暴力이 正義를 逆說하는

곳에
버림받은 知性이여 짓밟힌 人權이여 너는 무엇을 信念하고 살아가려느냐.
무엇으로써 너의 그 아무것과도 바꿀 수 없는 矜持를 지키려느냐
그것을 말해다오 그것만을 말해다오 하늘이여!

백성을 背信한 獨裁의 走狗 앞에 연약한 民主主義의 忠犬은 咬殺되었다.
온 나라의 마을마다 들창마다 새어나오는 소리 없는 울음소리.
사랑하는 동포여 서러운 형제들이여 목을 놓아 울어라. 땅을 치며 울어라.
네 가슴에 응어리진 원통한 넋두리도 이제는 다시 풀 길이 없다.

찢어진 신문과 부서진 스피커 뒤로 亂舞하는 총칼, 이 百鬼夜行의 어둠을
어찌려느냐
정말로 정말로 殘忍한 세월이여!

새 아침 옷깃을 가다듬고 죽음을 생각는다.
肉親의 죽음보다 더 슬픈 이 民主主義의 弔鐘이여!
……

〈우리 무엇을 믿고 살아야 하는가 — 그것을 말해 다오 1959년이여〉

아버지의 제자 키우기에 관한 일화 (2)

임종국 · 박노준 선생의 〈흘러간 성좌(星座)〉와
임종국 선생의 〈친일문학론〉

앞에서 이동환 선생 얘기끝에 하려다 뒤로 미룬 아버지의 제자 임종국 선생에 대한 이야기를 하고 넘어가자. 친일문학 연구의 최초인물이요 독보적 존재로 요즘 명성을 드날리는 임종국 선생(1989년 작고)의 오늘이 있기까지의 이야기이다. 임종국 선생은 김관식 시인, 이현우(소설가 김말봉 씨의 아들. 행방불명) 등과 함께 당대의 기인(奇人)들 중 한 사람이다. 마침 2006년 11월에 정운현(친일 반민족행위진상위원회 사무처장) 선생이 《임종국 평전》을 펴냈는데 임 선생의 인생항로를 바꿔 놓은 〈흘러간 성좌〉와 〈친일문학론〉에 관한 기록이 비교적 상세하게 기록되어 있으므로 여기에 옮기기로 한다.

시인의 신분에서 친일문제의 독보적 연구자로 바뀌게 된 임 선생의 변신에 아버지의 역할이 결정적이었음을 독자들은 이번 기회에 알 수 있을 것이다. 이하의 글은 정운현 선생의 《임종국 평전》(시대의 창 출판사, 2006년) 226~246쪽에서 관련된 부분을 인용한 것이다.

… 이 무렵 임종국은 모처럼 일거리를 하나 맡아 바쁜 날들을 보냈다. 연초 박성룡 〈서울신문〉 문화부 차장으로부터 〈한국 기인(奇人)전〉을 한 번 써보라는 부탁을 받아놓고 행복한 고민을 하던 중이었다. 신문연재가 끝난 후 이듬해 8월 국제문화사에서 단행본으로 묶어 출간했는데, 발문을 보면, 이 연재는 조지훈 선생과 당시 〈서울신문〉 서광운 문화부장의 아이디어였다고 한다.

집필은 임종국과 《한용운 연구》를 출간한 바 있는 박노준(1938년생, 한양대 명예교수)이 공동으로 맡고, 조지훈이 교열(校閱)을 맡았다. 〈흘러간 성좌〉는 단순히 신문의 읽을거리 연재정도가 아니었다. 여기엔 지식인 조지훈의 속 깊은 심중이 담겼다. 임종국과 함께 이 연재를 맡았던 박노준의 증언을 통해 경위, 반응 등을 들어보자〔박노준은 9월 중순 전화통화만으로는 대화가 부족했다고 생각했던지 다음날 다시 나를 만나자고 해서 〈흘러간 성좌〉 연재는 물론 임종국이 〈친일문학론〉을 쓰게 된 경위 등에 대해서도 소상히 들려주었다. 임종국을 무척이나 좋아하고 따랐던 후배로 보였다〕.

언젠가 조지훈 선생이 제자뻘인 박성룡 〈서울신문〉 문화부 차장(시인)과 술을 한 잔 나누다가 근대를 살다간 학자, 문인, 예술가 가운데 지조도 있고, 학식도 있고, 근세 우리 문화발전에 기여한 기인(奇人)을 발굴해 연재를 해보면 어떻겠느냐고 제안했습니다. 조 선생은 엄혹한 일제하에서 그들의 기행(奇行)은 그 자체로 저항이었다고 봤죠. 조 선생이 이 제안을 자신이 편집위원으로 있던 《사상계》에 먼저 했습니다. 그런데 《사상계》에서는 조 선생에게 글을 써달라고 하자 조 선생이 그건 곤란하다고 해서 유야무야됐습니다. 그러던 차에 조 선생이 박성룡 차장과 얘기하다가 이 건을 우연히 다시 거론하게 됐고, 〈서울신문〉에서 그럼 우리가 진행하겠으니 대신 조 선생께서 필자를 소개해 달라고 해서 나와 임종국 형이 추천된 셈이죠. 하나 첨언하자면, 당시 조 선생은 임종국 형이 이혼 후 행상을 하며 어렵게 산다는 얘기를 들고 하루빨리 그를 구렁텅이에서 건져내야겠다는 생각도 갖고 계셨습니다 (박노준에 따르면, 임종국은 화장품 장사는 물론 참빗장사도 했는데 누군가로부터 종국이 겨울에 동대문시장에서 방한모를 쓰고 참빗장사를 하는 장면을 봤다는 얘기를 전해 들었다고 했다).

연재는 1965년 2월 11일자부터 일일 연재를 했고, 1년 반 가량 이어졌다. 대상자는 정치, 경제, 군사, 학문, 예술, 종교 각 분야에서 활동한 '기인'들을 다뤘다. 이 연재 아이디어를 낸 지훈은 대상인물까지도 대충 선정해 놓은 상태였다. 박노준은 "연재를 하기 전에 조 선생이 24명의 명단을 메모해 건네주셨다" 고 말했다. 나머지 6명은 나중에 책을 낼 때 추가로 보강했다(2월 3일자 〈서울신문〉 社告에 따르면, '되새겨지는 주인공들'은 월남 이상재, 만해 한용운, 여류화가 나혜석, 시인 이상, 화가 이중섭 등 21명이었다. 박노준은 "24명의 명단을 지훈이 건네줬다"고 했는데 이 수치는 박노준의 착각처럼 보인다. 아무튼 책으로 엮어낼 때는 신문연재에다 추가로 몇 사람을 보탠 점은 맞다).

첫회는 만해 한용운 편으로, 임종국과 박노준이 공동집필〔필자(조광렬)가 확인한 바로는 박노준 단독집필이었음〕했다. 대개 공동집필이었으나 더러 단독집필도 보였다(역시 모두 단독 집필이었음. 즉 한용운은 박노준, 이상은 임종국 식이었음). 예를 들어 월남 이상재는 박노준이, 소설가 김동인은 임종국이 단독으로 집필했다. 전체적으로 두 사람이 반반 정도를 맡았다.

'흘러간 성좌(星座)' 제자(題字)는 고정이 아니라 매번 연재 대상인물의 '이해인'이 직접 썼다. 이를테면, 단재 신채호는 단재의 아들 신수범 씨가, 김동인은 차남 김광명 씨가, 그리고 월남 이상재는 월남과 친숙했던 이명원 옹이 각각 썼다. 한 사람당 연재분량은 20화 안팎(김동인은 19회, 신채호는 24회 등)이었으며, 컷은 전상권 화백이 맡았다.

연재를 시작하기 전 임종국은 부친에게 기인들에 대해 얘기해 달라고 부탁하기도 했다. 부친은 변영만, 신채호 등의 재미있는 일화 몇 토막을 들려줘 그와 가족들이 모처럼 웃음꽃을 피웠다(변영만, 신채호는 실제로 연재됐다). 〈흘러간 성좌〉 연재를 계기로 임종국은 모처럼 활력을 되찾았다.

이 연재는 당시로선 큰 인기를 모았다. 우선 연재소설이 아닌 기획물로 1년 반 가량 지속된 자체가 독자들의 열띤 호응이 없이는 불가능한 일이다. 당시만 해도 증언자가 상당수 살아 있었고, 자료도 지금보다는 훨씬 풍부한 상황이어서 재미있고 알찬 연재가 가능했다고 보인다.

'발문'에서 종국은 "우리는 우리 멋대로 '기발한 일화' '기발한 업적' '기발한 사상' 등을 가졌던 신문화 건설의 역군들을 편의상 기인(奇人)이라고 생각하고 이야기를 엮어 나가기로 작정했다"며, "문헌 혹은 구전(口傳)으로 전하는 얘기를 기록한다는 데 희열을 느꼈다"고 밝혔다(박노준에 따르면, 당시 〈서울신문〉 인기물은 '흘러간 성좌'와 이상화 시인의 막내동생 이상오의 '사냥꾼 이야기' 연재 등 두 꼭지가 있었다고 한다).

두 사람은 연재하는 동안 '행복한 글쓰기'를 했다. 물론 경제적으로도 큰 힘이 되었다. 박노준은 "매달 월급식으로 원고료를 받아 반씩 나눴다. 액수는 신문 연재소설 수준이었는데 당시로선 잘 받은 셈이다. 원고료가 생활에 큰 도움이 됐다"고 회고했다. 그러나 임종국은 이 당시에도 책 구입비에 대부분의 돈을 써 가계엔 보탬을 주지 못했다〔이선숙(임종국 선생 부인) 증언〕.

이 연재가 순항한 데는 또 다른 이유도 있었다. 교열자와 공동 집필자로 참여한 세 사람(조지훈, 임종국, 박노준)은 이미 같이 일을 해봐서 호흡이 척척 맞는 사이였다. 1958년 4월 어느날 박노준(당시 고려대 국문과 3학년 1학기)은 임종국을 통해 조지훈 선생이 그를 포함, 고대문학회 회원 몇 명을 만나고 싶다는 연락을 받았다. 박노준은 4년 선배인 임종국과 회원 3명과 성북동 조지훈 선생댁을 방문했다. 임종국은 당시 장기 휴학중이었지만 후배들과 가끔 만나는 사이였다. 이들에게 차를 한 잔 대접한 후 조지훈은 만해 한용운 선생의 전집을 고대문학회가 책임지고 편찬해 출판하자고 제안했다. 또 인세로 적당한 장소에 만해 시비를 세우고, 남는 돈으로는 자금사정으로 창간 이후 2집을 발행하지 못한 〈고대문화(高大文化)〉를 복간하자고 했다. 결론적으로 얘기하면 이들은 〈이상전집〉 편찬경험이 있는 임종국이 좌장이 되어 경남 진주 인근 다솔사에서 작업을 시작해 이듬해 2월, 1만여 매 분량의 원고를 마무리했다. 당초 그 다음해(1960년)에 출간예정이었으나 곡절끝에 〈한용운전집〉(전6권)은 1973년 신구문화사에서 출간했다(박노준, "한용운 전집과 고대문학회", 〈고려대 교우회보〉, 2006. 1. 13)

〈흘러간 성좌〉를 연재하는 바쁜 와중에 그는 그의 일생에서 가장 큰 성과인 대작을 준비하게 된다. 이른바 〈친일문학론〉 집필이다. 직접적 계기는 5·16 쿠데타 세력들이 추진하는 한일회담이었다. 한일간 국교정상화를 골자로 하는 한일회담은 이승만 정권시절부터 줄기차게 추진되던 것이었다. 그러나 중간에 일본 대표의 망언과 4·19, 5·16 등으로 여러 차례 중단됐다가 결국 군사정부 시절 회담개시 14년 만에 결말을 보았다. 최종 조인을 앞두고 당시 야당과 학생들의 격렬한 반대에 부닥치자 군사정부는 국회비준을 날치기로 처리하기도 했다. (중략)

한일회담이 진행되는 동안 사회는 극도로 혼란스러웠다. 연일 대학가에서는 시위가 끊이질 않았고, 정치권 역시 여야로 나뉘어 찬반논쟁이 치열했다. 당시 일본에 대한 한국인들의 감정은 그리 좋은 편은 아니었다. 그때까지만 해도 일제 36년 통치라는 악몽이 아직은 가시지 않은 상태였다. 일제시대를 경험한 사람들이 적지 않았다. 그러나 동시에 일제 때 '한자리'를 했던 인사들도 버젓이 동시대를 같이 살고 있었고, 그리고 그들은 새 시대임에도 불구하고 또 '한자리'를 꿰차고 있었다. 그러다 보니 일본에 대한 시선은 호오(好惡)가 교차된 점도 없지 않았다. 더러는 사회혼란을 들며 오히려 일제 때가 좋았다는 사람들도 있었다. 한마디로 민중들의 역사의식은 저급하기 짝이 없던 시대였다. 이 모두는 물론 해방 후 반민특위(反民特委)의 좌절에서 기인하였다.

당시 임종국은 서른여섯 살, 앞서 언급한 〈흘러간 성좌〉 연재로 바쁜 나날을 보내는 중이었다. … 그즈음 그는 그냥 스치고 가기에는 너무 역겹고 충격적인 발언 하나로 고민에 빠지고 말았다. 대체 어떻게 된 놈의 나라기에, 그것도 명색이 정부고관이라는 작자가 "제 2의 이완용이 되더라도…" 운운하며 한일회담을 성사시키겠다고 호언장담을 하는 것인가. 대체 이완용이 누구인가, 조선사람이라면 삼척동자도 다 아는 매국노의 상징 아닌가. 그런 이완용을 거론하며 한일회담을 성사시키겠다고 한다면 이건 역사의식에 심각한 문제가 있다고 생각했다. 그러고 보니 해방 후 이완용 같은 매국노도 제대로 평가(또는 청산)받은 적이 없다는 사실이 떠올랐다. (중략)

그가 〈친일 문학론〉을 쓰기로 작정한 계기 가운데 하나는 위에서 보듯 바로 한일회담이었다. 세상이 온통 찬반논쟁으로 뜨겁고, 또 일제 강점기를 겪어온 사람들이 비단 그뿐이 아니었다. 그러나 그 같은 여건에서 공동체를 향해 준엄한 목소리를 내는 사람은 특별히 없었다. 다산 정약용이 유배생활이라는 개인적 불행사(不幸事)를 초극하여 이를 저작(著作)으로 승화시켰다면, 임종국은 한일회담이라는 사회적 상황을 〈친일문학론〉 저술로 승화시킨 셈이다. 시인 박희진은 "임종국이 아니면 그런 책을 내야겠다는 발상도 못했고, …그는 그때 그런 책이 사회적으로 필요하다는 시대감각도 날카로웠다"고 말했다.

위에서 임종국이 〈친일문학론〉을 쓰게 된 배경 또는 계기에 대해 알아보았다. 그런데 왠지 좀 아쉬운 구석이 보이지 않는가? 정부고관이라는 작자가 "제 2의 이완용" 운운하는 걸 보고 분개한 대의명분은 있다. 그러나 그게 구체적 행태로 이어지는 데는 직적접 계기 같은 게 대개 있게 마련이다. 즉 도화선에 불을 당긴 그 무엇인가가 말이다. 사실 나는 그 점에 대해 간혹 궁금증을 느껴왔는데, 이번에 우연히 귀한 증언자를 만나 그 궁금증을 풀었다.

증언자는 그의 고대문학회 후배 박노준이다. 직접적 계기는 1, 2차 두 번인데, 첫 번째는 〈흘러간 성좌〉를 연재하면서다. 대상인물들이 기인들이었지만 대개는 지사(志士)들이었다. 그런데 이들을 부각시키려다 보니 자연히 대비되는 인물을 찾게 되고 그러다보니 그 반대편에 있는 친일파들의 행적을 자연히 조사하게 됐고, 이것이 나중에 친일연구의 하나의 계기가 되었다. 1958년 〈한용운 전집〉을 낼 때까지만 해도 임종국은 친일문제를 전혀 거론하지 않았던 걸로 봐 〈흘러간 성좌〉 연재가 하나의 계기가 되었다는 게 박노준의 주장이다. 주목할 것은 두 번째 계기인데 그의 증언을 옮겨 본다.

> 〈흘러간 성좌〉 연재를 하던 1965년 늦봄(5월경) 때였습니다. 당시 이곳저곳을 다니며 연재용 자료를 수집하던 중이었는데, 하루는 친구(이현희, 현 성신여대 명예교수)가 근무하던 국사편찬위원회를 방문했습니다. 방문목적을 설명하고 자료도움을 요청했는데 친구가 《친일파 군상(群像)》이라는 작은 책자를 하나 보여줬죠. 그 속에는 각계 친일파들의 행적이 소상히 나와 있었습니다. 참고가 되겠다 싶어 대출을 부탁했더니 관외대출이 안 된다고 했습니다. 친구를 설득한 끝에 그의 이름으로 겨우 대출해서 빌려왔죠. 일단 내가 먼저 책을 훑어본 후 임종국 형에게 보여줬더니 대단히 놀라면서 빌려달래요. 그래서 어렵게 빌려온 책이니 잘 간수하라며 건네주었죠. 그로부터 20여 일 만에 그 책을 돌려주면서 '마누라와 같이 그 책 다 베꼈다'고 하지 않겠습니까. 그래서 '임형, 대단해! 베끼리라고는 생각 못했소!' 했더니 특유의 웃음을 씨익 짓더군요. 그리고 몇 달 후 '나 〈친일문학론〉 쓰겠소' 하는 겁니다. 이미 조지훈 선생과도 상의했다는데, 조 선생이 '좋은 착상이다. 네가 선편(先鞭; 남보다 먼저 시작하거나 자리를 잡음)을 잡는 것이다. 소문나지 않게 하게!' 하더랍니다(이선숙은 임종국과 같이 《친일파군상》을 베낀 사실이 기억 나지

않는다고 했다. 그러나 이는 이선숙이 그 사실을 기억하지 못한 것으로 보인다).

이 증언은 이번에 처음 나왔다. 조지훈이나 임종국이 없는 상황에서 박노준이 유일한 증언자다. 전후상황을 보건대 상당히 설득력이 있다. 즉 임종국이 해방 직후 만난 일본군 병사의 "20년 뒤에 다시 오겠다"는 말, 정부고관의 "제2의 이완용이 되더라도" 운운 등도 〈친일문학론〉 집필의 계기가 됐던 것은 사실이지만 결정적으로 도화선에 불을 붙인 것은 바로 이 사건이 아닌가 싶다. 그간 임종국 자신은 한일회담을 계기로 썼다고만 밝혔다. 박노준의 증언은 다만 그가 조지훈과 상의했다고 하는 대목에서 그가 쓴 내용과 조금 차이를 보인다.

> … 20년 후에 다시 만나자더니 그놈들이 정말 다시 나오게 되는구나. 그럼 친일파 깨나 또 생겨나겠지. 그래서 은사인 조지훈을 찾아가 〈친일문학론〉을 써야겠습니다 했더니 그분은 쓰다 달다 말씀이 없으셨다. 내가 이것을 쓰면 문단에서 처세하기가 불리할 테니 제자를 아끼는 마음에 말려야 하는데, 민족정기를 생각하면 말릴 일도 아니고, 아마 스승의 마음이 그런 심정이 아니었을까 싶다. 얼마 후 책이 나와 그것을 갖다드렸더니 스승께서는 그래도 대견하다는 듯이 빙그레 웃으셨던 일을 나는 기억한다.
>
> — 〈술과 바꾼 법률책〉 중에서

박노준의 증언과 임종국이 쓴 글의 내용에서 조지훈의 행동이 일치하지는 않지만 그렇다고 아주 상반된 내용도 아니다. 임종국이 쓴 글은 스승을 배려해 두루뭉실하게 쓴 것으로 보여진다.

한편 임종국이 〈친일문학론〉을 쓰게 된 계기는 위에서 보듯 〈흘러간 성좌〉를 연재하면서 친일파들을 처음 접했고, 다시 《친일파군상》이라는 책을 보고 좀 과하게 표현해 눈이 뒤집혔고(?), 또 그 무렵 논란이 된 한일회담이 계기가 된 게 모두 맞는 얘기다. 그런데 여기에 이선숙의 증언 하나를 더 보태야겠다. 위 두 건은 박노준만이 아는 얘기라면, 이건 또 이선숙만이 아는 얘기다. 시기적으론 박노준보다 앞서는 시절의 얘기다.

> 신구문화사에서 같이 근무하던 때의 얘깁니다. 어느날 사무실에서 '어이! 어이! 하고 나를 부르기에 곁으로 갔더니 '일제 때 일한 사람들이 이렇게 많아! 하면서 육당 최남선, 춘원 이광수 등의 이름을 댔습니다. 그리고는 '이놈들 그냥 둬선 안 되겠다. 이제 이상(李箱)을 버리고 이 사람들을 조사하겠다'고 말하더군요. 그 이후로 그가 친일파 연구를 시작했습니다.

해방당시까지만 해도 임종국은 친일문제엔 깡통이었다. 의식도 지식도 없었다. 역사나 민족문제에 대해서도 거의 마찬가지였다. 일제 식민교육의 탓이다. 그가 일제 강점기를 처음 본격적으로 접한 것은 대학시절 〈이상전집〉을 준비할 때부터였다. 이상의 작품을 찾으려면 일제 때 나온 신문, 잡지를 필수적으로 조사해야 했다. 임종국은 바로 그때 처음 친일문제를 접했다. 그러나 그때만 해도 관심이 문학이었고, 좁게는 이상(李箱) 개인이었다. 그러다가 신구문화사에 들어가 〈한국시인전집〉을 편찬하면서 다시 이 문제를 접하게 됐다. (중략)

바로 이때 임종국은 신구문화사에서 상상하기 힘든 정도의 자료를 조사했고, 또 이를 목록으로 만들었다. 이것이 나중에 〈한국문학의 사회사〉를 내는 데 요긴하게 쓰였고, 다시 〈친일문학론〉을 펴내는 데도 결정적으로 사용됐다. 그렇지 않고서야 어찌 〈친일문학론〉을 불과 8개월 만에 출간했겠는가? 그것도 〈서울신문〉에 〈흘러간 성좌〉를 일일 연재하면서 말이다. 아무튼 임종국이 〈친일문학론〉을 쓴 '계기'는 이선숙의 증언까지를 보태 여러 가지라는 사실만은 기억해 두기로 하자.

임종국이 보고서 한눈에 빠져든 《친일파군상》(민족정경문화연구소 편, 삼성문화사)은 해방 직후인 1948년 9월에 출간됐다. 이 무렵 '반민법'이 막 통과돼 친일파 청산이 사회적 화두가 돼 있었다. 이 책이 나오자 관련 서적 3권이 잇따라 나왔는데, 《민족정기의 심판》(혁신출판사, 1949. 2), 《반민자 죄상기》(고원섭 편, 백엽문화사, 1949. 4), 《반민자 대공관기》(김영진 편, 한풍출판사, 1949. 4) 등이 그것이다. 이 책들은 친일파 연구의 고전(古典)으로 친일파 연구자들의 참고자료로 활용된다. 현재 이 책들은 실물을 접하기 어렵다. 우연히 이 네 권을 모두 접한 나는 이들을 묶어 《친일파 죄상기》(학민사, 1993년)라는 단행본으로 펴냈다. ”

정운현 선생의 《임종국 평전》은 4 · 6판 628쪽의 방대한 책자로 출판되었는데 앞으로 그를 연구하는 데 좋은 자료가 되리라고 믿는다. 내가 아는 임종국 선생은 순수하고 순박하고 깨끗하고 정확한 사람이다.

어머니께서는 임종국 선생 이야기만 나오면 눈시울을 붉히시면서 임 선생이 우리집을 마지막 방문했던 그날을 회상하시며 후회하신다. 어머니께서도 임종국 선생과 관련하여 정운현 선생과 전화 인터뷰를 하셨는데 그 내용은 대강 이러한 것이다.

임 선생이 마지막 우리집을 다녀가셨을 때 나의 가족은 압구정동 현대아파트 60평 짜리(그 당시에는 최고급 아파트였다)에서 어머니를 모시고 살고 있었다. 그해 그의 나이 환갑 때였고 1989년 가을이었다. 그해 겨울 임 선생은 불귀의 객이 되었다. 내가 미국에서 잠시 귀국하여 대기업(쌍용)에 이사(理事)로 근무하고 있을 때였다. 그때, 나는 출근하고 없었다고 한다. 임 선생께서는 "지나가다 선생님 생각이 나서 그냥 사모님께 인사나 여쭙고 가려고 갑자기 들렀습니다. 죄송합니다"고 하시며, "광렬 씨가 귀국해서 사모님이 이렇게 호강하시는 것을 보니 참 기쁩니다"고 했다.

어머니께서는 마침 시간이 점심 때라 걱정이 되어 "식사는 어찌하셨나요? 나도 아직 식사 전이니 좀 기다리시면 상을 내올 터이니 점심 하고 가세요" 하셨더니, "아닙니다. 말씀은 고맙지만 사모님을 뵈었으니 이만 가겠습니다" 하며 일어나는 것이었다. 아버지가 돌아가신 후인지라 억지로 붙잡을 수 없어 "정 그러시다면…" 하고 보냈는데 그게 임 선생과 마지막이었다며 눈에 이슬이 맺히시곤 한다. 그냥 보낸 게 두고두고 후회된다고. 너무나 순수하고 때묻지 않은 양반이었는데. 그 순박한 모습이 자꾸 눈에 밟히신다며….

아버지의 제자사랑과 그 키우는 방도가 대체로 이와 같았다. 아버지와 제자인 홍일식 · 인권환 선생과의 관계도 비슷한 유형에 속하는 것으로 나는 알고 있다.

어느 날 신문에서 '친일파 청산작업'(공식명칭은 따로 있음)이 출범한 후로 설왕설래하는 것을 보고 나의 소견을 신문칼럼에 피력한 글('친일과 변절의 의미')이 있어 다음에 옮겨 본다.

'친일파 청산작업'에 대한 나의 소견

"기녀(妓女)라도 늘그막에 남편을 좇으면 한평생 분냄새가 거리낌이 없을 것이요, 정부(貞婦)라도 머리털 센 다음에 정조(貞操)를 잃고 보면 반생의 깨끗한 고절(苦節)이 아랑곳 없으리라. 속담에 말하기를 사람을 보려면 다만 그 후반(後半)을 보라."

아버지께서 〈지조론〉에 언급하신 구절이다. 참으로 명언이다.

이 말이 생각나는 까닭은 최근 '민족정기를 세우는 국회의원의 모임'이 광복회로부터 넘어온 명단 외에 임의로 16명을 추가하여 '친일 반민족주의자' 명단을 발표한 것으로 인해 세상이 시끄럽기 때문이다. 반세기 이상 미뤄온 이 일이 이제 시작에 불과한 것을 놓고 언론마저 양분되어 소모적 논란이 계속되고 정치적으로까지 이용되는 것을 우려하지 않을 수 없다.

이번에 발표된 명단은 결정적인 권위나 권한을 지닌 것도, 최종적인 것도 아니다. 그렇다고 잠시 떠들다가 흐지부지 잊혀져서도 안될 문제로서 국가 차원의 법적 기구에 의한 '법률제정' 같은 구체적 방법을 통해서 엄밀한 검증, 철저한 진상규명을 바탕으로 옥석을 가려야 될 줄 알며 당사자의 후손들이나 이의가 있는 사람들에게 반론권도 보장되어 인정할 것은 인정하고, 그 결과로 친일한 당사자나 후손들도 억울할지 모르지만 자신이나 조상의 친일 덕에 누릴 수 있었던 안락한 삶과 얻은 여러 기회에 비하여 독립운동가와 그 가족들이 치러야 했던 희생을 직시함으로써 이를 계기로 참회와 반성이 이루어지고 용서와 화해를 통해 과거를 씻어 낼 수 있는 귀중한 전환점이 되어야 한다.

이렇듯 중대한 일을 미뤄왔기에 오늘날 한국사회가 가치관의 혼란에 빠져 변절과 불의가 판치고 있는 것이다. 여기서 중요한 것은 역사의 시선은 한 사람의 생애 전체에 비춰져야 한다는 것이다. 그 사람의 삶의 어느 한 얼굴만 가지고 판단할 수 없기 때문이다. 그런 면에서 시각을 '친일'과 '변절' 그리고 '회개' 여부를 아울러 조명함이 바람직하다고 본다. 예컨대 병자호란 때 주화파 최명길, 또 친일파보다 더한 타기를 받았던 박중양, 문명기 같은 사람들은 민족 전체의 일을 위하여 몸소 치욕을 무릅쓴 업적이 있었기에 변절자로 욕하지 않았음을 기억하자.

그런가 하면 좌옹(佐翁), 고우(古愚), 육당(六堂), 춘원(春園) 등은 잊을 수 없는 업적을 남겼으되 이들의 일제말의 대일협력으로 인하여 그 이름은 그 변신을 통해 아무런 성과도 없었기 때문에 애석하게나마 변절의 누명을 쓰지 않을 수 없지 않았는가. 그분들의 이름이 너무나 컸기 때문에 실망이 더 컸던 것을 우리는 잘 알고 있다. 또 한일합방 때 자결한 지사시인 황매천의 《매천야록(梅泉野錄)》에 민충정공, 이용익 두 분의 초년 행적을 헐뜯은 곳이 있다지만 우린 그분들의 초년행적을 모른다. 역사에 남은 것은 그들의 후반이요 따라서 그 분들의 생명은 마지막에 길이 남게 된 것이다.

한평생 '친일문학'만 연구해 온 임종국 선생 같은 분이 계시듯 각 분야에 이에 대한 전문가가 있을 터이다. 게다가 민간인에 대한 '친일 인명사전' 편찬도 진행중에 있다 하니 더 찾아내고 진실을 가려내야 한다. 그러나 친일했다 해서 문인, 예술인으로서의 가치조차 부정될 필요는 없으며, 반대로 훌륭한 종교인, 언론인이었다고 해서 친일했던 과오가 없어지는 것은 아니다. 목적은 은폐가 아닌 반성으로 다시는 그런 수치스런 미래가 없도록 하는 데 있다.

허물없는 사람은 없다. 실수도 있을 수 있다. 그러나 개인이든 민족이든 반성하지 않는 삶은 삶으로서 가치가 없다. '회개'는 부끄러운 것이 아니라 옛사람은 죽고 전혀 새로운 사람으로 거듭나는 고귀한 시작인 것이다. …

"역사의 심판에는 공소시효가 없다"는 걸 깨우쳐주는 이때, "한때의 적막을 받을지언정 만고에 처량한 이름이 되지 말라"는 채근담의 한 구절을, 지조를 헌신짝 버리듯 명리(名利)와 구복(口腹)을 좇아 당적 이탈로 변절을 일삼는 한국의 정치인들에게 그들이 하는 그 작태도 친일 못지않은 부끄러운 행위라는 말을 아울러 보내고 싶은 심정이다. 이런 시각으로 친일명단이 가려지길 기대해 본다.

— 친일과 변절의 의미/ 〈뉴욕 한국일보〉, 2002. 3. 20 ❞

〈친일문학론〉 이후 임종국 선생은 시인의 길은 접어두고 개항 이후 근대사와 특히 일제 강점기의 불행했던 우리의 역사와 문학, 문화를 연구하는 데 오로지 전력하셨다. 〈친일문학론〉 이외 여러 업적을 낸 그는 환갑을 넘기자 숨을 거두었다. 신문에서 부고를 본 나는 한남동 순천향병원 장례식장을 찾아가 문상했어야 했으나 미국 출장중으로 그리 못하고 동생들과 어머니만이 다녀오셨다. 빈소는 쓸쓸하고 초라했다고 한다. 그러나 그의 업적과 그 많은 자료는 후배들에게 이어져서 '민족문제연구소'의 토대가 된 줄로 알고 있으니 그의 사후는 초라하지 않다. 임종국 선생의 이야기는 이 정도로 마친다.

아버지의 40대 후반기

국학(國學) 연구

- 아버지와 고려대학교 부설
  민족문화연구소(현 민족문화연구원)
- 《한국문화사 대계》—
  아버지의 공상이 현실로
- 《한국문화사 대계》와 홍일식 선생
- 홍일식 선생에게 남기신 아버지의 유언(遺言)
- 박정희 정권 지원받고 겪은 우여곡절
- 민족문화관 용마루, 그 아름다운 한국의 곡선
- 《한국민속대관》 발간
- 《한국문화사 서설》 집필

아버지와 고려대학교 부설 민족문화연구소

(현 민족문화연구원)

사회참여시를 쓰시던 무렵 아버지는 1963년 고려대학교 민족문화연구소의 초대 소장을 맡으셨다. 그리고 첫 번째 사업으로《한국문화사대계》전 7권을 기획하시게 된다. 이것은 당시 사회에서 일어나고 있던 민족주의 열기에 부응하는 기획으로 시장성도 있다고 판단하셨다. 아버지께서는 지식인과 대중이 함께한 '문화혁명'을 꿈꾸셨던 것이다. 5 · 16 시기 아버지가 군사정변 세력에게 기대했던 것 중의 하나가 '문화혁명'이었다. 그러나 아버지는 군사정변 세력의 반 문화정책을 목격하고 그것을 철저하게 비판하면서 '민족문화혁명'을 직접 실천할 계획을 세우셨던 것이다.

아버지와 민족문화연구소가 불가분의 관계인 것처럼 홍일식 선생과 민족문화연구소도 결코 떼어놓을 수 없는 관계다. 아버지께서 꿈꾸신 이 원대한 사업을 뛰어난 지기(志氣)와 추진력을 발휘하면서 아울러 인내와 지극정성으로 아버지를 보필하셨던 홍 선생께 들은 이야기를 빠뜨릴 수 없다. 이 사업을 훌륭히 완수하여 오늘날 고려대를 대표하는 연구기관의 하나로 한국학을 하는 사람이면 국내외를 불문하고 누구나 다 아는 민족문화연구소

아버지께서는 이 서재에서
지식인과 대중이 함께하는
'문화혁명'을 꿈꾸셨다.

(현재 민족문화연구원)가 될 수 있도록 기틀을 잡아놓으신 홍 선생께 오늘이 있기까지 이 연구기관의 지나온 역사 속에 묻힌 일화들을 여기에 소개한다.

홍일식 선생이 들려주는 이하 2절에서 7절 전반까지의 이야기는 나도 홍 선생에게서 직접 들은 바 있어서 진작부터 소상하게 알고 있었지만, 마침 〈고대교우회보〉 2006년 2월부터 몇 회에 걸쳐 고려대 국문과 출신 비평문학 전공의 전용호 박사가 홍 선생을 인터뷰한 기사가 나왔으므로 여기서는 그분이 정리한 것을 중심으로 엮기로 한다.

홍일식 선생은 대학원 석사졸업 직후인 1964년에 연구원으로 이 연구소에 들어가셨다. 그 이후 총간사직을 맡아 아버지가 돌아가신 뒤인 1972년까지 연구소의 실무를 담당하셨다. 1978년 제 5대 소장으로 부임한 이래 1990년까지 재직했다. 민족문화연구소가 이룩한 업적들인 《한국문화사대계》(전7권), 《한국현대문화사 대계》(전5권), 《한국민속대관》(전6권) 발간에 얽힌 이야기를 홍 선생께 들어보자.

《한국문화사 대계》 — 아버지의 공상이 현실로

고려대 민족문화연구소는 1957년 '한국 고전국역위원회'로부터 출발한다. 홍 선생의 증언에 따르면 고전국역위원회가 만들어진 것은 유진오 총장이 하버드대학 옌칭연구소를 다녀오고 나서였다고 한다.

그곳에서 유 총장은 동양학을 전공하는 젊은 서양학자들이 사서삼경을 원어(原語)로 줄줄 읽어나가는 것을 보면서 이러다가는 우리가 서양사람들에게 우리 고전을 배우게 될 날이 오지 않을까 염려되더라는 것이었다. 그래서 우리 고전을 우리 손으로 정리하고 전수해야겠다는 생각에서 한국고전국역 편찬위원회를 설립하여 고전국역 사업에 착수한 것이다. 한국고전국역 총서 제 1집《대전회통(大典會通)》, 제 2집《율곡성리학전서(栗谷性理學全書)》가 나온 것은 1960년이었다.

한국 고전국역위원회 초대 위원장은 이종우 교수, 2대 정재각 교수, 3대는 아버지께서 맡으셨다(1962년). 아버지는 1963년 조직을 확대하면서 '민족문화연구소'로 개칭하셨다. 그리고 곧《한국문화사 대계》 발간에 착수하시게 된다.

"조지훈 선생은 결코 단순한 시인이 아니에요. 지금의 삼성동 무역회관 앞에 있는 봉은사에서 《한국문화사 대계》의 마스터 플랜이 짜여졌어요. 그땐 동대문에서 전차 타고 뚝섬까지 가서 다시 배타고 가곤 했지요. 예전엔 절에서 절밥장사라는 걸 했거든요. 선생이 절에 취향이 있고 해서 우리는 자주 그곳에 모였어요. 선생은 문화사(文化史)라는 특수사를 쓰는 데 뜻이 있었어요. 통사가 아니라 분류사로서 한국 문화사를 세분해서 다루자는 것이었지요."

《한국문화사 대계》는 홍일식 선생이 말씀하신 것처럼 세분화된 분류사라는 특징이 있다. 예를 들면 한국 미술사 분야를 조각사, 건축사, 서예사로 세분한 것이나, 문학사를 구비문학사, 시가문학사, 소설발달사, 한문학사로 나누고, 다시 그 안에서 갈래별, 시기별로 필자를 나누어 정밀하게 접근하였다. 인문학에만 치우치지 않고 한국체신사, 한국의학사, 한국인쇄기술사, 한국수학사 등 100여 개 분야를 망라하고 있다.

《한국문화사 대계》는 인촌(仁村) 선생의 사자(嗣子)이신 김상만(金相万) 선생이 당시로는 거금인 120만 원의 후원금을 쾌척하심으로써 착수하게 된 것인데, 제 1권이 1964년 11월에 발간된 이후 제 7권이 1972년 5월에 완간된다. 제 1권만 국판 836면이며, 제 2권은 1,530면을 비롯해 그 이후 발간된 책이 권마다 모두 1,000면이 넘는 방대한 저서이다.

홍 선생의 이야기는 계속된다.

"조지훈 선생하고 내가 총장실로 사업승인을 받으러 갔지요. 유진오 총장이 '하 좋지, 좋아. 다 좋은데 돈 달라는 말은 하지 마시오' 하더군요. 10여 년 후 책이 완간되어 출판기념회를 할 때(김상협 총장시절), 유진오 전 총장이 그때 당시를 회고하면서 '아, 이런 게 시인의 공상이로구나' 라고 생각했다더군요. '생각은 기가 막히지만 그 어마어마한 내용을 저술할 만한 학자가 있는지, 축적된 자료는 있는지, 학교의 지원 없이 꾸려가는 연구소의 형편인데 자금을 어떻게 확보할 것인지, 구름 잡는 이야기로 들리더란 거야. 그런데, 결국 그게 실제로 책이 되어 나오는 것을 보면서 과연 뜻이 있는 곳에 길이 있다는 말을 다시 실감했다'고 하시더군."

아버지의 공상이 현실이 된 《한국문화사 대계》는 지금 살펴보아도 놀랍다. 세분화된 한국문화사에 대한 학문적 접근으로는 거의 모든 내용이 망라되어서 당시로선 해당학계 최초의 작업이라 할 만하다. 이 호한(浩澣)한 기획과 구상, 방대한 분야의 저술을 추진하고 성사시킨 것은 민족문화연구소가 한국학계에 남긴 기록할 만한 업적임에 틀림없다.

홍 선생의 말에 의하면 동경대학의 인문과학연구소에서 발간되는 한 저널이 1945년 광복 이후 한국학계에서 나온 3대 업적으로 한글학회의 《큰 사전》, 진단학회의 《한국사》와 함께 고려대 민족연구소의 《한국문화사 대계》를 들었던 사실을 소개했는데 그것은 당연한 평가라고 하지 않을 수 없다.

그러나 애석하게도 아버지께서는 이 책이 완간되어 나오는 것을 보지 못하고 세상을 떠나셨다. 그러함에도 불구하고 아버지가 심어놓으신 그 꿈은 훌륭한 제자 홍 선생에 의해 계속 이어져 갔다. 민족문화연구소는 《한국문화사 대계》를 뒤이어 《한국현대문화사 대계》 전 5권을 발간하였다. 1980년에 완간된 이 책 제 5권의 서문에서 홍일식 선생은 "이것이 《한국문화사 대계》 후속 기획으로 착상한 것"이라고 밝히고 있다. 19세기말 이후 주로 20세기의 문화사를 분류사의 방식으로 작성한 이 기획 역시 그 내용과 분량에서 탁월한 업적이다.

《한국현대문화사 대계》 또한 정치(精緻)한 접근법을 보여준다. 현대음악사를 국악, 순수음악, 대중음악으로 나눈 것, 의학사를 동의학사, 서의학사, 약학사로 나눈 것, 한국건설기술사를 비롯하여 기계공업기술사, 화학공업기술사, 수산업기술사까지 이공계를 망라한 학술사를 구성한 것에서 《한국문화사 대계》의 뒤를 잇고 있음을 한눈에 알 수 있다. 아버지의 구상으로 시작된 《한국문화사 대계》는 제자 홍 선생의 《한국현대문화사 대계》라는 후속기획을 통해 완결된 셈이니 천상에 계신 아버지께서 얼마나 기쁘고 대견해 하시겠는가.

앞에서도 잠깐 언급한 바가 있지만 아버지께서는 사람됨과 그 그릇의 크기를 알아보는 눈이 남다르셨다. 또 발굴한 인재를 재능에 따라 적재적소에 배치하여 그들을 지도하며 그들에게 꿈을 심어주셨다. 원대한 비전을 제시하여 자발적 의욕을 이끌어내 설레는 마음으로 일에 임함으로써 목표를 달성하게 하셨다. 또한 그 맡은 바 꿈을 포기하지 않고 수행하는 동안에 그 일을 통하여 자신도 모르게 자신에 대한 굳은 신뢰와 자신감, 자긍심을 얻음으로써 자기가 소화한 분야에서 두각을 나타내는 인재로 커가는 것을 보시며 기뻐하셨다. 이를 위해 뒤에서 남몰래 도우셨다.

이런 이야기를 하는 이유는 아버지께서 일찍이 홍일식 선생의 행정능력이나 탁월한 추진력과 변함없는 헌신을 간파하셨다는 것을 말하려 함이다. 선생의 빼어난 지기와 현실감각, 민첩한 사고력에 의한 정확한 판단력을 높이 사셨던 것이 적중했다고 보기 때문이다.

《한국문화사 대계》와 홍일식 선생

《한국문화사 대계》와 같은 학술서적은 학문적으로는 높이 평가받지만 언제나 판매에서 어려움을 겪게 마련이다. 이런 책을 기획하고 출판하는 사람들에게 재정적 부담은 실로 엄청나다. 민족문화연구소가 우리나라 학술사에 길이 남을 업적이 될 만한 출판물들을 꾸준히 발간할 수 있었다는 것은 이런 점에서 경이로운 사건이다. 잘 알려져 있지 않지만, 고려대학교 안의 연구소들은 학교로부터 받는 재정적 지원 없이 각자 운영해왔다. 학문적 이상을 추구하면서 재정적 어려움이라는 문제를 이겨나가야 하는 것이다.

《한국문화사 대계》가 이러한 문제를 헤치고 나갈 수 있었던 데에는 홍 선생의 기지와 기획력과 추진력이 큰 몫을 하였다. 《한국문화사 대계》는 학술서로서는 전무후무한 큰돈을 벌어들인 책으로 평가받는다. 홍 선생께 그 노하우를 들어보자.

"《한국문화사 대계》가 완간될 즈음에 우연히 신문기사 하나가 눈에 띄었는데, 브리태니커에서 낸 대영백과사전이 한국에서 5천8백 질이 팔렸다는 거예요. 당시 그게 한 질에 1백만 원 가까이 했는데도 그렇게 많이 팔린 것은 어쩌면 책을 보려는 목적보다 장식용으로 구매한 것이라고 봐야 할 거예요. 여유자금과 문화적 욕구가 있는 사람들이 많다고 짐작했어요. 그때(1960년대 후반 이후 1970년대) 우리 주거문화가 급격하게 바뀌면서 아파트 거실을 장식할 것이 필요했거든요. 이 점을 이용했지요. 브리태니커 한국총판 연락처가 신문에 나와 있기에 바로 연락해서 담당자를 만났지요. 일반 서점에 내놓을 때보다 10%를 더 낮춰서 준다고 했더니 좋다고 하더군요. 자기들로서도 백과사전은 이미 팔 만큼 팔았기 때문에 다른 일을 모색해야 했거든요."

홍일식 선생은 책을 파는 판매원들이 《한국문화사 대계》가 어떤 책인지를 알게 해야 한다고 생각했다. 수익 분배조건 외에 《한국문화사 대계》 판매를 맡을 사람들은 홍 선생에게 책에 대한 강의를 들어야 한다는 조건을 달았다. 외판원들을 상대로 한 강의를 시작했다. 고려대 서관(시계탑 건물) 계단식 강의실에서 밤시간에 수많은 외판원들을 모아놓고 《한국문화사 대계》가 식민사관(植民史觀)을 극복한 첫 업적이며, 분류사로서 갖는 의미에 관해 가르치고 또 가르쳤다.

브리태니커 백과사전을 판매하면서 확보한 고객명부, 즉 일정한 수준의 재산과 교양을 갖춘 사람들을 대상으로 한 판매전략은 적중하여 큰 성공을 거뒀다. 책이 모자라 주문이 밀리는 현상마저 생겼다. 반면 부작용도 없지 않았다. 판매원들이 고려대 졸업생들을 찾아가 자기들이 '민족문화연구소 직원'이라고 거짓 소개하면서 강매하다시피 하는 일도 있었기 때문이다. 교우회나 총장 비서실로 항의가 들어오곤 했다고 한다.

"김상협 총장 시절이었는데 그때 비서실장이던 이세기 교우(후에 4선 국회의원, 통일원장관, 체육부장관 역임)가 중간에서 많이 막아줬지요. 어쨌든 1970년, 71년 두 해 동안에만 5만 질 이상 팔아서 7천8백만 원 정도를 연구소 자금으로 모았어요.

그때 동대문구 창신동에 학원건물 하나를 5천만 원에 인수할 수 있을 것 같아서 지훈 선생 타계 후 소장이셨던 박성의 선생님께 말씀드렸더니, 안 하겠다고 하시더라고요. 대신에 신한제분이라는 데에 사채를 주고 그 이자를 몇 달 받았는데, 1972년 8월에 박정희 정권이 기업사채 동결조치를 내렸어요. 그 바람에 빌려준 돈의 원금과 이자가 묶이고 말았지요. 2년 거치 5년 분할상환이었던 것으로 기억합니다만. 손해가 보통이 아니었습니다. 기업들이 힘들다고 하니까 대통령이 기업을 살리려고 그랬지요. 생각해 보면 우리나라 기업들 다 국민들이 키워준 셈이에요. 그때 나의 주장대로 부동산을 샀으면 민족문화연구소는 부자가 됐을 텐데 … ."

기업에 돈을 빌려주고 이자를 받는 거나 연구소 명의로 부동산을 구입해서 임대료를 받아 연구소 운영자금을 마련하는 것이나 뭐가 다를 게 있느냐는 뜻의 말로 해석되었다.

홍일식 선생에게 남기신 아버지의 유언(遺言)

가족에게나 자식들에게는 유언(遺言) 한마디 남기지 않으신 채 돌아가신 아버지께서 제자이신 홍일식 선생에게는 유언을 남기셨다고 한다. 그 이야기를 홍 선생께 들어보자.

홍일식 선생은 자신이 속된 표현으로 주위사람들로부터 '민연(民硏)에 미친 사람' 소리를 들어가며 민족문화연구소에 평생을 매달리게 된 이유를 아버지의 유언 때문이라고 하셨다.

> "1968년 정초에 선생님 댁에 여럿이서 세배를 드리러 갔어요. 선생님이 따로 부르시더니 내일모레쯤 다시 들르라고 하시더군요. 초사흘날 다시 찾아뵈었는데 내 생각에는 그때 선생이 돌아가시기 전 처음이자 마지막으로 흉금을 털어놓는 이야기를 하셨던 것 같았어요. 그해 봄에 입원하고 5월 17일 새벽에 작고하셨으니까요."

아버지께서는 그날 홍 선생에게 당신이 고려대에 재직했던 20년 세월에 대한 회고를 들려주셨다고 한다. 아버지는 당신이 고려대에 와서 한 보람 있는 일로 네 가지를 들었다고 하셨다. 고려대에 부임해서 제일 첫 번째로 한 일은 〈고대신문〉 지도교수를 맡아 창간초기에 기틀을 잡은 일, 잘 알려져 있다시피 〈고대신문〉은 한국 대학신문의 효시(嚆矢)이다. 아버지는 학생신문으로는 가장 먼저 만들어졌고 내용도 가장 우수하다는 평가를 받는 것을 무척 보람된 일로 회고하셨다. 두 번째로 '고대극회'를 만들어 한국 드라마계의 대부라 할 만한 최창봉(전 문화방송 사장) 교우를 비롯해 극회출신의 쟁쟁한 배우들을 배출한 것과, 세 번째로 '고대문학회'를 만들어 지도한 일을 꼽으셨다. 마지막 네 번째가 바로 민족문화연구소 소장에 취임하여《한국문화사 대계》 발간을 추진한 일이었다고 하셨다고 한다.

> "그런데 민족문화연구소가 극심한 재정난에 빠졌던 거예요. 서랍에서 서류 한 장을 꺼내 보여주시는데 학교 사무처장이 보낸 일종의 경고장이었어요. 학교에서 연구소 감사를 했는데 감사할 수 없을 정도로 형편없이 운영되고 있었던 거지요. 선생님이 그 경고장을 보여주시면서 고대에서 하는 당신의 마지막 사업이 엉망이 되었다며 몹시 참담해 하시더군요."

그날 홍 선생은 아버지로부터 민연 총간사직을 맡아달라는 부탁을 들었다고 한다. 그때까지 민연 사무는 학교직원이 파견근무 형태로 맡고 있었다고 한다. 홍 선생은 망설임 끝에, 또 스승의 말씀을 이해득실을 따져서 하려느냐는 홍 선생 부친의 꾸지람을 듣고서야 그해 1월 민연 총간사 일을 맡았다.

"이제 민연은 자네가 알아서 맡아주게" 하시면서 "앞으로 한국을 찾는 외국인이 고려대학교를 와서 보아야 한국을 알게 되고, 고려대학을 찾아오는 사람은 민연을 와서 보아야 고려대학을 알게 되도록 해야 하네. 자네가 이 일을 꼭 이루어 주게. 자네는 할 수 있다고 믿네"라고 아버지는 병상에서 힘들게 말씀하셨다. 스승의 이 말씀이 결국 유언이 되었고, 그로부터 홍 선생의 삶에서 민연은 뗄 수 없는 존재가 되었다고 한다.

"가서 보니 회계장부도 없더군요. 직원들을 모두 불러 놓고 다시 시작하자고 말했지요. 잔고는 한푼도 없고 동아출판사의 책 제작비 외상만 180만 원. 이 돈 갚는 일부터 하면서 민연 총간사에 취임했지요."

제 2권까지 발행하고 중단된《한국문화사 대계》발간을 위해 당시 총판을 맡고 있던 종로의 서적 도매상 '삼신서적'을 찾아갔다. 제 1권과 2권의 위탁 판매부수에 비해 수금된 돈은 푼돈 몇 푼에 불과했다. 사장을 만나 책이 팔리고 안 팔리고를 불문하고 20~30만원 정도 선불로라도 마련해 주면 책 발간을 이어갈 수 있겠다고 호소했다. 일언지하에 거절당하자 홍 선생은 그렇다면 지금까지 판매하고 남은 책을 모두 회수해 달라고 했다. 사장은 전국 서점에 위탁한 책을 회수하는 데 두 달 정도 걸리고 다시 묶고 푸는 과정에서 파본이 많을 거라고 반 협박조로 말했다.

"다시 팔기 위해 회수하려는 것이 아니라고 단호하게 선언하고 무조건 두 달 후에 남은 책 전량을 인도하라고 각서를 받았지요. 그때 내 나름대로는 최악의 경우 나의 부친한테 돈을 융통할 수도 있다는 생각으로 배짱을 부릴 수 있었습니다. 이틀 후에 지배인이 학교로 찾아와 20만 원을 줄 테니 각서를 돌려달라고 하더군요."

홍 선생은 지배인을 그냥 돌려보냈다. 강사생활을 하던 홍 선생은 강의가 끝나면 남은 책을 직접 들고 서점가를 돌아다녔다. 1,000페이지가 넘는 책 10권을 양손에 나눠 들고 버스 타고 이대 앞에 있는 서점에 가서 가령 전날 세 권 꽂혀 있던 서가에 한 권이 비면 바로 한 권 값을 받고 다시 한 권을 꽂아 놓았다. 며칠 후 이번엔 삼신서적 사장이 직접 학교로 찾아 왔다. 처음 요구했던 돈보다 더 많은 50만 원권 자기앞수표를 들고.

"빈 집에 황소 끌고 온 기분"이었다고 홍 선생은 지난날을 회상했다. 그 돈 50만 원으로 급한 불을 끌 수 있었다. 삼신서적 사장과는 그때 이후로 관계를 회복해 계속 거래를 했다.

박정희 정권 지원받고 겪은 우여곡절

서적 도매상이었던 삼신서적 사장과의 담판을 통해 민족문화연구소가 어느 정도 안정이 되었지만 새로운 책을 출판할 만큼의 여유는 없었다. 민연 살림이 적자에서 흑자로 돌아서는 두 번째 반전의 계기를 마련해야 했다. 홍 선생은 이번엔 개인의 돈이 아니라 국가의 지원을 받아야 한다고 판단했다. 나의 아버지가 돌아가시기 직전이었다.

> "신문을 보니까 당시 박정희 대통령이 전방시찰 때 군부대에 금일봉 씩을 전달하는 소식이 자주 나오더라고요. 그때 청와대 대변인이 신범식(고려대 정치과) 선배였어요. 저 선배를 찾아가 떼쓰면 되지 않을까 생각이 들더군요."

홍 선생은 그 뜻을 나의 아버지께 말씀드리고 명함에 친필로 글 한 줄 써달라고 요청했다. 당시 박정희 정부는 민심을 얻기 위해 애쓰고 있었기 때문에, "조지훈 선생처럼 도덕성과 명망을 갖춘 분이 보낸 사람을 거절하지 못했다"고 한다. 더구나 신범식 청와대 대변인(나중에 문화공보부 장관)은 〈고대신문〉 창간동인으로 당시 지도교수였던 지훈 선생이 보낸 사람을 홀대하지 못할 것으로 생각하고, 《한국문화사 대계》 1권과 2권을 들고 청와대로 찾아가 신범식 선배를 만났다고 한다.

"대통령께서 군사정권의 이미지를 벗으려면 이젠 국방만이 아니라 문화에도 신경을 좀 써야 되지 않겠냐"고 말했지요. 《한국문화사 대계》처럼 좋은 책이 자금사정으로 발간이 중단된 상태이니 협조해 달라고 했더니, 얼마를 도와줘야 하느냐고 묻더군요. 그때 한 2백만 원 정도면 좋겠다고 그랬지요. 닷새 만에 연락이 왔다. 청와대에서 돈을 받아올 거라고 아버지께 말씀드리고 학교 승용차를 타고 갔다. 조흥은행 자기앞수표 10만 원짜리 스무 장을 받았다. 홍 선생이 태어나서 만져 본 가장 큰 돈이었다고 한다.

> "그때 돈 2백만 원이면 어지간한 집 한 채를 살 수 있었으니까요. 그 큰돈을 주면서 영수증도 안 받고 내주더군요. 처음 갔을 때 만약 내가 배포가 더 커서 한 5백만 원이나 천만 원을 요구했더라도 들어주었을 것 같아요."

홍일식 선생이 총간사가 된 직후 삼신서적 사장으로부터 50만 원, 박정희 정부로부터 2백만 원을 받아내는 데 성공함으로써 민족문화연구소는 완전히 안정되었다. 그때까지 책을 내는 동안 든 종이값까지 해서 모든 빚을 정리했다. 홍 선생은 《한국문화사대계》 제 3권 과학기술사를 발간하면서 책 안표지 날개에 박정희 정부에 감사하다는 헌사를 넣었다. 정부에서 요청한 것은 아니지만 자금을 지원한 데 대해 그 정도의 예의는 취해야 한다고 생각했다고 한다.

그후 교내외 곳곳에서 홍 선생을 비난하는 사람들이 많다는 소문을 듣게 되었다. 군사정권에서 지원금을 받아 고려대학의 명예를 실추시켰다는 것이다. 특히 교수들의 비판이 많았다. 홍 선생으로서는 너무나 답답하여 어느날 문과대 교수 휴게실을 찾아갔다. 당시 미국원조에 의해 발간된 책에는 성조기와 태극기가 악수하는 그림이 붙어 있었는데, 그 책 몇 권을 손에 들고 가서 말했다.

> "선생님들 책 내시면서 이렇게 미국의 원조받은 종이로 만든 책이라고 딱지를 붙이지 않았습니까? 외국원조는 고맙게 받으면서 왜 우리 정부 돈은 받으면 안 된다고 하십니까?"

그렇다고 쉽게 잠잠해질 문제는 아니었지만 홍 선생으로서는 울분을 참기 어려웠다고 한다. 민연을 안정시키고 《한국문화사 대계》 발간을 위해서라면 그런 일도 겪을 수 있다고 생각했을 뿐이라고 홍 선생은 회고하셨다.

민족문화관 용마루, 그 아름다운 한국의 곡선

《한국문화사 대계》의 제 1권과 제 6권은 김상만(金相万, 동아일보 회장 역임) 씨의 도움을 받아 발간되었다. 그때에도 책의 표지 날개에 헌사의 형태로 그 사실을 남겼다. 그분의 선친인 인촌(仁村) 선생을 추모하고 기리되 허례허식보다는 문화적으로 의미 있는 방식으로 하는 게 좋지 않겠느냐고 제안해서 쾌히 지원금을 받을 수 있었다고 한다.

"제 1권을 시작해 주었으니 마무리도 지어달라고 하면서 설득했지요. 김상만 회장도 처음 제 1권 지원금 120만 원을 내면서 과연 이게 마무리될까 의심했는데, 정말 훌륭하게 완간되는 것을 보면서 기분이 좋았다고 하더군요. 지원해 준 사람들과의 신뢰가 쌓이니까 일을 마무리할 수 있었던 거지요."

홍 선생은 필자들에게는 학자로서의 자존심을 높여주고, 후원자들에게는 뜻있는 일에 쓰이는 보람이 있다는 것을 확인시켜 주었다고 한다.

신범식 교수를 뒤이어 윤주영 교수(정치과)가 박정희 정권의 문화공보부 장관 자리를 맡았다. 또 후일 문공부 장관을 역임한 김성진 교수(경제과)는 홍 선생을 만나면 "내가 이 자리에 있을 때 와서 돈좀 가져가!" 라고 농담반

진담반으로 자주 말했다. 주위사람들이 홍 선생에게 도대체 어떻게 했기에 관청에서 돈을 주지 못해 저렇게 안달하게 만들었느냐고 묻기도 했다고 한다. 홍 선생은 "돈 받아가지고 보람 있게 써서 문화재급 책으로 보여준 것"이 자신이 한 일이라고 말씀하셨다.

> "생각해 보면 어떤 운명이 작용하는 것 같아요. 그 해 조지훈 선생님이 5월 17일 돌아가시기 직전 《한국문화사 대계》를 완간시키라고 하셨지요. 한국을 찾는 사람은 누구나 고려대를 봐야 하고, 고려대를 찾는 사람은 누구나 민족문화연구소를 봐야 고려대를 알게 되도록 만들어 달라고 하셨지요. 그때 나는 다짐했습니다. 한국 전통미가 넘쳐나는 건물로 민연 자체 건물을 꼭 지으리라고요. 내가 민족문화관을 지으면서 나무조각 하나 쓰지 않았어요. 이유는 우리나라 건축은 훌륭하지만 불이 나면 다 타버리지요."

민족문화연구소가 민족문화연구원으로 확대 개편되고 지금 어느 대학의 부설연구소도 갖지 못한 훌륭한 전통건축 양식인 민족문화관에 자리잡게 된 것은 홍 선생이 민족문화연구소와 맺은 각별한 운명의 완성과 같다고 하겠다. 이 건물의 이름도 본래 '민족문화관'으로 확정하였는데 뒷사람들이 '한국학관'이라고 현판을 달아 놓았다고 한다. 이는 아버지 생전에 연구소 이름을 지을 때부터 '한국학연구소'로 하자는 의견이 있었으나 심사숙고하신 끝에 통일 후까지를 생각해서 '민족문화연구소'로 확정했는데, 이 뜻을 읽지 못한 것이라고 홍 선생은 못내 아쉬워하신다.

홍 선생은 민족문화관의 용마루와 추녀끝 곡선이 가장 아름다움을 보여준다고 자부한다.

> "최고의 용마루 곡선은 영주 부석사의 무량수전의 그 곡선(曲線)이지요. 15m 간격을 두고 밧줄을 매면 밧줄 자체의 무게로 만들어지는 자연미(自然

美) 곡선이 가장 한국적인 곡선이에요. 민족문화관의 곡선도 그것을 본 따서 만들었어요. 청와대 건물보다 더 자연스런 곡선입니다."

《한국문화사 대계》 발간이라는 스승의 뜻을 완성하려는 홍일식 전 총장님의 긴 회고를 들으며 한국학관 용마루의 아름다운 곡선은 아버지가 사랑하셨던 그 한국의 곡선, "하늘로 나를 듯이 길게 뽑은 부연" 멋을 떠올리게 하면서, "사뿐히 접어 올린 외씨보선"을 사랑했던 조상들의 미의식과 아름다운 얼을 생각케 한다. 그 얼을 잊지 않고 영원히 지켜나가면서 이를 바탕으로 세계가 공유할 수 있는 문화를 우리의 슬기로 끊임없이 재창조함으로써 세계 속에 우뚝 선 문화민족으로 거듭나기를 염원하셨던 아버지의 원대한 꿈의 무게를 느끼게 한다.

그리고 그 황당하게조차 들리던 시인의 공상, 스승의 뜻을 이루려는 일념으로 홍 선생님께서 쏟으신 지극한 정성과 노고에 유가족을 대신해서 깊은 감사의 말씀을 드린다.

《한국 민속대관》 발간

아버지가 기획하신 《한국문화사 대계》가 완간되어 갈 1970년대 후반 홍일식 선생은 《국민속 대관》 발간을 추진하게 된다.

"여름 내내 그야말로 땀띠가 나게 계획서를 만들었지요. 조지훈 선생의 〈민속학 개론〉 노트를 초안으로 삼아서 시대로는 고대에서부터 현대까지, 신분으로는 왕에서 노비까지, 정월 초하루부터 섣달 그믐날까지, 또 하루로는 아침부터 밤에 잠들 때까지, 일생으로는 태어나서 죽은 후 제사를 받을 때까지, 그야말로 한반도에서 태어난 사람 모두가 경험하는 문화 전체를 방대한 6권의 책으로 담아낸 게 《한국민속 대관》입니다."

여기서 참고로 아버지께서는 돌아가시기 일 년 전쯤 인권환 선생을 시켜 그때까지 발표된 '민속학' 관련학자들의 논문을 찾아내어 독해한 후 아버지와 인권환 교수가 함께 공저하는 〈민속학사(民俗學史)〉를 저술키로 하였다. 그러나 인권환 선생이 한창 준비작업중 아버지가 돌아가셨다. 그후 인권환 선생은 그것이 계기가 되어 1976년에 《한국민속학사》(열화당 刊)를 출판한 바 있음을 적어 놓는다.

홍일식 선생은 당시 문화공보부 장관이었던 김성진 교수를 찾아갔다. 홍 선생은 김 장관에게 정성껏 브리핑을 했고, 비로소 문예진흥원을 통해 1억 5천만 원씩 3년간을 지원받았다. 아버지의 〈민속학 개론〉 노트가 초안이라는 데서 짐작되듯 고려대와 민족문화연구소가 쌓아온 한국학 연구의 역량이 밑바탕이 되었다. 그리고 여기에도 시대적 소망이 개입하였다.

> "당시에 간간이 북한에 관한 보도가 방송이나 신문에 나왔어요. 그럴 때마다 북한과 우리가 얼마나 달라졌는지에 대해서만 보도하더군요. 각 신문에서는 얼마 지나면 말도 서로 통하지 않을 것처럼 과장하기도 하고 말이에요. 그런데 남과 북이 얼마나 다른가 하는 것보다는 분단시대를 겪고 있으면서도 얼마나 같은가를 말해야 분단이 극복되는 것 아닌가요."

북한의 최고위급 이데올로그였던 황장엽 씨가 홍 선생에게 들려준 이야기에서 《한국민속 대관》의 위상을 짐작할 수 있다. 황장엽 씨의 말에 따르면 북한은 사회주의 혁명과정에서 파괴한 전통문화를 1980년대 중반부터 '단군묘 찾기'라는 식 등으로 다시 복원하는 작업을 시작했고, 그때 북한 사회과학원이 유용하게 참조한 것이 1982년 완간된 《한국민속 대관》이었다는 것이다. 실증적 자료를 통해 치밀하게 우리 민속문화를 재구성한 《한국민속 대관》은 문화사 연구자들에게 고전적 가치를 갖는 책이다.

아버지가 고려대에서 하신 일 중 가장 보람 있으셨던 일 중의 하나가 민족문화연구소의 운영이었고, 아버지께서 유언하실 정도로 심혈을 기울이셨던 것이 《한국문화사 대계》 편찬이었기에 그 과정에 얽힌 일화와 이 연구소의 역사에 대한 기록은 절대로 빠뜨릴 수 없겠기에 많은 페이지를 할애했다. 아버지가 쓰신 '고려대학교 부설 민족문화연구소 창립취지문'을 읽어봄으로써 아버지의 큰 뜻을 헤아려보며 민연(民硏) 이야기를 마치기로 한다.

민족은 문화창조의 주체요, 문화는 민족정신의 발현(發顯)이니, 민족의 흥망이 문화의 성쇠(盛衰)로 더불어 표리의 관계에 있음은 우리가 익히 아는 사실이다. 우리 민족이 아득한 왕고(往古)로부터 걸어온 역사, 고난 험조(險阻)의 길이었으되 지금까지 연면(連綿)한 것은 우리 선민(先民)이 창조하고 계승해 온 문화에 말미암은 바이라, 참으로 우리 민족의 신상(神像)이 있다면 민족문화의 유산을 두고 따로 없을 것이다.

그러나, 우리의 문화 오늘의 현상은 결코 만족할 만한 것이 못 된다. 흥륭(興隆)이 아니라 혼란에 빠져 있는 이 문화의 저회(低徊)는 민족의 앞날을 위하여 우려되는 바 없지 않다. 비록 학문의 자유와 과학적 방법은 얻었다 해도 문화적 전통은 일실(逸失)의 위기에 놓였고 민족의 주체의식은 파멸(破滅)의 관두(關頭)에 직면하고 있다.

우리는 오늘 자기를 상실하고 있으며 자기를 몰각(沒覺)하고 있을 뿐 아니라 지나친 자비(自卑)와 자포(自暴)에 빠져 깊은 회의에 잠겨 있음을 본다. 민족적 현실의 타개를 염원하면서 그 현실을 파악할 정신의 기점(基點)을 잡지 못하고, 민족의 미래를 설계하면서도 민족이 걸어온 과거를 모르는 실정에 있다는 말이다.

전통의 자각과 주체성의 확립이 없는 곳에 문화의 새로운 창조와 정당한 수용이 있을 수 없으며, 민족 자시(自恃)의 신념과 자존(自尊)의 긍지가 없는 곳에 불운한 현실의 타개와 영광 있는 미래의 전망이 있을 수 없다. 이와 같은 뜻에서 우리는 〈민족문화연구소〉라는 기관을 창립하고, 우리의 현실 속에 살아 있는 과거 — 우리의 역사를 관통하는 전통을 탐구하며 민족의 혈맥(血脈)인 문화유산을 조사, 수집하고 정리, 연구하여 체계화함으로써 민족문화의 부흥과 민족적 현실의 타개를 위한 기초사업에 학적(學的) 기여의 일조를 바치고자 한다. 문화를 애호하고 민족을 근심하는 유지(有志) 여러분의 성원과 협조와 편달(鞭撻)을 바란다.

1963년 10월 일

홍일식 선생의 회고담에서도 보듯이 아무리 보람있는 사업을 하려 해도 재정적 뒷받침이 없으면 불가능하다는 것을 다시 한번 실감했다.

앞에서 언급했듯이 아버지께서는 이미 제자의 행정 및 추진능력을 알고 계셨던 것이다.

조금 가벼운 이야기로 돌아가자. 금전에 관한 이야기가 나오니 몇 가지 생각나는 일화 중 이런 일이 있었다. 내가 고등학교 1학년 때로 기억되는데 어느 부잣집 마나님이 무슨 부탁의 일로(아마 자기 아들의 대학편입문제가 아니었나 싶다) 찾아왔다가 케이크 상자를 놓고 갔는데 그분이 가고 난 후 케이크를 자르다 이상해서 보니 케이크 밑에 현금이 깔려 있었다. 이를 아신 아버지는 불쾌해 하시며 "당장 돌려주고 오너라"고 호통을 치셔서 추운 겨울날 나는 그것을 돌려주고 오느라 애먹었던 기억이 지금도 생생하다.

각설하고, 한참 앞으로 돌아가서, 아버지가 타계하시기 4년 전인 1964년 내가 서울고등학교를 졸업할 무렵 아버지는 동국대 동국역경원 위원으로 불경(佛經)번역에 참여하셨으며, 그 무렵에 수상집 《돌의 미학》을 간행하셨고 이어서 제 5시집 《여운(餘韻)》을 내놓으셨다.

물에서 갓 나온 女人이
옷 입기 전 한때를 잠깐
돌아선 모습
달빛에 젖은 塔이여!
온몸에 흐르는 윤기는
상긋한 풀내음새라

검푸른 숲 그림자가 흔들릴 때마다
머리채는 부드러운 어깨 위에 출렁인다

희디흰 얼굴이 그리워서
조용히 옆으로 다가서면
수지움에 놀란 그는
흠칫 돌아서서 먼뎃산을 본다
재빨리 구름을 빠져나온
달이 그 얼굴을 엿보았을까
어디서 보아도 돌아선 모습일 뿐
永遠히 얼굴을 보이지 않는
塔이여!
바로 그때였다 그는
藍甲紗 한 필을 虛空에 펼쳐
그냥 온몸에 휘감은 채로
숲 속을 향하여
조용히 걸어가고 있었다.
한 층
두 층
발돋움하며 나는
걸어가는 女人의 그 검푸른
머리칼 너머로
기우는 보름달을
보고 있었다.
아련한 몸매에는 바람소리가
잔잔한 물살처럼
감기고 있었다. — 〈餘韻〉

"새벽닭 울 때 들에 나가 일하고
달 비친 개울에 호미 씻고 돌아오는
그 맛을 자네 아능가"
"마당가 멍석자리 쌉살개도 같이 앉아
저녁을 먹네
아무데나 누워서 드렁드렁 코를 골다가
심심하면 퉁소나 한가락 부는
그런 멋을 자네가 아능가"
"구름 속에 들어가 아내랑 밭을 매면
늙은 아내도 이뻐 뵈네
비 온 뒤 앞개울 고기
아이들 데리고 낚는 맛을
자네 太古적 살림이라꼬 웃을라능가"
"큰일 한다고 고장 버리고 떠나간 사람
잘 되어 오는 놈 하나 없데
소원이 뭐가 있능고
해마다 해마다 시절이나 틀림없으라고
비는 것뿐이제"
"마음 편케 살 수 있도록
그 사람들 나라일이나 잘하라꼬 하게
내사 다른 소원 아무것도 없네
자네 이 마음을 아능가"
老人은 눈을 감고 환하게 웃으며
막걸리 한 잔을 따뤄 주신다
"예 이 맛은 알 만합니더"
青山 白雲아
할 말이 없다. — 〈山中問答〉

이상의 시 두 편은 시집 《여운》에 실린 시다. 이 시집이 나온 때의 당신의 연세 마흔넷이셨다. 나는 요즈음 이 〈산중문답〉이란 이 시를 읽으면, 내가 미국서 살고 있어서 그런지 몰라도 스콧 니어링 부부와 《월든(Walden, 1854)》의 작가 헨리 데이비드 소로(Henry David Thoreau, 1817~1862) 같은 분들을 떠올리게 된다. 왜 그럴까, 이건 전적으로 나 혼자의 생각이지만 이 무렵 아버지는 예(例)의 두 지성인들처럼 인생의 후반을 자연과 접하면서 군더더기 없는 삶의 방법으로 인생을 한 번 바꿔 살아보고 싶은 마음을 지니고 계셨으며 그런 마음이 이런 시를 쓰시게 하지 않았을까 라는 생각이 들기 때문이다.

《한국문화사 서설》 집필

이 무렵(1964년) 아버지는 《한국문화사서설(韓國文化史序說)》을 간행하셨다. 그 당시 이 방면의 저술이 태무(殆無)한 실정이어서 "한국문화를 공부하려는 젊은 학도들과 외국인사들에게 아쉬운 대로 약간의 도움이 되었으면 하는 뜻에서" 이를 쓰게 되었다고 하셨다. 원래 이 책에 실린 여러 편의 글들은 광복직후 아버지 연세 27세 무렵인 1947년 지금의 KBS 방송국인 서울방송국에 나가서 지식인을 위해서 한국정신사를 강의한 초고를 토대로 심화시킨 저서이다. 따라서 이 책은 한국문화, 특히 정신사의 세계를 체계화하고 요약한 것임을 알 수 있다.

이 책이 나올 무렵을 전후해서 몇 해 동안 우리집에 한국학을 공부하는 외국인학생들이 드나들던 기억이 난다. 아버지가 서문에서 이 책은 "고려대 영문학과 이인수(李仁秀) 교수의 영역(英譯)을 위하여 정리한 것"이라고 밝힌 것처럼 한국의 정신사를 외국에도 알릴 필요성을 절실히 느끼셔서 구고(舊稿)를 다듬고 손질하신 것이 아닌가 싶다.

원고를 탈고한 후 출판사(탐구당)로 넘기기 전 아버지께서는 책에 들어갈 도표(우리 민족의 이동경로 등을 세계지도에 표시한)를 나에게 시키셨는데,

나는 설계할 때 사용하는 제도기구를 사용하여 실력(?)을 유감없이 발휘하여 아버지가 만족하실 만큼 도와드리던 기억이 새롭다.

이 책이 출판되자 당시 가장 권위 있고 상금도 많은, 또 누구나 타고 싶어하는 학술상인 '3 · 1 문화상(文化賞)' 최종심에 다른 분의 저서와 함께 올랐으나 수상은 하지 못했다는 얘기를 박노준 선생이 아버지로부터 직접 들은 적이 있다고 하셨다. 박 선생은 "지금은 각종 상이 무수하나 그때는 '3 · 1 문화상' 외에 한 둘 더 있었을까? 지금까지도 이 상은 매년 지속되고 있는데, 지금은 상금이 더 많은 온갖 상이 쏟아져 나와선지 그 권위는 반감되었지만, 어쨌거나 문고판으로 나온 《한국문화사 서설》이 대작들을 제치고 최종심까지 올랐다는 것은 이 저서의 학술성을 학계가 인정하고 주목하였음을 말한다"고 하셨다.

아버지의 제자 김인환(고려대)교수는 《한국문화사서설》에 대해 이렇게 말한다.

한국문화의 바탕에 대해 말할 때 예맥, 동이(東夷) 등 멀리 수메르 신화까지 거슬러 올라가 이야기합니다. 《한국문화사서설》의 한 장으로 대중가요사가 들어 있는데, 아마도 이 방면에서는 우리나라 최초의 사례일 것입니다. 조지훈 선생은 한국 민족문화의 고유소가 민족 최하층이 지닌 꿈과 힘이라는 믿음이 있었고 이것이 선생의 민속학입니다. 전통 양반가의 가풍과 학문을 몸으로 익히고 배우며 성장한 분이 민족문화의 핵심을 민족 최하층에 두었다는 사실은 주목됩니다.

지훈은 한국문화를 중국문화와 인도문화의 융합으로 보면서 우리 문화의 원형에 관심을 가졌습니다. 대학시절 들은 선생님의 강의 중에서 대종교(大倧敎) 이야기를 한참 하시더니 민족 서사시로 볼 만한 자료가 있다고 하셨고, 한국현대 시문학사를 저술하면서 20세기 초의 최남선보다 더 올라가 19세기 말 동학에서 시작하였습니다. 요즘 논의하는 근대성이나 대중가요사 등을 지훈은 그 시대에 이미 관심을 갖고 논의했던 것입니다.

— 〈고대교우회보〉, 2006. 12

아버지는 이 책에서 "한국 문화의 기본성격은 반도적 성격이나 우연한 돌발적인 것이 아니고 역사적으로 연속되는 것으로서 세계적 성격을 간과할 수 없다. 그런 면에서 우리의 고유란 엄밀히 따지면 없다. 이렇듯 순수한 한국적인 것은 없다. 그렇다고 우리의 고유문화와 민족문화의 주체가 없다는 뜻은 아니다. 한국적 ego는 단연코 있다. 그것은 주물의 원형인 '그 무엇', 즉 우리의 '얼'을 찾는 것에서 찾을 수 있다"고 하셨다.

"전통도 그런 면에서는 다를 바 없다. '전통'이란 말은 그 개념이 매우 모호해서 사람에 따라 이 말을 파악하는 각도가 다르고 거기에 부여하는 개념이 한결같지 않음에서 반성과 모색이 요구된다.… 전통은 창조의 재료요, 원동력이지만 창조는 전통의 방법이요, 창조를 통해서만 전통은 계승된다는 중대한 사실을 많은 사람들이 몰각하고 있다. 옛것을 준수하고 모방하는 것만을 전통을 찾는 것인 줄 알다가는 소중한 전통을 잃고 말 것이다.… 전통탐구의 노력여하에 따라 단절이냐 더 발전하느냐의 결과를 초래할 수 있듯이 그 시대에 맞추고 앞서가면서 전통의 맥을 지니고 어느 한 면이 새로 창조될 때 우리는 그것을 바른 의미의 전통계승이라 부른다.… 우리는 개개인이 다 우리 문화의 창조자들이다.

우리의 머리와 심장과 손으로 만든 것은 다 한국적일 수밖에 없다. 우리는 우리 본래 '얼'의 발견과 창조에 한국적인 것이 재료와 자극이 되어 낙후된 것은 극복하고 선구성에로 전환의 계기를 찾아 한국적 양식의 발견과 형성으로 한국 특유의 고립에서 세계공동의 과제를 향해 새로운 창조를 해나가야 한다.… 예로부터 내려온 것이면서도 옛날의 자랑을 위하여 존재하지 않고 미래를 위한 가치 속에 구현되어야 한다"고 충고하시기도 하셨다.

내가 전공한 분야가 건축설계여서 그런지는 몰라도 모국에서 전통문화의 계승이라는 명제 아래 몰지각한 관료들의 지시하에 지어진 마치 양복에 갓이나 씌우고 짚신이나 신긴 꼴불견의 건물들을 볼 때면 아버지의 이러한 충고가 가슴을 때림을 느끼곤 한다. 그런 일은 미국 한인사회에서도 다를 바 없다. 해마다 내가 살고 있는 뉴욕의 가을은 한국 문화행사들로 수놓아진다. 이맘때면 '우리 고유'란 말로 여러 행사들이 치러지고 동포 언론들은 이를 보도한다. 나는 언제나 이때가 되면 우리 민족문화란 어떤 것이고 이 미국에 살고 있는 우리는 이 땅에 우리의 전통문화를 어떻게 계승시켜 나가야 하는가를 생각해 보곤 한다.

우리 민족문화의 본질을 짚어보며 우리 이민문화의 현주소와 바람직한 나갈 길을 생각해 보다 아버지의 충고가 생각나 나의 의견을 미주 한인신문에 피력하며 동포들과 함께 생각하는 기회를 가져보기도 했다.

그 칼럼에서 나는 '김치'를 일본에 도적질당할 뻔했던 일과 전통한복만을 준수하고 고집했더라면 링컨센터의 무대에 한국발레 〈심청전〉을 올릴 수 있었겠는가? 그것을 가능하게 했던 것은 전통을 재료로 하여 의상, 음악 등 여러 요소들을 발레에 적합하게 새로 창조했기 때문이며, 미국의 위대성은 복합문화의 다양성의 수용에 있다는 것이다. 우리는 저마다의 직업에서 일터에서 우리 본래의 '얼'의 발견과 창조에 한국적인 재료와 자극을 가미하여 우리 것을 미국의 풍토에 맞게 재창조하여 미국과 세계가 공유할 수 있도록 하자는 내용이었다.

'민족문화'는 민족성, 곧 민족 각자의 개성이 같은 풍토적 환경에서 같은 역사적 발전과정에서 공동의 집단생활을 영위하는 동안에 저절로 이루어지는 생활 사고방식에 대한 공동한 마음 바탕이라 할 수 있다.… 문화를 우리 음식 다식(茶食)에 비유하여 "다식판을 민족성이라 하고 조각을 민족문화라 하고 거기에다 박아낸 다식을 민족문물이라면 크게 틀리지 않을 것"이라는 아버지의 정의에 따른다면 미주 한민족문화의 전통계승의 양상은 본국에서의 그것과는 좀 다를 수밖에 없겠지만 '올바른 전통계승'에로의 방향성의 맥은 다를 수 없기 때문이라는 생각에서였다.

앞에서 아버지는 한국미를 생성하는 주체를 한국인의 민족성이라 규정하고 한국 민족성이 꿈, 슬픔, 힘, 멋, 끈기, 은근, 맵짬으로 구성되어 있다고 보셨다. 이러한 민족성의 바탕 위에서 형성된 한국신화, 한국종교, 한국사상을 종합 검토한 것이 《한국문화사 서설》의 내용이다.

아버지는 왜정시절 한때 안호상 선생 댁에서 기거하며 안 선생의 원고 정리를 해드린 적이 있는데, 그때 독일 관념론에 대하여 비교적 자세하게 공부할 수 있었기 때문에 당신의 논리전개에는 헤겔의 영향이 상당히 많이 나타난다고 말한 아버지의 제자 김인환 교수의 글을 본 기억이 난다.

1965년에는 성균관 대동문화연구원 편찬위원으로 일하시며 민족문화 발전을 위해 혼신의 힘을 쏟으셨다.

이 지점에 이르러 나는 잠시 아버지의 학문과 그 업적을 요약해 놓고 지나가야 할 필요성을 강하게 느꼈다. 이유는 아버지의 시를 비롯한 문학, 그리고 시대와 사회에 관련된 논설은 세상이 다 아는 바이나 국학, 민속학을 비롯한 학문세계는 문사철(文史哲)에 종사하는 학자들 중 일부만 알고 있는 것이 사실이다. 그래도 작고 무렵에는 그 전보다 훨씬 많은 사람이 알고 있다.

그러나 '지훈' 하면 역시 첫째로 시, 다음은 논객(지조)을 떠올리는 것이 상례이다. 그런 측면에서 아버지의 호한(浩瀚)한 학문세계의 실상을 독자들에게 알려야 한다는 의무감이 들었기 때문이다.

그래서 그 자료를 찾다가 누구보다 알찬 내용과 빛나는 문체로 아버지의 학문과 그 업적을 간결 명료하게 짚어놓은 글 한 편을 입수하였다. 아버지에게 직접 배우신 제자 인권환 선생이 집필하신 “지훈의 학문과 그 업적”이 바로 그것이다. 이 글을 내가 내 나름대로 아버지의 학문 접근방법, 관심분야, 논의결과를 토대로 특질만 요약하여 독자들이 가급적 지루하지 않게 읽도록 신경을 썼다. 주제가 다소 무거워서 부담이 되시는 독자들도 있을 줄 안다. 꼼꼼히 읽고 안 읽고는 독자들의 몫일 터이다.

아버지의 학문(學問)과 그 업적(業績)

- 국학자로서의 전체적 윤곽
- 학문세계와 그 업적

국학자료서의 전체적 윤곽

모든 면에서 조숙했던 지훈이 학문에 관심을 키우기 시작했던 것은 불과 13세, 14세 때였다. 그때 그는 벌써 사회과학 서적을 탐독했다고 스스로 〈나의 역정〉(高大文化, 1955)이란 글에서 회상하고 있다. 그러나 이러한 학구적인 지훈의 관심이 좀더 집중된 욕망으로 싹튼 것은 그의 16세 때 그의 부친을 따라 당시 조선어학회에 드나들기 시작하면서부터였다.

당시 꺼져가는 민족혼의 산실로서 '맞춤법 통일안'을 제정하고(1933년) 표준말 사정(査正)을 서두르던(1936년) 조선어학회는 감수성이 예민한 어린 지훈에게 "멸해 가는 민족사의 암흑기에 나의 어두운 시야를 비춰 주는 작은 호롱불과도 같은 존재"로 인식되었고, 그리하여 조선어학회를 드나들면서 지사적인 학자들의 귀여움을 받으며 민족문화에 대한 학술서적을 탐독하기 시작하였다. 이때 그는 벌써 후에 국학연구에 많은 업적을 쌓게 되는 학문적 바탕을 마련하였던 것이다.

사실 지훈은 당시 18세의 어린 나이에 "된소리에 대한 고찰"(《룸비니》 1938년)과 "語源小考"(《한글》 1938년)라는 논문을 당당히 발표하고 있는데, 이것은 그가 《文章》 지에 〈고풍의상〉을 추천받고(1939년) 시인으로 등장하기 1년 전의 일이었다. 그가 최초로 학문적 관심을 갖게 된 것이 우리말에 대한 연구였다는 것은 당시 민족문화가 송두리째 일제에 의하여 짓밟히는 시기였으므로 민족문화에 대한 애착과 탐구욕에 있었음을 알 수 있거니와, 그의 초기의 출세시편들 또한 우리 고유의 민속(民俗)문화재를 그 소재로 하고 있었다는 사실 또한 이와 같은 마음의 표현이었다.

그후 지훈은 "신라의 원의(原義)와 사뇌가(詞腦歌)에 대하여"(〈春秋〉 1940년)란 일문(一文)을 완료하였고, 혜화전문을 마치고 월정사에 들어가 불교강원의 외전(外典)강사로 1년 있다가 22세 때(1942년) 다시 서울에 올라와 조선어학회 큰사전 편찬위원으로 들어가 사전편찬사업과 함께 본격적인 학문연구를 시작하였다. 이해에 또 "산유화가(山有花歌)와 서리리탄(黍離離嘆) 기타"(《春秋》 1942년)란 논문을 발표하였다. 여기까지 그의 학문적 생애로 보아 제 1기라 할 수 있다.

그후 1945년 해방이 되자 지훈은 곧 상경하여《한글》지의 속간호 편집에 솔선 가담하였고, 군정청(軍政廳) 문화부 위촉의《중등국어교본》편찬과 진단학회(震檀學會)의《국사교본》편찬에 심혈을 기울였다. 이것은 민족정신의 고양과 민족주체의식의 확립이란 민족의 지상과제를 역사적 사명으로 자각하였던 그의 학적 관심의 한 표현이었거니와, 그후 이러한 관심은 해방 직후 혼란기에 야기되었던 민족문학 대 계급문학의 대립, 순수문학 대 경향문학의 대립, 민족자주사관(民族自主史觀) 대 유물사관(唯物史觀)의 대립투쟁이 격화되면서 더욱 가열되어갔고 학문적으로 심화되어 갔다.

… 주로 청년학술강좌로 진행된 한국문화사를 위하여 연구하였던 이들 업적은 "민족문화의 당면과제"(1947년), "민족성 개조의 방향"(1948년), "한국예술의 원형"(1948년) 등으로 발표되었거니와 후에 엮어진《한국문화사서설》(1964년)에 수록된 한국문화사 관계 18편의 논문이 모두 이 당시를 전후하여 이룩된 학문적 업적이었다.

또 당시 지훈은 27세의 젊은 나이에 고려대 국문과 교수로 부임하여 강단에 서게 되었다. 이때까지를 그의 학문적 생애의 제 2기라 할 수 있다. 고려대에 부임한 지훈은 "신라국호(國號)연구논고"(《고려대 50주년 논문집》 1955년), "신라 가요(歌謠)연구논고"(《국문학》 1962년), "누석단(累石壇), 신수(神樹), 당집 신앙연구〉(《文理論集》 1963년) 등 그 외의 많은 업적을 내놓았다.

특히 당시 고려대에 부설되었던 한국고전 국역위원회를 민족문화연구소로 개칭 확대하여 그 초대 소장으로 부임하면서부터는 오로지 학문연구와 학술사업에 전심하여 1968년 타계하기까지 5년간 "한국민족운동사"(《한국문화사대계》 민족국가사 편, 1964년) 등의 거편(巨篇) 외에 10여 편의 주옥같은 학문적 업적을 남겼고,《한국문화사대계》 전 6권의 기획간행과《한국도서해제(韓國圖書解題)》 편찬, 기관지《민족문화연구》 간행 등 다대한 학술적 업적을 남겼다. 대체로 여기까지를 지훈 학문의 제 3기라 할 수 있다.

깊이상 3기에 걸친 지훈 학문의 전개를 통하여 보면 제 1기에는 국어학을 중심으로 일제의 식민지정책에 의해 소멸되어 가는 민족문화에의 관심과 애착을 그 바탕으로 하였고, 제 2기에는 해방 후 유물사관에 입각한 좌익학자들의 전통 부정에 대항하여 한국문화의 주체성 확립과 그 학적인 체계화를 이룩하려는 데 주안을 두었으며, 제 3기에는 넓은 의미에 서의 국학의 저변확대와 그 바탕을 공고히 하는 데 많은 업적을 남겨주고 있다.

지훈이 더 오래 살았던들 시창작보다는 학문적인 면에서 더욱 깊고 넓은 업적을 쌓았을 것이나 1968년 국학연구의 원대한 포부를 안은 채 타계하였으니 실로 사학(斯學)의 큰 손실이라 아니할 수 없다.

학문세계와 그 업적

앞에서 소개한 지훈의 학자적 생애를 통하여서도 알 수 있듯 그의 학적 대상영역은 민족문화 전반에 걸쳐 있다. 그리고 이와 같은 민족문화에 대한 학문적 관심은 항시 그가 처한 시대적 상황과의 관련에서 촉발되고 있으며 또 그 학적인 관심의 밑바탕에는 불타는 조국애(祖國愛)와 주체적 민족의식이 항시 그 정신적인 기조(基調)를 이루고 있다. 즉, 일제치하에서는 식민사관에 대항하여, 광복 이후에는 유물사관에 대한 반대로 그의 국학연구는 전개되었다. 이에 이러한 역사적 자각을 실천함에 있어 조직한 행동이나 정치적 구호에 앞서 민족문화에 대한 학문적 정리와 이론적 체계화에 심혈을 기울임으로써 당시 불모지였던 이 방면의 연구에 개척적인 업적을 쌓게 된 것이다.

지훈의 학적 분야인 민족문화는 그 자체가 복합적 문화요소의 집적체(集積體)임으로 해서 그 내용은 다양할 수밖에 없다. 따라서 지훈의 학적 고구(考究)의 영역도 정치, 문화, 사회, 사상, 종교, 철학, 언어, 문학, 민속, 예술 등 다방면에 걸쳐 있고, 그 방법에서도 역사적, 사회학적, 인류학적, 문학적, 언어학적, 민속학적 제반 과학적 방법론이 모두 채용되고 있다.

다음에 몇 개의 유형으로 나누어 간략히 살피고자 하거니와 본론의 목적이 그의 학문에 대한 비판에 있는 것이 아니므로 대체적인 해설과 소개의 태도를 취하고자 한다.

(1) 민족문화 기본성격의 규명

지훈은 민족문화의 기본성격을 규명하기 위하여 앞서 그 원동력이 되는 민족성의 본질부터 캐고 있다.

그는 우리 민족이 자아를 몰각(沒却)하게 된 원인을 다음의 네 가지로 지적한다. 즉, ① 지리적 환경에 연유하는 과거 수천 년의 피침략 피압박의 불운, ② 비정상적 사회발달로 인한 모리(謀利), 할거(割據), 사대근성(事大根性) 등의 왜곡된 민족의식, ③ 문화적 환경에 유래하는 피압박 피침략의 사상적 혼란, 그리고 이와 같은 현상에 부수되기 마련인 ④ 변태적 혁명공식에 의한 민족의식의 말살과 봉건적인 한국적 특수성(〈민족문화의 당면과제〉 1947년) 등 여기서 지훈은 새로운 민족성의 개조를 위하여 민족성의 본 바탕의 해명을 시도하는 것이다.

이를 위하여 그는 민족문물의 원형은 민족문화이며 민족문화의 바탕은 민족성이라 전제하고, 민족성을 일시적이 아닌 영구적인 것이라 보아 생성과 존재의 아는 측면이 아닌 이것이 통일된 상태에서 파악되어야 한다고 주장한다. 그리하여 그는 민족성의 본질을 자연풍토와 민족문화의 상관관계에서 그 구소(構素)를 캐내고, 나아가 여기에 다시 한국문화의 성격을 찾고자 하여 그 개념과 유형을 다음과 같이 도식화하고 있다.

자 연	해양성 → 낙천성 → 명상성 → (반도성 → 평화성 → 격정성)→ 대륙성 → 웅혼성 → 감상성 →	(꿈) (슬픔) (힘)
역 사	다린성 → 적응성 → 기동성 → 고립성 → 보수성 → 강인성 →	(멋) (끈기)
문 화	주변성 → 수용성 → 감각성 → 중심성 → 난숙성 → 조형성 →	(은근) (맵짬)

— 〈민족성 개조의 방향〉, 1948

민족성의 기본 요소를 자연, 문화, 역사적 특수성에 비추어 추출해 본 이와 같은 도식은 거시적이고 포괄적이면서도 치밀한 지훈 학문의 특징을 엿보게 해주거니와, 우리 민족성을 이러한 측면에서 정리한 학문적 의의 또한 크다고 하지 않을 수 없다. 지훈은 또한 우리 민족성이 열대지방에서 보는 태타(怠惰)와 환상(幻想)이 없고, 한대지방에서 보는 위축과 심각도 없으나 상상력의 조화와 의지력의 준열을 잃지 않는다고 말하고, 우리 민족성에서 쇠퇴한 것은 독창성이요, 민족문화에서 모자라는 점은 심원성(深遠性)이며 민족예술에서 아쉬운 점은 힘〔情熱〕과 분방(奔放, 深刻性)이라는 사실을 들고 있다.

그리고 우리 민족성에서 평화성과 적응성을 합하면 부화성(附和性, 外化主義)이 나오고, 격정성과 보수성을 합치면 은둔성(隱遁性, 退守主義)이 나오며, 적응성을 아우르면 정체성이 되며, 수용성과 평화성을 합하면 초연성(超然性, 機會主義)이 나온다고 말하고, 그러므로 우리 민족성은 주어진바 기본소(基本素)의 모순된 양면성을 초극하고 조화함으로써만 민족이념의 지표를 삼을 수 있다고 주장한다.

이와 같이 민족성을 중심으로 민족문화의 위치와 그 전개를 또한 구명

(究明)하고 있다. 즉, 한정된 동일지역이 아니라 광범위한 이민족(異民族)의 문화와의 접촉에서 한국문화는 어떤 문화권에서 발상하였으며, 어떤 문화권과 접촉하였고, 어느 문화를 어떻게 수용해서 어떤 독자적인 문화를 발전시켰는가 하는 문제인바, 여기서도 지훈은 비록 한국문화가 동양의 기초문화, 즉 동북아문화권, 인도문화권, 중국문화권에 속하면서도 어느 한 문화권의 연장 또는 속성으로서가 아닌 한국문화의 독자성을 인정하고 이를 규명하는 작업에 역점을 두고 있다. 시베리아 문화권이 의욕적이요 예술적인 문화라면, 인도문화권은 주정적(主情的) 사변적(思辨的) 문화이며, 중국문화권은 주지적(主知的) 정치적 문화라 규정한 지훈은, 한국문화는 시베리아 문화권에서 요람기를 보내고 중국의 한(漢)문화권에서 배우고 인도의 불교문화권에서 성숙했다고 말한다. 또 한국문화의 원류와 계통에서는 시베리아 문화권과의 체질적 특징, 원생지(原生地)공통, 언어적 특징, 습속의 공통을 비교고찰함으로써 그 기초적 특질과 형태가 고유문화를 형성하던 근간문화(根幹文化)에서부터 시베리아권에 속한 것이라 보고 있다.

그리하여 북부여(北夫餘)와 고구려의 문화는 시베리아문화와 인도문화의 복합이고, 백제의 문화는 인도문화와 한(漢)문화의 혼합이라 말하고 고려는 불교문화형이며, 조선은 유교문화형이라 하여 한국문화에 대한 체계적 계통과 그 분류를 꾀하고 있다. 한편 한국문화의 원류와 그 이동성을 고찰함에 있어서는 북방문화선, 중앙문화선, 북방아시아 문화선, 해양문화선 등의 세계적 문화이동선을 각 부문에 걸쳐 비교검토하고 생활문화로서의 북방문화, 지성(知性)문화로서의 중국문화, 종교문화로서의 인도문화, 예술문화로서의 서구문화가 혼합되어 이룩된 것이 한국문화임을 밝히고, 이어 일본문화에 영향을 준 한국문화의 공적을 들고 있다. 특히 전세계에 걸친 문화이동의 계통을 논함에 있어서는 인류학, 민족학, 역사학, 언어학, 고고학의 각 분야에 걸친 연구업적을 종합하고 있어 지훈의 학문적 스케일을 잘 말해주고 있다.

(2) 한국사상 및 정신사의 발굴

국학에서 한국사상 및 정신사적 문제는 아직도 미개척지에 놓여 있지만, 지훈이 이 방면에 관심을 가지고 연구할 당시 즉 1947, 8년경에는 더 말할 것도 없었다.

지훈의 이 방면에 대한 업적 중 그 핵심을 이루는 작업으로는 ① 한국신화의 유형, ② 한국종교의 배경, ③ 한국사상의 전거(典據), ④ 민족신화의 문제, ⑤ 한국 휴머니즘의 정신형성, ⑥ 개화사상의 모티브와 그 본질 등 여섯 편을 들 수 있는데, ① ④에서는 한국사상 및 정신의 유형으로서의 신화문제를, ②③⑤에서는 한국사상 및 정신의 특징과 내용을 종교 철학 내지 사회정신적 측면에서의 고찰을, ⑥에서는 근대화에 있어 전통적 사상과 새로운 사상과의 관계를 고구(考究)하여, 이 방면 연구에 제기될 수 있는 문제점을 거의 망라하고 있다.

먼저, 첫째 문제에 있어 그는 건국신화의 비교연구와 그 계통, 그리고 이에 대한 새로운 해석을 꾀하고 있다. 원래 신화는 인간이 최초로 발견한 정치, 사회, 과학, 문학, 역사의 원형으로서 그 가운데서 원시인의 심리와 민족적 사고방식의 원초적 패턴을 찾을 수 있고, 고대(古代)의 사회적 구조와 문화권의 접촉 및 그 유연성(類緣性)을 찾을 수 있는 것이므로 지훈은 여기서 한민족의 역사적 풍토와 민족문화의 성격 내지 이념의 방향을 추출하고 있다. 즉, 한국신화가 빈약한 것은 유교사상적인 실리주의의 소치라고 전제하고, 단군신화, 주몽신화, 혁거세신화, 석탈해, 김알지, 금수로, 왕건 등 개국신화와 국조(國祖)신화를 학적으로 분석 비교 해석하고 그 유형을 나눠 각 유형의 밑바닥에 깔려 있는 공통된 모티브의 추출을 시도하고 있다.

… 한국사상과 한국정신의 근원을 탐색코자 한 이들 신화의 연구에서

지훈이 제일 중점을 두었던 것은 단군신화의 학적 의의와 이념적 처리에 대한 것이었다. 지훈은 여기에서 종래의 단군신화에 대한 부정적 견해와 긍정적 견해를 동시에 비판하면서 단군신화는 어디까지나 신화라는 사실의 자각이 중요하다고 보고, 여기에 단일민족으로서의 민족의식과 민족주체의식의 결합이 이루어져야 한다고 말하고 있다.… 그리하여 단군신화에서 찾아내야 할 세 가지를 민족이념으로서 첫째 신국가 건설의 이념과 개척정신, 둘째 지상천국 건설의 현세주의 이념, 셋째 홍익인간(弘益人間)이란 국제협조와 평화애호의 사상 등을 들고 있다.

다음 둘째 문제로서 그는 먼저 샤머니즘, 불교, 도교, 유교, 기독교, 신흥종교 등 한국의 종교적 신앙을 들고, 이 여섯 가지의 신앙형성 전래습합 잔존형태를 캐고 각각 그 특질을 종합 유추하여 한국신앙의 원형을 탐색하고, 여기에서 다시 한국사상의 발생과 그 전거를 정치, 종교, 철학, 과학, 사회의 각 부면에 걸쳐 분석하고 있다.

즉, 정치사상에서는 건국신화에 나타난 세계관 국가관에서 천명(天命)사상을 찾고 화백(和白)과 같은 원시, 부족회의 운영에서 민주주의의 기초를 발견한다. 또 대외정책에서 고구려의 자립방위(自立防衛)와 신라통일시 고구려 백제 유민들이 민족적 단합으로서 외세에 대항한 역사적 사실에 주체적 정치이념을 찾고 왕건이 회유로서 신라왕실을 무혈(無血)로 받아들인 사실과 세종의 언어정책과 민주적 정치관에서 대내적 정치에 있어 자립적 이념을 캐고 있다. 또 종교사상에서는 사변적 종교에서 철학적 방면을 개척한 원효(元曉)의 종교사상을 들고, 그가 인도의 서론적(緖論的) 불교와 중국의 각론적 불교에서 실로 최후의 결론적 불교로 발전시킨 한국 종교사상 최고의 종교사상가임을 말하고 있다.

한편 철학사상에서도 유교수입 이후 그 위에서 새로운 경지를 개척하여 독자적 사상체계를 수립하였음을 지적하고, 과학사상에서는 과학정신에 입각하여 산업경제의 발전을 꾀하던 실학사상을 들고, 북학파(北學派)의 이론을 통하여 과학적인 개혁운동으로서의 봉건제도 타파와 시민사회운동, 그리고 민주민본주의사상을 말하고 있다.

끝으로 사회사상에서는 전통적 종교와 외래사상을 종합하여 하나의 종교사회사상을 창시한 최수운(崔水雲)을 들고 그의 동학사상의 종지(宗旨)인 인내천(人乃天)이 말하는 인간지상주의와 인간평등주의에서 개인의 해방과 사회생활로부터의 인간의 해방이란 근대적 사회사상의 근거를 탐색하고 있다. 또 동학사상에 있어 지상천국의 건설이 정신개척, 사회문화, 민족해방이란 3대 개벽사상에 있음을 지적하고, 최수운이 원효사상적 전통의 근대적 계승자라고 말하고 있다.

(3) 한국예술의 미학적 추구

지훈의 이 방면에 대한 연구는 한국예술의 기본성격으로서 한국예술의 원형탐구와, 한국 미술과 음악에 대한 생성계통 특질의 모색, 그리고 한국적 미의식의 구조해명을 위한 〈멋〉의 연구로 요약할 수 있다.

먼저 예술문화의 전형과 전통의 구명에 있어 예술문화사적 관점에 입각하여 '힘의 예술', '꿈의 예술', '슬픔의 예술', '멋의 예술'로서 한국예술의 기본성격을 밝히고 있다.… 신라의 미술을 고전적 조각적, 고려의 미술을 낭만적 회화적, 조선의 미술을 자연적 음악적이라 규정짓는 데에서도 그 높은 예술적 식견을 엿볼 수 있다. 그는 또 한국의 음악에 대하여서도 고대사회에서 조선에 이르기까지, 각 시대를 음악의 특징과 내용 심지어 악기의 종류 형태, 음색, 음계에 이르기까지 언급하고 있다.

이 방면연구 중 그의 역작은 "멋의 연구"이다. … 이 논문에서 지훈은 한국적 미의식의 의의와 가치판단의 한국적 개념, 미의 범주, 한국적 미의식과 멋, 멋의 미적 내용의 순서로 그의 이론을 전개시키고 있는데, 당시 '멋'

에 대한 학계의 논의가 조윤제(趙潤濟), 이희승(李熙昇), 조용만(趙容萬) 씨 등에 의하여 활발히 전개되던 때여서 지훈은 이들의 정오(正誤)를 과학적으로 검토하여 바로잡고 그 나름의 본격적 연구를 완성함으로써 '멋'에 대한 결정판을 이룩했던 것이다.

(4) 국어국문학의 체계적 연구

지훈이 고전문학 주역(註譯)문제에 언급함에 있어 들고 있는 다음과 같은 제의가 그의 국어국문학에 대한 방법론을 잘 말해준다. 즉 ① 현대어에 대한 지식, ② 고어(古語)에 대한 상식과 그 전거의 탐색, ③ 한문학(漢文學)에 대한 지식, ④ 민속과 역사에 대한 조예(造詣), ⑤ 문학에 대한 감성과 작품 파악의 통찰력 등이 그것인데 여기에서 그의 국어국문학에 대한 연구가 역사적 연구("한국학의 전개"), 문학적 연구("신라가요연구논고"), 언어적 연구("신라국호연구논고")로 집약되고 있음을 알 수 있다. 지훈의 이러한 연구는 각각 어느 한 부면에 대한 고찰이라 할지라도 그 방법론이 편중되지 않고 풍부하게 자매과학의 방법론을 원용하고 있어 그 학문의 폭넓음을 말해 준다.

(5) 민족운동사의 정리

〈한국문화사대계〉(高大 민족문화연구소刊) 중 그 첫째권《민족국가사》에 수록된 지훈의 〈한국민족운동사〉는 그의 이 방면에 대한 다년간의 온축을 집대성한 것으로서 국판 289면의 거편(巨篇)이다.

갑신정변(1884년)에서부터 을유해방(1945년)까지 만 60년의 근대 민족운동사를 총정리했다. 제 1편에서는 민족자위항쟁사로서 갑신정변과 근대화 운동에서부터 경술국치와 인민의 항쟁에 이르기까지를 다루고, 제 2편 민족해방투쟁사에서는 국외 망명지사들의 활약에서부터 독립군의 무력투쟁에 이르는 국내외의 독립투쟁을 서술하였으며, 제 3편 민족사회운동사에서는 민족항쟁으로서의 문화운동에서부터 8 · 15 해방직전의 사회적 문화적 활동을 통한 독립운동까지를 서술하고 있다.

워낙 방대한 내용이어서 어느 정도의 내용에 대한 해설조차 불가능한 형편이므로 민족운동사 정리에서의 지훈의 업적이 가져온 의의와 특징적인 면만을 지적해 두고자 한다. 첫째, 과거 이런 유의 작업이 극히 부분적이었고, 또 체계적이지 못했을 뿐 아니라 그 자료에 있어 편중되고 산만하였던데 비하여 여기서는 자료가 정리되었고 풍부하며 그 서술이 편년사적으로 되어 체계적이다. 둘째, 본격적인 서술로서 특히 사상적 흐름을 절충 종합하고 있다. 셋째 3 · 1 운동 이후의 시위, 외교 선전, 무력항쟁 등의 사건 중 새로운 사실을 많이 밝히고 있다. 넷째 문화 사회운동사는 전혀 처녀지로 남아 있던 미개지였다. 다섯째, 국외항쟁 중심, 개인활동 중심, 자가노선(自家路線) 중심을 극복하고 여기서는 민족노선(民族路線) 중심의 새로운 관점에서 이루어졌다. 여섯째, 과거 연구서에 있던 많은 오류와 와전(訛傳)을 검토 시정하고 객관적 사관(史觀)을 견지하고 있다는 점을 들 수 있다.

(6) 민속학의 탐구

지훈이 전통적 문화재에 대한 애호에서 민속학(民俗學)에 대하여 관심을 갖기는 20세를 전후한 때부터였다. 그후에는 해방 직전에 신앙, 무속, 방언, 지명, 속담 등의 신앙전승과 구비전승에 대하여 관심을 가지고 연구하였다고 스스로 "한국민속학소사(韓國民俗學小史)"(《민족문화연구》 1호, 1964)에서 말하고 있는데, 실상 그의 학문 일반에서 볼 때 민속학에 대한 해박한 지식이 곳곳에 보이고 있다. 또 그의 이 방면에 대한 독립된 업적도 적지 않다.

그 중 "산유화가고(山有花歌攷)"에서는 민요 〈메나리〉에 대한 연구를, 〈累石檀 神樹 堂집 신앙연구〉에서는 우리나라 민간신앙의 중핵을 이루는 '신앙'내용 명칭과 신앙상의 분류고찰을, "수투전고(數鬪牋攷)"에서는 경북 영양지방에 전승되는 민간오락 〈數鬪牋〉에 대한 형태 구조 기원의 연구를 하고 있다. 특히 작고 직전에 계획하였던 민속학개론의 편찬이나 민속학 자료집성의 간행, 민속참고실의 계획 등은 비록 이루어놓지는 못했지만 그의 민속학에 대한 적극적인 관심을 보여주는 사실이었다.

이상에서 지훈의 학자적 면모와 그의 학문적 내용을 살펴보았거니와 그의 넓고 깊은 학문을 한편의 글로 요약한다는 것은 애초부터 어려운 작업이 아닐 수 없다. 사실 그가 관심을 가지고 연구한 분야는 국학(國學)이라 이름할 수 있는 전영역의 인문과학 내지 사회과학 전반에 걸쳐있다. 물론 여기에서는 그의 현대문학에 대한 학문적 업적은 제외되었다. 이때 그의 학문적 특징을 몇 가지로 요약해 보고자 한다.

첫째, 그의 학문의 바탕에는 어느 경우를 막론하고 항상 조국애와 민족애 그리고 주체적 민족의식이 기조를 이루어 있고, 또 그러한 기반에서 입론이 되어 전개되고 있다.

둘째, 그의 학문에서의 개념화 체계화 도식화 명명화(名命化)의 특징이다. 이것은 그의 학자로서의 창의적이고 과학적인 특성에서 오는 면으로, 이로써 한국문화의 일반이론에서 그가 이룬 공은 지대하다.

셋째, 그는 항상 학문적 안목에서 거시적이고 조감적이며 포괄적인 태도를 취했다. 그러면서도 그는 치밀하고 분석적이고 세밀한 면을 보여준다.

넷째, 그는 학문적 방법론에서 다양하며 풍부한 자매과학을 원용하고 있다. 역사학, 사회학, 철학, 종교학, 문학, 어학, 인류학, 지리학, 민속학의 방법론을 다양하게 사용하고 있다. 이것은 박학(博學)에 기인하는 사실이거니와 이 방면 연구자로서는 드물게 보는 폭을 지니고 있다.

다섯째, 그의 학문적 공적으로 국학의 완벽한 정립과 그 바탕을 굳혀 놓았음을 들 수 있다. 그의 학문이 너무 넓어 집중적이 못된 것은 그가 국학의 전영역에 손을 댔기 때문으로 보여진다. 그럼으로써 그는 오히려 국학의 전분야에 대한 개척자의 구실을 한 셈이 된다.

이 글은 인권환 선생〔고려대 명예교수, 현 일본 메이지대 국문과(일문과) 객원교수〕의 글로 《세대》지(1970년)에 게재된 것이다. 당시 《세대》지 편집장이었던 이광훈 선생의 배려로 인 교수는 '지훈의 학문'을, 박노준 교수는 '논설분야'의 논문을 게재한 바 있는데 논객으로서의 아버지의 모습은 널리 알려져 있으나 국학자로서의 업적은 소수의 전공자들만 알고 있기 때문에 이 책에서는 그런 점을 고려하여 인 선생의 글을 약간 부분만 빼고 거의 대부분을 전재(轉載)한 것이다.

문단과 학계인사가 본 아버지의 시세계(詩世界), 그리고 인품

- 박두진
- 김종길
- 김인환
- 정한모
- 김동리
- 김춘수
- 이기서
- 이동환
- 신일철
- 김종균
- 박목월
- 박희진

아버지께서는 학자로서 보다 시인으로 더 알려진 분이니 아버지의 시세계(詩世界)와 인품(人品)에 대해서 간략히 짚어보고 가자.

먼저 《청록집》의 공저자 박두진(朴斗鎭) 선생의 "조지훈의 시세계" 중 일부이다.

지훈의 작품세계를 그 주제면에서 초기의 고전, 중기의 자연, 후기의 자아로 나눌 수 있다. 고전에서 자연으로, 자연에서 자아로 넘어오는 어간에 과정적인 특징을 가진 일련의 작품계열을 설정할 수 있으나 그 윤곽이 위의 세 큰 구분만큼 뚜렷하지 못하다. 고전, 자연, 자아의 세 산맥을 다시 그 주제의식의 배면에서 살펴보면, ① 고전에 대한 민족문화적 애착과 회고에서 그의 민족의식을, ② 자연에 대한 초탈한 관조와 방랑에서 그의 인생을, ③ 자아에 대한 내면응시와 철학적인 탐색에서 그의 우주감각을 도출해 낼 수 있다.

… 지훈시의 본질은 이러한 충동의 승화에 있지, 미리 설정된 형이상적 세계의 탐구나 그 생명의 본질에 대한 강렬하고 끈덕진 추구에 있지는 않

다. 외계나 자체 안의 정신적 불안이나 불균형을 극복하기 위해서 지훈의 시정신은 필연적으로 온건한 조화와 균형, 지적인 평형과 정서적인 안정, 미적인 완벽의 희구에 있지, 모험이나 혈투, 자기부정이나 심연에의 투신몰입, 또는 외부에 대한 치열한 저항에 있지는 않다.… 〈파초우〉나 〈산방〉, 〈낙화〉의 시에서 그는 감상과 소탈감, 고독의 세계를 영탄하면서도, 자연을 통한 향수를 읊조리는 경지에 머물러 고요하게 인생과 자연을 관조하는 자세의 균형과 조화를 잃지 않았다. 그 자연을 바라보고 영탄했을망정 거기에 몰입하거나 거기에 귀의하지 않았다.

… 이 자아의 세계, 어떻게 보면 매우 탐색적이고 달관적이고 지적이고, 세계관, 우주관적이면서도 지훈의 이러한 시세계는 그 자체의 시미적(詩美的) 조화와 시정신적(詩精神的) 균형을 상실하거나 파괴하지 않기 위해, 어떤 허무나 암흑이나 무의 심연, 생명과 존재, 실재의 밑바닥으로 떨어지거나, 몸부림치거나 절규하거나 투신하지 않고 있다. 허망을 노래하고 죽음을 동경하면서도 자기자아는 언제나 하나의 관조자(觀照者), 정신의 편력자(遍歷者)로 위치해 있다. 어떤 결정론적인 막다름이나 종교적인 높이와 그 귀의의 세계로 자신을 이끌고 들어가지 않고 있다.

… 1939년에서 1968년까지의 한 생애를 지훈은 가장 암담하고 격렬하고 다난한 시대에 살면서, 그의 유례없이 투명한 감성, 밝은 지성, 예리한 감각과 윤택한 정서를 통하여 한국의 현대시사에 하나의 불멸의 업적을 남겨 놓았다. 한국적 정서를 동양적 전통으로 융화비약(融化飛躍)시키는 것이 아니라, 오히려 전통적인 동양의 정서를 한국의 정서로 승화정착(昇華定着)시키는 작업, 한국의 민족정서의 현대시적 서정을 정립시키는 훌륭한 성과를 남겨놓았다. ”

다음은 김종길(金宗吉) 선생의 "지훈시의 계보" 중의 일부이다.

> 해방 전의 지훈시의 주요한 흐름은 감각적 경향과 사변적 경향의 두 갈래로 나누어진다고 볼 수 있다. 〈지옥기(地獄記)〉에서 잠깐 엿보인 퇴폐적 경향과 모더니즘의 그것은 적어도 표면에서는 진작 자취를 감추어 버렸다. 물론 여기서 감각적이라고 하더라도 그것은 실지로는 단순한 감각에 그친다는 말은 아니다. 그러나 그것은 감각적이라는 점이 가장 두드러지는 어떤 경향 내지 특색으로 지훈시의 주류를 이루는 것으로 볼 수 있다. 하여튼 해방 전의 지훈시에서의 이 두 경향은 확연히 두 갈래로 나누어져 있어 본격적으로 융합된다든가 하는 일은 없었던 것 같다.
>
> … 그의 해방 후 작품들은 일반적으로 시어(詩語)가 생활어에 더 가까워지는 한편 음성도 더욱 힘찬 것이 되고 있다. 시풍(詩風)도 그의 해방 전 작품들이 보이는 감각적 경향이나 사변적 경향의 어느 쪽으로도 뚜렷이 기울어지는 일은 드물고 해방 후의 현실에 반응하느라고 영탄 내지 절규의 어조를 띠는 경우가 흔하다.

다음은 아버지의 제자 김인환(金仁煥) 교수의 언급이다.

> 지훈은 한국문학의 미의식을 우아미, 비장미, 관조미 셋으로 나누었는데, 지훈시의 본령은 관조미라고 할 수 있습니다. 〈승무〉, 〈낙화〉, 〈화체개현〉, 〈가야금〉 등 지훈의 대표작은 약간의 비애를 넘어 더 깊은 관조의 미, 시적 직관에 통하는 선미(禪味)가 있는 작품들입니다.
>
> 지훈의 시 창작과정은 운율, 리듬이 먼저 오고, 주제와 내용이 뒤에 오는 것입니다. 지훈의 시에 좋은 비유도 있지만 그는 일부러 꾸민 표현을 싫

어했습니다. 지훈이 열아홉 살에 쓴 〈승무〉를 읽으면서 우리는 동양적 관조미와 한국어의 운율, 리듬을 느낄 수 있습니다.

1959년에 낸 시집 《역사 앞에서》는 지훈의 시가 사회윤리적이며 현실 참여적이라는 사실을 보여줍니다. 이 시들은 6·25의 체험이 반영된 전쟁 시집으로 《패강무정》 같은 명작도 있습니다. 그런데 지훈 스스로는 이러한 시들을 좋아하지 않았습니다. 이 시집 서문에서 "우리 시가 두 번 다시 이런 슬픈 역사 앞에 서지 않게 되기를 비는 마음 간절하다"라고 말했습니다. 어느 자리에선가 지훈은 "손에서 솜털 하나 뽑듯이 시를 쓰고 싶다"고 말씀하신 적이 있습니다. 무거운 주제보다는 운율과 율조가 먼저 느껴지는 가벼운 시를 쓰고 싶어했지만, 지훈이 살았던 역사가 그러한 시를 못 쓰게 한 것이라고 할 수 있습니다. ”

다음은 정한모(鄭漢模) 선생의 "초기작품의 시세계"에서 아버지의 초기시에 대해 언급된 내용이다.

“ 〈고풍의상〉에서 〈향문(香紋)〉까지의 추천기 작품들은 지훈시의 주요한 바탕이 되고 있거니와 이 무렵 그는 이미 한 경지를 이루고 있었던 것이다. 이 추천기의 작품들은 당시의 시단뿐만 아니라, 말살되어 가는 민족문화를 안타깝게 아끼고 사랑하는 모든 사람들에게 커다란 감명을 안겨 주었다. 탁마(琢磨)된 언어의 짜임새와 유장(悠長)한 율조(律調)는 그 소재와 더불어 작품 자체의 고전적 아름다움을 충분히 살리고 있다. 섬세한 표현, 균형과 조화의 아름다움을 살리고 있는 이들 작품을 가지고 등장한 지훈을 시단에 내보내면서 선자(選者)인 지용은 다음과 같은 찬사를 아끼지 않았다.

> 조군의 회고적 에스프리는 애초에 명소고적에서 날조한 것이 아닙니다. 차라리 고유한 푸른 하늘 바탕이나, 고매한 자기(磁器) 살결에 무시로 거래(去來)하는 일말운하(一抹雲霞)와 같이 자연과 인공의 극치일까 합니다. 가다가 명경지수(明鏡止水)에 세우(細雨)와 같이 뿌리며 나려 앉는 비애에 artist 조지훈은 한 마리 백로처럼 도사립니다. 시에서 깃과 쭉지를 고를 줄 아는 것도 천성의 기품이 아닐 수 없으니 시단에 하나 '신고전'을 소개하며 … 쁘라 — 보우!

한국의 고유한 것이 지니고 있는 아름다움을 찾아내고 이를 재창조하고 있는 지훈의 추천기의 작품들은 일제말기의 어둡고 답답한 상황 속에서, 당시의 많은 사람들에게 민족의 고향을 다시 찾은 감명을 안겨줌으로써, 그 갈증과 향수를 달래 주었던 것이다. 사라져 가는 것에 대한 아쉬움과 애수(哀愁), 민족정서에 대한 애착은 〈고풍의상〉·〈승무〉·〈봉황수〉·〈향문〉·〈가야금〉·〈무고(舞鼓)〉 등 많은 가편(佳篇)에서 표현되었다. 특히 〈고풍의상〉은 〈승무〉와 더불어 지훈의 초기 시세계를 대표하는 작품으로 우리의 우아한 의상의 아름다움을 노래한 것이다. 노래하는 대상을 다만 시각적 영상으로 묘사하는 데 그치지 않고, 그 리듬의 흐름이 이루어주는 우아한 격조가 의상이 지니는 전아한 품격과 잘 어울려 고전적인 한국의 우아한 아름다움을 재창조하였다. ❞

다음은 김동리(金東里) 선생의 "조지훈의 선감각(禪感覺)" 중의 일부이다.

❝ 조지훈의 시세계에는 민족적인 것과 선적(禪的)인 것의 이 두 가지 경향이 흐르고 있다. 전자는 해방 전에는 〈봉황수〉, 〈고풍의상〉, 〈승무〉 등에서와 같이 회고취미(懷古趣味)를 띠고 나타났고, 해방 후에는 다소 정치적 색채를 띠고 나타났다. 그리고 시 자체의 가치로서는 이 '정치성'의 것이 가

장 낮고 그 다음이 회고물(懷古物), 가장 우수한 것이 선적(禪的)인 것들이다.

회고란 것이 물론 인사(人事)를 위주하는 것이되 경개(景槪)는 풍경이므로 인생과 자연이 한 시경(詩境) 속에서 충분히 교섭될 수 있는 경우다. 그리고 같은 '민족적인' 것 중에서도 '정치성의 것'에서처럼 자연풍경과 인연이 멀면 멀수록 시 자체로서는 졸렬해진다 ― 는 말은 즉 이 시인의 본령이 자연탐구에 있다는 것을 증명함에 불과한 것이다.

그리고 그가 '자연의 탐구'에서 가장 그것의 심장에 육박한 경지가 선감각(禪感覺)의 세계요, 그러므로 이 계열의 그의 시가 가장 우수함도 당연한 일이 아닐 수 없다.

성긴 빗방울
파초잎에 후두기는 저녁 어스름

창 열고 푸른 산과
마조 앉아라 ―〈芭蕉雨〉

여기서 그는 자연의 어떤 국부나 지엽을 버리고 그 전체와의 교섭을 의도하는 것이다. 특수한 어떤 풍경이라든가 계절이 문제가 아니라, 어느 장소, 어느 순간에서든지 곧 그의 감각의 대상이 될 수 있는 것, 거기서 그는 자연의 전체를 느끼려는 것이다. 그리고 자기를 맡기려는 것이다. 그는 무슨 명승절경을 찾아간 것도 아니다. 문득 빗소리를 듣고 방문을 열자 그의 눈앞에 푸른 산이 있다는 것이다. 그리고 그것으로 족하다는 것이다. … 선감각(禪感覺)의 세계가 인간이 의지할 수 있는 절대적 대상으로서의 선의 호흡을 가져오기엔 너무나 감각적 영역에 끌려 있으나 오늘날과 같이 기계관에 대한 회의와 불신의 세기를 휩쓸고 있는 시대에서는 우리가 이러한 '초논리적

논리의 세계'에다 시각을 돌려보는 것도 지극히 의의 깊은 일이라 하지 않을 수 없다. ❞

다음은 김춘수(金春洙) 선생의 "지훈시의 형태 — 온건한 안식"에서 아버지의 시 〈봉황수〉와 〈승무〉에 대해 언급된 내용이다.

❝ 〈봉황수(鳳凰愁)〉와 〈승무(鳳凰愁)〉는 그가 말한 대로 '사라져가는 것에 대한 아쉬움의 정'을 다룬 것이다. 그런데도 그 형태는 다르다. 하나는 서술 형식의 줄글이 되어 있고, 다른 하나는 아주 멜로디오소로 되어 있다. 대상이 한쪽은 정적(靜的)이요(〈봉황수〉는 조각도 봉황이 대상이 되고 있다), 다른 한쪽은 동적(動的)이라 그럴까? 그런 점도 있을는지도 모르나 역시 대상을 처리하는 시인의 그때 그때의 태도와 각도에 따른 문제다.

〈봉황수〉는 산문시로서 대체로 격에 어울리고는 있으나, '어느 땐들 봉황이 울었으랴만 푸르른 하늘 밑 추석(甃石)을 밟고 가는 나의 그림자'와 같은 대목에서는 아주 높은 피치를 보이고 있어 줄글로서는 어딘가 어울리지가 않는다. 콤마에서 끊고 행을 구분하면 더 적절할 뻔했다. 콤마로 경계한 그 앞과 뒤의 상(想)은 불연속의 연속과 같은 논리적인 비약이 느껴지기도 한다.

〈승무〉는 아주 유연하고도 은은한 음악적 분위기를 자아내고 있다. 의미도 아주 극적으로 미묘한 전개를 하고 있다. 조지훈은 자작시 해설에서 이 시에 대하여 '초고(草稿)에 있는 서두의 무대묘사를 뒤로 미루고 직입적(直入的)으로 춤추려는 찰나의 모습을 그릴 것, 그 다음 무대를 약간 보이고 다시 이어서 휘도는 춤의 곡절로 들어갈 것, 그 다음 움직이는 듯 정지한 찰나의 명상의 정서를 그릴 것, 관능의 샘솟는 노출을 정화시킬 것, 그 다음 유장한 취타에 따르는 의상의 선을 그리고 마지막 춤과 음악이 그친 뒤 교교(皎皎)

한 달빛과 동 터오는 빛으로써 끝막을 것'이라고 그 작시의 플랜을 말하고 있다. 이 시의 음악적 분위기의 성질과 의미전개의 성질을 아울러 짐작케 하는 작시의 플랜이다. ”

다음은 이기서(李起墅) 선생의 "지훈시가 가진 상황(狀況)의 의지화(意志化)" 중 일부이다.

“ 모든 서정시의식의 바탕은 상황과 의지의 대립관계로부터 비롯된다. 그러므로 그 상황의 변화에 따라 거기에 적응될 수 있는 의지의 생성이 이루어지면 그 나름의 원리에 의한 구조가 형성되는 것이다. 한 시인의 의지는 상황을 수용하는 어떤 변용과정(變容課程)을 거쳐 표현되는 양식으로 발전하게 된다.

… 지훈의 시작품들이 처음부터 끝까지 그 작품들을 하나같이 관류(貫流)하고 있는 뚜렷한 의식은 현실인식에서 오는 상황의 의지화(意志化)라고 볼 수 있다. 그의 시작품에 우리의 전통성을 추구하는 것이 그 주류를 이루고 있다 하더라도 침잠(沈潛)된 그의 바닥으로부터 변모되어진 현실상황을 우리는 발견할 수 있다. 그것은 모든 시작품이 시대와 현실의 반응, 또는 계층에 따른 소산으로서 그 나름대로 미의식의 유기적 구조를 갖는다는 원리는 입증하는 것이기도 하다.

… 지훈의 시는 상실된 상황에 임한 자기를 극복하려는 의식의 지향으로 비롯된다. 초기시는 일제에 의해 조국이 상실된 상황에서 갈등을 겪는 자기를 극복하려는 데서 시가 생성되었다. 그리하여 시(詩)와 선(禪)을 합일시킨 그의 시의식은 '자연'을 찾고, 당면한 현실상황을 의지화시키고 있다. 중기시는 조국은 찾았으나 분단의 비애, 민족이산의 슬픔, 동족의 상잔으로

상실한 이상적인 조국 때문에 실망한 자기를 극복하려는 노력으로, 후기시는 6 · 25 동란과 몇 가지 사회적 역사적 변혁을 일으킨 상황을 겪고 '죽음'과 직면한 자기를 찾는, 그리고 이러한 초월(超越)과 여유를 승화(昇華)시킴으로써 상황과 갈등을 극복하려는 의지의 노정(露呈)으로 볼 수 있다. ”

다음은 이동환(李東歡) 선생의 "지훈시에 있어서의 한시(漢詩)전통" 중 일부이다.

“ 그의 한시(漢詩)수용이 전통의 단순 재생산이나 복고만으로는 볼 수 없다는 것이다. 그는 전통에 대해 남달리 적극적인 사명의식만을 가진 것이 아니라 그 계승의 자세에 대해서도 진작부터 바로 알고 임했다. 전통에 관한 뒷날의 그의 일련의 에세이는 그만 두고라도 20대 초, 그러니까 한시수용의 실제에 들어가기 전에 그가 발표한 소견을 참고로 인용해 보인다.

> 고전주의의 가장 큰 위험성은 골동상(骨董商)적인 것과 박물관 진열창(陳列窓)격인 두 가지에 있다. 벽에다 화폭 하나를 걸어도 그림이 살도록 걸어야 하겠거늘 물상(物象)을 명시함으로써 만족할 바에는 고고학자가 곧 그대로 시인됨직한 일이요, 막연히 옛것을 좋다 해서 놋화로, 놋촉대, 화류문갑, 거문고를 어루만진다 해도 생활에 침투되고 맞지 않아서는 박물관 진열창을 면하지 못하리라.
>
> — 〈西窗集〉

우리의 현대시사에서 지용과 육사의 시에서 부분적으로 한시적 전통이 작용된 흔적을 찾아볼 수 있을 듯하나, 물론 하나의 작품적 특질로 정립되기에는 미약하다. 그러고 보면 지훈시는 한시적 전통의 계승에 있어서는 독보적이다. 소월시에서의 민요적 전통, 만해시에서의 불교적 전통에 지훈시에서의 한시적 전통을 아울러 정립할 때 우리의 현대문학사에 있어서의 전통의 인식은 보다 풍부하고 입체적인 데에 도달하게 될 것이다. ”

다음은 신일철(申一澈) 선생의 “한 시인의 한국정신사관(韓國精神史觀)”에 언급된 내용이다.

“ 조지훈은 청록파시대의 시를 쓰면서 ‘사라져 가는 것에 대한 아쉬움’을 추구했다고 했다. 그것은 다름 아닌 한민족의 민족적 정서였고, 우리 민족의 정신적 고향이었다. 그는 이 세계를 시로써 추구했을 뿐만 아니라 시의 배경이 되는 한국의 자연적 · 문화적 · 사회적 환경을 살폈고 우리의 정신사 속에서 우리 고유의 것을 찾으려고 애썼다.

그는 한국문화사연구에서 수많은 글을 통해 고대로부터 오늘에 이르는 정신사적 계보를 세워 단군신화, 샤머니즘에서 비롯한 민족정신의 원형이 삼국시대를 거쳐 힘의 예술로 나타나고, 불교수용으로 꿈의 예술로, 다시 유교를 바탕으로 한 조선왕조시대 선비의 멋의 예술로 전개된 정신사의 드라마를 시인의 직관으로 그려냈다. 시는 언어의 경제일 뿐만 아니라 세계를 몇 줄의 시로 압축해서 표현하는 상징적 표현작용이기도 하다. 조지훈은 항상 역사 속에서 잡다한 사건과 갖가지 자료 속에서 몇 줄기 굵직한 흐름을 잡을 줄 알았고 그러한 거시적 가설이 명쾌하게 정리된 도식으로 표현되었다.

문화사 분야를 서술한 지훈의 문장 역시 흔히 시인이 빠지기 쉬운 산문정신의 결여 없이 이로정연(理路整然)한 논증적 사고가 시인다운 적확한 개념선택에 의해 매끄럽게 넘어간다. 대개 인문사회과학의 논문들이 외국어 번역에서 오는 표현의 생경함을 항용 지니고 있으나 지훈의 논문들은 비록 서구적인 술어들이 동원되었다고 하더라도 우리말다운 문맥 속에 무리없이 소화되어 지훈 산문의 값어치를 높여준다. ”

다음은 김종균(金鍾均) 선생의 "조지훈의 문학비평 — 그 문학이론과 전개과정"의 일부이다.

“ 조지훈의 교양은 다방면에 걸쳐 있었고, 그의 재능 또한 여러 면을 가지고 있었다. 그 지성은 사변적이면서도 동시에 실천적이며 창조적이었다. 그것은 어떠한 부문에 적용되어도 뛰어난 성과를 거둘 수 있는 엘리어트의 이른바 '보편적 지성'이었다. 그의 기질은 일견 낭만적이면서도 한편 냉철할 수 있었고, 그의 서정시는 화사하고 멋지고 분방한 경우에도 전아한 고전미를 잃지 않았으며, 격동하는 역사와 현실 속에서도 그 판단이 정곡을 얻어 그 자세에 동요가 없었음은 그의 뛰어난 지성의 소치였다.

… 조지훈의 문학이론은 해방과 더불어 출발하지만, 그 학구적인 자세는 초기시에 이미 싹트기 시작했다. 그는 추천시 〈고풍의상〉을 말하는 자리에서, 이는 민족문화에 대한 나의 애착, 그 중에서도 민속학 공부에 대한 일단의 소산이라고 밝히고 나서, 당시의 심정을 토로한 바 있다. 자가(自家)의 민족적 감성과 관조 같은 좋은 의미의 전통을 헌신짝처럼 집어던지고 뒤늦고 설익은 양풍구화(洋風歐化)에 탐닉하는 것을 단호히 거부하고 있는 것과 같이, 조지훈은 사라져 가는 우리 것에 대한 아쉬움의 정을 항상 지니고 있었으니, 〈봉황수〉 같은 작품은 그 한 좋은 예가 될 줄 안다.

… 한국 시론사상에서의 조지훈의 이론이 지닌 가치와 그 비평가로서의 위치 및 한계를 그 문학론과 함께 3단계로 나눠 설명했다. ① 민족시의 수립과 전통에의 회귀를 위한 투쟁 비평기, ② 우리 시의 정립과 이상을 논한

유미 · 고전 · 선미학의 전진 비평기, ③ 문학사의 체계화에 부심하던 정리 비평기가 그것이다. 투쟁에서 전진으로, 다시 정리로 끝난 조지훈의 비평활동은 시인의 한계를 넘은 학자로서의 경지였고, 지사로서의 사명감에 투철한 자세였다. ”

한편 박목월(朴木月) 선생은 “지훈 회상 이제(二題)”에서 아버지의 모습을 회상하였다.

“ 그는 월정사에서 돌아와, 다시 서울에서 낙향할 무렵에 경주로 들른 것이다. 한 주일쯤 같이 있었다. 해방될 때까지 그는 내가 사귄 유일한 시우(詩友)였다. 그의 첫인상은 소탈하면서도 은근하고, 무척 동양적인 인품을 느끼게 하였다. 특히 그의 걸음걸이가 인상적인 것이었다. 전혀 그 시대의 청년답지 않은, 그리고 한가롭고 그리고 그야말로 ‘한만’(閑漫)하였다. 이와 같은 그의 풍모에서 나는 절기 있는 선비와 세련된 풍류객의 양면을 느낄 수 있었다. 특히 그 느리게 한가로운 걸음걸이가 침착한 그의 인품을 나타낼 뿐만 아니라, 지극히 구슬픈 가락으로 느껴졌다. 팔을 휘저으며 천천히 걸어가는 그를 앞세워두고, 저 걸음걸이에 알맞게 노래라도 흥얼거리고 싶었던 것이다.

…밤물결처럼 치렁치렁한 장발을 날리며, 경주역두에서 내게로 걸어나오던 지훈은 틀림없이 수수한 흰 두루마기를 입고 있었다. 그의 웃는 눈매며 허연 이마까지도 나의 기억에 선명한 것이다. 그럼에도 그가 세상을 떠난 후, 나는 오래된 사진첩을 뒤지다가, 우리들이 함께 박은 사진을 발견하고 놀랐다. 석굴암에서 가즈런히 서 있는 사진에 그는 희끄무레한 양복을 입고 있는 것이다. 물론 해방되기 전에 그와 내가 만난 것은 단 한 번뿐이

며 그러므로 거짓이 있을 리 없었다. 또한 가벼운 기분으로 집을 떠나 친구를 찾아온 그가 여러 벌의 옷을 갖추어 가지고 다닐 리도 없었다.

그렇다면 내 기억 속에 선명하게 떠오르는 흰 두루마기를 입은 지훈의 모습은 어떻게 된 것일까. 나도 모를 일이다. 그것은 전혀 나의 기억의 착각이지만 그렇다 하여 양복을 입은 지훈의 모습과 바꿔놓을 수 없는 것이 되어버렸다. 흰 두루마기를 입은 그의 모습만이 내게는 실감을 자아내는 것이며, 비록 그것이 나의 무의식적인 조작에서 빚어진 하나의 영상에 불과한 것이라 하더라도 그럴 만한 이유가 그의 어느 면에서 풍겨지고 있었음에도 틀림없다. 그것은 내가 그를 처음 만났을 때 받게 된 장자적(長者的) 풍모와 선비적 인상과 한국적 전통에 뿌리박은 멋과 풍류, 혹은 그의 작품에서 풍겨지는 한국적 정서 탓이라 할 수도 있다. 그가 작고한 지금에도 지훈이라면 나는 흰 두루막 자락을 펄럭이는 그의 준수한 모습을 그리게 되는 것이다.

… 그가 작고하기 전에 우리 세 사람이 자리를 같이한 것은 5월 11일 — 토요일 오후였다. 평소에 좀처럼 자기가 먼저 전화를 거는 일이 없는 두진의 연락으로 지훈댁에 모이게 된 것이다. 용건은 청록문학선집을 내자는 것이었다. 두 시간쯤 이야기를 하고 헤어졌다.

"저녁 먹고 가."

그는 일어서는 우리를 굳이 만류하였다. 하지만 앓는 사람이 있는 어수선한 집안에 손님까지 곁들이면 폐가 될까 염려하여 굳이 사양하였다. 밖으로 나와 구두끈을 매는 우리를 보고, 못내 아쉬워하는 표정이었다.

"그러지 않아도 한 번 모여 저녁이라도 함께 하려고 하였는데 … ."

지훈의 말이었다.

"몸조리하시오."

우리는 악수를 하였다. 그의 크고도 섬세한 손. 뜨겁지도 싸늘하지도 않은 손. 지훈은 웃는 얼굴로 우리를 보내 주었다. 그것이 마지막이었다. 실로 그가 세상을 떠나기 전에 우리 셋이 오붓하게 이야기할 수 있는 자리가 마련되었다는 것은 우연한 일만 같지 않았다.

"인간은 늙는 도중이 가장 추잡한 거야."

이것은 생전에 어느 주석(酒席)에서 그가 하던 말.

그는 늙음을 거부하고, 영원(永遠)으로 되돌아간 것일까. 지훈은 가버린 것이다. ”

다음은 박목월 선생의 회상 "노상의 검은 장갑 — 지훈과 나"이다.

“ 1

여름의 눈부신 포양(暴陽)이 내리쬐이는 길바닥에 떨어뜨려진 검은 장갑 한 짝 — 그것은 지극히 불길한 운명을 암시하는 충격적인 슬픔을 느끼게 하는 것이었다. 나는 걸음을 멈추고, 한참 그것을 응시하였다. 그러자, 가벼운 현기증을 느끼고 그 자리에 스러질 것 같아, 얼른 걸음을 재촉하였다.

이 오래된 일이 지훈 영결식장에서 조시를 읽고 제자리에 돌아와, 가슴에 북받치는 명인(嗚咽)을 겨우 참고 있는 나의 머릿속에 떠올랐다. 그야말로 불의에 살아난 이 기억의 조각이 무슨 뜻을 가지는 것일까.

그것은 틀림없이 1948년 8월 어느날의 일이었다. 더 정확하게 말하면 8월 25 · 6일경이었으리라 생각된다. 날짜를 이처럼 정확하게 기억하고 있는 까닭은 그 무렵 대구에서 교편을 잡고 있던 내가 지훈의 기별을 받고 상경했기 때문이었다. 고려대로 옮긴 그가 후임으로 나를 추천하려는 뜻을 가졌던 모양이었다. 전보를 받고 밤차로 상경하여 이튿날 정오쯤 그를 찾아가던 길이었다. 나는 창경원 담이 막 끝나는, 햇빛이 쬐이는 눈부시게 표백된 노상의 전찻길에 까맣게 떨어진 그것을 발견하였던 것이다. 이 검은 상장과 같은 한 짝의 장갑은 그후 20년의 세월이 지난 지금, 지훈을 잃게 되자, 앞으로 지훈을 생각할 때마다 그를 향하는 마음의 길 위에서 언제나 발견하지 않을 수 없는 상징적인 것이 되어버렸다.

위에서 지훈을 찾아가던 길이라 하였다. 그 당시만 하여도 성북동으로 가려면 버스나 택시가 거의 없었다. 종로 4가에서 바꿔타게 되는 돈암동행 전차를 이용하는 것이 고작이었다. 하지만 젊은 우리들은 전차를 기다리기보다는 걷는 편이 한결 상쾌했다. 창경원 담을 끼고, 가로수의 그늘이 덮여 있는 원남동 길도 좋았지만, 혜화동 로터리에서 보성학교 옆을 지나게 되는 고갯길은 혼자 걸으며 시상을 가다듬기에 알맞았다. 지훈도 시내로 나오려면 이 길을 이용하였다. 간혹 그의 집에서 내가 유(留)하고, 아침에 그와 함께 시내로 나오는 일이 있었다. 그는 그 당시에도 쿨룩쿨룩 기침을 하였다. 늠름한 허우대에 비하면 몸이 약한 편이었다. 조금만 흥분하여도 눈가장자리가 분홍빛으로 상기되곤 하였다. 그는 고갯마루에 이르면 버릇처럼 걸음을 멈추고, 두루마기 앞자락을 한편으로 걷어붙이며 우이동 연봉을 우러러보는 것이었다. 먼 산을 우러러보는 지훈의 모습, 그것은 가장 지훈다운 것을 느끼게 하였다.

> 하늘을 우러르고 땅을 굽어봐도 부끄러운 일 아직은 내게 없는데 머언 산을
> 바라보면 구름 그리매를 보면 나 수정같은 마음에 슬픈 안개가 어린다.

그의 〈雲霧〉의 1절. 이것은 성북동 그 고갯길을 소재로 한 작품이다. 이어서 그는

성북동 넘어가는 성벽 고갯길 우이동 연봉은 말없는 石山 오랜 풍설에 깎이었어도 보랏빛 하늘 있어 장엄하고나.

하고 노래하였다. 이 〈雲霧〉에 있어 하늘을 우러르고 땅을 굽어봐도 부끄러운 일이 없다 — 는 이것이야말로 그의 생애를 단적으로 평가할 수 있는 가장 적절한 표현이라 할 수 있다. 하늘을 우러르고, 땅을 굽어봐도 부끄러운 일이 없기를 다짐하는 그의 신념은 그의 모든 처신에 의젓함을 가지게 하였고, 세속적인 이해와 타협하기를 거부하게 하였으며, 모든 일에 공명정대하기를 염원하고, 소인과 사귀기를 피하며, 항상 선비다운 지조를 지키려고 애를 쓰게 하였던 것이다. 또한 그의 입버릇처럼 뇌이던 말을 빌리면, 대의명분이 서지 않는 일에는 움직이려 하지 않았던 것이다. 이와 같은 그의 신념이 정상시 고개를 젖히고 하늘을 우러러보는 풍모를 가지게 하였다. 명동골목에서나 종로네거리에서 그 헌칠한 장신에 검은 머리카락을 바람이 날리며 먼 산을 바라보듯 고개를 젖히고 걸어가는 그를 발견하게 되면, 그야말로 '山이 걸어가듯' 하는 의젓함과 믿음직스러움을 느끼게 하였다. 하지만 지훈의 그와 같은 신념이 그 자신의 처신을 옹색하게 만들지 않는 것은 그의 깊은 도량과 선비다운 멋과 사리를 밝게 통찰하는 그의 탁월한 식견 때문이었다. 참으로 그는 한갓 시인으로서뿐만 아니라, 한 인간으로서 비범한 사람이었다.

— 만일 그에게 나라를 맡겨도 안심할 수 있었을 것이다.

그의 장례일을 살피던 어느날, 시인 김종길 씨의 술회. 나도 동감이었다.

이 지훈의 풍모와 자세를 나는 청록 세 사람의 그것과 비교해보곤 하였다. 라는 것은 모든 일에 '우리 세 사람'을 비교해 봄으로 나 자신의 정확한 좌표를 찾으려고 애썼던 것이다. 또한 이것은 내게 있어서 대단히 유효한 것으로 30여 년의 문단생활에 나 자신 '큰 허물' 없이 지낼 수 있었던 것은 두 사람(지훈과 두진)의 인격적인 감화와 색제(索制)가 나의 행동에 하나의 바탕을 마련해 주었기 때문이라 할 수 있다.

세 사람의 모습을 한마디로 표현하면 항상 고개를 치켜들고 하늘을 우러르는 것이 지훈이라 함은 이미 말한 바이지만 두진은 직선적인 자세로 눈은 정면만 응시하는 것이었다. 그는 주위를 두리번거리는 일이 없었다. 언제나 그의 이념과 신앙 속에서 강인한 의지의 화신상처럼 꼿꼿하게 직립하여 정면을 노리는 것이 두진의 자세였다.

이 두 사람에 비하면 나는 고개를 숙이며 걷는 편이었다. 물론 나 자신의 모습이 남에게 어떻게 비치느냐 하는 것을 정확하게 파악하기는 어려운 일이지만 좀더 생활에 구애되고, 발 밑을 조심하고 정이 기울어지는 편이다. 고개가 숙여지는 것이다. 그러므로 지훈의 의젓한 모습을 생각함으로 세속적인 누추한 일에 빨려들기를 삼가고, 소심한 나 자신을 경계하는 거울을 삼게 되며, 두진을 생각함으로 진실하기를 다짐하게 되는 것이다. 나는 날개의 양편에서 날고 있는 다른 두 마리의 비상을 눈여겨보며 자기의 길을 나는 새와 같은 것이었다.

2

지훈을 처음 만나게 된 것은 1940년 이른 봄이었다. 우리가 〈文章〉 지의 추천을 끝마친 다음 해였다. 그가 경주에 있는 나를 찾아온 것이다. 그가 나를 찾아온 것은 그의 작품세계의 분류에 따르면 제4 계열에 속하였다. 〈조지훈 시선〉(1956년 정음사판)은 작자가 자기의 작품을 정선한 사화집이라는 뜻에서도 기념적인 것이지만 그 책에 수록된 후기는 그의 시생활의 변천과정을 살피는 데도, 그를 연구하는 데도 좋은 자료가 될 것이다. 그 후기에

의하면,

제1 계열은 초기 백지동인시대를 중심으로, '암울과 회의, 화사와 감각'적인 작품들이다. 그는 그와 같은 작품의 '간헐적인 것으로 그 후까지 지속된 것'이라 하였다.

제2 계열은 〈文章〉 지 추천시대의 것으로서 '사라져가는 것에 대한 아쉬움과 애수, 민족정서에 대한 애착'을 노래한 작품들이라 하였다. 그 대표적인 것이 〈고풍의상〉, 〈僧舞〉 들이며 '나 자신의 시를 정립하기 위한 발판은 이때 이루어졌던 것'이라 한다.

제3 계열은 '주로 소품의 서경시, 선미와 관조에 뜻을 두어 슬프지 않는 몇 편의 시'로서 오대산 월정사에 들어가 있던 시기의 작품들. 그리고 제4 계열에 속하는 것이 한만(閑漫)한 동양적 정서를 노래한 작품으로서 '절간에서 돌아와 조선어학회에 있을 무렵의 시 또는 경주순례를 비롯하여 낙향중의 방랑시편'이라는 그의 설명이었다.

그는 월정사에서 돌아와, 다시 서울에서 낙향할 무렵에 경주로 들른 것이다. 한주일쯤 같이 있었다. 해방될 때까지 그는 내가 사귄 유일한 시우였다. 그의 첫인상은 소탈하면서도 은근하고, 무척 동양적인 인품을 느끼게 하였다. 특히 그의 걸음걸이가 인상적인 것이었다. 전혀 그 시대의 청년답지 않은, 그리고 한가롭고 그리고 그야말로 '한만'하였다. 이와 같은 그의 풍모에서 나는 절기 있는 선비와 세련된 풍류객의 양면을 느낄 수 있었다. 특히 그 느리게 한가로운 걸음걸이가 침착한 그의 인품을 나타낼 뿐만 아니라, 지극히 구슬픈 가락으로 느껴졌다. 팔을 휘저으며 천천히 걸어가는 그를 앞세워두고, 저 걸음걸이에 알맞게 노래라도 흥얼거리고 싶었던 것이다. 이와 같은 그의 첫인상은 그후로 그의 작품의 구석구석에서 발견할 수 있었다.

차운 산 바위 우에
하늘은 멀어
산새가 구슬피
울음운다.

구름 흘러가는
물길은 七百里
나그네 긴 소매
꽃잎에 젖어
술 익는 강마을의
저녁놀이여.

이것은 〈玩花衫〉. 그가 나를 위하여 준비해온 작품의 한 절이었다. 육필로 쓰여진 그의 작품을 처음으로 대하게 된 것도 이 작품이었다. 큼직하고도 아름다운 모조지에 연한 보랏빛(인가)으로 인쇄된 원고지 — 그 독특한 지훈의 필체로 획 하나 헛갈리지 않게 쓰여진 것이었다. 이 작품의 동양적인 발상과 감각, 화사하면서도 신비로운 이미지, 유창하면서도 구슬픈 율조는 내가 처음 대하는 그의 전신에서 풍기는 것과 다를 바가 없었다. 또한 이것이야말로 그의 작품세계의 가장 본령적인 것으로서 작자가 '나의 작품세계를 일관하는 바탕이 있기는 하다'라고 말한 바로 그것일 수 있을 것이다.

그러므로 그가 분류한 제4 계열은 지훈의 가장 본질적인 바탕이 되는 세계이며 그것을 전후하여 그의 전세계를 부감(俯瞰)할 수 있을 것이다. 그런 의미에서 그는 우리 시사에 전시대(해방전)의 전통적인 시를 계승하여 해방후에 전승하고, 그것을 심화, 확대하여 참된 한국시다운 시를 보여준 시인이며, 동양적인 세계를 우리의 새로운 시사에 수립한 거장이라 할 수 있다.

3

지훈의 시의 업적은 지금 이 자리에 논의할 성질의 것도 아니며, 또한 그것은 본격적으로 추구되어야 할 것이다. 나는 다만 그와의 친교를 통한 가벼운 인상을 적을 따름이다.

해방후 그가 이룩한 업적과 그 영향은 작품뿐만 아니라, 우리 겨레의 문화 전반에 걸치고 있음은 세상이 아는 일. 말년에 민족문화연구소를 세워, 예술과 학문의 양면에 활약하게 된 것이다. 하지만, 이 양면은 그에게 항상, 조화를 이루게 되고, 그가 발표한 작품이 비록 말년에는 드물었다 하더라도 결코 시를 등한히 한 것은 아니었다. 그가 제6 계열로서 〈四轎旅抄〉도 아직 상재되지 않았으며, 미발표작품들도 많이 간직하고 있었으리라 생각된다. 하지만 그의 문장에 자신의 사생활이 드러나는 것이 거의 없었다. 이것은 그가 시인으로서 '영혼의 기갈을 추기기 위한 어쩔 수 없는 작위의 소산'으로서 시를 쓰기는 하였지만 그야말로 문인의식보다 학자적인 긍지가 앞선 탓이었을까. 혹은 하늘을 우러르고 땅을 굽어봐도 욕됨 없이 사려는 그의 의젓한 태도가 사사로운 생활을 외면한 탓일까. 다만 전문장 중에 비교적 그의 사생활을 엿볼 수 있는 것이 사변전 〈文藝〉 지에 발표된 〈슬픈 人間性〉이라는 기행문이었다. 물론 이것조차 그의 격조높은 문장과 멋으로 말미암아 구체적인 사실이 묻어져 있지만, 그의 생애에 한 번뿐인 '가슴아픈 사건'이 비교적 자세하게 기록되어 있는 것이다. 그 글에 나오는 K와 S — 그것이 그의 '가슴아픈 사건'의 주인공. 정확하게 말하면 그 중의 한 사람이었다. 두 소녀와 부산, 마산, 통영, 진주 등지를 유람하고, 그는 마산으로 되돌아갔다.

두 소녀를 미리 서울로 떠나보낸 그날 밤이었다.

— 밤에는 나를 위하여 베풀어주는 술자리에서 만취했다. 웃지 못할 희극에 약간의 부상이 되어, 내일 진주행을 무기연기하고 철도병원 2층 베드에 누워 나는 닷새를 보내지 않으면 안 되었다.

그의 기행문의 한 대문. 이 '약간의 부상'이라는 것이 기막히는 것이었다. 두 소녀를 보낸 지훈은 그답지 않게도 마음을 건잡을 수 없었다. 친구가 권하는 대로 어느 요정 2층에서 만취했다. 8월이라 문을 열어젖힌 창마다 새까만 밤하늘이 끼워져 있었다. 그는 그것을 벽으로 착각하였다. 술에 취한 채 그는 일어서서 새까만 벽에 기대려 한 것이다. 그러자, 그는 허무하게도 2층에서 떨어졌다. 다행스럽게도 큰 부상은 아니었다. 사건은 이것뿐이지만 그가 '밤하늘이 끼워진 창'의 까만 벽에 기대려한 것은 단순한 착각이었을까, 아니면, 술이 취한 몽롱한 의식 속에서 어느 사람에의 애절한 사모와 그것을 물리친 공허한 감정이 '무한의 벽'에 기대려 한 것일까. 그것은 나도 모를 일이다. 하지만 지훈은 너무나 허무하게 무한의 품안에 어처구니없게 안기고 만 것이다. 그것이 1968년 5월 17일. 실로 슬프고 슬프다. ”

다음은 홍일식 선생이 "엄숙한 지성의 분노"라는 글에서 아버지의 인품과 향훈을 회고한 내용의 일부이다.

“ 희고 준수한 얼굴에다 훤칠한 키, 입은 항상 꼭 다물고, 길어서 약간 흐트러진 리전트 머리엔 검정 베레모를 썼다. 옷은 대개 원색 줄무늬 와이셔츠에 소매는 두어 번 걷어올리고, 검은 굵은 테 안경을 쓴 시선은 항상 먼 하늘을 바라보면서 걷는다. 한 손엔 으레 단장을 쥐고,. 또 한 손은 바지 주머니에 아무렇게 찌른 채, 저녁 노을 질 무렵이면 서울 성북동 골짜기를 한가롭게 산책하는 멋진 중년신사. 이것이 1965년경 만년의 지훈의 모습이었다.

… 지훈을 가리켜 흔히 시인이라고 한다. 물론 그가 우리 세대에 있어 단연 제1 급 시인이었음을 틀림없다. 그러나 그는 단순히 아름다운 자연을 노래하고, 인생을 화사(華奢)하게 구가(謳歌)한 그런 시인은 아니었다. 그가 살다 간 조국의 현실이 그러했던 것처럼, 특히 그의 후기시는 뼈아픈 민족의 비극을 몸소 극복하려는 장렬한 양심의 절규로 얼룩져 있다.

… 또 지훈을 가리켜 논객(論客)이요 지사(志士)라고 한다. 그가 자주 도하(都下) 신문 · 잡지에 이 사회의 부조리를 맹렬히 논박하고, 역대 정권의 비정(秕政)에 대하여 대담한 질책을 서슴지 않았던 것이 사실이요, 또 이러기를 끝내 변치 않았으니 이 역시 틀린 말은 아니다. 그러나 그의 추상같은 이러한 논박과 질책이 결코 어느 정당이나 특정 계층의 이익을 도모하기 위함이 아니요, 항상 민중의 편에 서서 이 민족 전체의 생존 · 번영을 위한 엄숙한 지성의 분노일진대, 이를 일러 어찌 요즘 시정에서 흔히 말하는 논객 · 지사와 날을 같이하여 거론할 수 있겠는가?

그러므로 지훈은 결코 단순한 시인이요, 학자요, 논객이요, 문필인이 아니다. 그의 진면목은 차라리 모든 것을 종합한 전통적인 한국의 선비상에 있지 않나 생각한다. 굳이 현대말로 부른다면 우리 세대를 대표할 만한 참다운 '지성인'이었다고나 할까?

… 지훈의 성품(性品)은 실로 다모다양(多貌多樣)하다. 호방한가 하면 치밀 · 섬세하고, 강직 · 질박한가 하면 온아 · 순후하고, 엄격 · 분명한가 하면 너그럽고, 휘고 감기는 멋이 있는가 하면 부지런하고, 소탈한가 하면 근엄하여 함부로 소인배들이 접근하지 못하였다. 이것은 그가 언제나 정사(正邪)와 시비와 선악과 미추를 판별하는 데 준엄하였고, 이 판별에 의한 행동이 또한 과감하였기 때문이다. 이로 보면 지훈은 진실로 대인(大人)의 금도(襟

度)와 추상같은 절도를 함께 지닌 인격자였다. 재능과 교양과 인품이 어느 한편으로 치우침이 없이 원만하게 갖추어져 있는 사람이란 드문 법이다. … 지훈은 나아갈 때와 머무를 때와 물러날 때를 익히 가려 행하는 사람이었다. 이것이 바로 '선비'의 요체다. 일제 말엽, 그들의 침략정책이 극에 달하여 급기야는 우리글로 시를 쓰는 것조차 금하게 되자 그는 홀연히 속(俗)을 떠났다. 그렇다고 중이 된 것도 아니다. 그래서 비승비속(非僧非俗)이다. 당시 일부 기성 문필인들이 침략자에게 아첨하고, 또는 일본어로 글을 써서 친일문학을 일삼을 때, 약관의 지훈은 오히려 이들에게 선비의 몸가짐을 실천하여 보이었다.

'패자의 영광', 지훈은 이미 20대에 우리 민족사를 관류하는 이 진리를 터득하였다. 그렇지 않고서는 21세의 혈기왕성한 젊은 나이로, 그것도 분(憤)을 머금고 속을 떠나 산에 묻힌 처지로서 어찌 "죽지 못해 살 바에는 없는 재미도 짐짓 있다 하라"는 여유 있는 자적이 있을 수 있겠는가? 또 스스로의 삶은 여곽(藜藿: 명아주잎과 콩잎. 좋지 않은 음식을 이름)에 비유하고 "과욕을 길러 고성의 도를 배우나니 내 어찌 고성의 도를 알리오. 다만 알려고 함으로써 멋을 삼노라" 하였으니 이것은 '멋' 그것을 지나 기성인을 향한 젊은이의 오기 서린 무서운 잠언(箴言)이라 아니할 수 없다.

… 자유당 말기, 이 땅에는 부정과 부패가 만연하여 온 사회가 걷잡을 수 없는 탁류로 휩쓸려 들어가고 있었다. 선거는 한갓 국민을 우롱하는 수단으로 전락하였고 독재자의 오만과 방종은 끝이 없었다. 여기에 이른바 당시 모모 야당 정치인과 한다하는 사회 저명인사란 사람들이 매일같이 독재자의 방종을 고무·찬양하는 성명서를 내어 도하 신문의 광고란을 메웠다. 이른바 1960년 3·15 부정선거의 전야(前夜)였다. 이를 보다 못한 지훈은 의연히 붓을 들어 〈지조론〉을 써 가지고 나와 민족정기론(民族精氣論)을 폈다. 당시의 살벌하던 분위기를 생각할 때 참으로 매운 '선비'의 기상이 아닐

수 없다.

> 지조가 교양인의 위의(威儀)를 위하여 얼마나 값지고, 그것이 국민의 교화(教化)에 미치는 힘이 얼마나 크며, 따라서 지조를 지키기 위한 괴로움이 얼마나 가혹한가를 헤아리는 사람들은 한 나라의 지도자를 평가하는 기준으로서 먼저 그 지조의 강도(强度)를 살피려 한다. 지조가 없는 지도자는 믿을 수 없고, 믿을 수 없는 지도자는 따를 수가 없기 때문이다. 자기의 명리(名利)만을 위하여 그 동지와 지지자와 추종자를 일조(一朝)에 함정에 빠뜨리고 달아나는 지조 없는 지도자의 무절제와 배신 앞에 우리는 얼마나 많이 실망하였는가.
>
> — 〈지조론〉에서

지훈은 비록 48세라는 짧은 생애를 갈다 갔지만, 그의 일생이야말로 진실로 티 하나 없이 살다가 옥처럼 부서져 간 깨끗한 인생이었다.

이제 지훈은 가고 그의 글만 남았다. 그가 평소 입버릇처럼 하던 말이 있다. '생전부귀(生前富貴) 사후문장(事後文章)'이라고 …. 과연 지훈이 가고 없는 지금 그의 문장이 어떤 평가를 받을 것인가. 우리 모두가 이제부터 심판자가 되는 것이다. ”

마지막으로 박희진(朴喜璡) 선생의 "지훈 선생의 이모저모" 중 일부를 여기에 옮겨본다.

“ 선생은 당신의 최후를 예감했음인지 병상에서 매씨와 함께 몇 수의 시 낭독을 녹음해 놓은 일이 있었다. 그걸 우리가 처음으로 들은 것은 공교롭게도 바로 선생의 묘소에서였다. 목월(木月), 남수(南秀) 양 선생을 비롯해서 고인의 일주기를 맞이한 우리 시인협회 일행들은 그의 묘소를 참배했었는데 그날 그 처절했던 감명을 나는 잊을 수 없다. 그것은 도저히 기계가 내는 소리가 아니었다. 무덤 속에서 고인이 살아 피를 토하듯 울부짖는 소리였다. 음성은 갈기갈기 찢겨져 쉬었으나 그것은 마치 죽음을 뚫고 삶이 솟구치는 승리의 구가(謳歌)이자 또한 절대의 비가(悲歌)로 들렸다. 모두 숙연히 고개를 숙이었다. 그리고 저마다 가슴속 깊이 전율을 되새겼다.

> … 묻혀서 사는 이의/고운 마음을// 아는 이 있을까/저허하노니// 꽃이 지는 아침은/ 울고 싶어라.

기개 있는 선비가, 학덕 높은 교양인이, 그리고 무엇보다 투철한 안목으로 난마(亂麻)와 같은 세상을 뚫어보는 혜안지사(慧眼志士)가 아쉬운 요즘, 만약 선생이 생존해 있다면 얼마나 크나큰 위안이 될까! 가끔 찾아 뵙고 문안을 드리는 일, 아니 그저 말없는 대좌(對坐)만이 허락된다 하더라도 나는 무한히 행복할 것 같다.

선생이 살던 성북동댁의 서재, 사람 서넛이면 꽉 차던 방, 그 한 모서리 문갑 위에 놓였던 난초분이 눈앞에 떠오른다. 흰 미닫이를 열고 들어서면 청산과 마주앉듯 바로 지척에 선생을 대했는데, 정말 그 무렵 지훈 선생 몸에서는 늘 지초(芝草)의 향기가 풍겼었다. ”

시인협회 회장, 신시(新詩) 60주년 기념사업회 회장 시절

- 이육사(李陸史) 시비(詩碑) 세우시다
- 시인협회 첫해의 경과보고

이육사(李陸史) 시비(詩碑) 세우시다

1967년에는 한국 시인협회 회장, 한국 신시 60주년 기념사업회장을 역임하시면서 경북 안동에 〈이육사(李陸史) 시비〉를 세우시고 그 비문을 손수 지으셨다. 당시로서는 몇 안 되는 시비의 하나이다. 참고로 한국에 세워진 최초의 시비는 대구 달성공원에 자리잡은 '이상화(李相和) 시비'이다. 아버지는 '육사 시비'를 건립계획을 세운 뒤, 그 당시 협회에 예산도 없고 정부의 지원도 없었기에 가난한 문인들의 호주머니를 턴 돈이라 조각가나 건축가에게 작품을 받을 형편도 못되셔서 그 건립비용을 줄여보시려고 건축과 졸업반 대학생이던 나에게 설계를 할 수 있겠냐고 물어보시던 기억이 난다. 아버지가 쓰셔서 그 시비에 새겨진 비문을 여기 소개한다.

> 광야(曠野)를 달리는 준마(駿馬)의 의지에는 조력(槽櫪)의 탄식이 없고, 한 마음 지키기에 생애를 다 바치는 지사(志士)의 천고일철(千古一轍)에는 성패(成敗)와 영욕(榮辱)이 아랑곳 없는 법이다. 천부(天賦)의 금심수장(錦心繡腸)을 만강(滿腔)의 열혈(熱血)로 꿰뚫은 이가 있으니 지절시인(志節詩人) 이육사 님이 그분이다.

님의 본명은 원록(源祿)이요, 일명(一名)은 활(活)이니 육사는 그 아호이다. 1904년 갑진(甲辰) 4월 초4일에 안동군(安東郡) 도산면(陶山面) 원촌(遠村) 향제(鄕第)에서 퇴계(退溪) 이 선생의 후예 아은공(亞隱公) 가호(家鎬)의 둘째 아드님으로 나시니, 어머니 허(許)씨는 허공 형(許公 衡)의 따님이요, 의병대장 왕산(旺山) 허위(許蔿) 선생은 그 종숙(從叔)이셨다. 이는 학문과 기개(氣概)에 이러한 혈통을 받은지라 어려서 재기(才器)가 환발(渙發)하여 향당(鄕黨)의 촉망을 지녔으나 때는 국운이 이미 다한 때였다. 조부 치헌공 중식(痴軒公 中植)에게 한학을 수업하다가 스무 살에 표현히 도일(渡日)하여 일년여를 방랑하고 스물세 살 되던 해에는 다시 발길을 대륙으로 돌려 북경사관학교에 입학하였으니 이로부터 님의 일생은 조국광복운동에 바친 바 되었다. 1927년 가을에 잠시 귀국하였다가 장진홍(張鎭弘) 의사(義士)의 조선은행 대구지점 폭탄사건에 연좌(連坐)되어 백형(伯兄) 원기(源祺)와 숙제(叔弟) 원일(源一)로 더불어 삼형제가 함께 체포되어 이년여의 참혹한 형벌을 받았다. 때의 님의 수인번호(囚人番號)가 64인지라 인(因)하여 그 음을 취하여 육사(陸史)로 아호를 삼았으니, 자조(自嘲)와 자허(自許)가 얽힌 이 이름은 임의 생애를 상징하는 바 되었다. 육사는 그 뒤 북경대학 사회학과를 필업(畢業)하고 북화(北華) 남만(南滿)을 구치(驅馳)하며 때의 독립운동 집단이던 정의부(正義府)와 군정서(軍政署)와 의열단(義烈團)의 활동에 연계(連繫)하는 사이 국내에 들어와서는 중외일보(中外日報)와 조광사(朝光社)와 인문사(人文社) 등 언론기관에 발길을 멈춘 적이 있었으나 그 걸음에는 항상 정처(定處)의 안일(安逸)이 없었다. 국내외의 대소사건이 있을 때마다 검속투옥(檢束投獄)되기 무릇 17회. 대구, 서울, 북경의 감옥을 드나들다가 마침내 조국광복을 한 해 앞둔 1944년 1월 16일에 북경 감옥에서 41세를 일기로 순의(殉義)하여 파란 많은 생애를 마쳤다.

육사의 시가 시단에 회자(膾炙)된 것은 1930년대 말의 일이다. 가열(苛烈)하던 저항의 의지가 점철된 님의 시는 서늘한 응결(凝結)과 참신한 비유를 얻어 장엄한 율격(律格)을 상징하였던 것이다. 시필(詩筆)을 늦게 들었고 남긴 시편이 얼마 되지 않으나 스스로 겸양한 바 이 가난한 노래의 씨들은 님의 생애가 선비의 매운 절개를 위하여 만장(萬丈)의 광망(光芒)이 됨과 같이 불멸의 명맥을 꽃피워 갈 것이다.

육사는 부인 안(安)씨와의 사이에 일 점 혈육으로 따님 옥비(沃非)를 끼쳤고 끝의 아우 원창(源昌)의 아들 동박(東博)으로 뒤를 이었으며 유저(遺著) 〈육사시집(陸史詩集)〉이 장질(長姪) 동영(東英)의 손으로 엮어져 상재(上梓)된 바 있다.

금년은 님이 순의(殉義)하신 지 스물한 해 되는 해이자 환력(還曆)의 해이다. 생전의 지기(知己) 시우(詩友)와 동도(同道)의 후배가 성력을 모아 한 조각 돌에 유시(遺詩)를 새기고 겸하여 일대의 자취를 간추리는 것은 님의 높은 뜻을 길이 기념하고자 함이다.

광야를 달리던 뜨거운 의지여 돌아와
조국의 강산에 안기라.

1964년 4월 일
한양 조지훈 찬(撰)

아버지께서 타계하시던 해인 1968년은 우리나라 문학사(文學史)위에 '신시(新詩)'라는 이름의 새로운 시형식이 비롯된 지 만 60년이 되는 해였다. 아버지는 '한국 신시 60년 기념사업회' 취지문에서 "비록 그 시대나 사회, 그 민족과 국가는 시를 버린다 해도 시인은 언제나 그 시대 사회를 지키고, 제 민족과 조국의 정기(正氣)를 드높여 왔다. 한국시 60년의 흐름을 꿰뚫고 있는 것이 바로 이 정신이다. 고고(孤高)와 저항의 의지! 이 점에서도 시는 우리 문화의 어느 분야보다도 바르고 굳센 길을 보고 걸어왔다고 우리는 확언(確言)할 수가 있다.… 지난날의 형극(荊棘)의 길 위에 피어났던 피맺힌 정혼(精魂)을 거두어 정리하고, 오늘의 침체에서 떨치고 일어나 잃어진 시의 권위를 회복하여, 미래에의 보람찬 설계를 이룩함으로써 시단중흥(詩壇中興)의 실(實)을 얻고자 하는 것이 이 모임의 근본취지이다"라고 하셨다.

시인협회 첫해의 경과보고

아버지는 또 1957년에 창립된 시인협회의 사무간사로서 한 일 년간의 경과보고에서 "한국시인협회는 금년 2월에 창립된 단체이다. 발족한 시일(時日)이 얕기 때문에 금년 1년은 자연히 우리가 장차 전개할 여러 가지 활동을 위한 기초를 마련하는 데 주력하지 않을 수 없었다" 고 하시며 한 해 동안 시협(詩協)이 의도하고 착수하여 거의 성취한 일 중에서 중요한 일을 다음과 같이 꼽으셨다.

첫째, 우리 시단(詩壇)의 대표기관이자 우리 시인의 대동단결의 구현(具現)으로서의 최초의 단체인 '한국시인협회' 결성이라는 그 자체가 우리의 최대한 성취라 하겠다. 현재 회원 90명, 이는 실로 우리 시단의 거의 90퍼센트의 호응을 본 셈이다. 시협은 시인의 협의기관으로서 시협 안에 작은 시 그룹과 동인지를 조장(助長)하고 있다. 새해에는 시협 산하에 몇 개의 시문학 동인지가 나타나게 될 것이다.

둘째, 기관지 〈현대시(現代詩)〉의 창간이다.…

셋째, '세계시인회의'에 가입한 일이다.… 동 회의는 매 2년에 1차씩 개최되는 것으로 이를 통한 한국시의 대외적 교섭이 활발하게 될 것이다.

넷째, '시협상(詩協賞)'의 설정이다. 시협을 사랑하는 어떤 분의 성금을 받아서 그것을 바탕으로 가난하나마 시상(詩賞)을 제정하여 1967년도부터 수상하기로 한 바, 수상자가 결정되는 대로 연내에 수상식을 가질 것이다. 시인들이 주는 최초요 유일의 시상(詩賞)이라는 영예에 작은 부상(副賞)이 덤으로 붙는 셈이다.

다섯째, 영역(英譯) 한국현대 시선(詩選)의 간행이다. 이 책은 지난번 펜클럽이 초청한 외국 시인 작가에게 푸른 하늘과 박물관밖에 보일 것이 없음을 민망히 여겨 시(詩)의 선물이 되게 하기 위해서 편찬한 것인바, 연기되어 새해 초에 간행되었다. 제 2집의 편찬도 진행중이다.

여섯째, 〈현대시연감(現代詩年鑑)〉 1967년판의 편집이다. 《시와 시론》이란 이름의 이 책은 금년치만 한 권으로 하고 명년(明年)부터는 전 후반기에 나누어 반년간(半年刊)으로 할 예정이다.

일곱째, 〈한국시인전집(韓國詩人全集)〉의 편찬 착수이다. 우선 그 제 1회 배본을 위한 자료수집이 광범하게 진행되고 있다. 명년중으로 적어도 세 권을 내놓을 작정인 바, 이 일의 성취야말로 시협이 맡은 일 중에 가장 뜻 있는 일이요, 그만큼 난사업(難事業)인 줄 알고 있다.

이상 일곱 가지 중 5항(項)까지는 금년에 성취한 것이요, 6, 7항만이 명년으로 넘어가게 되었으나 시작의 어려운 고비는 이미 넘어섰다는 것을 밝혀 둔다. (1957년 12월 26일)

신시 60주년 기념 사업회장을 하실 때 '축시'로 쓰신 시 구절이 생각난다. "새하얀 바람에는 새빨간 넥타이로/ 손이 절로 가는 걸 어쩌나/ 엷은 햇살에 흰 머리칼/ 반짝이는 한두 오리를/ 늙기도 정말 어렵네 그려"로 시작하는 〈대화편(對話篇)〉(신시 육순(六旬)기념작 시리즈)이라는 시로 우리나라 현대

시가 환갑을 맞는 것을 축하하는 시였다.

아버지는 남들이 그토록 싫어하며 기를 쓰고 검게 염색해 대는 흰 머리칼을 그리도 가지고 싶어하셨다. 그러나 50도 안되셨을 때이니 백발을 기대하기에는 아직 일렀건만 이미 정신은 팔십 노인의 경지에 드셨지 않았을까 생각해 본다. 그러나 흰머리가 한 가닥도 없는 새까만 머리칼을 지닌 채 마흔 여덟 해를 사시고 세상을 떠나셨다. 많은 이들이 아버지가 여든 정도는 사시다 가신 줄 안다. 이는 아마도 어린 시절부터의 조숙, 십대의 나이에 시인으로 등단하셔서 일찍이 세상에 그 이름이 알려지셨기 때문이리라 생각된다.

아버지는 위에서 소개한 '마지막 절창' 〈병(病)에게〉라는 시를 남기시고 짧은 생을 마치셨다.

아버지 타계(他界) 후 기념사업 및 기념행사

- 두 번에 걸친 전집 간행
- 《조지훈연구》 간행
- 《조지훈 육필시집》 간행
- 시비(詩碑)가 세워지다
- 〈이달의 문화인물〉 선정 및 기념행사
- 〈지훈상〉 제정

두 번에 걸친 전집 간행

1) 일지사(一志社)에서 첫 번째 전집 간행

아버지께서 타계하신 직후, 아버지의 제자인 홍일식, 인권환, 박노준 선생 등이 주축이 되어 스승의 글들이 세월이 흐르면 분실될까 우려하여 우리집에 오셔서 오랜 기간 밤낮을 가리지 않고 찾아내고 정리하여 전집 간행을 서두르신 덕분에 책이 비교적 빨리 간행되었다. 물론 이제는 타계하시고 안 계신 일지사 김성재 사장님의 특지(特志)에 힘입은 바 크다. 그리고 당시 편집인이셨던 이기웅(현 열화당 사장)과 유학종(현 현음사 사장)을 비롯한 4명의 출중한 편집, 기획에 의해서 거의 완벽한 전집이 간행될 수 있었기에 다시 한번 이 지면을 빌려 감사의 말씀을 전한다. 《조지훈 전집》(전7권)이 최초로 나온 것이 1973년 10월, 박두진, 박목월, 천관우, 김종길, 홍일식, 인권환, 박노준 등 여러분들이 편찬위원으로 수고를 아끼지 않으셨다.

지금은 고인이 된 김성재 사장은 대구피란시절 학원사의 편집원으로 있을 때부터 아버지를 존경했다고 한다. 1953년 휴전 후 몇 군데 출판사에 근무한 그분은 일지사(一志社)를 세워서 운영하기 시작하였다. 한동안 중고교

1973년 일지사에서 간행된 조지훈전집 7권. 김성재 사징님의 특지(特志)로 아버지의 제1차 전집이 나온 것을 우리 가족은 아주 고맙고 흡족하게 생각한다.

국어참고서를 펴내 큰 돈을 번 그분은 그 일을 깨끗이 접고 국학에 관한 학술서를 전문적으로 발행하는 작업으로 전환한다. 그 초기에 그분은 아버지의 전집을 내겠다고 고려대 제자들에게 뜻을 전해 왔다. 그 징검다리 노릇을 이기서(아버지의 제자. 고려대 부총장 역임) 선생이 맡아하셨다. 그 직후 예의 편집위원회가 구성되어 약 1년간의 작업끝에 전집이 출판된 것이다.

그렇듯 고마운 분을 나는 미국에 거주하는 관계로 찾아뵙지 못하다가 잠시 귀국한 1983년 어느날 찾아가서 약주 대접을 하였다. 지금은 없어진 일식집 '복청'(광화문 교보빌딩 뒤편)에서였다. 겸손하시고 참으로 돋보이는 인품의 소유자이셨다. 그때 김 사장께서는 언제 지훈 선생 글 중에서 청소년들을 위한 글들만 모아 단행본으로 냈으면 좋겠다고도 하셨다. 알고 보니 그분은 참으로 훌륭한 분이었다.

김성재 사장님을 일컬어 '출판계의 신사'라고 한다는 얘기를 들었다. 그만큼 인품이 훌륭하였고 양서(良書)를 펴내어서 우리 민족문화에 이바지하려는 뜻이 확고한 분이라고 한다. 위에서 말한 바와 같이 여러 해 동안 그분이 펴낸 중, 고교 국어 및 기타 참고서는 전국을 휩쓸었는데 그렇게 모은 돈으로 그분은 국학관련의 전문서적을 간행하는 자원을 마련코자 하였다. 그분의 뜻은 적중하여 2년 전 서거하시기까지 그분의 출판사를 통해 수많은 국학계통의 서적이 나와 세상의 빛을 보았다. 아마 인문학을 전공하는 우리나라 학자들 거의 대부분이 그분의 도움을 받은 것으로 안다.

학술서만 골라서 출판하니 돈이 되는 사업이 아니었다. 그래도 그분은 수십 년 동안 외길을 걸어서 많은 출판인과 학계인사의 존경의 대상이 되었다. 예컨대 계간지로 펴낸《한국학보(韓國學報)》는 대학연구소에서나 출판할 학술전문지였는데 김 사장께서는 막대한 출혈을 마다하지 않고 수십 년 동안 간행하였다. 거기에 들어간 제작비와 원고료를 다 합하면 금싸라기 같은 서울의 강남땅 1백 평 이상은 족히 샀을 것이라고 생전의 선생께서 술회하셨다는 얘기를 나는 누구로부터 들어서 알고 있다.

우리나라 출판문화에 끼친 공로로 그분은 여러 기관에서 상도 받고 정부로부터 훈장도 받은 것으로 안다. 말년에는 동아일보 제정 〈인촌상〉 출판문화부문의 상을 받았다. 그런 분의 특지(特志)로 아버지의 제 1차 전집이 나온 것을 우리 가족은 아주 고맙고 흡족하게 생각한다. 전집의 서문은 김종길 선생이 쓰셨다.

2) 나남출판의 두 번째 전집

《조지훈 전집》이 두 번째로 나온 것은 1996년 3월이었다. 나남출판사 조상호 사장의 열의에 힘입어서 홍일식(고려대), 홍기삼(동국대), 최정호(연세대), 최동호(고려대), 인권환(고려대), 이성원(서울대), 이동환(고려대), 박노준(한양대), 김인환(고려대) 선생 등 주로 아버지가 아끼던 제자분들의 수고를 거쳐 간행되었다. 두 번째 간행된 《조지훈 전집》(전 9권)의 서문은 김인환 교수가 쓰셨다. 이 두 전집의 서문은 이 책 뒤에 수록하였다.

그 《조지훈 전집》이 나온 뒤 발표된, "대학생이 된 딸의 서가에 조지훈 전집을 꽂으며"라는 작가 한수산 선생의 글을 소개한다.

> 딸아이가 대학엘 가게 되었다.… 이제 성인이 되었으니 집안의 좀더 넓은 방으로 아이의 방을 바꿔주기로 하였다. 지난 해의 수험서로 뒤덮여 있던 아이의 서가가 휑하니 빈 것을 바라보면서, 거기에 어떤 다른 책을 꽂아줄 것인지를 이것저것 생각하는 마음은 즐거울 수밖에 없었다.
>
> 내 서재에서 아이의 책꽂이로 옮겨 주고 싶은 책들에는 셰익스피어의 전집도 있었고, 희랍비극도 있었다. 그러던 어느날, 나는 조지훈(趙芝薰) 전집 9권을 꽂아주는 것으로 입학선물을 대신하기로 했다.
>
> 선생의 인품과 기개, 그리고 그 도도한 글들을 나 또한 늘 존경해 왔기 때문이었다. 그리고 무엇보다 서양의 인문사회과학 책으로 현실인식을 시작하는 요즘 대학생들의 독서풍토를 생각할 때 우리말의 아름다움에 그토록 눈부셨던 지훈 선생의 글을 감수성 강한 나이에 꼭 읽히고 싶었기 때문이었다.
>
> 아버지로서 성인이 된 아이와 함께 요즈음의 세상 돌아가는 이야기를 나누기도 부끄러운 때라는, 나의 요즈음 세상보는 우울함도 거기 얹힐 수밖에 없었다.… 한국현대사를 이해하려는 사람은 한국 현대정신사의 지형을 이해해야 하며, 바로 그 한국 현대정신사의 지도를 이해하려는 데 조지훈 전집은 크게 기여하리라는 편집위원들의 전집 서문에 나 또한 동감이었다.… 책을

1996년 나남출판에서 간행된 조지훈 전집. 조상호 사장의 정신세계 속에 나의 아버지가 아들인 나보다 더 의연하게 정좌해 있어 나는 크게 감동했다.

나남출판에서 간행된 두 번째 조지훈전집 출판기념회. 조상호 사장의 열의에 힘입었다. 왼쪽부터 조학열, 이성원, 조혜경, 신일철, 김종길, 홍일식 선생, 어머니, 박노준, 이동환, 최동호 선생, 고모님.

꽂아주던 날 저녁, 나는 딸아이에게 이 책에 얽힌 뒷이야기 하나를 더 들려주었다.

이 책에는 아주 아름다운 이야기가 있다. 법학도였던 한 젊은이가 흠모하던 스승이 계셨다. 지훈(芝薰) 조동탁(趙東卓) 선생이 그분이었다. 그 젊은이는 훗날 출판인이 되어, 문학과 언론관계 책을 주로 내는 출판사를 키워냈다. 아들을 낳자 이름을 芝薰이라고 지었으니, 스승에 대한 흠모와 그 마음 끌림의 깊이는 너도 짐작이 가리라. 그리고 그는 자신의 출판사가 처음으로 번듯한 사옥을 가지게 되었을 때 그 사옥 이름을 '지훈빌딩'으로 붙였다. 어디 그뿐이었겠니. 사옥을 마련한 후의 첫 일로 그는 학계의 여러분들로 조지훈 전집 편집위원을 구성하고, 전 9권의 방대한 조지훈 전집을 펴내기에 이르렀다. 아들의 이름도, 회사 빌딩도 지훈으로 지은 이 회사가 조지훈 전집을 펴낸 것이다.

난세라는 느낌마저 드는 요즘의 이 국가적 위기에 우리에게도 존경해 마지않는 스승이 있었음을, 지훈 선생의 글과 함께 젊은이들에게 이야기하고 싶은 요즈음이다. 지훈 선생의 〈지조론〉과 〈한국민족운동사〉와 〈한국문화사서설〉을 비롯한 지훈 문학과 사상의 바다에서 젊은 날의 마음 밭을 가는 일을 시작하면 어떻겠는가, 말해주고 싶다.

— 〈동아일보〉, 1997. 3. 16.

《조지훈연구》 간행

아버지 10주기를 기념하여 제자이신 인권환 · 박노준 두 분이 《조지훈 연구》(고대출판부, 1978년)라는 연구서를 상재(上梓)하였다. 그동안 아버지를 기리는 인사 · 제자분들이 1972년에 시비(詩碑)를 세웠고, 1973년에 전집(전7권)을 간행한 것은 앞에서 말한 것과 같다.

두 분 편자 선생으로부터 내가 들은 바에 의하면 이 책과 아버지의 수필 선집(選集)인 《시인의 눈》이 동시에 출판되었는데, 이 두 권의 책은 당시 고려대 출판부장인 한만운 교수(작고)의 요청에 의해서 간행되었다고 한다. 한 교수는 한동안 교무처장으로 계시다가 1977년경에 출판부장을 맡았다고 한다. 그 자리로 옮기자마자 아버지의 10주기가 임박했음을 알고 《조지훈 연구》와 《시인의 눈》을 간행하는 것이 의의가 있다고 판단한 후 인권환 · 박노준 두 분께 의뢰했다는 것이다.

《조지훈 연구》는 그동안 학술지나 문학잡지에 발표된 논문과 평론 중 적절한 글을 일단 고선(考選)하고 책의 약 3분의 1 가량은 필자를 선정하여 새로 집필한 글을 받아서 한 권의 책으로 엮었다. 이 책에 실린 모든 글 가운데는 아버지의 문학과 학문을 비판적으로 조명한 것도 있는데 찬양 일변도로 흐른 글만 뽑는 것이 미덕이 아니라고 판단하여 편찬방향을 객관성과 엄정성에 두었다는 것이다. 수십 명의 필진은 범문단, 범학계로 잡았으며 시·학문과 논설, 인간적 면모 등 세 분야로 나누어 편찬하였다고 한다. 가령 시인으로서만 일관하였다면 한 사람의 시 전공학자나 평론가 단독 집필을 할 수 있으나 아버지가 관심을 둔 분야는 시를 포함한 한국문학 전반과 문화사를 비롯한 한국학, 독립운동사 등 다방면이어서 다수의 학자나 평론가 및 시인들이 논의한 글을 모아 책자로 펴내는 것이 적절한 방법론이라고 생각해서 그런 식으로 책을 만들었다고 한다. 이 책은 그 뒤 아버지를 연구하는 학구(學究)들에게 긴요한 도서가 되었다.

《시인의 눈》은 일지사판 《조지훈 전집》 중 수필에 해당되는 글에서 대학생을 비롯한 교양인들에게 자양분이 될 만한 글을 뽑아 엮은 독서물이라고 한다.

《조지훈 육필시집》 간행

2001년 5월엔 아버지의 체온과 문기(文氣)가 넘쳐흐르는 친필로 된 시집이 역시 나남출판사에 의해 전집 별책으로 고급스럽고 품위 있게 출판되었다. 이 책은 시인들을 비롯한 문학 전공자들에게는 소중한 자료가 될 뿐 아니라 아버지의 시와 인간을 좋아하는 일반 독자들에게도 이 육필시집(肉筆詩集)은 아주 값진 선물이 될 것이다. 스승의 친필의 시를 읽으면서 활자화된 시집에서는 맛보지 못한 감흥에 젖기를 기대하면서 멋진 출판을 기획한 여러분들의 참신한 아이디어와 노고에 이 지면을 빌려 심심한 감사의 말씀을 드린다.

〈지훈 육필시집〉 간행을 제일 먼저 착안한 분은 아버지의 고려대 제자이신 박노준 교수이시다. 이 육필시집을 접한 언론인 이광훈(경향신문 주필 역임) 선생은 한 신문의 칼럼에 "육필(肉筆)이 사라진 시대"라는 제목으로 다음과 같은 글을 썼다.

지난달 중순 한국일보사 13층 송현클럽에서는 1968년에 타계한 시인 조지훈을 추모하고 그 유지를 기리는 조촐한 모임이 있었다. 올해 새로 제정된 〈지훈상〉의 첫 번째 시상식이었다. 이 상(賞)은 자신의 출판사 건물 이름까지도 지훈빌딩으로 지을 만큼 지훈 시인을 끔찍이 존경해온 한 출판사 사장이 정재(淨財)를 출현해서 만든 상이다. 이 날 시상식에는 지훈 시인의 부인은 물론 평소 지훈을 따르며 가르침을 받았던 제자들까지 참석한 매우 뜻깊은 모임이었다.

그러나 무엇보다 이 날의 행사에서 참석자들을 감동시킨 것은 주최측이 나누어 준 〈지훈 육필시집〉이었다. '고풍의상', '승무', '풀잎 단장', '역사 앞에서' 등 주옥같은 140편의 시가 시인 생전의 육필로 되살아난 시집이었다. 오랜 세월에 걸쳐 쓴 때문인지 어떤 작품은 원고지의 네모난 칸에 차곡차곡 쓴 것도 있고, 또 어떤 시는 깨끗한 백지 위에 마치 붓으로 쓰듯 정성들여 쓴 것도 있었다. 마치 생전의 고인을 다시 대한 듯 시인의 숨결까지도 느껴지는 시집이었다.…

이 육필시집이 많은 사람들에게 감동을 준 것은 무엇보다 지금은 거의 사라진 육필에 대한 그리움 때문이었다. 컴퓨터가 대량 보급되면서 유명 문인의 육필은 이제 문학박물관에서나 찾아볼 수 있는 유물이 되었다. 글씨를 통해 작가의 인품과 체취를 느낄 수 있었던 것이 아득한 옛날처럼 들리는 시대가 된 것이다. 이제는 사신(私信)에서조차도 육필을 찾기 힘든 시대다. 이메일이 보급되면서 편지도 컴퓨터로 쓰기 때문이다. 이메일 시대가 시작되면서 '바야흐로 녹음이 우거지는 맹하지절(孟夏之節)에' 운운하는 편지의 격식도 함께 사라졌다. 그저 간단히 용건만 전달하는 공문서 같은 편지가 오가고 있는 것이다.

육필이 사라지면서 작가나 시인들이 잡지사와 신문사를 찾는 일도 없어졌다. 필자가 깨끗이 정서한 원고를 갖고 잡지사나 신문사를 찾아 편집자와 담소를 나누고 건네받은 원고료를 밑천으로 밤늦게까지 대폿집에서 토론을 벌이던 육필시대의 '미풍양속'도 사라졌다. 컴퓨터로 작성한 원고를 이메일로 보내고 원고료는 은행계좌로 보내주다 보니 편집자와 필자의 사이도 자연 극히 사무적인 관계로 바뀌어 1년이 넘어도 얼굴 모르는 필자가 대부분이다. 육필이 사라지면서 만년필과 잉크는 이제 이름조차 생소한 필기도구가 되었

2001년 나남출판에서 발간된 육필시집. 노트본 두 권과 종이에 묶어 철해 놓으신 육필원고를 보면 잉크를 찍어 펜으로 정서해 놓으신 것과 만년필로 써 놓으신 것이 있는데 펜으로 쓰신 것이 젊어서 쓰신 필체이고 글씨체가 더 각이 져 있다.

다.… 내가 아는 작가 한 분은 컴퓨터를 들어내고 다시 연필로 글을 쓰기 시작했다. 글을 쓰면서 썼다가 지우고 고치는 퇴고과정을 즐기고 싶어서였다고 한다. 컴퓨터로 원고를 쓰면서부터는 더 손봐야 할 부분이 있는데도 뭔가 완성도가 높은 것으로 착각해서 그냥 원고를 넘기는 경우가 많아졌다는 것도 다시 육필로 돌아선 이유 중의 하나였다.

문화예술 작품이 귀한 것은 개인적 수작업에 의한 창작활동이기 때문이다. 컴퓨터가 피아니스트를 대신해 연주하고 악보를 입력한 로봇이 오케스트라를 지휘한다면 이 세상이 얼마나 삭막하겠는가. 문명의 이기도 좋고 편리함을 추구하는 것도 좋지만 문화의 산물은 창작의 과정도 결과 못지 않게 중요하다는 생각이다.… 요즘 2백자 원고지의 네모진 칸에 또박또박 눌러쓴 달필원고가 새삼 그리워진다. — 〈일요신문〉, 2001. 6. 11.

아버지의 문기(文氣)를 흠뻑 느끼게 하는 이 육필시집의 원본은 내가 앞에서 말한 정지용 시인의 육필서신을 보관해 놓으셨던 서류궤짝에서 나도 가끔 본 적이 있었다. 그 중 노트본 두 권은 요즘 나도 쓰고 있는 전통 미국 마블(Marble)노트로 미국 오하이오주 데이톤에 있는 The Mead Corp.에서 만든 Composition용 노트로 검은 바탕에 흰 얼룩진 대리석 무늬의 하드커버로 된 것으로, 앞뒤로 각각 한 페이지에 가로로 23칸이 있는, 모두 100장 그러니까 총 200페이지 짜리 노트북에 쓰여진 것이었다. 아마 누구한테 선물로 받으신 것이 아닌가 생각된다.

이 노트본 두 권과 종이에 묶어 철해 놓으신 육필원고를 보면 잉크를 찍어 펜으로 정서해 놓으신 것과 만년필로 써 놓으신 것이 있는데 펜으로 쓰신 것이 젊어서 쓰신 필체이고 글씨체가 더 각이 져 있다. 연세가 드실수록 필체는 둥글어진 것을 알 수 있다. 내가 발견한 소감을 언급한다면 이들 육필원고(비록 정서가 되어있지만)와 훗날 시집에 활자화된 작품 사이에는 비록 같은 제목의 시라 할지라도 다른 부분이 많다.

어느 것이 더 아버지 마음에 드는 것인지는 오직 당신밖에 모르실 것이다. 활자화되어 시집으로 나온 것이 훗날 더 손보신 것이고 당신 마음에 더 드신 작품이라고는 추정해 볼 수 있겠으나 꼭 그렇다고는 할 수 없으셨기에 아버지께서는 그런 점을 우려하셔서 "내가 죽기 전에 정리해 두어야 하는데…" 라고 늘 걱정하시지 않으셨을까. 그 동안 써 놓으셨던 시를 당신 마음에 꼭 드는 작품으로 만들어 그것들을 모두 육필로 깨끗하게 정서해 놓고 싶으셨던 것만은 짐작할 수 있다.

이러한 점(육필원고와 시집에 실린 작품을 일일이 대조하여 연구하는 일)은 아마 앞으로 아버지의 시를 연구하려는 후학들에게 좋은 주제가 될 수 있으리라 여겨진다. 다시 한번 많은 비용을 들여서 호화로운 육필시집을 출판해 주신 나남출판 조상호 사장께 깊은 감사를 드린다. 박노준 교수의 해제는 부록에 싣기로 한다.

시비(詩碑)가 세워지다

1) 서울 남산에 세워진 첫번째 시비

일지사가 아버지의 첫 번째 전집을 출간하기 1년 전, 아버지께서 타계하신지 4년 되던 해인 1972년에 문인들과 고려대 제자들에 의해 서울 남산에 아버지의 첫 번째 시비(詩碑)가 세워졌다. 비용은 문우들과 제자들의 성금으로 부족하여 당시 민족문화연구소를 아버지의 뜻을 받들어 실질적으로 운영하던 홍일식 선생이 동분서주하여 마련하였다. 또한 이 시비를 세울 장소를 물색하고 또 부지를 정한 후에 시비가 세워질 때까지 서울시 관계자들과 협의하고 허가를 위한 제반수속을 위해서는 고려대에서 아버지께 한문학을 전수(傳受)받으신 아버지의 애제자(愛弟子) 중의 한 분이신 이동환 교수께서 고생을 많이 하셨다.

경비도 줄일 수 있고 또 뜻깊은 일이라는 권유에 이 시비의 디자인을 내가 하게 되었는데 만족스럽게 하려면 경비가 많이 들어 오히려 누를 끼칠 것 같아 가급적 단출하게 하다보니 마음에 차지 않는다. 이 시비에는 앞에서 잠깐 언급하였듯이 아버지의 시 〈파초우〉와 김종길 시인이 쓰신 비문이

서예가 배길기 선생과 김응현 선생의 글씨로 새겨져 있다. 이 시비에 새겨진 비문은 이 책 뒤 부록에 수록하였다.

2) 고향 주실에 세워진 두 번째 시비

1982년 8월 15일에 제막식을 가진 이 시비건립을 위해 애를 많이 쓰신 분 중 나의 집안 숙주(叔主) 조동걸(국민대 명예교수) 교수와 조동택(경북대 교수), 이동환(고려대 명예교수) 선생이 계신데, 이 선생께서는 이 시비뿐만 아니라 앞에서도 언급했듯이 남산에 세워진 시비건립 때도 수고하신 분이다. 비문은 홍일식 선생께서 쓰셨는데 전문(全文)은 역시 이 책 부록에 수록하였다.

경북 영양군 주실마을의 지훈시비

1980년대 중반 신군부 시절 전두환 정부로부터 〈금관문화훈장〉이 추서되었다. 아버지께서 생존해 계셨다면 이 훈장받기를 거부하셨을 것이라 단언하나, 돌아가시고 안 계신지라 우리 가족은 그리할 수 없어 받아 고려대에 있는 아버지 기념관에 기증하였다.

이 외에도 아버지께서 돌아가신 후 1980년대 중반 신군부 시절인 전두환 정부로부터 〈금관문화훈장〉이 추서되었다. 아버지께서 생존해 계셨다면 이 훈장받기를 거부하셨을 것이라 단언하나 돌아가시고 안 계신지라 우리 가족은 그리할 수 없어 받아 고려대에 있는 아버지 기념관에 기증하였다.

〈이 달의 문화인물〉 선정 및 기념행사

아버지는 2002년 6월에 〈이 달의 문화인물〉로 선정되었다. 이국(異國)에서 이 소식을 듣고 나는 참으로 기뻤다. 우리 가족과 일가친척 모두가 큰 영광으로 알고 기뻐하였다.

〈이 달의 문화 인물〉은 정부, 곧 문화관광부에서 전문위원들의 엄격한 심사와 심도 있는 논의를 거쳐서 매달 한 사람씩 선정하여 기념토록 하는 제도다. 대상인물은 근·현대뿐만 아니라 조선·고려 혹은 그 이전 시대를 살면서 문화와 학술로 우리 역사에 큰 족적을 남긴 분들 중에서 전 생애를 통해 흠결이 없는 분을 찾아 지정한다는 얘기를 들었다.

그해 기념행사는 두 곳에서 있었다. 고향인 영양군에서 여러 날에 걸쳐서 각종 행사가 진행되었다. 정부에서 지원하는 행사비가 그곳으로 내려갔다. 내가 알기로는 아버지를 〈이 달의 문화인물〉로 선정해달라는 신청을 고향의 여러 어른들과 군청 및 문화원을 비롯한 유관기관이 제출하였고 그래서 신청한 쪽에 행사비 전액이 내려간 것으로 듣고 있다.

이 소식이 서울의 〈지훈상 운영위원회〉에 알려지자 영양뿐만 아니라 서울에서도 아버지를 기리는 행사를 가져야 한다는 쪽으로 공론이 모아졌다고 한다. 아버지가 시인으로서 혹은 국학자와 논객으로서 활동한 무대가 서울이고, 또 서울에는 생전의 친지 · 후배 · 제자 문인과 학자들이 다 모여 있는데 아무 행사도 없이 그냥 넘어간다는 것은 말이 안 된다고 결론을 내렸다는 것이다.

6월 중순경 하루를 잡아 거창하게 기념행사를 갖기로 결정한 것까지는 좋으나 비용이 문제였다. 모든 일은 돈을 필요로 하지 않는가. 정부의 지원금은 모두 영양으로 내려갔는데 다시 문화관광부를 찾아가서 서울의 행사비도 지원해달라고 말할 수는 없는 노릇이었다고 한다. 그때에 지훈상 운영위원장인 홍일식 선생이 나섰다고 한다. 어떻게 해서든 비용을 마련해 올 터이니(정부기관이 아닌 곳에서) 일을 추진하자고 밀어붙였다고 한다. 그분은 3월 하순경에 어느 교육 · 문화 기관으로부터 1천만 원의 협찬금을 마련하여 기념행사 준비를 본격적으로 시작하도록 계기를 마련해주었다고 한다.

지훈상 운영위원들과 고려대학교의 젊은 강사 몇 분들이 거의 3개월에 걸쳐 기획하고 탄탄하게 준비한 끝에 6월 15일 토요일 오후 2시부터 7시 30분까지 장장 5시간이 넘는 다양한 행사가 고려대학교 민족문화연구원 큰 한옥 건물에서 성대하게 거행되었다고 한다. 이 모든 사실을 내가 소상하게 알게 된 것은 그로부터 4년여의 세월이 지나 고려대 교내에 아버지의 시비가 세워진 2006년 9월말 잠시 귀국하여 그때 행사를 맡았던 몇 분의 아버지 제자로부터 들어서 비로소 알게 되었다.

그해 6월은 한일 월드컵이 있던 달이다. 나라와 국민 모두가 월드컵 열기에 휩쓸려 있어서 행사가 제대로 될지, 초청한 사람들이 과연 얼마나 올 것인지가 행사를 준비하던 분들의 큰 걱정거리였다고 한다. 그때 전국의 모든 문화행사와 학회의 모임들이 펑크가 나는 것이 거의 대부분이었으니 3개월여를 준비한 분들의 마음 고생이 어떠했으랴.

다행히 6월 15일은 한국팀의 경기가 없어서 천만다행이었다고 한다. 행

2002년 6월 아버지는 〈이 달의 문화인물〉로 선정되어 서울과 영양에서 다채로운 행사가 펼쳐졌다. 서울에서의 행사는 "芝薰의 시 · 학문 · 삶"을 주제로 아버지가 초석을 놓았던 고려대 민족문화연구원에서 열렸다.

사가 시작되기 전부터 문화계 · 학계 · 고려대학교 관계자와 대학원 학생들이 몰려오는데 연인원 4백여 명! 문화 · 학술행사에 이런 정도의 많은 사람이 참석하는 일은 근래의 드문 일이었다고 한다.

기념행사의 주제는 '芝薰의 시 · 학문 · 삶'으로 정해 놓고 제 1 부는 아버지의 학문세계를 조명하였다고 한다. 김헌선(경기대) 교수의 민속학 관계의 논문, 김인환(고려대) 교수의 한국미 탐구에 대한 조명, 김기승(순천향대) 교수의 한국독립운동사에 대한 평가의 논문이 발표되었다. 전공자에게나 필요한 학술논문의 발표임에도 개회 때 이미 민족문화연구원 강당은 입추의 여지가 없을 정도로 꽉 찼다고 들었다.

제 2 부는 문학행사. 오세영(서울대) 교수의 지훈과 한국의 현대시를 성찰한 글이 발표되고 이어서 김종길(고려대 명예교수) 선생의 〈주실에서〉, 오

고려대 민족문화연구원에서 개최된 "芝薰의 시 · 학문 · 삶" 및 제 2회 지훈상 시상식에서 한국예술종합학교 양성옥 선생이 펼친 〈승무〉 공연

탁번(고려대) 교수의 〈春雪〉 등 두 편의 추모시가 낭송되었다. 그 뒤를 이어서 아버지의 대표적인 시작품 10편이 쟁쟁한 시인들에 의해서 또한 낭송되었다고 한다. 그때의 분위기가 그렇게 숙연할 수 없었다는 얘기를 들었다.

제 2 부의 끝은 악곡화된 아버지의 작품 〈완화삼〉 · 〈고풍의상〉 · 〈승무〉가 성악가에 의해서, 그리고 〈승무〉 춤이 고전무용가에 의해서 공연되었는데 이때도 행사장의 열기는 계속 고조되었다고 한다. 노래를 부른 성악가와 춤을 춘 무용가 두 분은 모두 여성이었는데 시내 대학교수로 재직중인 저명한 예술가라는 얘기를 들었다. 성함을 몰라 적지 못함이 아쉽다.

제 3 부는 제 2 회 지훈상 시상식이 기념행사로 채워졌고 이어서 로비에서 리셉션이 있었는데 그때까지 남은 분들이 2백 명을 능가하였다는 얘기도 들었다. 한마디로 대성황이었고 아버지가 돌아가신 이후 이런 식의 규모가

큰 문화행사를 가진 것은 그때가 처음인 것으로 알고 있다.

이 행사를 통해 아들인 내가 특히 감격한 바는 기념공간이 바로 민족문화연구원이라는 점이다. 민족문화연구원이 어떤 곳인가. 아버지가 초석을 놓은 곳이요, 아버지의 뜻을 이어받은 홍일식 선생이 크게 성장·확장시켜 놓은 한국학의 센터가 아닌가. 그런 곳에서 행사를 가졌다는 것이 나에게는 큰 감동이었다. 재천의 아버지께서도 기뻐하셨으리라.

다음으로 또한 감동적인 것은 어머니의 시화전이 그날 그 건물 넓은 로비에서 함께 있었다는 점이다. 아버지의 시작품 20여 편과 동양화 몇 편을 출품하여 전시하였는데 요컨대 호평이었다고 한다. 주최측의 배려와 참석자들의 큰 호응으로 출품작품 거의 대부분이 당일 판매가 되었다. 그 돈이 어머니께 전달되었다는 소식을 듣고 아버지의 제자분들이 아들도 못하는 일을 하시는구나 하는 생각을 하면서 가슴이 뭉클해짐을 느낄 수 있었다.

지금까지 기술한 내용 이외 이런저런 에피소드가 왜 없으랴, 행사의 큰 줄거리만 진술하는 것으로 끝내기로 하는데 영양의 행사에 관해서는 순조롭게 마무리지었다는 얘기 이외 관련자료도 없고 또한 상세한 내막을 몰라서 기록하지 못함을 못내 아쉽게 생각한다.

고대 민족문화연구원에서 있었던 행사의 개회사(홍일식 위원장)는 이 책 부록에 싣기로 한다.

〈지훈상〉 제정

출판인 조상호 사장 이야기

아버지께서 돌아가신 후 두 번에 걸쳐 간행된 〈전집〉 발간(일지사 및 나남출판)을 위시하여, 《조지훈연구》(고려대 출판부), 《지훈 육필시집》(나남출판), 서울 남산과 고향 주실에 새워진 두 곳의 시비 건립, 〈이 달의 문화인물〉(문화관광부) 선정 행사 등 당신을 기리는 뜻 깊은 사업들과 행사들이 있었다. 대부분의 사업들에 대해서는 앞에서 대충 언급했다. 그러나 2001년 〈지훈상〉을 제정하기까지의 경위에 대해서는 말하지 않았다. 이에 관해 내가 아는 대로 간략하게 기술키로 한다.

〈지훈상〉은 1996년 《조지훈 전집》이 출판될 때 이미 잉태되었다. 그 당시 출판계약을 맺으면서 책이 나온 후 적당한 시기에 〈지훈상〉을 제정키로 한 것이다. 4년 뒤인 2000년 5월에 마침내 출범시키기로 하고 그 틀을 박노준·김인환 교수 두 분이 맡아서 진행시켰다. 규약·취지문·기타 시상에 필요한 크고 작은 문제들을 짚고 다진 후 그해 가을 위 두 분과 나남출판 조상호 사장은 최종적으로 홍일식 선생과 만나서 마지막으로 다듬고 점검

아버지께서 보여주신 문학과 인생, 학문과 행동의 일치를 이 땅의 모든 지성인이 지켜가야 할 삶의 지표로 삼고자 나남에서 제정한 〈지훈상〉 제1회 시상식. 올해(2007년) 로 7회째를 맞는다. 왼쪽부터 박찬세, 신용하, 김종길 선생, 국학상 수상자 박경신 교수, 문학상 수상자 이수익 시인, 홍일식 선생, 어머니, 나남 조상호 사장, 신일철, 박노준 선생.

하였다고 한다.

〈지훈상〉의 정체성과 그 기반을 더욱 튼실하게 다지기 위해 11월 9일 저녁 〈한국일보〉 송현클럽에서 아버지와 가까웠던 분들 30여 명이 모여 발기회를 갖고 취지문, 규약 등을 수정 · 보완하여 통과시켰다. 규약에 따라 초대 운영위원장에 홍일식 선생을 선출하여서 그 분이 운영위원회를 조직토록 하였다고 한다. 제1회 시상식을 그 이듬해인 2001년에 갖기로 한 것도 모두 발기인 모임에서 정해졌다.

올해로 7회를 맞기까지 숨은 공로자요 운영실무와 재원을 맡아오신 '나남출판'의 조상호 사장에 대해서 이야기할 차례가 되었다. 나로서는 그분을 독자들에게 소개한다는 것 자체가 부끄럽고 그분께 죄스럽다는 생각이 먼저 든다. 실상 나도 조상호 사장과는 일면식이 없다가 그분을 직접 만나 인사를 드리고 이야기를 나눈 일이 최근의 일이었기 때문이다. 만리타국에서 살고 있다는 핑계만으로는 그분께 자식으로서 또 맏이로서 무심했던 그 동안의 나의 결례를 면할 수 없음을 잘 알고 있기 때문이다.

그 동안 전화나 다른 통신수단을 통해 간접적인 인사와 감사의 예를 표해오기만 하던 터였다. 그러다 지난 2006년 9월, 고려대 아버지 시비제막식 참석차 잠시 귀국했을 때 처음 상면했다. 롯데호텔 커피숍에서 만나 짧은 시간이었으나 많은 이야기를 나눴다. 대부분 내가 그 동안 결례를 할 수밖에 없었던 나의 살아온 얘기들이 대부분이었다.

그런 얘기들을 털어놓으면서 이 책자의 집필이 마무리 단계에 있다는 말도 우연히 하게 되었다. 조 사장은 이에 대해 많은 관심을 보였다. 다음날 파주출판도시에 새로 지은 사옥을(내가 건축을 전공했기도 하고 마침 그 사옥을 설계한 건축가가 내 바로 아래 동생 학열과 친구인 김영섭 씨였다) 구경할 겸 그곳을 방문했다. 사옥신축에 많은 공을 들인 흔적과 조 사장의 취향과 정신세계를 짐작할 수 있는 건축물이었다.

듣던 대로 성공한 출판인이었다. 많은 이야기를 나누고 아쉽게 헤어질 때 조 사장이 내게 품위 있게 잘 만들어진 두툼한 책 한 권을 선물했다. 《아름다운 사람들과 함께 한 나남출판 4반세기》라는 책이었다. 나는 미국으로 돌아와서 그 책을 읽고 조 사장에 대해서 모르고 있던 사실들을 많이 알게 되었다.

"사람이 책을 만들고 책이 사람을 만든다", "나남출판사의 책은 쉽게 팔리지 않고 오래 팔립니다"라는 출판철학을 고수해온 그는 지금까지 무려 2천여 종의 책을 펴냈고, 그 중에서 800여 종은 '스테디셀러'들이다. 출판인들은 이러한 저력의 원천은 그의 뛰어난 기획력과 부지런함이라고들 한다.

1986년에 김준엽 선생의 《장정》을, 1997년에 《조지훈 전집》을 내면서 출판사가 틀을 잡기 시작하고, 《백범 전집》이 나오면서 비로소 한국문화의 큰 그릇의 준비를 한다는 조 사장은 1950년 전남 장흥생이다. 고려대 법대 재학중 민주화운동에 관여하여 재적돼 언론인의 꿈을 접고 출판업에 뛰어

들었다. 뒤늦게 언론학 분야에서 석사와 박사학위를 받고 연세대 언론대학원에서 언론사상사, 출판론을 강의하고 있다. 대한민국 문화예술상(2005년)을 받고, 〈조지훈전집〉으로 한국일보사의 제 37회 한국출판문화상(1997년)을 수상했다.

스승에 대한 조상호 사장의 숭배와 특별한 흠모

〈지훈상〉이 출범할 무렵 유력한 두 일간지에서는 그를 이렇게 말한 바 있다.

> … 매스미디어 분야 및 사회과학 전문출판사이면서도 신사옥으로 옮기자마자 한 일이 학계 전문가들을 모아 《조지훈전집》(전9권)을 새로 출간한 것이었다. 방대한 분량에 달하는 지극히 어려운 교열 교정 작업도 직접 했다. 지훈에 대한 그의 '사숙(私塾)'은 광주고 시절로 거슬러 간다. 고려대 교수였던 지훈이 겨울방학 때 지방 강연회에서 '선비의 지조'에 대해 강의하는 것을 듣고 큰 감명을 받은 것이 인연이 됐다. 이듬해 조지훈이 세상을 뜨는 바람에 그에게 직접 가르침을 받을 기회가 없어졌지만 그는 선생의 체취를 조금이라도 가까이 느끼기 위해 고려대에 진학했다. 이후 직접 가르침을 받은 제자들 이상으로 지훈을 섬겼다.

조 대표는 "지훈 선생은 한국의 현대정신사를 대표하는 '큰 바위 얼굴'이셨다. 먼발치에서나마 그 분을 접했던 것은 가장 소중한 인연으로 생각하고 있다"고 말했다.(〈동아일보〉, 2000. 11. 9.)

" … 芝薰賞은 나남출판사 조상호 대표의 지훈 섬김의 결정체다. 지훈을 우리가 되찾아야 할 선비장신의 표상이라고 믿는 그는 … 우리가 존경하는 인물이 누구라고 말할 때 그것이 진정한 가치를 가지려면 일상 속에서 그 존경하는 사람의 말과 행동을 기리고 따라야 한다. 존경은 관념이 아니고 실천인 것이다. 기성세대든 지금의 어린이든 자신이 존경한다는 인물의 됨됨이나 그가 한 노력의 근처에라도 가보려고 애쓴다면 세상은 완전히 바뀔 것이다.

출판인 조상호(51. 나남출판 대표) 씨는 시인이자 국학자인 조지훈을 존경한다. 그는 외아들의 이름을 지훈이라 지었고, 20여 년 전 절판된《조지훈 전집》을 1997년에 간행했다. 출판사 사옥도 지훈빌딩이라 이름지었다. 또 숙원이었던 〈지훈상〉을 사재를 털어 제정했다.… 그는 '지훈처럼 지금까지 살아왔는가'라는 물음에 "앞으로 지훈처럼 살아갈 수 있다는 가능성이 중요하다"고 했다. 남의 말에 희비하기보다는 자신이 삶의 지향점을 지훈 정도의 격(格)으로 정하고 그 목표를 향해 쉼 없이 자신을 끌고 나가면 그 가능성이 반드시 자신의 것이 될 것이라고 했다.

어쨌든 한 인물에 대한 흠모의 정을 자신의 삶 곳곳에 끼워 넣고 이를 기리는 것이 그리 간단한 일은 아니다. 조 씨의 지훈 존경은 앞서 소개한 아들 이름 말고도 많은 '증거'를 갖고 있었다. 1976년 복학(그는 1971년 위수령사태로 제적된 후 강제입대됐다) 후, 일지사에서 나온《조지훈 전집》(전6권)을 1만4천 원에 산 뒤(당시 등록금은 6만원 정도였다) 책 앞장에 '라이온스 장학금의 힘을 입어 지훈의 품에 안기다'라고 감흥을 적어놓았다.

"책만 사놓고 읽지는 않으면서 지훈, 지훈한 것 아니냐. 어디 밑줄 쳐가며 정독했는지 좀 보자"라는 추궁(?)에 일지사판 지훈전집을 꺼내 보여줬다. 전집 중 논설편을 보니 과연 여기저기, 예컨대 "이 길이든 저 길이든 우리가 찾는 길은 우리의 역사적 현실에서 가장 적합한 길이어야 한다", "그러나 예나 이제나 몰락의 길은 평이하고 향상의 길은 간고하다", "어느 길을 찾을까 하고 고민하는 사람은 그 고민이 무엇 때문인가부터 자각해야 한다" 등의 글 옆에(그때는 세로쓰기가 일반적이었다) 줄이 그어져 있었다. 그는 또 출판인으로서 늘 새겨두고 있다는 지훈의 시 〈인쇄공장〉을 큰소리로 낭독했다.

> 모래밭을 스며드는 잔물결같이
> 잉크 롤라는 푸른 바다의 꿈을 물고 사르르 밀려갔다.
> 물색인 양 뛰어박힌 은빛 活字에 바야흐로 해양의 전설이 옮아간다
> 흰 종이에도 푸른 하늘이 밴다. 바다가 젖어든다.
> 破裂할 듯 나의 心臟에 眞紅빛 잉크,
> 문득 고개들면 유리창 너머 爛漫히 뿌려진 靑春, 복사꽃 한 그루.

마치 자신을 위해 지훈이 이 시를 지은 것 같다는 그는 정신적 스승의 존재가치란 늘 그를 존경하는 사람의 현재를 그 스승이 감시하고 격려하는 데 있을 것이라고 했다. "내가 처한 이 입장을 스승이라면 어떻게 했을까. 내 행동이 스승의 기준에 비춰 부끄러운 것이 아닌가" 하는, 자신을 엄격하게 지탱시키고 때로는 비빌 언덕이 되어주는 그런 존재라는 것이다. 이런 점에서 한 스승에 대한 모심은 집단적 종교와는 또 다른 개인의 종교(宗敎)가 된다는 것이 그의 믿음이다.

조씨는 1979년 출판사를 차린 이래 지금까지 사회과학서와 문학서를 중심으로 2천 종 가까운 책을 냈다. 특히 언론관련 출판을 전문적으로 개척했고 지금은 독보적 지위를 누리고 있다. 혹자의 평처럼 그가 지훈과 다른 방식으로 살아왔다면 그것이 가능했을까 하는 의문은 자연스럽다. 지나온 사연을 잘 알지는 못하지만 "남이 뭐라고 하든 옳다고 뜻한 바를 소신 있게 밀고 왔다"는 그의 말에 무언가 실리는 것은 그 책들 때문이다. 그의 사옥 지훈빌딩 앞에는 나이 든 소나무가 두세 그루 서 있다. 지을 때 그 공간을 활용하면 음식점 같은 데 세를 줄 수 있었지만 풍류 비슷한 마음에 포기했다고 한다. 그는 사무실 안에도 작은 대나무 밭을 가꾸고 있다. 그가 언제

나 지훈의 뜻을 되새기며 걸어가기를 기대한다. ("'지훈사랑' 뚜벅 걸음 30년 내 삶은 외길이라오", 이현익의 人物오디세이, 〈중앙일보〉, 2001. 2. 5.)

나남출판의 엘리베이터 안에는 작은 글씨로 "나남은 책을 만들고 책은 사람을 만듭니다"라고 씌어져 있었다. 결국 말을 바꾸면 '나남이 사람을 만든다'는 말이 된다. 대단히 야심찬 구호다. 나의 아버지를 흠모해서 자신의 아들도 고려대에 진학시키고 사옥의 당호까지 지훈빌딩이라고 이름 붙였다. 이를 두고 혹자들은 "매일 자기 아들을 '지훈아, 지훈아' 부를 것이 아닌가. 이런 민망한 일이 어디 있겠나"라고 하는 사람들도 있을 것이다. 하지만 이것도 용기라면 용기일 수 있다고 본다.

생각하기 나름이다. 앞에서 중앙일보 기자가 언급한 것 같이 "한 인물에 대한 흠모의 정을 자신의 삶 곳곳에 끼워 넣고 이를 기리는 것", 그럼으로써 그 순간순간마다 '지훈처럼 지금까지 살아왔는가'를 스스로에게 물으며 자신을 채찍질하며 자신의 삶의 지향점을 '지훈 정도의 격'으로 정하고 그 목표를 향해 쉼 없이 자신을 끌고가려는 의지라고 보아줄 수는 없을까. 존경하는 정신적 스승이 늘 감시하고 격려하는 속에 스스로가 서 있고 싶은 강한 열망 때문이라 생각해 줄 수는 없을까. 말 많고 탈 많은 세상에서 억울한 소리도 들을 수 있을 것이다. 그러나 분명한 사실은 그 오해를 풀 수 있는 사람은 오직 조 사장에게 달려 있다는 것이다. 다만 한 가지, 나의 아버지를 너무 숭배한 나머지 스승을 기리는 사업에 대한 '독점욕'(?)이 강한 것이 흠이라면 아름다운 흠이랄까.

파주 출판도시 내, 나를 배웅하러 그의 사옥 지훈빌딩을 나오면서 조 사장은 사옥 입구에 아버지의 시 〈인쇄공장〉을 동판에 새겨 놓은 것을 가리키며 꼭 자신을 위해 쓰신 시 같다고 했다. 그는 또 나의 아버지의 시구 중

나남출판 파주사옥 1층 입구 동판에 새겨진 아버지의 詩 〈인쇄공장〉

"마음이 가난한 게 유일한 재산이올시다/ 어떠한 고난에도 부질없이 생명을 포기하지 않을 신념이 있습니다/ 조금만 건드려도 넘어질 사람이지만/ 폭력 앞에 침을 뱉을 힘을 가진 약자올시다" 라는 시를 입 속으로 즐겨 읊어 본다고 했다.

"출판을 통해 어떤 권력에도 꺾이지 않는 정의의 강(江)처럼 한국사회의 밑바닥을 흐르는 힘의 주체를 그려보고자 했다" 는 그, "자기 자신이 늠름하게 설 때만이 비로소 남도 인정할 수 있을 것이다" 라는 그의 말을 신뢰하며 아버지께 직접 배우지는 못했으나 정신적 스승이신 나의 아버지의 훌륭한 제자로서 "넓은 자유에 맞부딪치는 늠름한 인물"로 우뚝 서 세인들에게 이를 인정받는 인물이 되기를 바라면서 그의 앞날을 위해 기도하였다. 상업성을 떠나 진정으로 존경하는 한 인물에 그토록 경도되어 있는 출판인의 드문 모습을 접한 희열감에 듬뿍 젖으면서.

그에 대한 나의 글이 이토록 길게 된 까닭은 그가 자진하여 아버지의 전집을 내고, 〈지훈상〉을 제정해서만이 아니라 그의 정신세계 속에 나의 아버지가 아들인 나보다 더 의연하게 정좌해 있어서 나를 감동시키고 있기 때문이다. 그 감동은 나의 이 졸저가 그의 출판사에서 나온다는 사실 자체마저 잊게 하기에 충분한 것이다.

안암의 언덕에 돌아오신 아버지

- 고려대 교정에 세워진 〈조지훈 시비〉
- 아버지 시비 제막식에 다녀와서
- '마음의 태양' 으로 살아계신 아버지

고려대 교정에 세워진 〈조지훈 시비〉

지난 2005년 8월 28일엔 미국 뉴욕근교 뉴저지 주 힐튼호텔에서 개최된 고려대학교 뉴욕 교우회 주최 개교 100주년 기념 '해외석탑제(海外石塔祭)'에 아버지를 대신해서 초청받는 영광을 얻었다. 어윤대 총장을 비롯해서 한승주 주미대사, 최광식 고려대 박물관장, 강성학 교수의 강연을 들었고, 미국거주 명사로 '고려대를 빛낸 고려대 졸업생'으로 특별 초대된 재미한인 언론인 이경원(살인누명을 쓰고 수감된 동포 김철수 사건을 끈질기게 파헤쳐 석방시킨 공로가 큰 언론인) 선생과 자리를 함께하였는데 선생은 "지훈선생은 실천하는 시인(*Poet of Engagement*)이셨다. 동양의 라이나 마리어 릴케이시다"고 칭송하시기에 "내가 아버지의 전집을 영어로 번역해 미국서 출판했으면 하는 꿈을 가지고 있다"고 했더니 신문 헤드라인을 다루는 노련한 신문기자답게 금세 그 책 제목은 'Cho Jee Hoon — The window into the SEOUL of Korea'라고 하면 좋겠다. Social context로서 또 미국의 Pop culture가 될 수 있을 것이다" 라고 하셨다. "문제는 번역을 누가 하느냐가 관건"이라고 내가 걱정하자 번역을 잘 할 수 있는 분으로 한국의 모 대학 교수를 추천하기도 하셨다.

그리고 그날, 거기서 아버지가 지으신 고려대 교가를 들었고, 다음날 고연전 운동회에서는 아버지가 지으신 힘찬 고려대 응원가를 들었다. 오는 2010년을 목표로 '세계 100대 대학' 프로젝트를 가동한 고려대의 야심찬 계획과 발전상을 영상으로 볼 수 있는 기회도 가졌다. 고려대 교정의 호상(虎像)탑에 새겨진 아버지의 글 속의 글귀들로 기부금의 액수를 매긴 것도 인상 깊었다. 이를테면 '민족의 힘' 100달러, '정의의 길' 2천 달러, '불타는 야망' 1만 달러, '너의 지조' 2만 달러, '영원한 고동' 4만 달러 식이었다.

民族의 힘으로 民族의 꿈을 가꾸어 온
民族의 보람찬 大學이 있어

너 항상 여기에 自由의 불을 밝히고
正義의 길을 달리고 眞理의 샘을 지키느니

地軸을 박차고 咆哮하거라
너 불타는 野望 젊은 意慾의 象徵아

宇宙를 향한 너의 부르짖음이
民族의 소리되어 메아리 치는 곳에

너의 氣槪 너의 志操 너의 叡智는
祖國의 영원한 鼓動이 되리라. —〈虎像銘〉

수많은 대학생들이 아버지의 이 글을 가슴 깊이 새기고 이를 다짐하며 당신에게서 힘을 얻고 세계를 향해 힘차게 나갈 것이다.

고려대학교 교정에 세워진 시비. 수많은 대학생들이 아버지의 글을 가슴 깊이 새기고 이를 다짐하며 당신에게서 힘을 얻고 세계를 향해 힘차게 나아갈 것이다.

서울 남산에도, 고향 주실에도, 광주 공원에도, 구례 공원에도 제주 미술관에도 경북 다부원에도 수원 용주사에도 당신을 기리는 시비(詩碑)가 세워졌다. 또 동국대학교 교정에도 2007년 2월 제막식을 목표로 시비건립이 진행중에 있다. 그리고 마침내 고려대학교 교정에도 최근(2006년 9월 29일)에 시비가 세워졌다. 그 시비 제막식에 헌사(獻詞)되었던 시들을 여기에 소개한다.

오늘도 '늬들'이고 싶다

정진규

오늘도 '늬들'이고 싶습니다
얼굴이 뜨거워진다고 등골에 식은땀이 흐른다고 하신
그때 그 말씀, 아무나 할 수 없는 말씀
스승의 뉘우침으로 4 · 18 그때
우리들을 '늬들'이라 불러주신
그 크고 살가우신 목소리
꾸짖음과 껴안음이 함께 있는 목소리
'늬들', 그 속에는
청명한 하늘 같다 하신
그 깨달음이 그 정의가
그날 비로소 너희들이 이뻐져서 죽겠다 하신
그 너희들이 그 사랑과 신뢰가
스승이 마주 건너오고 제자가 달려가 안기는

아름다운 다리가 한 채 들어 있습니다
그 속에는 '늬들', 그 속에는
붉은 피를 쏟으며 빛을 불러놓고
어두움 속에 먼저간 수탉의 넋들아!
목메어 불러주신 그 넋들이
저기 가을 하늘 가득
푸른 창문 열고 내어다 보고 있습니다
오늘을 기리고 있습니다
오늘도 '늬들'이고 싶습니다
그때 선생님의 '늬들'이었던 나는
눈이 트인 '늬들' 이라 불러주신
그 '늬들' 가운데 하나였던 나는
지금 청맹과니가 되어
겨우 겨우 지팡이에 의지해 섰습니다
그날의 선생님처럼
얼굴 뜨거워할 줄도 등골에 식은땀 흘릴 줄도 모르는
벽창호로 서 있습니다
벌써 가신 지 사십여 년
선생님의 그때 그 연세보다
십년을 넘어 또다시 십년 가깝게 나이로만 살아온
지금 저의 '늬들' 이 왜 이리 왜소하답니까
선생님의 그때 그 연세 곁에
제 나이를 감히 세워봅니다
크신 분, 그때 선생님은 저리 우뚝하셨는데
지금 나는 무엇인가 그간 무얼 했는가 눈물이 흐릅니다

오늘도 '늬들'이고 싶습니다
청명한 가을 하늘 아래
청명하다 하신 그날의 그 머리로
오늘 하루만이라도 꼿꼿하게 걸어나가고 싶습니다
지팡이를 던져 버립니다
오늘도 '늬들'이고 싶습니다
빗돌을 세우는 진정한 뜻은
존경과 찬하만이 아닌
영원한 깨우침의 각인(刻印)이라는 걸
오늘서야 압니다

정진규 시인은 1939년 경기 안성에서 출생하셨다. 고려대학교 국문과를 졸업하고 1960년 동아일보 신춘문예로 등단하신 시인으로 현재 후학들을 지도하며 문학을 하시면서 월간 《현대시학》 주간으로 계신다. 시집 〈마른 수수깡의 평화〉, 〈들판의 비인 집이로다〉, 〈몸시(詩)〉, 〈알시(詩)〉, 〈도둑이 다녀가셨다〉, 〈본색(本色)〉 등이 있으며, 한국시인협회상, 월탄문학상, 현대시학작품상, 공초문학상을 수상하셨다.

당신은 의롭게 사셨습니다
— 조지훈 선생 시비 제막식을 축하하며

오세영

그 험난한 죽음의 시대를 당신은
꿋꿋하게 사셨습니다
나라를 빼앗겨
국토를 빼앗겨
삶까지 그 설자리를 잃어버렸을 때
당신은
민족의 영혼인 한국어를
가장 아름답게 가꾸고 지킴으로써
오늘의 우리를 이 땅에 있게 하였습니다.
그 참혹한 비극의 시대를 당신은
한몸으로 받아 안고 사셨습니다.
민족이 분열되고
국토가 분단되고
동족이 외세와 이념의 노예가 되어
서로가 서로를 증오하며 살상을 쉬지 않을 때
당신은
의연히 조국의 갈 길을 예시하여
오늘의 우리가 이렇게 살도록 인도하셨습니다
그 어둡던 시련의 시대를 당신은 또한
온 몸으로 맞서 싸우셨습니다

정의가 권력에 힘없이 짓밟히고
자유가 맥없이 강탈당하고
민중이 도탄에 빠져 처처에 신음소리 가득 넘칠 때
당신은 분연히 일어나
역사의 수레바퀴 한축을 밀고 끌어
오늘 이렇게 우리의 번영을 약속하셨습니다.
그때 우리는 보았습니다.
한 민족의 진정한 사표가 어떠해야 하는가를
한 민중의 올바른 지도자가 어떠해야 하는가를
한 시대의 순결한 예언자가 어떠해야 하는가를
아, 당신이 개척자적 소명으로 연구하고 쓰신
조국의 역사와 민속과 문학과 사상에 관한
그 빛나는 저작들
내 오늘 나의 서재에서 홀로 꼼꼼히 읽으며
한 민족의 진정한 사표는 과연
어떠해야 할지를
가슴깊이 새기고 울었습니다.

이 축시를 쓰신 오세영 시인협회 회장은 1942년 전남 영광에서 출생하셨다. 서울대학교 국문과를 졸업하고 1968년 〈현대문학〉 추천으로 등단했다. 저서로는 시집 〈아메리카 시편〉, 〈어리석은 헤겔〉, 〈벼랑의 꿈〉, 〈적멸의 불빛〉, 〈봄은 전쟁처럼〉, 〈시간의 쪽배〉, 〈꽃피는 처녀들의 그늘 아래서〉 등이 있다. 소월시문학상, 정지용문학상, 만해상 등을 수상했으며, 현재 서울대학교 국문과 교수로 재직하고 있다.

닥종이빛 돛을 올린 사람들

오탁번

自由 正義 眞理의 보통명사가
安岩의 언덕에 오면
왜 핏빛 고유명사가 되는지
그 이유를 아는 사람은 아무도 없는
2006년 고즈넉한 가을 아침,
시계탑에서 울리는
파랑새 멜로디에 고개를 들면
문득 떠오르는 그리운 얼굴들,
묵묵히 몸과 마음 다 바쳐
대학의 절대상징을 키워온
낙낙하고 훗훗한
보고싶은 얼굴들.
1946년 해방 직후
이념과 이념이 미움과 미움이
뼈와 살 죽이고 죽을 때,
敎育救國 高麗大學校의 뜻을 펼치려고
文 史 哲, 지혜의 섬을 찾아가는
虛하고도 虛한
닥종이빛 돛을 올렸다.
풍향계도 나침반도 없었지만
저마다 가슴 속에

디엔에이가 일치하는 지피에스라도 있는 양
망망대해 항해를 시작했다.
분단과 전쟁, 폐허와 기아,
독재를 깨부수는 함성 속에서
누구는 혁명의 열매를 따 먹고 도망가고
삿대질과 편견이 이판사판을 쳐도
紙筆墨 펼쳐 버선발에 衣冠을 바로 하고
시계탑을 형형하게 밝혀온 세월,
60년 별과 서리는 눈부시게 차가웠다.

이제 耳順의 아침이 밝아올 때
4·18 기념탑 앞에 잠깐 멈추어 서서
'그날의 噴火口 여기에 돌을 세운다'
미운 芝薰 생각 잠시 하다가
시계탑을 물끄러미 쳐다보노라면,
눈사람 눈썹 같은 시계바늘은
60년에 한 번씩이나 움직이겠다는 듯
눈에 보이는 시간은 진짜 시간이 아니라는 듯
우주의 블랙홀을 뚫고 오는
超時間인 양 꼼짝도 않는다.
시계탑에서 목메어 우는 파랑새는
날아가서 내려앉고 싶어도
이젠 찾을 수 없는 녹두밭을 그리워하며
가없는 우주까지 날아오른다.
士農工商의 올바른 뜻을

옴니암니 혼자 알고 있는 사람들.
아, 닥종이빛 돛처럼 나부끼는
高麗大學校의 시계탑 아래
虛虛로운 것이 가장 實하다는 것을
아는 사람은 모여라
여기가 바로 통일조국의
教育人的 資源의 本山이라는 것을
선천적으로 믿는 사람은 모여라
호남벌
내달리는 동학농민군처럼
죽창 대신 紙筆墨표 노트북 들고
文 史 哲, 文 史 哲! 외치며 모여라

오탁번 시인은 1943년 충북 제천 출생으로 고려대 영문과 및 동 대학원 국어국문학과 석·박사과정을 마치고 문학박사 학위를 받았다. 1966년 동아일보 신춘문예에 동화, 1967년 중앙일보 신춘문예에 시, 그리고 1969년 대한일보 신춘문예에 소설이 당선되었다.

시집으로 〈아침의 예언〉, 〈생각나지 않는 꿈〉, 〈겨울강〉, 〈1미터 사랑〉, 〈벙어리 장갑〉 등이 있고, 소설집으로는 〈처형의 땅〉, 〈내가 만난 여신〉, 〈순은의 아침〉 등이 있다. 한국문학작가상, 동서문학상, 정지용문학상, 한국시인협회상을 수상했으며 현재 고려대학교 국어교육과 교수이시다.

寒 天

문태준

한천이 싫다지만
나는 좋아라

배를 대고 누웠다 다시 앉으니
추웁고 맑은 하늘은 언제 오는가

가을 풀벌레소리 끊어지고
국화는 시드는데

심장 같고 샘물 같은 이
언제 오는가,
萬山을 거느리는 나의 한천은

사랑도 없이 결의도 없이
나의 내부는 이미 욕되고
언약은 기슭이 흙처럼 무너졌고나

낡은 책을 사르고
낙엽의 시간을 사르고
한천은 치장을 거부하는 외외한 良心으로 오느니

法螺를 들어 불며
嶺을 넘어
그대는 한천을 날으는
海靑으로 다시 오라

그리운 사람아, 어서 오라
내 영혼의 기갈을 적시며

한천이 싫다지만
나는 매서워 좋아라

문태준 시인은 1970년 경북 김천에서 출생했다. 고려대학교 국문과를 졸업하고 1994년에 《문예중앙》 신인문학상으로 등단하였다. 시집으로 〈수런거리는 뒤란〉, 〈맨발〉, 〈가재미〉 등이 있다. 동서문학상, 노작문학상, 유심작품상, 미당문학상, 소월시문학상을 수상했으며, 현재 불교방송 프로듀서로 있다.

승무(僧舞) La danza della monaca

번역: 니콜라 프라스키니(Nicola Fraschini)

Un bianco copricapo di seta finemente ripiegato,
Sembra un farfalla in volo,

Avvolti da quel copricapo
Canuti capelli rasati corti,

Triste e' la bellezza emanate dalla luce
Che scorre sopra quegli zigomi,

E' la notte in cui le candele si sciologono senza pronunciar parola,
E sulle foglie di paulonia tramonta la luna.

Maniche cosi' lunghe da abbracciare il cielo
E soffici calzini rivolti verso l'alto che prendono la fuga per poi tomareindietro

Le pupille nere guardano la', dove
Sotto un solo cielo si trova la luce di tutte le stelle..

Due lacrime screziano le guancie simili a fior di pesco,
La tormentano I dolori di questo mondo, ma son dolori che assomigliano alla luce delle stelle.

Le mani si fanno prima curve, si ripiegano, si allungano di nuovo
E nel profondo dell' animo sembrano unirsi in un gesto sacro.

Nel profondo di questa notte I crepitili non abranno ripposo,
Un copricapo di seta finemente ripiegato, sembra un farafalla in volo.

나는 아버지 시비 제막식에 참석했던 그날의 감회를 담아, 이 시비제막 내용을 기획특집으로 간행된 계간 문예지 《서정시학》에 아래와 같은 글을 써 보냈다.

아버지 시비 제막식에 다녀와서

나는 지금 미국 뉴욕으로 돌아와서 더글라스톤 언덕의 작은 집 서재에 앉아 이 글을 쓰고 있다.

2006년 9월 29일 오후 5시. 아버지를 기리는 시비 제막식이 고려대학교 캠퍼스 안에서 내외 귀빈들을 모시고 성황리에 치러졌다. 우리 가족에게는 참으로 감격적인 날이었다. 행사에 참석하기 위해 이곳 JFK 공항을 떠날 때의 무겁던 마음의 짐도 한결 가벼워진 듯하다.

그 동안 아버지를 기리는 수많은 행사들이 이어져 왔다. 그러나 나는 그때마다 자식으로서 맏이로서 마땅히 해야 할 도리를 다하지 못하였다.

학교 또는 각종 언론기관이나 사회단체, 출판사 등으로부터 끊임없이 밀려드는 아버지에 관계되는 다양한 일들과 행사들을 80대 중반에서 90을 바라보는 어머니가 자식들 대신 도맡아 해오셨다. 어머니는 그때마다 아버지께 조금이라도 누(累)를 끼칠까 전전긍긍, 노심초사하며 애를 많이 태우셨다.

그래도 그 동안은 동생 학열이든 태열이든 국내에 있었지만 올해는 그렇지 못했다. 막내 태열마저 스위스 제네바에 차석대사로 발령받아 공직수행중이었고 WTO(국제 무역기구) 산하 무역분쟁재판소의 의장으로 재판장직까지 겸하고 있었다. 게다가 그날이 공판을 주도하는 날이기도 하였다. 나는 만사를 제쳐놓고 귀국하지 않을 수 없었다.

아버지가 타계하신 지 어느덧 40년이 다 되어간다. 죽으면 이내 사람들로부터 잊혀지는 것이 사람의 일생이 아니던가. 그러나 반세기가 가까워오는 오늘날까지 아버지를 잊지 않고 기억하며 그리워하는 분들에 의해, 그것도 아버지가 재직하셨던 고려대학교 교정에 세워지는 기념비의 제막식 행사가 있는 날이었기 때문이다.

그날이 왔다. 어머니와 나는 고려대 정문 앞에서 식전 30분 전에 다시 만나 함께 식장으로 가기로 하고 나는 그 동안 오늘이 있기까지 수고하신 여러분들을 찾아뵙기 위해 일찍 집을 나섰다.

참으로 오랜 만에 밟아보는 고려대학교 교정이었다. 지난 2005년 여름, 미국 뉴저지 주에서 열렸던 고려대 100주년 기념 해외석탑제에 초대되어 고려대의 발전상을 영상을 통해 보기는 하였지만 이렇게 많이 변했을 줄은 몰랐다.

최동호 대학원장(조지훈 시비건립 추진위원장) 및 조광 문과대학 학장, 김인환 국문과 교수(지훈상 운영위원장) 제씨를 찾아뵙고 나니 어윤대 총장님과의 약속시간이 아직 좀 남아 있었다.

최 선생의 안내로 시비가 세워져 있는 장소로 가는 길에 옛날 아버지가 쓰시던 연구실에 잠시 들렀다. 지금은 최 선생이 쓰고 계셨다. 아버지의 연구실은 고색이 짙은 석조건물 안 복도 끝에 위치해 있었다. 그 연구실 창밖으로 하얀 천으로 씌워진 채 제막식을 기다리는 시비가 보였다.

예전이나 지금이나 별로 변한 것이 없는 그 연구실이었건만 그 자리엔 아버지는 안 계신다. 파이프를 물고 굵은 테 안경을 끼신 아버지가 창 넘어 저쪽에 시선을 던지고 계신 것 같은 착각에 빠진다. 어디선가 아버지의 기침소리, 발자국소리와 웃음소리가 섞여 들리는 듯했다. 아버지가 창문너머 저쪽에서 네 손가락으로 머리칼을 뒤로 쓸어 넘기시며 단장을 짚고 서 계신 건 아닌지 두리번거렸다. 아버지 심부름으로 또는 다른 일로 아버지를 뵈러 왔었던 어린 시절의 나이로 돌아가서 나는 잠시 회상에 잠겼다.

나는 비단 오늘뿐 아니라 내 집 창문을 두드리는 바람소리에도 깜짝 놀라며 무의식중에 어디선가 아버지가 서 계신다는 착각에 사방을 살필 때가 종종 있다.

내 삶의 들판 위에 남긴 아버지의 흔적은 그리 많지도 않았을 뿐만 아니라 함께 했던 세월 또한 짧았건만 이리도 깊이 오래도록 남아있는 까닭은 무엇일까. 아버지는 우리 동네 한복판에 서 있는 커다란 향나무 고목처럼 우리 가정을 지키며 내 인생을 이렇게 송두리째 지배하고 있었던 것이다.

나는 가끔씩 지금도 아버지가 내 곁에 계신다는 환상에 빠질 때가 있다. 혼자서 감당하기 어려운 고민이나 괴로움에 젖어서, 그 해답이 얻고 싶을 때면 나는 아버지의 글이 담긴 책장을 넘긴다. 그러면 어디선가 해답이 들린다.

“괴로움에 짐짓 웃음지으라.”

“너의 괴로움을 죽음의 저 밑창까지 닿게 하라.”

그리고 깨닫는다. 내가 겪고 있는 대부분의 현재의 괴로움들이 얼마나 세속적이고 비본질적인 것으로부터 기인했는가를 … .

아버지의 존재는 나에게 종교와 같이 내 의식을 지배하고 있다. 아버지가 내게 보여주신 삶의 방법이 현재의 나에게 좋은 본보기가 되어 언제나 든든한 기둥이 되어주고 있는 것이다.

말씀과 행동이 일치하셨던 아버지, 해야 할 일과 해서는 안될 일을 삶으로 가르치셨던 아버지, 내 생각을 통제할 수 있는 사람은 결국 나 자신이란 걸 깨우쳐주신 아버지! 진정한 자존심이란 자신에 대한 신뢰에서 나온다는

2006년 9월 고려대학교 교정에 세워진 시비. 고색이 짙은 석조건물 안 복도 끝에 있는 아버지가 쓰시던 연구실 창 밖으로 시비가 보였다. 생전부귀(生前富貴) 사후문장(死後文章)이라 하셨던 아버지! 그 아버지는 48년이라는 짧은 삶을 통해 그것을 이루셨다. 그런 아버지가 자랑스럽다.

것을 가르쳐주신 아버지! 아버지가 보여주신 삶의 모습은 우리 가족에게 가장 소중한 유산이요 이 아버지의 유산은 지금도 우리들 가슴에 온전히 보존되어 있다.

어떠한 고난에 처해도 절대로 회피하지 않고, 혼자 모면하려 하지 않고, 오로지 당신의 신념에 따라 당당하고 떳떳하게 그것들과 맞섰던 아버지! '미래에 대한 확신과 희망. 자신에 대한 무한한 믿음, 삶에 대한 정정당당함', 아들에게 줄 수 있는 유산 중에서 이보다 값진 것이 또 무엇이 있단 말인가.

나도 아버지의 믿음만큼 확고한 신념으로 삶을 마주 대할 수 있을까. 절대로 그럴 자신이 없다. 그러나 한 가지 분명한 사실은 아버지에 관한 이야기를 내 아들에게 들려주는 그 시간만큼은 나 역시 그렇게 살고 싶다는 강한 열망에 사로잡힌다는 것이다.

이런 생각들에 잠겨서 최 선생과 함께 걸어 국제관에서 열리고 있는 문과대학 60주년 기념 특별전시장까지 왔다. 최 선생과는 제막식장에서 다시 만나기로 하고 전시장에 들러서 아버지의 영혼이 담긴 육필원고와 아버지의 체취와 손때가 묻은 유품 등 우리 가족이 기증한 전시품을 관람하고 총장님을 뵙고 난 후, 어머니와 약속한 정문 앞으로 발길을 옮겼다. 아버지가 안 계신 40년 인고의 세월이 주고 간 아픔과 상처를 훈장처럼 지니고 계신 어머니의 야윈 모습을 떠올리는 나의 눈에는 어느새 이슬이 맺혔다.

어머니는 식이 시작될 시간이 다 되어도 나타나질 않으셨다. 할 수 없이 여동생 혜경을 남겨놓고 나 먼저 식장으로 향할 수밖에 없었다. 식장에는 이미 많은 사람들이 식이 시작하기를 기다리고 있었다.

나는 유가족석에 앉아계신 고모 옆에 앉았다. 미리 식장에 도착하지 못한 결례로 여러분들께 죄송스러웠으나 그보다 어머니가 더욱 걱정이 되었다. 그때 양복 주머니 속에서 휴대폰이 진동했다. 외삼촌이셨다. "너무 걱정

마라. 어머니는 식장에 와 계시다. 정신이 약간 혼미하셔서 내가 차 안에 모시고 있는 중이다." 그제야 조금 안심이 되었다.

그 동안, 고향에 세워질 문학관과 이 시비에 새겨질 글씨를 쓰시랴, 크고 작은 대소가의 집안일들로 무리하시고 긴장하신 나머지 오시는 도중에 잠시 정신을 잃으셔서 차 안에서 휴식을 취하지 않으면 안되셨던 것을 나중에서야 알았다. 겉으로 뵙기에는 아직 곱고 건강해 보이셔도 올해로 여든다섯이 되신 노모가 아니신가.

식은 예정대로 시작되었다. 아버지 작시, 윤이상 작곡의 가곡 〈고풍의상〉을 윤인숙 단국대 음대교수가 전통미 넘치게 부르면서 식은 고상하게 식순에 의해 시작되었다. 최동호 선생의 경과보고가 있었고 이어서 정진규, 오탁번, 문태준 등 고려대 출신 중견시인들과 오세영 시인협회장의 추모 및 축시 낭송이 있었다. 현승종 고려대학재단 이사장과 김종길 고려대 명예교수(예술원 부회장), 어윤대 현 고려대 총장과 아버지제자이신 홍일식 전 총장께서 축사를 해주셨다.

역시 아버지가 지으시고 윤이상 선생이 작곡하신 고려대학교 교가를 부르려고(이 순서는 식순에는 없었던 순서였다) 모두 기립하고 있을 무렵 그제야 어머니께서 조용히 내 옆에 와 서셨다.

이어서 이 시비에 새겨진 아버지의 시 〈늬들 마음을 우리가 안다— 어느 스승의 뉘우침에서〉라는 시 낭송이 있었고, 이 시비를 디자인한 조각가의 작품설명이 있었다.

예정보다 순서가 좀 앞당겨진 유가족측 인사를 위해 나는 단상에 올랐다. 한복을 단아하고 곱게 입으신 채 앞줄에 앉아 계신 어머니를 뵈니 그제야 마음이 놓였다. 나는 대략 다음과 같은 인사말씀을 올렸다.

오늘, 이 자리에서 여러분들을 뵈니 참으로 반가운 반면, 진심으로 송구스럽기 그지없습니다.

이미 오래 전부터(아버지가 가신 후 8년째 되던 해부터라고 저는 기억하고 있습니다) 이 시비건립이 추진되고 있다는 것을 들은 바는 있었으나 그동안 수십 년의 세월이 흘러 우리 가족들은 이 일을 까맣게 잊고 살아 왔는데 오늘 이 시비를 대하니 감개무량한 마음과 함께 "아버지는 복이 많으시구나"는 생각이 듭니다.

여러분들께서는 저희 아버지를 그토록 오랜 세월이 흘러도 잊지 않고 계셨는데 정작 자식들인 저희들은 이역만리 타국 땅에서 "오랜 세월을 아버지를 잊고 살았구나" 하는 회한과 함께 죄스럽고 부끄러운 마음을 지우지 못하며 여러분들께 깊은 사죄의 말씀을 올리지 않을 수 없습니다. 더욱이 제가 어렸을 때, 아버지를 뵈러 들렀던 아버지의 옛 연구실 창문으로 내다보이는 이 좋은 장소에 이렇게 훌륭하고 큰 규모의 시비와 거기에 새겨진 시를 대하니 46년 전 제가 중학교 3학년이었던 1960년 4월 18일부터 20여일 며칠간의 회상에 젖어 들게 합니다. 그 당시의 아버지의 모습과 심정을 헤아리니 깊은 감회와 함께 그리움이 사무칩니다.

4·19 학생 혁명이 나던 날, 아버지께서는 성북동 집으로 찾아 온 신문사 기자를 앉혀 놓으신 채 즉석에서 일필휘지(一筆揮之)로 신문에 나갈 시를 쓰시던 기억 또한 새롭습니다.

오늘, 이 시간, 아버지는 이 시비에 새겨진 시와 함께 역사와 전통으로 빛나는 민족의 대학 고려대학교 교정에 부활하셨습니다. 그리하여 영원히 고대인들과 함께 기억의 나라에서 영생을 누리실 것을 생각하니 실로 감격스럽습니다.

이 염원을 이루기 위해 40년 가까운 길고도 긴 세월을 포기하지 않고 여러분들께서 기울이신 노력과 그 지극한 정성을 생각하니 자식으로서 눈물겹도록 감사한 마음, 말로써 이루 표현할 길 없습니다.

끝으로 오늘의 제막식이 있기까지 부단히 노력해오신 고려대학교 국문과 교우님들 및 재직 교수님들 또 이를 위해 좋은 위치의 넓은 공간을 제공해 주시고 재정적 지원을 아끼지 않으신 고려대학교 재단과 고려대학교 총교우

> 회 여러분들, 또 이 사업에 전폭적인 지원과 격려를 아끼지 않으신 총장님 기타 이 사업의 추진을 위해 공사 다망하신 중에도 일선에서 실무를 맡아 수고해 주신 여러 선생님들께 거듭거듭 감사의 말씀을 올립니다.
>
> 오늘날까지 고려대학이 우리 민족의 위기 때마다 나라를 구하려는 인재들이 부수히 나와 누구보다도 앞장서 나섰듯이 앞으로도 이곳에서 그러한 민족의 지도자들이 끊임없이 배출되기를 바라는 마음과 함께 고려대학의 무궁한 발전을 기원드리며 유가족을 대신해서 두서없는 인사의 말씀을 올립니다.
>
> 감사합니다.

인사의 말씀을 마치고 단상에서 내려오자 어머니는 그제야 안도하신 눈빛으로 나를 바라보고 계셨다. 오로지 '조지훈이라는 이름에 누를 끼치지 않아야 한다'는 그 일념 하나로, 정신력만으로 견뎌오신 우리 어머니!

아버지가 떠나신 후 마음을 달래려 수양삼아 어머니는 서화(書畵)를 시작하셨다(붓글씨 솜씨는 예전에도 좋으셨다.) 수십 년이 흐른 어느날, 당신의 솜씨가 어느 수준이 되는지 궁금하여 대한민국 서화명인대전에(국전)에 출품해 보았다가 특선에 이어 대상까지 받으셨다. 그때 어머니의 연세는 80이셨다. 그 일을 보고 "할머니! 80에도 될 수가 있네~" 하며 놀라워하던 나의 장조카 민정이의 목소리가 아직도 귓가에 쟁쟁하다. 아버지 계실 때는 빛을 보시지 못하시다가 가신 후에 빛을 보게 되셨다.

그 어머니의 글씨로 새겨진 아버지의 시비. 이 또한 얼마나 뜻 깊은 일인가. 천상의 아버지께서도 기뻐하시리라.

행사는 아주 깔끔하고 멋스럽고 고상하게 치러졌다. 모두들 "이런 행사에 참석해 보기는 처음이다" 라고 이구동성으로 행사가 격이 높았다고 말했다. 건립추진위가 증정한 '청록집' 또한 좋은 선물이었다고 하였다.

특히 내가 인상에 남는 것은 현승종 재단 이사장님의 말씀이셨다. 당신 스스로를 낮출 대로 낮추신 겸손으로 "우리 같은 소인배들은 감히 범접할 수 없는 거인이셨다"고 고인을 높이며 칭송하는 모습이었다. 현 선생님이 어떤 분이신가. 누구에게나 존경받는 인격자 중의 인격자가 아니신가. 그래서 식은 더욱 격이 높아 보이지 않았을까.

또한 김종길 고려대 명예교수(예술원 부회장)의 말씀도 인상적이었다. 아버지와 고려대가 인연을 맺게 될 당시를 회상하시며 당신이 메신저 역할을 하셨다는 말씀과 함께 "지훈과 고려대는 궁합이 잘 맞았다. 고려대는 지훈을 필요로 했고 지훈의 기질은 고려대를 만나 더욱 빛났다"는 말씀이 그러했다.

테이프를 끊고 시비에 씌워진 흰 천을 벗기는 순서와 기념촬영을 끝으로 모든 행사를 마쳤을 때는 어느덧 고려대 캠퍼스 안에는 땅거미가 드리워져 있었다.

생전부귀(生前富貴) 사후문장(死後文章)이라 하셨던 아버지! 그 아버지는 48년이라는 짧은 삶을 통해 그것을 이루셨다. 그런 아버지가 자랑스럽다. 그리고 당신의 삶의 방식을 미워하고 가난을 거부했던 철없던 어린 시절을 후회한다.

해바라기처럼 언제나 밝은 태양만을 향하고 사셨던 아버지! 자연 속의 아름다운 것들을 볼 때마다 나는 아버지를 떠올린다.

진정으로 아름답고 가치 있게 살아가는 삶이란 작은 것에도 감사할 줄 알며 자연에 대해 책임감을 느끼며 언제든 선뜻 가슴을 내밀 줄 알고, 자연의 섭리에 따라 묵묵히 살아가는 것이요 그것이 올바른 삶의 가치란 것을 가르쳐주신 아버지!

이 모든 것들을 아버지의 삶과 남기신 글들을 통해 나는 배웠다. 아무리 훌륭한 학교라 할지라도 세상을 옳게 살아가는 이치까지 완벽하게 가르쳐줄 수는 없다.

그 지식만으로 세상의 험한 파도를 헤쳐나갈 수 없음도 알았다.

지금도 아버지의 목소리가 방안 가득히 울리는 것 같다.

"광렬아! 죽음을 공부하며 살고 있느냐?"

떳떳하고 정정당당하게 살아온 일생임을 몸으로 보여주신 아버지!

아이들에게 무언(無言)의 교훈들을 심어주며 제대로 걸어가는 삶의 행로의 모범을 보이는 아버지가 되기 참으로 어렵다는 것을 실감한다.

아버지는 우리 자식들에게 그런 모습을 보여주셨고, 이 행사를 통해 삶의 해답을 주셨다.

그런 아버지께 생전에 한 번도 해보지 못했던 말, 그 말을 오늘은 꼭 해드리고 싶다.

"아버지! 아버지 같은 분이 저의 아버지라는 사실에 감사합니다."

"아버지는 제가 알고 있는 사람들 중에서 가장 훌륭한 분이셨습니다. 아버지! 당신을 사랑합니다."

그리고 고려대학교 여러분들 정말 감사합니다.

—《서정시학》 2006년 겨울호

'마음의 태양'으로 살아계신 아버지

고려대학교 박물관에는 당신의 유품들과 육필원고들이 당신을 보는 듯 언제나 친근하게 남아있을 것이다. 당신을 기리는 〈지훈 문학상(文學賞)〉과 〈지훈 국학상(國學賞)〉은 늦은 감은 있었으나 올해(2007년)로 7회째이고 앞으로 그 빛을 더해갈 것이다. 24개 대학에서 36(2002년 기준)명이 당신을 연구하여 이미 학위를 받았고 85권의 당신의 저서는 꾸준히 읽혀져, 읽는 이들의 마음을 맑고 깨끗하게 해주며 용기와 지혜와 희망과 애국심을 불러일으킬 것이다. 때로는 그들의 정감을 울리게 하고 의(義)에 목마른 사람들의 가슴에 뜨거운 불을 지펴줄 것이다.

2007년 5월, 39주년 기일에 맞추어 개관예정인 주실의 〈지훈 문학관(文學館)〉과 〈지훈시 공원〉이 개관되면 많은 사람들이 당신의 생애와 삶을 통해 시대가 요구하는 지성인(知性人)의 소명이 무엇인가를 생각하고 학습하게 할 것이다. 끊임없이 고뇌하면서 어떤 상황에서도 불의와 타협하지 않는 꿋꿋한 기개와 지조를 배울 것이다. 또한 한국의 정서와 가락, 그리고 아름다움을 느낄 것이다. 그 기념관의 내부공사도 다 끝나고 생가와 한옥마을 및 시비 재정비사업, 기념관 뒤 시공원(詩公園)의 조경공사와 동상건립 공사

2007년 5월, 아버지 39주년 기일에 맞추어 개관예정인 경북 영양 주실의 지훈문학관. 많은 사람들이 이 문학관에 와서 아버지의 생애와 삶을 통해 시대가 요구하는 지성인(知性人)의 소명이 무엇인가를 생각하게 될 것이다.

가 한창이다. 이를 위해 우리 가족을 대신해서 불철주야, 물심양면으로 지극정성을 기울이신 나의 숙주(叔主) 조동훈(趙東勳) 어른과 고대 제자분들로 구성된 자문위원 여러분들께 감사드린다. 그 공덕에 힘입어 한동안 가닥을 못잡고 혼란스럽던 일들이 제 방향을 잡아 마무리 단계에 있다.

나름대로 이유야 있었겠으나 이분들이 관여하지 않았던 초기단계에 이루어져 보완이 어려운 시행착오들이 못내 마음에 걸린다. 귀중한 자료전시장으로서의 기념관이 필히 갖춰야할 화재 방지시설, 건실한 자료보존을 위한 실내 온도와 습도 및 공기유지, 단열 및 조절시설이 취약한 옛 목조건축물(향교?)을 그대로 모방하여 옮겨놓은 점, 협소한 시청각실 겸 강당 그리고 자료창고 및 기념품점의 부재, 야산과 너무 인접해 건축된 데다 낮은 기단으로 지면과 전시실 바닥이 너무 가까워 폭우로 인한 산사태와 물의 피해에 취약한 점 등이 안타깝다. 보완이 가능한 것으로는 안내문과 전시장내 설명

경북 영양 주실의 지훈문학관 내부

문을 한글과 영문을 함께 사용했으면 하는 바람이 있다. 아버지 생전에 늘 충고하셨듯이 단지 옛것의 모방의 답습이 아닌 올바른 전통계승의 특징을 살린 건축물, 현대적 기술과 시대적 요구에 부응하면서도 기존 한옥마을과 잘 조화를 이룰 수 있는 창의성이 아쉽다.

각설하고 이 기회를 통해 이 사업을 기획하고 예산을 집행하여 전폭적인 관심과 지원을 아끼지 않은 문화관광부 관계자 여러분들 그리고 경상북도 및 영양군 관계자 여러분들의 지대한 노고에 심심한 감사의 말씀을 올리는 바이다. 그 문학관 대문 위에 걸릴 현판과 마을입구의 머리돌에 세워질 글씨도 당신의 아내, 내 어머니께서 한자 한 획에 혼신의 힘을 다해 쓰셨다. 얼마나 뜻 깊고 기쁜 일인가.

세상에서 가장 행복한 일, 신(神)으로부터 받는 최대의 축복이 무엇인가. 그것은 '자식들의 영웅'이 되는 것이 아닐까. 아버지는 우리 자식들의 영웅일 뿐 아니라 많은 한국인들의 가슴속에 길이 살아 계실 것이다. 아버지 당신은 죽지 않으셨다. '마음의 태양'으로 가족들 가슴속에 늘 살아 계실 것이다. 당신의 시 〈마음의 태양(太陽)〉을 소리내어 읊어보며 두서없고 두렵고 부끄러운 마음으로 추모의 글을 마친다.

꽃다이 타오르는 햇살을 향하여
고요히 돌아가는 해바라기처럼
높고 아름다운 하늘을 받들어
그 속에 맑은 넋을 살게 하라.

가시밭길을 넘어 그윽히 웃는 한 송이 꽃은
눈물의 이슬을 받아 핀다 하노니
깊고 거룩한 세상을 우러르기에
삼가 肉身의 괴로움도 달게 받으라.

괴로움에 짐짓 웃으량이면
슬픔도 오히려 아름다운 것이
고난을 사랑하는 이에게만이
마음 나라의 圓光은 떠오르노라.

푸른 하늘로 푸른 하늘로
항상 날아오르는 노고지리같이
맑고 아름다운 하늘을 받들어
그 속에 높은 넋을 살게 하라.

부록

- 두 전집의 서문(序文)
- 《조지훈연구》 서문
- 《조지훈 육필시집》 해제
- 서울 남산 시비 비문
- 향리 주실에 새겨진 아버지 시비 비문
- 고려대학교 교정에 세워진
  시비 건립취지문 및 비문
- 마석리 묘소 묘비 비문
- 〈이 달의 문화인물〉 행사 축사문
- 〈지훈상〉 취지문
- 아버지 연보(年譜)
- 아버지의 시에 곡을 붙인 가곡(歌曲) 악보(樂譜)
  고풍의상(古風衣裳) ― 윤이상 작곡
  완화삼(玩花衫) ― 이영자 작곡
  승무(僧舞) ― 김용조 작곡

두 전집의 서문(序文)

▪ 일지사(一志社) 판

다음은 아버지가 타계하신 후 5년 반 만에 일지사에서 간행된 첫 전집의 서문이다. 이 간행사(刊行辭)는 김종길 선생께서 쓰셨다.

> 芝薰 趙東卓 선생이 逝去한 지 어언 5년의 세월이 흘렀다. 그의 일생은 48년이라는 짧은 기간에 불과하였지만 그가 남긴 자취는 유형무형으로 실로 눈부신 바 있다. 이제 그의 全著述을 한데 묶어 全集을 上梓하면서 우리는 그의 才能과 見識과 志氣에 새삼 놀라지 않을 수 없다.
>
> 芝薰은 실로 다방면에 걸친 재능의 소유자였다. 여기 모은 그의 著述로도 알 수 있듯이, 그는 당대 一流의 詩人이었으며 또한 論客이요 學者였다. 그에게는 華奢하고 淸壯한 시가 있는가 하면 蘊蓄을 기울인 文學論이 있고, 우아하고 磊落한 隨想이 있는가 하면 流麗한 飜譯이 있고, 堂堂한 論說이 있고, 精緻한 學術論考가 있다.
>
> 그러나, 그의 眞面目은 그가 단순한 일개의 才士요 文筆人 내지 學者였다는 사실에서 끝나지 않는다. 그는 嶺南의 이름난 家門에서 태어나 소년시절부터 詩人과 志士로서의 기틀을 잡았고, 해방 후에는 교육계와 학계에 몸담으면서 공산주의와 대결하는 民族文化陣營의 先鋒으로, 그리고 歷代 政權을 비판하는 대표적인 知識人으로 활약하였다. 여러 문화단체의 중심인물로서, 高大附設 民族文化硏究所의 初代所長으로서 그는 또한 뛰어난 조직력과 영도력 및 기획능력을 발휘하기도 하였다.
>
> 이와 같은 그의 재능과 마찬가지로 그의 교양 또한 다방면에 걸친 것이었다. 그는 少時부터 漢學과 불교에 조예가 깊어 漢詩에 능통하고 참선의 경험을 가졌을 뿐 아니라, 후일 漢文古典의 번역사업에도 깊이 관여하였다.

그는 또한 전공분야인 문학 이외에 철학, 민속학 및 사회과학에도 상당한 소양을 가졌던 것이니, 그의 민속에 관한 論考와 〈韓國文化史序說〉 및 〈韓國獨立運動史〉 등의 저술은 그러한 소양의 결실이었다.

지훈은 또한 인품에 있어서도 여러 면을 갖추고 있었다. 그는 호방한가 하면 치밀하고, 楚剛한가 하면 온아하고, 집요한가 하면 관대하였으며, 멋이 있는가 하면 부지런하고, 소탈한가 하면 謹嚴하였다. 이러한 성격을 가졌으면서도 그는 이른바 팔방미인은 아니었다. 그것은 그가 언제나 正邪과 善惡과 美醜에 대한 준엄한 판단과, 그 판단에 의거한 直截한 반응과 과감한 행동을 서슴지 않았기 때문이다. 진실로 그는 대인의 풍모와 함께 秋霜같은 氣稟을 지닌 사람이었다.

전통적으로 한국의 선비, 즉 지식인들은 志操를 중시하고 강직하였지만 흔히 능동적으로 조직적인 실천력이 부족했던 것이 사실이다. 그러나 지훈은 이 양면을 겸비한 현대의 한국 선비였다. 그가 지조를 堅持하고 역설한 것은 널리 세상이 아는 바이지만, 근대 한국의 지식인 중에서도 특히 梅泉과 萬海를 그가 추앙한 것도 그분들의 志操와 剛直 때문이었다. 지훈은 실로 이들 志士詩人의 뒤를 이은 한국 최후의 선비의 한 사람이었다.

그는 또한 한국의 선비들이 흔히 그러하였듯이 호탕(豪宕)한 風流人이었다. 古來로 동양의 시인들은 詩酒를 함께 사랑하였지만 지훈도 이 전통에서 벗어나지 않았다. 그는 좋은 벗을 만나면 斗酒도 不辭하고 徹夜도 마다하지 아니하였다. 그렇게 술을 좋아하면서 언제 그렇게 많은 글을 쓸 수 있었는지 감탄을 금치 못할 정도였다. 그러나, 술이 그의 전부는 아니었다. 그는 한국 고유의 멋을 사랑하고 스스로 체득하였을 뿐 아니라, 그것을 이론화하는 데도 깊은 관심을 기울였던 것이다.

이와 같이, 지훈은 그 세대의 한국인으로서는 稀罕하리만큼 여러 가지 특질을 구비한 한 개인이었다. 才德을 겸하기도 어려운 일인데, 그에게는 재능과 인품이 어느 한편으로 치우침이 없이 두루 갖추어져 있었던 것이다. 그러나 '전체가 여러 부분의 총화보다 더 크다'는 말은 지훈에게도 들어맞는다. 우리는 詩人으로서의 지훈, 論客으로서의 지훈, 學者로서의 지훈을 따로 평가하고, 志士로서의 지훈과 風流人으로서의 지훈을 나누어 생각할 수도 있으리라. 그러나, 지훈의 眞面目을 알기 위해서는 그의 여러 면모를 통합하고 있는 그 세대의 드문 인물로서의 그의 全貌를 살펴볼 필요가 있다. 이 전집을 간행하는 所以는 바로 여기에 있다.

끝으로 우리는 이 전집출판의 어려운 일을 自進하여 맡아주신 一志社 사장 金聖哉 씨의 特志에 衷心으로 경의를 표하고 교정에 수고하신 동사 편집부원 제위의 노고에 깊은 謝意를 표하는 바이다.

1973년 10월

조지훈전집 편찬위원회

▪나남사 판

다음은 1996년 나남출판사에서 간행된 전집에 실린 서문이다. 이 서문은 김인환 교수께서 쓰셨다.

지훈(芝薰) 조동탁(趙東卓: 1920~1968)은 소월과 영랑에서 비롯하여 서정주와 유치환을 거쳐 청록파에 이르는 한국 현대시의 주류를 완성함으로써 20세기의 전반기와 후반기를 연결해 준 큰 시인이다. 한국 현대 문학사에서 지훈의 평가가 나날이 높아가는 것을 지켜보며 기뻐해 마지 않으면서도, 아직도 한국 근대정신사에 마땅히 마련되어야 할 지훈의 위치는 그 자리를 바로 찾지 못하고 있는 것이나 아닌가 하는 걱정이 없지 않다. 매천 황현과 만해 한용운을 이어 지훈은 지조를 목숨처럼 중히 여기는 지사(志士)의 전형을 보여주었다. 서대문 감옥에서 옥사한 일송 김동삼의 시신을 만해가 거두어 장례를 치를 때 심우장에 참례한 것이 지훈이 열일곱(1937)이었으니 지훈이 뜻을 세운 시기가 얼마나 일렀던가를 알 수 있다.

지훈은 민속학과 역사학을 두 기둥으로 하는 한국문화사를 스스로 자신의 전공이라 여기었다. 우리는 한국학의 토대로 마련한 지훈의 학문을 정확하게 인식하여야 한다. 조부 조인석(趙寅錫)과 부친 조헌영(趙憲泳)으로부터 한학과 절의(節義)를 배워 체득하였고, 혜화전문, 월정사에서 익힌 불경과 참선 또한 평생토록 연찬하였다. 여기에 조선어학회의 큰사전 원고를 정리하면서 자연스럽게 익힌 국어학 지식이 더해져서 형성된 지훈의 학문적 바탕은 현대교육만 받은 사람들로서는 감히 짐작하기조차 어려울 만큼 넓고 깊었다.

지훈은 6·25 동란 중에 조부가 스스로 목숨을 끊고 부친과 매부가 납북되고 아우가 세상을 뜨는 비극을 겪었다. 〈지조론〉에 나타나는 추상(秋霜) 같은 질책은 민족 전체의 생존을 위해 도저히 참을 수 없어 터뜨린 장렬한 양심의 절규였다. 일찍이 오대산 월정사 외전강사(外典講師) 시절 지훈은 일제가 싱가포르 함락을 축하하는 행렬을 주지에게 강요한다는 말을 듣고 종일 통음(痛飮)하다 피를 토한 적도 있었다. 자유당의 독재와 공화당의 찬탈에 아부하는 지식인의 세태는 지훈을 한 시대의 가장 격렬한 비판자로 만들고 말았다. 이 나라 지식인 사회를 모독한 박정희 대통령의 진해발언에 대해 이는 학자와 학생과 기자를 버리고 정치를 하려 드는 어리석은 짓이라고 비판한 지훈은 그로 인해 정치교수로 몰렸고 늘 사직서를 지니고 다녔다. 지훈은 언제나 진리와 허위, 정의와 불의를 비판하였고 나아갈 때와 물러날 때를 엄격하게 구별하여 과감하게 행동하였다.

지훈은 근면하면서도 여유 있고 정직하면서 관대하고 근엄하면서 소탈한 현대의 선비였다. 매천이 절명(絶命)의 순간에도 '창공을 비추는 촛불(輝輝風燭照蒼天)'로 자신의 죽음을 표현하였듯이 지훈은 나라 잃은 시대에도 태연한 기품을 잃지 않았다. 지훈에게는 멋은 저항과 죽음의 자리에서도 지녀야 할 삶의 척도였다. 호탕한 멋과 준엄한 원칙 위에 재능과 교양과 인품이 조화를 이룬 대인을 우리는 다시 보지 못할지도 모른다. 이른바 근대교육에는 사람을 왜소하게 만드는 면이 있기 때문이다.

지훈의 기백(氣魄)은 산악을 무너뜨릴 만했고 지훈의 변론(辯論)은 강물을 터놓은 것 같았다. 역사를 논하는 지훈의 시각은 통찰력과 비판력을 두루 갖추고 있었다. 다정하고 자상한 스승이었기에 지훈은 불의에 맞서 학생들이 일어서면 누구보다 앞에 나아가 학생들을 격려하였다. 지훈은 제자들과 함께 술을 마시고 서로 속마음을 털어놓기도 했고 손을 맞잡고 한숨을 쉬기도 했다. 위기와 동요의 시대인 20세기 후반기에 소용돌이치는 역사의 상처를 지훈은 자신의 상처로 겪어냈다.

지훈은 항상 현실을 토대로 하여 사물을 구체적으로 파악하려 하였고 멋을 척도로 하여 인간을 전체적으로 포착하려 하였다. 지훈은 전체가 부분의 집합보다 더 큰 인물이었다. 지훈의 면모를 알기 위해서는 그의 전체상을 살펴볼 필요가 있다. 한국 현대사를 연구하려는 사람은 반드시 먼저 한국 현대정신사의 지형을 이해하여야 한다. 우리는 지훈의 전집을 한국 현대정신사의 지도를 완성하는데 기여하리라 확신하고 지훈의 자취를 따르려는 사람들뿐 아니라 지훈을 비판하고 극복하려는 사람들에게도 지훈의 면모를 객관적으로 인식할 수 있게 해야 한다고 생각하며 오래 전 절판된 지훈의 전집을 새롭게 편찬하기로 하였다. 이 전집은 세대를 넘어 오래 읽히도록 편집에 공을 들이었고, 연구자의 자료가 되도록 판본들을 일일이 대조하여 결정본을 확정하였고 1973년판 전집에 누락된 논설들과 한시들을 찾아 수록하였다.

전집 출판의 어려운 일을 맡아 주신 나남출판 조상호 사장의 특별한 뜻에 충심으로 경의를 표하며 1973년판 전집의 판권을 선선히 넘겨주신 일지사 김성재 사장의 후의에 감사드린다. 교정에 수고하신 나남출판 편집부 여러분의 노고에 깊은 사의를 표하는 바이다.

1996년 2월

〈조지훈전집〉 편집위원

《조지훈연구》 서문

지훈(芝薰) 선생이 유명을 달리하신 지도 어언 10년이란 세월이 흘렀다. 그동안 선생을 기리는 인사·제자들이 뜻을 모아 1972년에 시비(詩碑)를 세웠고, 1973년에는 전집(全集) 7권을 간행, 세상에 내놓은 바 있다.

이제 선생의 10주기를 맞아 연구서를 간행하여 선생의 시와 학문, 그리고 인간의 전모를 오늘에 재현하는 기록을 마련하고자 한다.

생각건대 시비란 다만 그 시인을 기념하기 위한 하나의 징표요, 전집이라 함은 한 인간의 업적을 모아 놓은 자료이다. 그러므로 지나간 한 인간의 업적과 생애에 대한 진정한 모습과 참다운 가치는 후인들의 평가로 이루어지며, 연구서 간행의 의의는 실로 여기에 있다. 선생의 10주기를 맞아, 함께 지훈의 훈도(薰陶)를 받고, 시비 전집 이래 뜻을 같이해온 박노준 교수와 기념이 될 만한 일을 물색하다가 연구서 간행으로 결정을 본 것도 바로 이 때문이었다.

개인 연구서의 간행에는 대체로 두 가지의 방법을 생각할 수 있다. 하나는 어느 한 사람에 의하여 이루어지는 경우이며, 다른 하나는 여러 사람이 쓴 글을 모아 엮어내는 일이다. 이 두 경우는 모두 장단이 있겠으나 본서의 경우 후자를 택하기로 한 것은, 그동안 여러 사람에 의하여 지훈연구가 이루어져 왔고, 또 지훈의 업적이 다만 어느 한 사람만에 의하여 이루어질 수 없는 여러 분야에 걸쳐 있는 것이기 때문이다.

모두 아는 바와 같이 지훈은 어느 한 부면에서만 두드러진 분이 아니었다. 아름답고 고운 시, 맵고 날카로운 논설, 우아하고 멋이 있는 수필, 깊이 있고 치밀한 학술논문, 이 모든 부면에서 지훈은 불멸(不滅)의 광망(光芒)을 남기고 있다. 그러므로 선생의 전모를 드러내기 위해서는 이 모든 면을 골고루 파헤치지 않을 수 없고, 따라서 본서는 시론, 학문론, 인간론으로 분류 수록하는 입장을 취하였다. 이 중 인간론을 덧붙인 것은 지훈은 시인, 학자 외에도 선비, 지사로서의 높은 지조와 품격을 드물게 지닌 이였기 때문이다.

그 동안 발표된 지훈연구에 값할 만한 글은 상당한 양에 이른다. 본서는 가급적 이들 모두를 수록하기로 하였다. 개중에는 유사한 주제끼리 중복되는 것도 있고, 같은 문제에 대하여 견해를 달리하는 경우도 있으며, 또 지훈시(芝薰詩)의 단처(短處)를 날카롭게 비판한 글도 있다. 그러나 고인에 대한 연구가 다만 추모와 찬양에 있는 것이 아니라면, 이들 모두를 선입견 없이 수록하는 것이 도리요, 일체의 호훼포폄(好毁褒貶)을 초월하는 것이 연구서 본래의 사명일 것이기 때문이다.

그러나 여러 사람의 다양한 글이라 하더라도 한 인물의 연구라는 통일성과 체계를 갖추도록 일관된 배열을 신중히 고려하였다. 기발표 외에 필요하다고 생각되는 경우, 새로 주제를 설정, 집필을 의뢰하여 수록한 글이 전체의 약 3분의 1이 되는 것은 이와 같은 이유에서이다. 그러므로 독자들은 본서로써 처음 대하는 지훈론이 적지 않을 것으로 생각된다.

이렇게 지훈연구에 관한 글들을 한 자리에 앉혀 놓고 보니, 고인의 위인과 업적에 비하여 소략(疏略)된 부분이 많은 것 같다. 그러나 이러한 점은 앞으로 지훈에 관심 깊은 이들에 의하여 계속 채워질 것이다. 바라건대 본서가 본격적인 제 2 제 3의 지훈연구의 실마리가 되고, 그 길잡이가 된다면 더 없는 다행이겠다.

끝으로 본서에 전재를 허락해 주신 기발표 논문의 여러 필자들과 새로 집필해 주신 분들의 호의에 고마움을 드리며, 본서를 기꺼이 출판해 주신 고대출판부 한만운 부장과 직원 여러분께 깊은 감사를 드린다.

1978. 8

인권환(印權煥)

《조지훈 육필시집》 해제

1

선생께서 돌아가신 후 서른 세 해 동안 고이 간수해 오던 육필시집을 공간(公刊)한다. 이에 우리는 새삼 선생의 초상을 떠올리며 애틋한 그리움과 추모의 상념에 젖는다. 한동안 잊었던 옛 스승의 의연한 모습을 접하고, 묵직한 육성을 듣는 듯한 기쁨을 누린다. 이제 이 귀중한 친필시집을 처음 찾았을 때의 감격스런 순간으로 돌아가서 그 자초지종의 경위를 밝히는 기회를 갖기로 한다.

선생의 장례를 치른 지 한 달쯤 지난 1968년 6월 중순경, 홍일식 · 인권환 · 박노준 등은 선생의 장서와 원고정리 작업에 착수하여 약 4개월에 걸쳐 그 대강의 일을 마쳤다. 그로부터 4년 뒤인 1972년에 다시 한달 반 동안 손질을 하여 모든 작업을 마무리하였다. 원고의 경우는 발표 · 미발표를 막론하고 선생의 전업적을 찾아내어서 글의 성격에 따라 몇 갈래로 분류하여 목록에 기재해 놓고 곧 찾아올 전집 간행의 때를 미리 대비해 놓기로 하였다.

세 사람 모두 직장에 매인 몸이라 주로 주말에 시간을 내서 성북동(2차 작업시는 수유동) 선생댁을 찾았다. 갈 때마다 너무나 일찍 스승을 잃은 비통함에 젖어 서로 대화를 나누는 일도 별로 없이 묵묵히 손을 놀리던 일이 마치 몇년 전의 일인 양 기억에 새롭다.

그런 식으로 작업에 몰두하던 어느 날이었다. 책장 서랍 깊숙한 곳에 숨어 있던 한 뭉치의 원고묶음을 찾아내어 풀러 본 순간, 우리는 누가 먼저라 할 것 없이 놀라움의 나직한 탄성을 내지르고야 말았다. 당신께서 직접 정서한 두 권의 육필 시선집, 그리고 시작(詩作)노트, 그것들은 모두 우리

눈에 익숙한 선생의 글씨임이 분명하였다. 곧 흥분을 가라앉히고 사모님을 급히 모셔서 여쭤 보았으나 그분도 전혀 모르는 일이라는 응답이었다.

호방하면서도 치밀한 선생의 성품은 널리 알려진 바이다. 그러한 성품이 당신께서 이미 발표하신 시편들을 저장하는 일에까지 연동되어서 마침내 정본(定本)의식에 의한 육필원고로 이어질 줄은 아무도 예상하지 못한 일이었다. 아마도 댁에서 한가한 시간을 보내실 때 짬짬이 써서 책으로 묶어 놓은 것이라고 우리는 결론을 내렸다.

여기서 잠시 선생 생존시의 성북동 서재의 분위기를 회상키로 한다. 문단과 학계의 동료 후배들의 발걸음이 잦았듯이 우리도 학부 초학년 때부터 돌아가시기 며칠 전까지 댁에 무시로 출입하였거니와 그 횟수를 어찌 셈할 수 있으랴. 낮시간에 찾아 뵐 때도 그랬지만 특히 저녁 무렵이나 밤에 방문하여서 선생과 마주할 때면 바로 그 시간이 사제간의 격의 없는 담론의 시간이었다. 사모님께서 손수 마련해 주신 술잔을 들면서 선생의 말씀을 들을 때면 강의실에서와는 전혀 다른 환경에 몰입되곤 하였다.

학문하는 방법과 인생을 살아가는 기본 자세를 선생의 서재에서 배웠고 어지러운 시대를 걱정하고 한탄하는 한숨의 소리도 그곳에서 더 많이 들었다. 동서고금의 사상과 학문과 문학을 종횡으로 넘나들던 '知多선생'의 博學에 노상 넋을 잃었던 곳도 바로 성북동 枕雨堂 서재였다.

경청하는 우리의 감성을 더욱 고조시킨 것은 그분의 자작시 낭송. 그곳에서 들은 시가 몇 편쯤 되는지 알지 못한다. 세인들이 일컫는 당신의 몇 대표작보다는 질적으로는 다소 뒤질지 모르나 가장 애착이 가는 시는 일제 말기 숨어서 살던 때에 지은 〈落花〉라는 말씀을 듣던 곳도 바로 거기였다.

이 모든 장면도 잊을 수 없는 것이지만 지금도 생생하게 기억하는 것은 말씀 중에 수시로 책장 서랍을 열고 꺼내 보여주시던 각종의 원고 초안과 메모, 도표화된 자료, 서찰 등이었다. 오래된 것은 해방 전에 구상한 바를 적어 놓은 것도 있었고, 또 그 내용과 범위도 시와 국학 전반에 걸친 것이었다. 잔글씨로 빽빽하게 적어 놓은 크고 작은 종이에는 선생의 시와 학문의 씨앗들이 가득 들어차 있었다. 그걸 보이면서 설명하실 때의 모습에서 우리는 선생의 시와 학문에 대한 정열과 함께 꼼꼼한 성품을 읽곤 하였다.

원고를 정리할 때, 예의 자료를 다시 접하면서 우리가 이를 예사롭게 넘긴 까닭도 방금 증언한 바와 같이 그 존재를 이미 알고 있었기 때문이었다. 그러나 오늘 펴내는 이 육필시집의 원본을 발굴(!)했을 때의 경우는 그와는 사정이 전혀 달랐다. 선생에게서 직접 들은 바도, 또한 본 바도 없는 뜻밖의 자료였으니 그때 우리의 놀라움은 참으로 컸다. 지금 생각해 보면 이 육필시선집은 담론의 대상이 될 수 없다고 판단하셨기 때문에 거기에 대해선 평소 거론하지 않으셨다고 사료된다.

2

독자들도 이 책의 첫 장을 넘기는 순간 쉽게 간파하겠지만, 요컨대 이 육필시선집은 기간(旣刊)의 여러 권 시집에서 뽑은 작품들을 정서해 놓은 것이다. 이미 발표된 시들을 굳이 새로 베껴 놓을 필요가 없을 터인데도 정필로 옮긴 선생의 의도가 무엇인지 정확히 알 수 없다. 앞에서도 언급한 바와 같이 아마도 정본의식에서 당신의 필적을 남기려 하신 것은 아닌지 그렇게 헤아려 볼 뿐, 더 이상의 추정은 불가능하다.

설혹 다른 관점에서 요량할지라도 어쨌거나 이 시선집은 펜이나 만년필로 다시 베껴쓴 미공개(未公開) 자료라는 점에서 그 특장을 찾을 수 있다. 바로 그 점에서 우리는 이 육필시선집의 의의와 가치를 평가하고자 한다.

이렇게 생각해 보면 알 일이다. 즉, 옛 시대의 선비나 문사들은 자신이 지은 시문과 서찰 · 서문 · 비문 등 각종의 문장을 한 벌 정서해서 남겨놓는 것을 상례로 삼았다. 사후 후손이나 제자들이 문집을 편찬할 때 초고로 쓰게 하기 위해서였다. 그 사정을 시대를 달리해서 살고 있는 우리는 충분히 이해할 수 있다.

그러나 선생의 경우는 여기에 해당되지 않는다. 이미 활자화된 시집들이 쌓여 있으니 전집편찬에 자필원고가 따로 소용되지 않기 때문이다. 그럼에도 약 150편의 시편들을 친필로 보존코자 하였으니 이 점이 희한하다고 하지 않을 수 없다. 또 요즘의 시인들은 어떤지 모르나 적어도 선생께서 활동하던 시대의 시인들 중에서 활자화된 자작의 시를 다시 베껴서 정리해 놓은 예가 과연 있는지 우리는 알지 못한다. 문예지 등 잡지나 신문에 발표키 위해서 보낸 원고를 본인이나 후배 제자들이 나중에 되찾아서 수집하거나, 출판사의 상업적 판단에 따라 육필시집을 간행한 경우를 제외한다면 시집을 낸 뒤 다시 그 시집의 시들을 손수 육필로 남긴 시인은 거의 찾기 힘들다고 단언을 내려도 좋지 않을까 싶다. 이런 점들을 고려하고 이 시선집을 읽으면서 그 안에 내포된 여러 가지 함의를 캐내는 일은 독자들의 몫으로 남겨두기로 한다.

3

이 《지훈 육필시집》은 시작 노트를 제외한 예의 두 권의 자료를 합책한 것이다. 원래는 노트本(15×19㎝)에 31편, 백지책자本(20×27.5㎝)에 117편 도합 148편이 전해 오고 있으나 전자에 실려 있는 작품들 가운데 27편이 후자에 재록(再錄)되어 있어서 중복을 피하기 위하여 전자의 것을 취하고 후자의 것을 빼기로 하였다. 따라서 재편집된 이 시선집의 총 편수는 121편이 된다.

이 자필시집을 언제부터 쓰기 시작했는지는 연대 표기가 없어서 전혀 알 수 없다. 끝낸 시기도 정확히 알 수 없으나 다만 선생이 마지막으로 펴낸 제5시집인 〈여운〉이 1964년에 간행된 점을 참고하여 그 시집에 수록된 작품이 육필시선에 겹쳐 있는지 여부를 따져 보면 그 대강의 시기를 어림짐작은 할 수 있을 터이다.

두 권 중 노트本이 먼저 작성된 것만은 확실하다. 겉표지에 〈芝薫詩鈔 — 玩虛山房藏〉이라 題한 이 자료는 선생의 초기 작품이 주류를 이루고 있을 뿐만 아니라 노트 자체가 오래된 것이다. 노트의 각면 상단에는 고무 스탬프로 숫자가 찍혀 있는데 첫면이 '145'로 되어 있으므로 일견 그 앞부분에 필사된 시들이 소실된 듯한 느낌을 주나 사정은 그렇지 않다. 고무 스탬프의 숫자가 어떤 연유에서 비롯한 것인지는 알 수 없으나 선생의 시선(詩選)과는 무관한 것이 확실하다. 그 증거로는 첫번째 작품을 시작하면서 장의 표시를 'Ⅰ'로 명기하였고 이어서 'Ⅲ'까지 연이어져 있기 때문이다.

〈芝薫詩鈔〉의 것을 말하면서 빼놓을 수 없는 사실은 여기의 글씨체가 선생의 전형적인 필체라는 점이다. 서예가는 물론 문사나 학자들도 자신의 독특한 필체가 있고 그외 한두 가지 변체(變體)가 있는 것이 상례인데 선생의 경우도 이에서 벗어나지 않았다.

후자의 표지에는 題名이 없다. 그러나 전자와는 달리 전체를 여러 장으로 나누고 장의 소제목을 따로 붙여 놓았다. 면수는 밝히지 않고 있다. 시집명을 그대로 따온 것은 한 장뿐이고(〈역사 앞에서〉), 그 나머지는 주로 작품명으로 소제목을 삼았다. 두 책 모두 기간의 시집들에 실린 작품들을 일단 흩어 놓은 뒤, 다시 몇 개의 장으로 재배열한 점과 후자의 소제목을 시집명에 따르지 않은 점 등에서 자작시 전편에 대한 선생의 최종적인 생각을 읽어야 할 것이다.

전자가 펜글씨인 반면, 후자는 만년필로 쓴 것이다. 여기에 실려 있는 118편의 작품을 한꺼번에 모두 쓰셨다고 보기는 어렵다. 시간이 나는 대로 여러 해에 걸쳐 한두 편, 또는 서너 편씩 써서 합철해 놓은 것으로 보인다. 많은 작품을, 그것도 여러 해 동안 틈틈이 쓰시다 보니 글씨체도 전형적인 필체 외에 변체도 섞여 있는 것이 이 백지책자본의 특징으로 꼽힌다. 필적을 남기려는 의도성은 이 백지책지본에서 더욱 강하게 작용되었다고 헤아려진다. 노트본을 쓰실 때는 많은 시간이 걸리지 않았을 터이고 또한 파한(破閑)삼아 붓을 드시지 않았는가 추정한다. 그런데 막상 써 놓고 보니 필사본에 애착이 가고 그래서 이 일을 확장한 것이 바로 백지책자본이 아닌가 헤아려 볼 수 있다. 노트본에서 이미 쓴 작품 27편을 이 백지책자본에서 다시 쓰신 것을 보면 선생의 강한 의도를 짐작할 수 있을 것이다.

작품의 선별기준을 어디에 두셨는지, 이 점 선생께서 함구하고 있으므로 알 수 없다. 이미 간행된 시집의 작품을 그대로 옮겨 썼음에도 오기(誤記) 이외 양자 사이에 상이한 부분이 발견되는데, 이것이 필사(筆寫)를 통해 활자본 시집의 것을 수정(修訂) · 개고(改稿)코자 하신 것인지도 알 수 없다. 이런 궁금한 대목들을 비롯하여 이 육필시선집의 자료적 가치, 이를 통해서 본 선생의 면모에 대한 성찰과 규명 등의 작업은 앞으로 현대문학 전공자가 풀어야 할 과제로 남겨 두면서 나의 증언을 겸한 해제는 여기서 마감한다.

4

이 책이 어찌 시인을 비롯한 문학 전공자들에게만 소중한 자료이겠는가. 선생의 시와 인간을 좋아하는 많은 일반 독자들에게도 이 육필시집은 아주 값진 선물이 될 터이다. 시인의 체온과 문기(文氣)가 넘쳐흐르는 친필의 시를 읽으면서 활자화된 시집에서 맛보지 못한 감흥에 흠뻑 젖기를 기대한다.

《조지훈 전집》 아홉 권을 완간한 지 4년 반 만에 전집의 별책으로 이 책을 출판해 준 나남출판 조상호 사장의 특지(特志)에 감사한다. 편집 실무에 직접 참여하여 선본(善本)을 만들어 내는 데 노고를 아끼지 않은 김 철 편집국장에게도 고마운 뜻을 전한다. 특히 지훈 선생에 대한 조 사장의 존숭의 뜻이 어느 정도로 굳고 두터운지는 알 사람은 다 알고 있다. 그 뜻이 이번에 다시 승화되어 마침내 문학과 국학 등 두 부문의 〈芝薰賞〉을 제정하기에 이르렀다. 이 책은 〈지훈상〉 제정을 기념하고 또한 여러 해 동안 진행된 제 2차 전집 간행을 마무리하는 의미에서 펴내게 된 것이다. 그 특별한 정신에 거듭 경의를 표한다.

이 소중한 원고가 분실되지 않고 오늘에 이르기까지 전해 오게 된 데에는 숨은 공로자 몇 분이 있다. 1973년 일지사에서 선생의 전집 제 1차본이 출판될 때 이 자료가 출판사로 넘겨져서 편집에 참고로 활용되었다. 전집이 완간된 후 이 자료를 다시 수습해서 잘 보관하였다가 선생 댁으로 되돌려 준 김성재 사장님을 비롯하여 당시 기획과 편집의 책임자였던 이기웅(현 열화당 대표)·유학종(현 현음사 대표) 이 세 분께도 또한 감사의 말씀을 드린다.

끝으로 편집 과정에서 김인환 고려대 교수가 이 책의 원고를 검토하여 일부 착간(錯簡)들을 바로잡아 주었음을 밝힌다.

2001년 5월 15일

박노준

서울 남산 시비 비문

남산에 세워진(1972년) 첫 번째 시비에 새겨진 비문은 김종길(고려대 명예교수, 현 예술원 부회장) 선생께서 쓰셨고, 여초 김응현 선생의 글씨로 새겨져 있다.

趙芝薰 선생은 1920년 12월 3일, 경북 英陽郡 日月面 注谷洞에서 趙憲泳 씨의 차남으로 태어났으니 본명은 東卓이다. 어려서 향리에서 한학을 공부한 후 상경하여 1939년 4월에는 〈문장〉 誌를 통하여 詩壇에 등장했고 1941년 3월에 惠化전문학교 文科를 졸업하였다. 1942년 3월부터 조선어학회의 '큰사전' 편찬에 참여한 그는 日帝의 횡포가 격심해진 2차 대전 말기를 五臺山과 고향에서 숨어 살았다.

해방 후 그는 강의와 학문연구와 文壇활동으로 일관하였으니 1947년 2월에는 전국문화단체총연합회 결성에 중앙상임위원(1949) 한국교수협회 중앙위원(1960) 세계문화자유회의 한국본부 창립위원(1961) 국제시인회의 한국대표(1961) 高大부설 민족문화연구소 소장(1963) 한국시인협회 회장(1967) 한국 新詩 60년기념사업회 회장 등을 역임하고, 1968년 5월 17일 만 48세로 애석하게 세상을 떠났다.

그의 저서에는 詩集으로 1946년에 발간된 朴木月, 朴斗鎭과의 合著《青鹿集》을 비롯하여《풀잎斷章》(1952)《조지훈 詩選》(1956)《역사 앞에서》(1959) 및《餘韻》(1964)이 있고, 詩論으로《시의 원리》(1953)가 있다. 그 밖에 隨想 및 평론집으로《창에 기대어》(1958)《시와 인생》(1959)《志操論》(1962) 및《돌의 美學》(1964)과 譯書로《菜根譚》(1959)이 있고 論考로《韓國文化史 序說》(1964)이 있으며, 論文으로는 "新羅國號研究論考"(1955) "한국민족운동사"(1964) "신라가요연구 論考" 및 "數鬪箋考"(1966) 등이 있다.

이와 같은 그의 다채로운 경력과 수많은 업적은 그의 활동이 얼마나 눈부신 것이었는가를 뚜렷이 보여주거니와 그는 비단 우아하고 淸壯한 시인이었을 뿐만 아니라 漢學과 佛敎와 근대문학에 대한 깊은 조예와 문학, 역사, 民俗學 등 여러 분야에 걸친 광범한 관심을 가진 학자였다. 또한 節介와 襟度와 風流에 있어서도 그는 당대에 이름 높던 人士로서 이미 그는 少時부터 민족의식에 투철하여 日政의 桎梏아래 그늘진 삶을 살았으며 광복 직후에는 민족주의 문화진영의 선두에서 銳鋒을 휘두르던 論客이었고 대한민국 정부수립 이후에는 역대 정권의 非理를 과감히 비판하던 행동하는 知性人이었다. 그러면서도 그의 성품은 華奢하고 치밀하였으니 그는 실로 예민한 감수성과 높은 지성과 굳센 실천력을 겸비한 시인이요 학자요 志士요 풍류인이었던 것이다.

이러한 뜻에서 그는 빛나는 한국 선비의 전통을 전형적으로 具現한 사람이요, 그가 평소에 私淑하던 梅泉과 萬海의 정신과 資質을 이어받은 당대의 큰 인물이었다. 여기 그의 생전의 벗들과 제자들이 뜻과 힘을 모아 그의 詩 〈芭蕉雨〉 한 편을 새기고 그의 행적과 風貌의 一端을 적음은 이러한 그의 빛나는 詩와 생애와 정신을 길이 후세에 전하기 위함이다.

서기 1972년 5월 17일

조지훈 詩碑 건립위원회

향리 주실에 새겨진 아버지 시비 비문

이곳 주실은 전통의 깊은 유서를 딛고서도 문화의 새로운 진운(進運)에 유달리 앞섰던 마을로서 우리 현대사에서 오래 기억될 지훈(芝薰) 조동탁(趙東卓) 선생이 나서 자라신 곳이다. 1920년 경신 12월에서 1968년 무신 5월까지 마흔 여덟 해에 걸친 선생의 생애는 그대로 우리 모두의 귀감이시었다. 약관(弱冠)에 시인(詩人)으로 몸을 일으키시어 나라 잃은 설움을 노래하시었고 나라를 되찾은 뒤에는 지조 높은 선비로서 겨레와 자유를 위해 분투하시었다. 대학 강단에서 진리의 빛을 밝히시기 20년, 어지러운 세상에서도 민족 문화를 바로 세우기에 심혈을 기울이셨으니 마음으로 선생을 우러르고 따르는 이 구름 같았다. 여기 문하생들의 작은 정성으로 선생의 한 편 사화(詞華)를 새겨 비(碑)를 세우노니 그 맑은 시혼(詩魂)과 드높은 기개(氣概)는 길이 후생의 가슴을 뛰게 하리라.

서기 一九八二年 八月 十五日
門生 洪一植 짓고
眞城 李源箕 쓰다
1982. 8. 15. “芝薰詩碑文”

고려대학교 교정에 세워진 시비 건립취지문 및 비문

2006년 9월 29일 고려대학교 교정에서 제막식을 가진 이 시비 건립 취지문과 그 비문은 조지훈 시비 건립추진위원회 회장으로 수고하신 고려대 최동호(대학원장) 교수께서 쓰셨다.

건립 취지문

조지훈 시비건립은 30여년 전부터 많은 고대인들이 간직해 온 오래된 소망이었다.

특히 지훈의 가르침을 받았던 국어국문학과 제자들과 교우들은 일찍부터 기금을 마련하는 한편 시비건립을 위해 동분서주하였으나 그 뜻을 이루지 못하던 중 한국 인문학의 요람이요 지성의 산실인 고려대학교 문과대학과 국어국문학과 설립 60주년을 계기로 마침내 이를 실현하게 되었으니 그 감회가 남다른 것이라 하지 않을 수 없다.

여기에는 학교법인 고려중앙학원, 고려대학교, 고려대학교 교우회, 고려대학교 국어국문학과 교우회, 고려대학교 재직 국어국문학과 교수, 민족문화연구원, 고대신문 동인회 등을 비롯한 수많은 교우들과 유명 무명의 독지가들의 오롯한 정성이 담겨 있다.

이제 제자들을 사랑하던 지훈의 뜨거운 열정이 담긴 시 〈늬들 마음을 우리가 안다〉를 돌에 새겨 건립하기에 이르니 이 시비가 오늘의 고대인은 물론 먼 훗날 고대의 교정을 찾을 젊은 세대들 모두에게 하나의 사표로서 그 생생한 가르침을 길이 전하는 역사적이며 문화적인 기념비가 되기를 바라는 바이다.

2006년 9월 29일

조지훈 시비건립추진위원회

비문(碑文)

조지훈의 생애와 시

조지훈(趙芝薰) 선생은 1920년 12월 3일 경북 영양군 일월면 주곡동에서 조헌영(趙憲泳)씨의 차남으로 태어났으며, 본명은 동탁(東卓)이다. 어려서 향리에서 조부 조인석(趙寅錫)씨로부터 한학을 수학한 후 상경하여 1939년 4월 〈문장〉 지를 통하여 시단에 등단했고, 1941년 3월에 혜화전문학교 문과를 졸업하였다. 1942년 3월부터 조선어학회의 〈큰 사전〉 편찬에 참여하였으며, 일제의 억압이 더욱 격심해진 시기에는 오대산과 향리에 은거하였다.

광복 직후 그는 시인이자 논객으로 맹활약을 하였으며, 1948년 10월에는 고려대학교 문과대학 국문과 교수로 부임하여 국문학을 강의하는 한편 한국문학가협회 중앙상임위원(1949), 한국교수협의회 중앙위원(1960), 세계문화자유의회 한국본부창립위원(1961), 국제시인회의 한국대표(1961), 고려대 민족문화연구소 초대 소장(1963), 한국 시인협회 회장(1967), 한국 신시60주년기념사업회 회장(1967) 등을 역임하던 중 1968년 5월 17일 만 48세로 애석하게 세상을 떠났다.

그의 시집으로는 1946년에 발간된 박목월, 박두진과 공저 〈청록집〉을 비롯하여 〈풀잎단장〉(1952), 〈조지훈시선〉(1956), 〈역사 앞에서〉(1959), 〈여운〉(1964)이 있고 시론집으로는 〈시의 원리〉(1953)가 있다. 그 밖에 산문 및 평론집으로 〈창에 기대어〉(1958), 〈시와 인생〉(1959), 〈지조론〉(1962) 및 〈돌의 미학〉(1964), 역서로 〈채근담〉(1959)이 있고, 학술논고로 〈한국문화사서설〉(1964), 〈멋의 연구〉(1964) 등이 있으며, 논문으로는 〈신라국호연구논고〉(1955), 〈한국민족운동사〉(1964), 〈신라가요연구논고〉(1964) 등이 있다. 그리고 소장으로 취임한 민족문화연구소에서 한국 최초의 분류사인 〈한국문화사대계〉(1963) 7권 11책을 기획하여 한국학의 체계를 확립하였다.

이와 같은 그의 다채로운 경력과 수많은 업적은 그가 단지 우아하고 서정적인 시인이었을 뿐만 아니라, 한학과 불교와 근대문학에 대한 깊은 조예를 바탕으로 문학, 역사, 민속학 등 여러 분야에 깊은 관심을 가진 박학다식한 학자였음을 보여 준다.

그는 실로 풍부한 감수성과 높은 지성과 굳센 실천력을 겸비한 시인이요 학자요 지사이며 진정한 멋을 아는 풍류인이었다. 이러한 뜻에서 그는 황매천과 한용운의 정신과 인품을 이어받은 당대의 빼어난 인물로 흠모의 대상이 되었다.

여기 그의 제자들과 후학들이 뜻과 정성을 모아 그의 시 〈늬들 마음을 우리가 안다〉 한 편을 차가운 돌에 새기니, 이 시는 당시 그가 재직하고 있던 고려대학교 학생들이 1960년 독재정권의 불의를 규탄하는 4.18의거에 앞장선 것을 보고 스승으로서의 감회와 제자들에 대한 사랑, 그리고 조국의 미래에 대한 우국충정을 담은 역작이라고 할 것이다. 우리는 이 한 편의 시가 민족의 대학이요 마음의 고향인 고려대학교의 교정을 지키면서 사제의 정을 돈독히 하는 한편 민족지성의 상징적 징표로서 전고대인들과 더불어 후세에 길이 빛나기를 염원한다.

2006년 9월 29일

조지훈 시비건립추진위원회

글: 최동호, 글씨: 김난희, 조각: 전항섭

마석리 묘소 묘비 비문

"芝薰漢陽趙公東卓之墓"라고 새겨진 이 묘비에 새겨진 비문은 아버지의 시우(詩友)셨던 박두진 선생께서 지으셨고 글씨는 김응현 선생께서 쓰셨다. 그 비문은 아래와 같다.

> 詩와 學問과 志氣로써 暗澹하고 多難한 歷史的 혼란기를 살면서 그 聲名을 一世에 드날린 芝薰의 本名은 東卓이다. 壹九貳拾年 拾貳月 參日 慶北 英陽郡 日月面 注谷洞에서 趙憲泳의 次男으로 태어나 壹九參九年 弱冠 十九歲에 古風하면서도 嶄新한 작품으로 詩壇에 나왔고 日帝强占下의 二次大戰 末期의 暗鬱과 慷慨를 오직 詩와 學問과 參禪으로써 五臺山 깊숙이 숨어서 달래었다. 그의 古品한 詩와 到底한 學問과 凜烈한 志氣가 鼎足의 均衡을 이루어 크게 當代에 聲望을 떨치기 시작한 것은 八一五解放 이후부터였다. 趙芝薰詩選과 歷史앞에서로 代表되는 高邁한 詩精神과 凜烈한 愛族的 詩業, 韓國民族文化史序說과 韓國民族運動史로 代表되는 高放精緻한 그의 學問的 蘊蓄, 志操論으로 代表되는 峻嚴하고 痛切한 警世의 卓論은 그의 人格과 良心과 鬪志 經綸과 人品과 窮行의 德과 아울러 그 光芒과 影響은 當代뿐만 아니라 時代를 뛰어넘은 不滅의 것으로 하고 있다. 一九六八年 五月 拾七日 四十八歲를 一期로 下世한 芝薰의 生涯와 業績은 民族과 더불어 기리기리 이어지고 또 앞으로 良心을 들어 歷史 앞에 서려는 후세 사람들의 훌륭한 龜鑑이 될 것이다.
>
> 兮山 朴斗鎭 撰
>
> 如初 金膺顯 書

〈이 달의 문화인물〉 행사 축사문

2002년 5월에 아버지는 정부로부터 '이 달의 문화인'으로 선정되었다. 이를 기념하는 행사가 고향인 영양군에서 있었고 서울에서도 있었다. 서울에서의 행사는 아버지께서 소장으로 재직했던 고려대학교 민족 문화연구원 한옥 큰 건물에서 가졌다. 그날의 행사에 많은 분들이 참석하여 성황을 이루었다. 이 글은 당시 '지훈상운영위원장'이었던 홍일식 선생이 개회사를 겸하여 읽은 축사다.

芝薰 趙東卓(1920~1968) 선생께서 타계하신 지도 어언 30여 년의 세월이 흘렀습니다. 그럼에도 선생의 초상은 생전의 그 모습 그대로 우리들의 가슴 속에 각인되어 있습니다.

선생을 일컬어 참된 선비, 知行을 겸비한 지성인, 한 시대를 밝힌 큰 스승이라 칭송합니다. 세상이 어지럽고 시대가 뒤숭숭할 때마다 선생을 기리곤 합니다. 선생을 생전사후를 떠나 우리들의 사표입니다.

〈志操論〉을 비롯하여 亂世를 걱정하며 쓰신 수십 편에 달하는 警世의 문장을 통하여 우리는 그분의 매서운 선비 정신과 역사와 사회를 정확히 꿰뚫어 보는 형안을 접할 수 있습니다. 큰그릇다운 금도와 도량을 유지하면서 애정에 바탕을 두고 비리와 불의를 질타하던 선생의 명 논설의 울림은 감동 그 자체였습니다.

선생은 약관으로 시단에 등단하여 〈승무〉, 〈고풍의상〉, 〈봉황수〉 등 빼어난 작품을 남기셨습니다. '청록파'의 한 분으로서 한국 서정시의 주류를 완성함으로써 20세기 전반기와 후반기를 이어 준 큰 시인이었습니다. 그분의 시에는 동양의 고아한 정신과 멋이 관류하고 있습니다. 시를 사랑하는 많은 독자들은 선생의 이러한 시세계에 매료되곤 합니다. 돌아가시기 직전에 지으신 〈病에게〉에서 우리는 생사를 초월한 그분의 높은 정신세계를 읽으며 새삼 옷깃을 여미곤 합니다. 시집 《歷史 앞에서》를 접할 때면 杜甫의 詩史를 떠올리곤 합니다. 선생을 한국 현대시의 큰 봉우리였고 詩史의 한 획을 긋고 가신 분이었습니다.

국학자로서의 선생의 진면목은 또 어떠하였습니까. 시인이되 우리 국학에 그만큼 밝고 많이 아는 분을 저는 아직 보지 못하였습니다. 30세 전에 일차 탈고한 《한국문화사서설》은 지금도 동학들에게 회자되는 명저입니다. 광복 직후의 학계수준이 어떠하였는지를 감안하고 이 책을 대하면 그 진가에 다시 한 번 경탄하리라 믿습니다.

《한국민족운동사》는 사학자들도 높이 평가하는 노작입니다. 희귀한 자료를 원용하여 선생 나름대로의 史觀에 입각해서 갑신정변 이후 경술국치를 거쳐 광복을 맞이하기까지 우리가 겪은 고통과 간난, 그리고 독립을 위해 싸운 한민족의 항일 투쟁사를 이 책은 명료하게 밝혀주고 있습니다.

"신라 국호연구", "신라가요의 연구" 등의 논문은 신라사에 대한 그분의 총체적인 연구의 일환으로서 어학 · 역사학 · 문학 등의 각도에서 신라의 성립 및 국호의 의미와 신라 향가에 대한 탁견을 피력한 것입니다. 신라를 감각으로서가 아니라 학술 면에서 천착한 이 연구물은 사계에 큰 반응을 일으켰습니다. 민속학에 대한 선생의 관심도 대단하였습니다. 주목할 만한 여러 편의 논문을 쓰셨고 말년에는 온전히 이 방면에 전심하여 현저한 실적을 남기고자 계획을 짜시던 차에 세상을 하직하고야 마셨던 것입니다.

국학에 대한 선생의 지대한 관심은 고려대학교 민족문화연구소장의 직임을 맡고 계시면서 광복 이후 우리 학계의 최대 성과의 하나로 꼽히는 《한국문화사대계》 전 7권을 처음서부터 기획하고 발간하는 작업에서 그 절정을 이루었습니다. 그때 제가 선생의 부르심을 받고 민족문화연구소 총간사의 직책을 맡으면서 이 거창한 민족적인 학술사업에 참여하여 진력한 일과 중도에 애석하게도 그분께서 서거하신 후 연구소장직을 이어받아 그 완간을 마무리한 일을 저는 생애의 가장 큰 보람으로 자부하고 있습니다. 뿐만 아니라 당신께서 짜놓고 가신 민속학 계획서에 따라 역사적인 출판물이라는 세평을 받고 있는 《한국민속대관》 전 6권을 공간한 일도 선생의 평생 꿈을 이루어 드렀다는 점에서 늘 흐뭇하게 생각하고 있습니다.

호탕한 성품에 멋과 풍류로 일세를 드날렸던 선생에 대한 추억을 우리 모두는 잊을 수 없습니다. 이번에 국가에서 선생을 '이달의 문화인물'로 선정함에 따라 선생의 개결한 생애와 문학 및 학문에 대한 공적을 상찬하고 기리는 기회를 갖게된 데 대해 감사의 뜻을 표합니다. 오늘 우리는 한마음으로 선생의 고매한 인품과 학덕을 새삼 떠올리며 기념의 행사를 가지려 합니다.

이 행사에 깊이 있는 글을 보내주신 학계의 인사들, 시 낭송에 선뜻 응해주신 시인 여러분들, 무용과 가곡으로 이날을 더욱 빛나게 하여 주신 예술가 두 분, 또한 그 옛날 따사로운 부부애를 회상하면서 서화를 출품해 주신 노년의 사모님께 충심으로 감사의 말씀을 드립니다. 아울러 이 행사를 기획 추진한 지훈상 운영위원 여러분과 젊은 문인 및 學究들의 노고에 고마운 뜻을 표합니다.

2002년 5월 15일

芝薰賞 운영위원회

위원장 洪一植 삼가 씀

〈지훈상〉 취지문

한국 현대시의 가장 높은 수준을 보여준 시인이며 한국문화사와 한국민족운동사 연구를 선도한 학자로서 조지훈 선생의 문학과 학문은 이 나라 문학사와 국학사에 영원히 기억될 것이다. 선생의 문학과 학문은 선비의 멋과 지조에서 우러나온 예술적 품격을 지니고 있다. 지훈 선생이 보여준 문학과 인생, 학문과 행동의 일치는 이 땅의 모든 지성인이 지켜가야 할 삶의 지표가 아닐 수 없다. 선생의 고결한 뜻을 계승하여 전통과 창조, 지식과 행동의 균형을 항상 새롭게 성취하기 위하여 이에 〈지훈상〉을 제정하는 바이다.

2000년 11월

아버지 연보(年譜)

1920. 12. 3. 경북 영양군(英陽郡) 일월면(日月面) 주곡동(注谷洞)에서 부 조헌영(趙憲泳, 제헌 및 2대 국회의원, 6·25 때 납북됨) 모 유노미(柳魯尾)의 3남 1녀 가운데 차남으로 출생.

1925.~1928. 조부 조인석(趙寅錫)으로부터 한문 수학(修學), 영양보통학교에 다님.

1929. 처음 동요를 지음. 메테를링크의 〈파랑새〉, 배리의 〈피터팬〉, 와일드의 〈행복한 왕자〉 등을 읽음.

1931. 형 세림(世林; 東振)과 '꽃탑'회 조직. 마을 소년 중심의 문집 〈꽃탑〉 꾸며냄.

1934. 와세다대학 통신강의록 공부함.

1935. 시 습작에 손을 댐.

1936. 첫 상경(上京), 오일도(吳一島)의 시원사(詩苑社)에서 머무름. 인사동에서 고서점(古書店) '일월서방'(日月書房)을 열다. 조선어학회에 관계함. 보들레르·와일드·도스토예프스키·플로베르 읽음. 〈살로메〉를 번역함. 초기작품 〈춘일〉(春日)·〈부시〉(浮屍) 등을 씀. "된소리에 대한 일 고찰" 발표함.

1938. 한용운(韓龍雲)·홍노작(洪露雀) 선생 찾아봄.

1939. 《문장》(文章) 3호에 〈고풍의상〉(古風衣裳) 추천받음. 동인지 《백지》(白紙) 발간함[그 1집에 〈계산표〉(計算表), 〈귀곡지〉(鬼哭誌) 발표함]. 〈승무〉(僧舞) 추천받음(12월).

1940. 〈봉황수〉(鳳凰愁) 추천받음(2월). 김위남(金渭男; 蘭姬)과 결혼함.

1941. 혜화전문학교 졸업(3월). 오대산 월정사(月精寺) 불교강원(佛敎講院) 외전강사(外典講師) 취임(4월). 상경(12월).

1942. 조선어학회 〈큰사전〉 편찬원(3월). 조선어학회 사건으로 검거되어 심문받음(10월). 경주를 다녀옴. 목월(木月)과 처음 교유.

1943. 낙향함(9월).

1945. 조선문화건설협의회 회원(8월). 한글학회 〈국어교본〉 편찬원(10월). 명륜전문학교 강사(10월). 진단학회 〈국사교본〉 편찬원(11월).

1946. 경기여고 교사(2월). 전국문필가협회 중앙위원(3월). 청년문학가협회 고전문학부장(4월). 박두진(朴斗鎭)·박목월(朴木月)과의 3인 공저 《청록집》(青鹿集) 간행. 서울 여자의전(女子醫專) 교수(9월).

1947. 전국문화단체총연합회 창립위원(2월). 동국대 강사(4월).

1948. 고려대학교 문과대학 교수(10월).

1949. 한국문학가협회 창립위원(10월).

1950. 문총구국대(文總救國隊) 기획위원장(7월). 종군(從軍)하여 평양에 다녀옴(10월).

1951. 종군문인단(從軍文人團) 부단장(5월).

1952. 제2시집 《풀잎 단장(斷章)》 간행.

1953. 시론집 《시의 원리》 간행.

1956. 제3시집 《조지훈 시선》 간행. 자유문학상 수상.

1958. 한용운(韓龍雲) 전집 간행위원회를 만해(萬海)의 지기 및 후학들과 함께 구성함. 수상집(隨想集) 《창에 기대어》 간행.

1959. 민권수호국민총연맹 중앙위원. 공명선거 전국위원회 중앙위원. 시론집 《시의 원리》 개정판 간행. 제4시집 《역사 앞에서》 간행. 수상집 《시와 인생》 간행. 번역서 《채근담》(菜根譚) 간행.

1960. 한국교수협회 중앙위원. 세종대왕 기념사업회 이사. 3·1독립선언 기념비 건립위원회 이사. 고려대 아세아문제연구소 평의원.

1961. 세계문화 자유회의 한국본부 창립위원. 벨기에의 크노케에서 열린 국제시인회의에 한국대표로 참가. 한국 휴머니스트회 평의원.

1962. 고려대 한국고전국역위원장. 《지조론》(志操論) 간행.

1963. 고려대 민족문화연구소 초대 소장. 《한국문화사대계》(韓國文化史大系) 전6권 기획. 《한국민족운동사》 집필.

1964. 동국대 동국역경원 위원. 수상집 《돌의 미학》 간행. 《한국문화사대

계》 제 1 권 〈민족 · 국가사〉 간행. 제 5 시집 《여운》(餘韻) 간행. 《한국문화사서설》(韓國文化史序說) 간행.

1965. 성균관대 대동문화연구원(大東文化研究院) 편찬위원.

1966. 민족문화추진위원회 편집위원.

1967. 한국시인협회 회장. 한국 신시 60년 기념사업회 회장.

1968. 5월 17일 새벽 5시 40분 기관지 확장으로 영면(永眠). 경기도 양주군 마석리(磨石里) 송라산(松羅山)에 묻힘.

1972. 서울 남산에 '조지훈 시비'가 세워짐.

1973. 《조지훈 전집》(全 7권)을 일지사(一志社)에서 펴냄.

1978. 《조지훈 연구》(金宗吉 등)가 고려대학교 출판부에서 나옴.

1982. 향리(鄕里) 주실에 '지훈 조동탁 시비'를 세움.

1996. 《조지훈 전집》(全 9 권)을 나남출판사에서 펴냄.

2000. 〈지훈상(芝薰賞)〉 (지훈문학상, 지훈국학상) 제정.

2001. 제 1회 〈지훈상(芝薰賞)〉 시상. 《지훈 육필시집》(《조지훈 전집》 별책을 나남출판사에서 펴냄.

2002. 문화부 〈이 달의 문화인물〉에 선정되어 5월에 경북 영양과 서울 고려대 민족문화연구원에서 각기 행사를 가짐.

2006. 고려대학교에 '지훈 시비'를 세움.

2007. 고려대 교우회 창립100주년 기념 '자랑스런 고대인(高大人) 상' 수상.
향리(鄕里)에 '지훈 문학기념관' 설립.

아버지의 시에 곡을 붙인 가곡(歌曲) 악보(樂譜)

▪ 고풍의상 — 윤이상 작곡

p
아른아 른 - 봄 밤 - 이 두 견 이 소 리 - 처럼
pp
dolce
깊 어가 는 밤 - - 고 와 라 고 와 라
p
f
진 - 정 - 아 름 다 운 - 지 고 -
mp

mp
호 장 저 - 고 - 리 하 얀 동 정 이
화 안 히 밝 도소 이 다 - 열 두 폭
긴 치 마 가 사르르 르물 결 을 친 다 -
mf
그 대 는 어 느
mf

cresc
나 라의고 전을 말 하 는 한 마 리호 접
cresc.
rit.
espressivo
호접 인 - 양 사뿐히 춤추라 - 아 - 미를 -
rit.
sf
p
pp
a tempo
숙 - 이고 - - 나는이 밤 - 에 옛 날에 살 - 아
a tempo
눈 감 고 거 문 고 줄골라 보리니 -

rit.
p
가는 버 들인 양
가 락에 맞춰 흰 손을 흔 들어
rit.
지이다
8va
pp
a tempo
f
ff

▪ 완화삼 — 이영자 작곡

più mosso
구 름 흘러가는
물길은 칠 백 리
나그네 긴 소매
più mosso
꽃 잎에 젖 어
술 익 는 강마을의
rit.
p
rubato
저 녁 - 노을이여 -
이 밤 자 면
저 마 을 에
꽃 - 은 - 피 리 라

다정 하고 한많음도 병-인 양 하-여
달빛아 래 고-요히 흔들리며 가노니

▪ 승무 — 김용조 작곡

rit.
얇 은 사
a tempo
하 이 얀 고 깔 은 고 이
접 어 서 나 빌 레 라
accel.

rit.
Allegretto gajamente
a tempo
파 르 라 니 깎 은머 리 박 사 고 깔 에
a tempo

감추오고
두 볼-에
호 르-는- 빛이
정 작 으로
고 와 서
poco rall.
서러-워라
서러-워라
Andantino Supplicando
빈 대 에 황 촉불이

mf
말 없 이 - 녹 는 밤 에 오 동 잎 잎 새 - 마 다
rit. f
a tempo
달 이 지 는 데 소 매 는 길 - 어 서
accel.
하 늘 은 - 넘 고 돌 아 설 듯 날 - 아 - 가 며
dim.
poco a poco rit.
사뿐이 접 어 올 린 외 씨 버 선 이 여
a tempo

Allegretto gajamente
rit.
pp
mf
mp
p
rit.
까 만 눈 - 동 자 살 포 시 들 - 어
poco a poco rall.
piu lento
먼 하 늘 한 개 별 빛 에 - 모 도 우 고 모 도 우
poco a poco rall.
piu lento
dim.

pp
고 -
dim.
pp
mp
ten.
Andantino suppulicando
복 사 꽃 고 운 뺨 에 아 롱 질듯
ppp
mf
f
두방 울이야 세 사 에 시 달 - 려 도 번 뇌는 별빛이
p
mp
라
휘 어 져

감 기우 고 다 시 접어 뻗는 손이 깊 은마음속
거 룩 한 합 장인 양 하 고
이 밤 사 귀뚜리도지새우는 삼 경 인
데
Moderato con affizione
얇 은

mp
사 - 하 이
rit.
mp
a tempo
f
얀 고 깔은 고 이 접 어 서
f
accel.
f
나 빌 - 레 - - 라
accel.
poco a poco rit.
p
ppp

글을 끝내면서

시를 쓰셔서 세상에 알려진 나의 아버지는 마흔 여덟이라는 짧은 생애를 살고 가셨다.

"나는 문인이나 대학교수는 되지 않겠다. 나는 보다 가정적이고 경제적으로 여유 있게 살 것이다" 라는 철없는 생각을 가졌던 사춘기 소년의 티를 막 넘긴 나이에 나는 아버지를 여의었다. 가정보다는 시(詩)와 학문과 몸담으신 대학과 나라걱정에 더 많은 시간을 할애하셨던 아버지에 대해 일종의 반항심을 지녔고 아버지가 하시던 일을 외면하던 시절이 아니었나 싶다.

그후 세월은 덧없이 흘러 40년 가까운 긴 시간이 흘렀다. 그리고 이제 나는 생존시의 아버지보다 14살이나 더 먹은 채 인생의 잿빛 고갯마루를 지나 지난 날을 되돌아보며 쓸쓸히 내려가고 있다.

1971년 도미하여 10여 년의 미국생활을 끝내고 귀국하여 9년을 살다가 다시 미국에 와서 살게 되었다. 이것도 팔자인 모양이다. 내 나이 50대 중반에서 환갑을 바라보는 나이에 뒤늦게 신문, 잡지 등에 글을 쓰게 되었다. 그러다 보니 이곳 저곳에서 아버지에 대해 이야기를 해달라는 부탁을 받는 일이 자주 생겼다. 자연히 아버지에 관한 자료를 모으게 되고 공부도 하게 되었다. 어렴

풋이 미숙하게나마 내 나름대로 아버지의 전체상을 그려보게도 되었다.

이 일을 계기로 나는 내가 미처 모르고 있었던 아버지의 다양한 면모와 족적들을 발견하게 되었다. 그리고 이런 사실들을 글로 써서 내 자식들에게 남겨주고 싶은 강렬한 열망에 사로잡혔다. 학문적 평가와 문학에 관한 전문적 견해나 평가는 전문가들의 몫일 터이다. 나는 그저 자식으로서 내가 알고 있는 아버지의 모습들, 그리고 추억이나 기억들을 더듬어 가며 미국서 할아버지 없이 태어나서 자라고 있는 내 자식들에게 그 할아버지의 이야기를 해주고 싶었다.

그러나 그나마도 쉽지 않은 것이 아버지와 함께 살았던 23년이라는 세월은 인생으로 친다면 겨우 기어다니기 시작할 시기인 열다섯 해를 빼고 나면 겨우 10년도 안 되는 세월이었다. 내 인생의 들판 위에 남겨진 아버지의 흔적들은 그리 많지도 않았다. 아버지와 관련된 기억이나 추억들 또한 선명히 떠오르는 것들이 별로 없다. 가족에게 따스한 추억거리를 남겨주신 기억도 없다.

아버지 무릎 위에서 재롱을 피워본 기억도, 목욕탕에 함께 가본 어린시절의 기억도 없다. 아버지의 커다란 손이 내 작은 손을 꼭 쥐어 주신 기억도, 나의 머리를 쓰다듬어 주신 기억도 없다. 이렇듯 부자간의 잔정을 나눠 보지 못한 나로서 그 짧은 세월을 가지고 아버지의 이야기를 풀어가는 데는 한계가 있었다. 게다가 나는 문학이나 학문을 하지도 않았으니 아버지가 지녔던 정신세계를 깊이 있게 알 수도 없었다.

그래서 아버지가 살고 가신 48년 동안의 연보를 토대로 하여 자료를 수집하면서 당신의 생애를 더듬어 가기로 했다. 그러면서 그때그때 어머니나 친척들, 아버지의 문우(文友)분들, 지인(知人)들, 제자분들로부터 내가 들은 증언이나 일화들과 당시 기억나는 에피소드들을 섞어, 아버지가 사셨던 시대로 독자들과 함께 여행하는 기분으로 써내려 가기로 했다. 그러나 모국이 아니고 미국에 살고 있기에 자료수집에도 어려운 점이 많았다. 그래서 이 글을 쓰기 위해 오랜 세월을 자료수집에 할애해야만 했다.

글 솜씨없음을 무릅쓰고 쓰기 시작했다. 때로는 과거와 현재를 넘나들며 그저 생각나는 대로 내 아이들 또는 일반인들도 무겁게 느끼지 않게 편하게 읽을 수 있도록 써내려갔다. 그러다 보니 글이 너무 가벼워진 느낌이 들기도 한다. 그러나 모든 자료들을 원용하여 정확성을 기하고자 노력하였고, 내 개인사는 물론 가족사에도 꾸밈없이 솔직하게 쓰기로 했다.

독자들에게 딱딱한 느낌을 주지 않으려고 애를 썼지만 아버지의 문학과 학문세계의 대강만이라도 간추려 기술한 부분에 이르러서는 다소 무거운 감을 지울 수가 없으리라. 그 방면에 대한 언급이 비록 전문가가 감당할 몫이라 할지라도 아들인 나로서도 그냥 간과할 수 없었다는 점을 교양인인 독자들은 이해해 주시리라 믿는다.

아버지 살아 생전에 "언제 우리, 가족문집 한 번 내 보자" 하시던 말씀을 생각하면서 써내려 갔다. 때로는 북받치는 회한(悔恨)과 그리움으로, 때로는 맏이 노릇 못하고 해외에서 살고 있는 나의 모습과 어머니에 대한 불효가 죄스러워 눈물을 쏟기도 했다. 재주 없는 글 솜씨로 가닥을 못 잡고 두서없이 내 평생 처음 써본 장편의 글이 되었다.

써놓고 보니 가승본(家乘本)으로만 남기기가 좀 아쉬었다. 기왕이면 일반인들에게도 참고가 될 수 있는 글을 만들어 보고 싶었다. 그래서 방향을 다시 잡고 원고를 수정하였다. 최선을 다하려 노력은 하였으나 아버지의 많은 것들을 독자들에게 알리고 싶은 욕심에 여러분들의 증언이나 글들이 삽입되어 다소 혼란스럽고 아직도 아쉬운 점, 군더더기들이 많은 줄 안다. 더 다듬고 수정(修正), 보완(補完), 첨삭(添削)이 필요한 줄 알면서도 책으로 만들어 세상에 내놓는다. 두렵고 떨리는 한편 부끄러운 마음 지울 수 없다. 겁 없이 써 내려가면서 나는 아버지의 회고록(回顧錄)을 내가 대신 쓰고 있는 것 같아 죄스럽고 두려운 마음에 때때로 펜이 무거워지기도 했다.

그러함에도 이 졸문을 세상에 내놓는 것은 나의 아버지의 생애에 관심이 있는 분이나 연구하고자 하는 분들에게 다소 도움이 될 수 있으면 하는 바람에서이다.

두서없이 쓰여진 나의 졸문을 성의 있게 읽으신 후 자상히 소감까지 곁들여 주시고, 내가 듣지 못했던 일화들(특히 고려대와 관련된)을 직접 들려주시거나 챙겨주시고 더 발굴해 내는 데 많은 도움을 주셨을 뿐 아니라 책이 나오기까지 용기를 주시고 여러모로 돌봐주신 고려대학교 출신 아버지 제자분들의 격려와 노고에 진심으로 감사를 드린다.

그리고 무엇보다 이 졸문을 세련되고 품위 있는 한 권의 책으로 만들어 주신 나남출판 조상호 사장님의 권고와 배려, 편집자 여러분들의 노고에 깊은 감사를 드린다.

모쪼록 이 한 권의 책이 나의 자식들과 손자들에게 작은 마음의 양식이 되었으면 좋겠다는 생각을 하며 두렵고 떨리는 마음으로 이 책을 아버님 영전에 바친다.

2007년 4월 하순

뉴욕, 더글라스톤 언덕 위의 작은 집에서

조 광 렬

찾아보기

(인 명)

ㄴ·ㄷ·ㄹ·ㅁ

ㅂ

ㅅ

ㅇ

ㅈ

ㅊ

ㅎ

土地
박경리 대하소설
1부 1권